国家职业资格鉴定培训教材

高级物业管理员
培训教程与应试指导

雷　华 主编

Gaoji Wuye Guanliyuan
Peixun Jiaocheng Yu Yingshi Zhidao

暨南大学出版社
JINAN UNIVERSITY PRESS
中国 · 广州

前言

中国物业管理行业高级人才紧缺已是一个不争的事实。在最近全国各地举办的物业管理人才招聘会上，许多物业服务公司乘兴而来，败兴而归。一位物业服务公司人事经理在招聘会上说，随着建筑物科技含量和住户要求的日益提高，物业管理行业对从业人员的要求也越来越高，有实际工作经验、能独立主持小区全面物业管理的中高级人才极为缺乏。2006年4月，中共中央办公厅、国务院办公厅印发了《关于进一步加强高技能人才工作的意见》，明确提出了今后一个时期做好高技能人才工作的指导思想、目标任务、政策措施和工作要求。

为此，广州市职业技能鉴定中心的领导高度关注广州市物业管理高技能人才的培训和鉴定工作，并依托广州市物业管理职业技能鉴定站的优势资源，组织了一批在物业管理职业技能鉴定方面具有丰富经验的教师编写了本书。

本书第1~5、7、8、14章由雷华老师编写；第6、11章由郑敏菁老师编写；第9章由邓伟安老师编写；第10章由陈纪材老师编写；第12、13章由斯康老师编写。最后全书由雷华老师统稿。

在本书编写过程中，我们参考了物业管理行业同仁的许多文献和成果，在此一并感谢。同时也衷心感谢广州市建筑工程职业学校黄民权校长和广州大学商学院陈德豪教授等领导和专家对本书编写工作的大力支持和给予的宝贵意见。

本教程适合作为高级物业管理员（助理物业管理师）技能培训和职业资格鉴定用书，也可以作为高职学校的实践教学用书，还可以作为物业管理专业人员的技能提升参考书。

由于编者水平所限，编写时间较短，本书不足之处恳请各位同仁批评指正。

编　者

2008年11月

目 录

第二部分 物业管理基本操作技能

第三部分 高级物业管理员应试指导

第一部分

物业管理基础理论知识

1 物业管理基本概念

物业管理作为房地产业的一个重要分支，是房地产投资、开发、经营的自然延续和完善，也是现代化城市管理和房地产经营管理的重要组成部分。物业管理的出现和发展，是房地产经济市场化和商品化的必然产物。它所实行的企业化经营、专业化管理和社会化服务的运作形式适应了市场经济环境，是一种充满活力的现代化产业管理模式。物业管理在我国尚处于初步发展阶段，它是现代化城市的朝阳产业。我们应该大胆地借鉴中国香港、新加坡及其他一些国家和地区的物业管理经验，探索和建立一整套既和国际接轨，又适合我国国情和社会特点的物业管理体系，逐渐培育、形成和发展中国的物业管理行业。

因此，作为物业管理人员，首先要对物业、物业管理本身有个基本的认识，具体地说，就是要掌握物业管理的基本知识和基本技能，树立物业管理的经营理念以及充分了解我国物业管理的发展状况，探索适合我国城市特点的物业管理模式和运行机制。

1.1 物业及物业管理含义

一、物业的概念

物业的概念大致由物业的定义、物业的内涵、物业的分类和物业的特点四方面的内容构成。

（一）物业的定义

“物业”一词原来是粤港方言对房地产的称呼。它最早在香港使用，并由香港传入内地，其词义是指以土地及土地上的建筑物形式存在的不动产，也可以理解为单元性的房地产。在英语中与之对应的词是 estate、property、real estate 或 real property，其含义即财产、资产、地产、房产、产业等。通常，“不动产”、“房地产”、“物业”三个概念可以通用，互为替代，但严格说来三者在使用时又有所区别。实际上，不动产指包括房屋在内的一切与土地相联结的财产，强调其固定性。房地产指房屋从开发、营销到使用、管理的全过程。物业则着重在营销、使用和管理角度，指单元性的房产、地产或房地产。

国内经过多年的实践和研究，普遍认为物业主要包括三个部分：已建成并具有使用功能的各类供居住和非居住的建筑物，与这些建筑物相配套的设施设备及相关场地。因此，我们可以把物业定义为：已建成并具有使用功能的各类房屋、附属设施设备及相关的场地。

这里的“房屋”是指有顶、有墙、有内部空间的实体，中国古代称之为“六合”。现在，人们一般把构筑物，如桥梁、隧道、寺庙、道路、码头等统称为物业。

“设施”是指在一个物业管理区域内，由业主和使用人共同使用的道路、绿地、停车场（库）、照明灯具、排水管道、窨井、化粪池、垃圾箱等。

“设备”是指一幢或几幢建筑物的业主或使用人共同使用的供水管道、排水管道、落水管道、照明灯具、电视天线、水箱、水泵、电梯、邮政信箱、避雷装置、消防器具等，以及小区内的水泵、消防泵、高低压配电房等。

（二）物业的内涵

从物业的定义中可以看出，“物业”包含三个部分：已建成并具有使用功能和经济效用的各类房屋，与这些房屋相配套的设备和市政、公用设施，相关的场地。

（三）物业的分类

物业可以从不同的角度进行分类：

（1）按功能划分。物业按原始设计功能可分为居住型、非居住型和综合型三大类，其中，各类居住型建筑是物业的主体。

（2）按产权划分。物业所有权人可以是自然人也可以是法人或其他组织，可以是中国人也可以是外国人。自然人又有个人独有和共有两种。法人和其他组织根据单位的性质可分为国有、集体所有、私有、公私合有、外资、中外合资等。

（四）物业的特点

物业的基本特点有：

（1）耐久性。物业的建造年限和使用年限都较长，使用年限一般可延续几十年甚至上百年。一些经典性、具有保护价值的物业更可以长期保存。

（2）固定性。物业，包括附属的设施设备总是依附在一定的地块上，具有不可移动性和区域性的特点。这一特点要求物业的规划、建设和管理都要与所在地的环境风貌相一致。

（3）高值性。物业，包括附属的设施设备和土地使用权的价值总和，是高值高价商品。物业具有使用价值和经济价值，经济价值即交换价值，在商品经济条件下，价值表现为价格。物业的价格同样受价值规律的调节，由物业的建造成本、内外环境和供求关系决定。物业具有保值和增值的特性，良好的物业管理是物业保值和增值的基本条件之一。

（4）多样性。每一种单体物业、每一栋房屋的结构、样式、规格、装饰和风格都是不同的，具有各自的特色，构成各个城市的风情。一个独立的物业区域，即使是成批地建造房屋，也应力求有多种样式，以显示自己独特的风采。

二、物业的产权

（一）产权的概念

简单地说，产权就是财产权利，是对财产的各种权利的总称，包括占有权、使用权、出租权、转让权、用尽权、消费权及其他与财产有关的权利。因此，也可以说产权是一种权利束。

产权的界定与合理安排在现代社会经济发展中十分重要，明晰的产权可以促进交易，激发人们的责任心和干好自己工作的积极性，约束人们的行为，增强人们的风险意识和守约意识，使人们能合理有据地按照产权份额分配财产收益或分摊维护财产价值、功能的耗费。也就是说，合理、有效、清晰的产权，可以使人们各尽其能、各守其责、各得其利。具体到物业管理方面，明晰的产权是产权人充分行使权利（提出建议、投票、监督等）和履行义务（承担维修责任、缴纳专项维修资金和服务费用等）的基础，同样也是物业服务企业明确自己管理权限和范围的基础。

（二）物业的产权类型

（1）私有产权。私有产权是关于资源利用和所有的权利。但是并不意味着所有与资源有关的权利都掌握在一个人手里，私有产权也可以由两人或多人拥有。同样的一种有形资产，不同的人拥有不同的权利，只要每个人拥有互不重合的不同权利，多个人同时对某一资源或资产行使的权利仍是私有产权。私有产权的关键在于对财产所有权利的行使的决策完全是私人作出的，这样遇到诸如物业的使用、处分和管理等事务，就会比较简单。购房业主所拥有产权证标定套内建筑面积的物业部分，就是一种私有产权。

（2）社团产权。所谓社团产权，是指某个人对一种资源行使某种权力时，并不排斥他人对该资源行使同样的权利，或者说，这种产权是共同享有的。相对于私有产权，社团产权在个人之间是完全重合的。每个人都可以使用这种资源为自己服务，但每个人都无权声明其只属于他个人，即从理论上说，社团产权是指每个社会成员都对某种资源或财产享有全部的产权，但这种资源或财产实际上并不属于某个人，产权属于各成员组合的社团，而不属于该社团的各个成员。如城市景观和市政公用设施便属于社团产权。《物权法》第六十九条规定："社会团体依法所有的不动产和动产，受法律保护。"

（3）集体产权。集体产权与社团产权不同。对于社团产权来讲，每个人对如何行使权利的决定是无须事先与他人协商的。而一种产权如果是集体的，则关于如何行使对资源的各种权利的决定就必须由集体作出，由集体的决策机构以民主程序对权利的行使作出规定和约束。小区内部共用设施（如网球场、游泳池、非发展商独立投资兴建的停车场等）、共用场地（如绿化地、道路用地等）便属于集体产权。其产权的行使需由集体决策机构（小区的业主大会）以民主的程序作出决定或约束。《物权法》第六十三条规定："集体所有的财产受法律保护，禁止任何单位和个人侵占、哄抢、私分、破坏。"

理论上，私有产权、社团产权、集体产权是比较容易区别的。在物业管理实务操作中，对于一幢单体建筑物，如果业主是一个人或一个组织，权属就比较明确；但如果该建筑物由多位业主共同拥有，其产权的界定就有一定困难。法学界把多人共同拥有同一建筑物的情况界定为建筑物区分所有权。

（4）建筑物区分所有权。《物权法》第二篇第六章对建筑物区分所有权进行了界定。建筑物区分所有权作为现代民法中一项重要的不动产所有权形式，既不同于前面所界定的私有产权，也不同于集体产权，而是一种复合形态的所有权形式。

建筑物区分所有，是将一幢房屋特别是楼房，按其本身结构区分为各个独立单元，每一单元均构成一个相对独立的所有权客体，由此在一幢房屋上形成两个以上的所有权。区分所有，是既承认房屋作为一种整体存在，又承认这个整体中可以划分为相互独立的部分，在各个部分上成立相对独立的所有权。

建筑物区分所有权具体是指多个区分所有权人共同拥有一栋建筑物时，各区分所有权人对建筑物专有部分所享有的专有所有权与对建筑物共用部分所享有的持分权，以及因共同关系所生的成员权之总称。《物权法》第七十条规定："业主对建筑物内的住宅、经营性用房等专有部分享有所有权，对专有部分以外的共有部分享有共有和共同管理的权利。"

明确区分所有权的意义在于处理共用部位和共同关系方面，即共用部位不能分割，共同事务应遵从大多数人的意见，业主在物业管理方面的权益（如物业共用部位收益）、义务（物业服务费和专项维修资金的分摊）等应根据产权性质而定。当今所倡导的物业管理，主要针对的就是区分所有权物业。

三、物业管理的概念

（一）物业管理的定义

物业管理（real property management 或 property management）是由专门的机构和人员，依照合同和契约，对已竣工验收投入使用的各类房屋建筑和附属配套设施及场地以经营的方式进行管理，同时对房屋区域周围的环境、清洁卫生、安全保卫、公共绿地、道路养护统一实施专业化管理，并向住用人提供多方面的综合性服务。物业管理的对象是物业，服务对象是人，是集管理、经营、服务为一体的有偿劳动，实行社会化、专业化、企业化经营之路，其最终目的是实现社会、经济、环境效益的同步增长。

物业管理有广义与狭义之分，广义的物业管理既包括政府部门的行政管理和行业管理，又包括企业化、专业化的管理，也包括个人的、分散的、自发性的房屋管理，并且涉及物业生产、交换、分配、消费的各个环节；狭义的物业管理仅指企业主要针对物业的消费环节对物业所做的维修、养护、管理。现在国家立法规范、政府倡导、传媒经常报道的实际上是一种狭义上的物业管理，是借鉴香港等地的经验，适合于市场经济体制和现代物业产权特点及新时期房地产生产、消费需求的一种新型的房屋管理模式。国务院 2003 年 9 月 1 日颁发的《物业管理条例》第二条对这种狭义的物业管理作了清晰的界定，该条规定："本条例所称物业管理，是指业主通过选聘物业服务企业，由业主和物业服务企业按照物业服务合同约定，对房屋及配套的设施设备和相关场地进行维修、养护、管理，维护物业管理区域内的环境卫生和秩序的活动。"

（二）物业管理的内涵

物业管理的内涵包括以下七个方面：

（1）物业管理的管理对象是物业。这个物业是指在建、已投入使用或即将投入使用的物业，即楼宇。

（2）物业管理的服务对象是人，即物业所有人（业主）和使用人。

（3）物业管理是由业主通过选聘物业服务企业的方式来实现的。按照《物权法》第八十一条规定："业主可以自行管理建筑物及其附属设施，也可以委托物业服务企业或者其他管理人管理。"也就是说，对于房屋建筑物的管理，业主可以采取自己管理、委托不同的专业服务公司管理、选聘物业服务企业等方式。而《物业管理条例》中仅指"业主通过选聘物业服务企业对物业进行管理"这种方式。当然，选择哪种方式，该条例并没有强制规定。

（4）物业管理的劳务投入能起到完善物业的使用效能，并使其保值、增值的作用。

（5）物业管理活动的基础是物业服务合同。物业服务合同是业主和物业服务企业订立的关于双方在物业管理活动中的权利和义务的协议。物业服务企业根据物业服务合同内容提供服务，业主根据物业服务合同缴纳相应的物业服务费用，双方是平等的民事法律关系。合同的标的是劳务。

（6）物业管理的基本要求是统一管理和协调，既包括相对独立的物业（楼宇等）或小区物业的统一管理和协调，也包括辖区范围内各个方面的统一管理和协调。

（7）物业管理的内容是业主和物业服务企业对房屋及配套的设施设备和相关场地进行维修、养护、管理，对物业管理区域内的环境卫生和秩序进行维护，主要由业主和物业服务企业在物业服务合同中约定。

1.2 物业管理的内容和环节

一、物业管理的内容

物业管理的主要管理对象是各类房屋建筑及其附属的设施设备和相关的场地，涉及的内容非常广泛，服务的项目多元化。具体而言，物业管理的内容包括：

（一）基本业务

（1）房屋建筑的维护、修缮与改造；

（2）物业附属设施设备的维护、保养和更新；

（3）相关场地的维护与管理。

（二）专项业务

（1）治安保卫，指配合公安和消防部门做好住宅区内公共秩序维护和安全防范工作；

（2）清扫保洁，指对管辖区内的公共场所的日常清扫、保洁、外运、清除、灭杀“四害”等；

（3）庭院绿化，指对管辖区内的公共绿地、宅旁绿地和道路绿地等的日常养护；

（4）车辆和道路管理，包括交通秩序的管理和车辆停放的管理；有专门停车场的，可开展车辆保管业务。

（三）特色业务

物业管理的特色业务主要是接受业主或使用人的委托而提供的各种服务。如：

（1）代订、代送牛奶、书报；

（2）送病人就医、喂药、医疗看护；

（3）代请钟点工、保姆、家教、家庭护理员，代做家政服务；

（4）代接、代送儿童入托、入园及上学、放学等；

（5）代购、代送车、船、机票与物品和代洗车辆；

（6）代住户设计小花园，绿化阳台，更换花卉盆景等；

（7）代办各类商务及业主、使用人委托的其他服务项目。

这类服务项目一般是协商定价，是以微利标准收费。

（四）经营业务

物业服务企业可以根据不同的服务对象，开展各种经营业务。如：室内装潢、电器维修；商务中心；咨询、中介、代理租赁、房屋交换以及社会性业务。

上述基本业务、专项业务、特色业务和经营业务的项目具有内在的联系。前两项是物业管理的基本工作，是物业保值、增值，以及为业主和使用人提供基本的居住环境、工作环境和生产环境必不可缺的；中间两项业务是在基础工作上进行的进一步拓展，是从深度和广度上进一步满足业主和使用人的需要。物业服务企业还应明确自己的社会职责，主动配合政府开展社会性服务，以达到物业管理的效益最大化。

二、物业管理的环节

物业管理是一个完整的系统工程，包括从物业的规划设计开始到物业的建成投入使用后管理工作的正常运行，由若干环节组成。根据物业管理工作的特点，按先后顺序，物业管理的基本环节是：①物业管理的早期介入；②前期物业管理准备；③物业的承接查验；④入住与装修管理服务；⑤档案资料的建立与管理；⑥日常管理和维修养护；⑦配套设施的完善与系统协调。

（一）物业管理的早期介入

在物业综合开发过程中，物业管理应该在什么时候介入最合适？一般来说，人们对此问题没有一个明确的认识，许多项目都是在建成以后才引入物业管理，但这往往会导致一系列问题，如房型不佳，缺管理用房，泊车位不足，电梯容量不够，空调、排油烟机位置未考虑或预留位置不适用，管线布局不合理，安全防范技术设备缺少等。所以，经过大量的实践总结，人们越来越清晰地认识到，物业服务企业在接管物业之前，就要参与物业的策划、规划设计和建设，充分利用自己的专业经验，从业主、使用人及物业管理的角度提出意见和建议，把好物业规划设计、质量关，以便物业建成后能满足业主、使用人的要求，方便物业管理。

物业管理早期介入的具体工作在物业开发建设的不同阶段内容不同，包括立项决策阶段、规划设计阶段、施工安装阶段。

这种早期介入并不意味着物业管理的具体工作的介入，而是指物业管理人员为发展商提供各方面的咨询意见和代为监督，目的是确保物业的设计方案合理、施工质量可靠，以使后期使用、管理有良好的基础。

（二）前期物业管理准备

该阶段具体的工作有：

（1）与房地产开发企业接洽前期物业管理服务事项，制订接管方案。主要是与房地产开发企业就管理服务内容、标准、期限，保修责任的委托与实施，遗留扫尾工程、空置房经租或看管等代为办理事项，管理服务费构成与补偿办法，管理用房、经营用房的提供使用及收益分配，物业与相关资料的验收接管等进行协商，达成一致意见，对人力、物力等自身条件和接盘运作、盈亏风险作出科学测算，据此制订接管方案。若是以招标方式选聘前期物业服务企业的项目，物业服务企业在这一阶段的主要工作是现场了解项目各方面的实际状况，研究招标书内容，进行市场调查分析，按招标书的要求准备投标书。

（2）管理机构的设立与人员的培训。机构的设置应根据接管物业的用途、面积、档次、管理服务内容与方式确定，人员的配备除考虑管理技术人员的选派招聘外，还要考虑操作层，如维修养护、保安、清洁、绿化等人员的招聘，并依据职责分别进行专业技能、礼仪礼貌、文明值勤、行为作风等的培训，在此基础上做好人员的上岗安排。这里应注意的是，按照《物业管理条例》第三十三条的要求："从事物业管理的人员应当按照国家有关规定，取得职业资格证书"，物业服务企业接管项目时招聘或培训的人员要取得合法有效的职业资格证书，否则，将受到相应的处罚。

（3）制定系列管理制度。没有规矩，不成方圆。必要的规章制度是物业管理顺利运行的保证。该阶段物业服务企业应以国家的法律法规和当地政府有关行政管理部门颁布的相关文件为依据，结合接管物业的实际制定一些必要的、适用的管理制度和管理细则。其主要包括管理机构的职责范围、各类人员的岗位责任制、操作程序和服务规范、物业各区域内管理规定、用户（住户）手册等。这既是保证物业管理逐步成熟并走向规范化、程序化、科学化、法制化道路的重要前提，也是实施和规范物业管理行为的当务之急。

制定完整的物业管理规章制度，一方面有助于建立对物业管理实施的监督机制，有利于正确发挥物业服务企业为业主和租户服务的行业职能，以便更好地履行以创造优美、舒适、安全的家居和工作环境为宗旨的社会责任；另一方面能够阐明物业权利主体的权责内容，有利于约束和规范物业权利主体的行为，以提高物业管理服务的整体水平。

（4）完善管理及办公条件，即要安排好管理用房、员工宿舍，及时采购管理服务用物资装备等，创造成熟的执勤、服务、办公条件。

（三）物业的承接查验

无论是通过协议，还是通过投标方式取得前期物业管理权，均要依照建设部制定的《房屋接管验收标准》和当地的有关接管验收规定，做好正式管理前的接管验收工作。要对物业主体结构是否安全，是否满足使用功能要求等进行再检验，对公共配套设施设备的配备、安装、运行状况进行验收交接。这一过程要在查明物业的全面状况的基础上办理书面移交手续，明确交接日期，对物业及配套管理办公用房、经营用房、各种产权和技术资料进行全面移交，并就接管过程中发现的工程、设备质量等问题及物业保修期的保修事项与开发企业签订包修、保修实施合同。该阶段需要移交的档案资料有规划图、竣工图，地下管网竣工图，各类房屋清单，单体建筑结构图、设备竣工图及合格证或保修书等。同时，在这一步后期，还要做好各类标牌、标志的设计制作工作，准备入住资料（管理规约等），建立与居委会、派出所等的外部联系，建立与社会协作单位的联络，构筑物业综合服务网络，为正式的全面管理服务做好准备。

（四）入住与装修管理服务

该阶段的主要工作包括：

（1）做好物业的清洁“开荒”等准备工作，即在施工单位撤出新建成的楼宇后，对物业的里里外外、上上下下、前前后后做一次彻底的清理清洗，以让业主和租户进入时能接收到一个干净整洁的物业空间，建立良好的第一印象。

（2）为业主办理入住手续，即在物业正式使用条件全部具备后向业主或使用人发出入住书面通知书（配合发展商）；带业主或使用人实地验收物业，查验房屋质量、设备质量，查对房型、装修、设施配备、外部环境等是否与合同相符，若有问题须提出对存在问题的整改意见并进行或监督整改，发放钥匙，交接业主名下物业；向业主或使用人发放《用户手册》，使他们了解物业概况和各项管理制度，如车辆停放管理，装修搬迁管理，物业保修的责任范围、标准、期限等方面的规定，以及楼层权利归属、公用设施和设备的合理使用等，使业主、使用人能正确把握自己的行为；约定代为装修、添置或更换自用设备或设施等事宜；协助业主办理电话、煤气等开通手续；对住户进行有关小区物业管理的宣传、培训并提供各类咨询服务和办事指引；根据有关规定或双方约定向业主或使用人筹集专项维修资金，预收物业服务费或租金。

同时在这一阶段，要求业主或使用人如实填写登记卡。其内容包括：业主或使用人的名称、通信联络方式、所占用物业的编号、设施设备及泊车位分配等。属于非居住性质的物业还需登记营业执照、经营范围、职工人数及其出行、用餐等相关情况，以便于物业管理与服务。

（3）装修、搬迁管理。装修管理的主要工作是大力宣传装修规定，让住户明晓装修不得损坏房屋承重结构、建筑物外墙面貌，不得擅自占用公用部位、移动或损坏公用设施设备，不得排放有毒、有害物质和噪声超标，不得随意堆放、倾倒、抛扔建筑垃圾，认真遵守用火用电规定，履行防火职责等；审核装修设计图纸，进行装修申报审批；加强装修施工过程的监督管理，发现违约行为及时劝阻并督促其改正，做好装修验收等。

搬迁管理的主要工作是合理安排搬迁时间，对搬迁人员、车辆、物品进行必要的引导、检查。

（五）档案资料的建立与管理

严格讲，这不是物业管理的一个独立环节，从早期介入到后期管理，档案资料的建立贯穿于物业管理的全过程。这里讲的档案资料有两种：一种是物业资料，主要包括物业的各种设计和竣工图纸，位置、编号等；另一种是业主和租户的资料，主要包括业主、使用人的姓名、进户人员情况、联系电话或地址、各项费用的缴交情况、房屋的装修等情况。物业档案资料是对前期建设开发成果的记录，是以后实施物业管理时对工程维修、配套、改造必不可少的依据，也是更换物业管理单位时必须移交的内容之一。

（六）日常管理与维护

正常期管理服务，是指依据管理职责和管理标准，提供专业化、全方位的优质管理与服务，使物业管理纳入科学化、规范化、制度化的轨道。

（七）配套完善和系统协调

配套完善是给物业管理提供物质基础的基本保证，是管理阶段必不可少的环节。物业管理的成败在很大程度上取决于物业服务公司与相关部门相互关系的协调。

1.3 物业管理的目标和原则

一、物业管理的目标

根据物业管理行业的特殊性和管理的内容，物业管理的首要目标是为业主服务和使物业保值、增值。为了实现这一目标，物业管理应达成以下三个方面的目标，即质量目标、安全目标和费用目标。

（一）物业管理的质量目标

该目标包括硬件质量目标和软件质量目标，具体如图 1－1 所示。

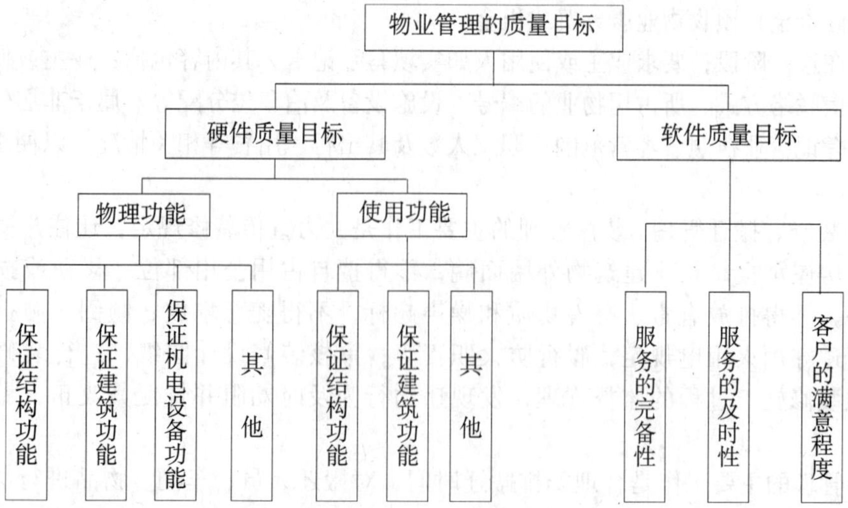

图 1－1　物业管理的质量目标

（二）物业管理的安全目标

物业管理的安全目标包括：

（1）物业使用环境的安全。防止环境上的灾害，如火灾以及意外事故等。

（2）物业的安全。防盗、防火以及其他意外损失。

（3）物业使用人的安全。业主和使用人的安全防范。

（三）物业管理的费用目标

物业管理周期内的费用有很多，这里主要是指物业管理经常性费用，如图 1－2 所示。

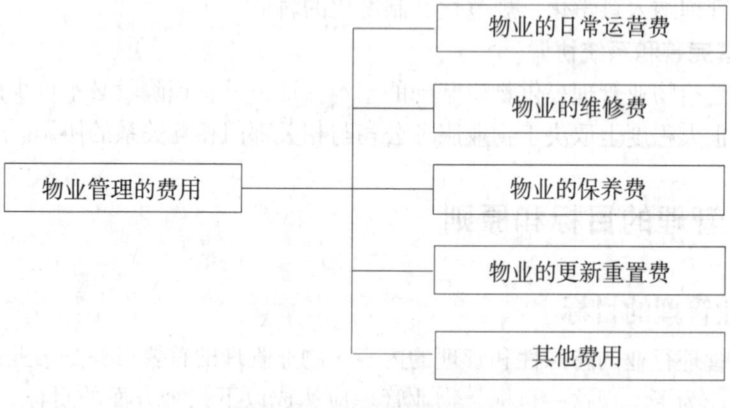

图 1－2　物业管理的费用

物业管理人员根据物业的具体情况，结合自身的专业知识和经验，针对物业管理费用的各项内容，作出预算，作为物业管理的费用目标。

二、物业管理的原则

物业管理在我国内地的发展时间不长，其发展的规律还值得我们进一步探索。就以上我们所知的物业管理特性和其在我国各地开展的实际情况来看，发展物业管理应遵循以下原则：

（一）以人为本、服务第一的原则

物业管理说到底是一个服务行业，业主是物业权利的主体，有权选聘、续聘和解聘物业服务企业。物业服务企业是受聘、受托工作，为业主、使用人提供服务是其生存的基础，只有处处为业主、使用人着想，寓经营管理于服务之中，用优质、完善的服务满足业主、使用人居住、办公、经营等多方面的需求，为他们营造满意的生活、工作空间，才能赢得赞同，取得配合，真正管理好物业，取得应有的效益。

（二）属地管理与行业管理相结合的原则

这是指物业区域所在地的政府、街道办事处、相关专业部门和物业管理行业主管部门按各自职责范围共同负责小区的管理工作。地方性的工作由地区统一协调，专业性的工作归对口行业主管部门和相关部门负责。条块结合有利于发挥多方面的积极性。

（三）所有权与管理权分离的原则

物业管理权来自物业的所有权，物业的所有权是物业管理权的基础，业主、业主大会是物业管理权的权利主体，是物业管理权的核心。物业服务企业是物业管理的执行者。由于当今大量物业属于区分所有的产权状况，产权人构成较复杂（有法人、个人，甚至政府），共用部位的维护管理并非哪一方能决定和胜任。将管理权与所有权分离，统一把物业交由专业物业服务公司管理，可以克服分散管理的低效，减少纠纷、扯皮现象，有利于节省人力、物力，发挥整体优势、规模效应，达到物业管理的统一、高效。贯彻这一原则的方法是召开业主代表大会，选举业主委员会，通过招标，选聘物业服务公司行使物业的具体管理权。

（四）专业管理与民主管理相结合的原则

物业管理的许多工作技术性、专业性强，需要专门机构、专业人员的专业管理。同时，物业管理工作的开展与业主、使用人的生活、工作紧密相关，围绕其利益进行，必须取得他们的配合。所以，召开业主大会，成立业主委员会，完善民主管理监督机构，发动组织全体业主、使用人参与、配合物业管理各项工作，形成民主管理机制和专业管理与民主管理的良性互动，才能达到物业管理的高水平。

（五）统一管理和综合服务原则

现代物业体系完整，设施设备配套齐全，有很强的整体性、系统性，同时物业功能多、产权分散，各管一摊必然导致效率低下。只有统一管理才能克服多头管理带来的推诿扯皮、“各扫门前雪”、效率低下等问题，也才能充分发挥物业的整体功能。同时，也只有这样才能使管理集约化，降低管理成本。《物业管理条例》规定“一个物业区域只能成立一个业主大会，选聘一家物业服务企业从事物业服务”，正是这一原则的体现。

（六）有偿服务、经济合理的原则

要想物业管理持久有效，管理企业生存发展，必须要有稳定的管理经费支撑。服务收费是市场经济的必然要求，是物业管理的活水之源。物业服务企业应尽可能地开展全方位的有偿服务，以物业为依托开展多种经营，走“取之于民，用之于民”、“靠山吃山”、以区养区的经营之道，从而保证物业管理有稳定的经费来源，形成经营管理的良性循环。同时，物业服务的项目、深度、质量、收费标准的高低也应根据实际情况，视服务成本、硬件配套设施状况等综合情况而定，不能盲目增加服务项目，提高服务、收费标准，强制收费，否则便会引起纠纷，造成管理的被动。

1.4 物业管理的类型和模式

一、物业管理的类型

当前我国的物业管理还处于一个不断发展的阶段，对物业管理的划分也有不同的标准。因此，本书从产权性质来划分。

从物业管理的实际操作来看，按产权性质的不同，物业管理可以分为委托服务型和租赁经营型。

（一）委托服务型物业管理

委托服务型物业管理是指房地产开发商将开发建成的物业出售给用户，一次性收回投资并获取利润，然后委托物业服务公司对物业进行管理，完善其售后服务。

这里所说的“委托”分两种情况：一种是开发商自己组建物业服务公司，对所出售的物业进行管理；另一种是开发商以招标的方式委托专业物业服务公司，对已出售的物业进行管理。这是今后物业管理的发展方向。

（二）租赁经营型物业管理

租赁经营型物业管理是指房地产开发商建成房屋后并不出售，而是交由下属的物业服务公司进行经营管理，通过租金收回投资，获取利润。这种物业服务公司对物业的管理不仅是日常的维修养护工作，更主要的是对所管物业的出租经营，为房地产开发获取更加长远而稳定的利润。它的经营职责是根据市场需求的发展变化随时调整经营策略，并且不断地更新、改造与完善物业的使用条件，以提高物业的档次和适应性，获取更高的租金收入。

（三）委托服务型物业管理与租赁经营型物业管理的差别

（1）从产权上看，前者只有管理权而没有产权，后者既有产权又有管理权；

（2）从管理上说，前者是物业的售后服务，是为了保证物业的正常使用，后者则需努力制造一个良好的物业使用环境，创造租赁条件，赢得租户并为之服务；

（3）从管理对象看，前者适合于各种楼宇，后者则主要是商业大厦、写字楼等；

（4）从服务对象看，前者既有居民住户，又有职业公务人群，后者则主要为商业等职业人群；

（5）从管理方式看，前者注重的是管理与服务，后者更注重积极的、带有开拓性的经营。

二、物业管理的模式

一般来说，物业管理模式的划分，必须根据整个国家的房地产管理体制和特点来进行。而房地产管理体制，就是针对社会房地产经营总过程而拟定、颁布的一系列制度所形成的完整体系。因此，物业管理模式就是根据房地产经营管理体制的特征而划分的不同管理种类。具体而言，可分为：

（一）福利型行政化的管理模式

这种模式是在传统的计划经济体制下产生的，在目前还占有一定的比例。其主要标志是：分配属福利性的，管理属行政性的，产权属国家所有，使用权归住房人，房租非常低廉。这类管理模式的存在，既给国家背上了沉重的管理费用的负担，也使得国有资产不能产生保值、增值的效果。随着城市改造的加快和房改政策力度的不断加大，这种管理模式占有的比例正在逐年减少。

（二）行政型专业化的管理模式

这种模式是在计划经济向市场经济体制转轨过程中出现的“双轨制”物业管理运作的产物。这种管理模式一般是单位自买、自建的直管房，产权按一定比例优惠出售给职工，管理由专业房地产企业来实行，经费来源为开发单位、购房单位、政府和职工个人共同出资。目前，大多数原属国家机关和公用事业的机构和单位开始由行政事业单位转向企业化、实体化，它们占用的房产或新建的房产，产权仍属公有，但是上级单位为确保物业的保值、增值及经营管理上的收益，往往在管理费用上采取使用单位出一部分和产权单位补贴一部分的办法。

（三）直管型专业化的管理模式

这种模式是房地产开发商自己组建物业服务公司，对所开发出售的物业进行管理。这是目前国内采用最多的一种管理模式。这种模式下管理公司作为开发商的下属单位，一般较少参与市场竞争，属于“老子物业儿子管”的形式。

（四）市场型专业化的管理模式

这种模式的管理服务是有偿的，完全按价值规律办事，“谁受益，谁负责”，“谁出钱，谁方便”。管理企业完全独立经营、独立核算，自我完善、自我发展。

根据市场经济的发展要求，以及物业管理业的发展规律，中国物业管理应当选择市场化、专业化、社会化、规律化的发展模式。

1.5 物业管理市场的培育

随着市场经济的不断发展，一种新型的专业化、经营型的物业管理模式开始形成。这种模式既是房地产业发展到一定程度的产物，也是市场经济的必然产物。物业管理的健康发展和规范运作离不开市场。现在物业管理市场正处于快速发展的时期，培育和发展这个市场显得尤为重要。

一、物业管理市场的概念

市场，是指商品买卖的地方，是在一定的时间、一定的地点进行商品交换的场所，这是狭义的理解。从广义的理解来看，市场是指商品交换和商品买卖关系的总和。物业管理是有偿出售智力和劳力的服务性行业，所出售的是无形的商品，其核心是服务。物业管理市场，是指出售和购买以物业为对象的管理服务这种无形劳动的场所和由此引起的交换关系的总和。具体而言，就是把物业管理服务纳入到整个经济活动中，使其进入流通、交换，使物业管理经验与服务得以传递、应用，并渗透到生产、生活领域中，改善生产与生活的环境，提高生产与生活的质量，从而实现其应有的价值。

二、物业管理市场的形成

物业管理市场与其他的专业市场一样，由市场主体、市场客体和市场环境三个方面构成。

（一）市场主体

市场主体是指市场中进行交换的个人或组织。市场主体包括需求主体和供给主体。物业管理市场的需求主体是物业的所有权者和使用权者；供给主体是物业管理的经营者，即通过合法手续取得物业管理经营资格的人或组织。

（二）市场客体

市场客体是指在市场中交换的对象，是一个市场区别于另外一个市场的主要标志。物业管理市场上交换的对象是物业管理服务，是一种无形的劳务。这种劳务具体体现在：房屋及其附属设施设备的维护与管理、环境秩序的维护与管理，以及为业主和使用人提供的各种服务。

（三）市场环境

市场环境是指进行交换的环境。这里的“环境”不是指交换的场所，而是指交换赖以进行的社会制度以及各种相关的法律、制度和规章。具体而言，包括国家的法律与政策、物业管理相关的各种专门法律、各类物业管理的契约或合同等。

三、物业管理市场的架构

在房地产市场交易中，主要存在两种交易形式：出售和出租。因此，物业管理市场的架构依据出售与出租的物业不同而有所差异，见图 1－3 和图 1－4。

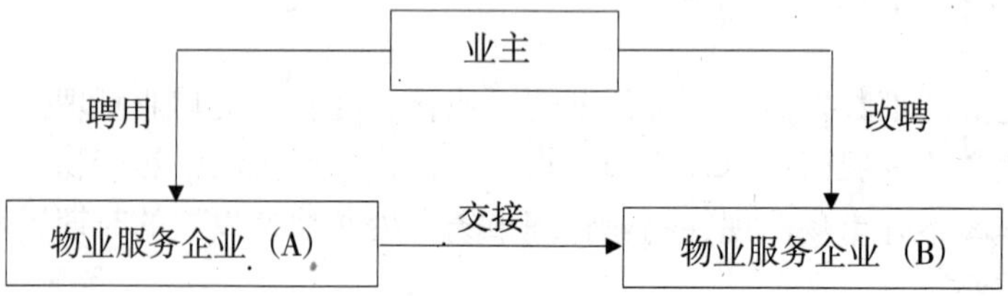

图 1－3　出租房屋的物业管理市场架构图

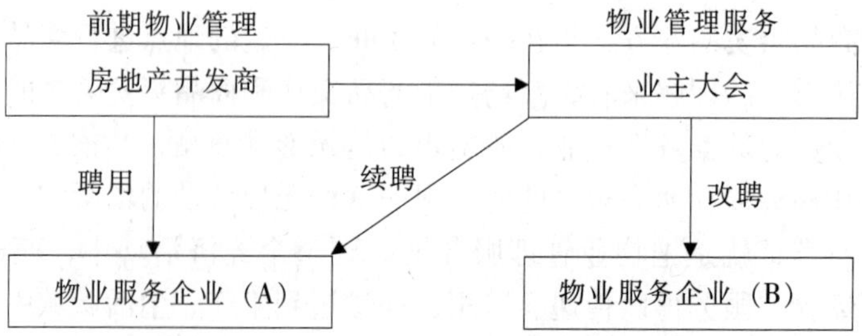

图 1－4　出售房屋的物业管理市场架构图

从图 1－3 和图 1－4 的比较中可以看出，当房屋的产权经交易发生转移以后，物业管理市场中的需求主体也随之发生了变化。但是，不管是哪种形式的需求主体，实际上都存在一种关系，即委托—代理关系。

四、物业管理的委托—代理关系

随着市场经济的不断发展，以及物业产权的多元化发展，生活在同一栋建筑物内的房屋所有权人越来越多，他们之间唇齿相依、祸福与共。由于生活习惯不尽相同，人们对环境的质量要求不尽一致，导致了在物业使用、维护方面的意见不一；更由于建筑物本身的高科技含量的增加，对物业管理的专业性也提出了越来越高的要求。这些都使得业主们开始寻找代理人进行自己没有能力或者不愿进行的物业管理活动。物业管理的委托—代理关系由此产生。

所谓委托，是指被委托人以委托的名义和费用为委托人办理委托事务，委托人支付约定的报酬（或不付报酬）的活动。例如，缺乏物业管理知识的人，可以委托物业服务公司办理有关物业管理事务。

所谓代理，是指代表他人从事某项活动。根据我国《民法通则》第六十三条的规定，代理是“代理人在代理权限内，以被代理人的名义实施民事法律行为”。

在物业管理实践中，“权在业主”的原则是不可动摇的。物业管理的委托—代理关系，是通过合约的方式来体现。而要体现这种委托—代理关系，又不止一个合约，它是由若干个连续性的合约组成的。这样，连续的合约表现为“代理链”的形态。例如，我们以符号“→”表示委托过程，其前为委托人，后为代理人，位于代理链之首的为初始委托人，之末的为最终代理人。以住宅小区为例，可勾画的代理链如图 1－5 所示。

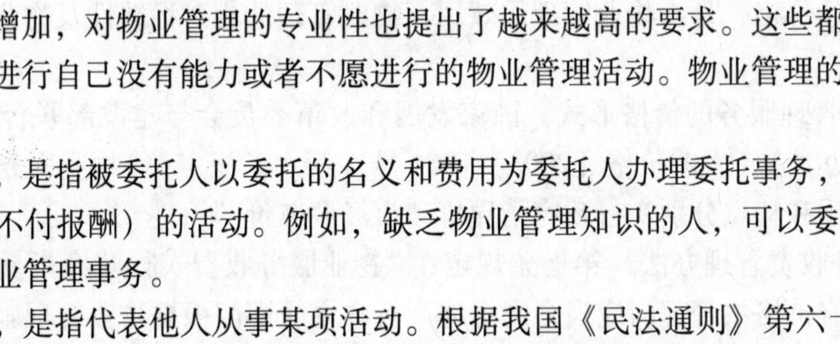

图 1－5　代理链图示

从图 1－5 可以看出，众多的小业主（初始委托人）通过业主大会（或书面表达）的形式，只要双 1/2 以上的业主同意，就可以决定续聘或改聘物业服务公司，具体操作可授权业主委员会来完成。当业主委员会代表与受聘物业服务公司签订合同后，物业服务公司派出管理层员工，而物业服务公司的操作层员工为最终代理人。在整个代理链中，各合约缔约方的目标都可以归结为一句话：寻找自己的利益最大化和损失最小化。

五、物业管理市场的运行体制

（一）物业管理市场价格机制

价格机制是指在市场竞争过程中，价格的变动与供求变动之间相互制约的联系和作用。价格机制是市场机制中最敏感、最有效的调节机制，价格的变动对整个物业管理市场活动有非常重要的影响。

（1）物业管理服务的价值构成。物业服务公司提供的产品——服务或劳务，凝聚着物业管理工作人员的劳动，同样具有交换价值和使用价值。物业管理服务的价值形式表现为物业管理服务价格，是由物业管理的效用、物业管理的相对稀缺性及物业管理的有效需求构成的。

（2）物业管理服务的价格形式。国家发展和改革委员会与建设部联合发布的《物业服务收费管理办法》（发改价格〔2003〕1864 号）第六条规定："物业服务收费应当区分不同物业的性质和特点分别实行政府指导价和市场调节价。"

《物业服务收费管理办法》第七条规定："物业服务收费实行政府指导价的，有定价权限的人民政府价格主管部门应当会同房地产行政主管部门根据物业管理服务等级标准等因素，制定相应的基准价及其浮动幅度，并定期公布。具体收费标准由业主与物业服务企业根据规定的基准价和浮动幅度在物业服务合同中约定。"

表 1－1　2007 年度广州市住宅物业服务收费政府指导价基准价和浮动幅度

级别	基准价（元/米^2·月）		上下浮动幅度	浮动范围（元/米^2·月）	
	有电梯	无电梯		有电梯	无电梯
一级	1.70	0.85	15%	[1.45，1.96]	[0.72，0.98]
二级	1.25	0.62	15%	[1.06，1.44]	[0.53，0.71]
三级	0.91	0.45	15%	[0.77，1.05]	[0.38，0.52]

注：1. 业主委员会成立之前，实行包干制、酬金制的住宅（不含别墅）的物业服务收费实行政府指导价，具体收费标准由业主与物业服务企业根据规定的基准价和浮动幅度在物业服务合同中约定。2. 以首层为电梯起始点的住宅，首层住户物业服务收费可适当降低，具体收费标准由业主与物业服务企业约定。

经营者定价又称市场调节价。《物业服务收费管理办法》第七条规定："实行市场调节价的物业服务收费，由业主与物业服务企业在物业服务合同中约定。"这是在物业管理市场发展到比较成熟的阶段适宜采用的一种定价形式。

（3）物业管理服务价格的确定。①物业服务费的定价原则：坚持权利和义务相结合，坚持依法定价原则，坚持遵循符合业主或用户消费规律的原则。②物业服务费的定价方法：采用成本价利润的方法和双方协商的方法，后者更适合高档物业。③物业服务费的定价策略：差别定价，针对不同的物业、不同的市场采取不同的定价方法。增量定价法，通过计算由价格政策引起的利润是否增加来判断定价方案是否可行。

（二）物业管理市场竞争机制

竞争是市场经济的产物，竞争机制是指竞争同供求关系、价格变动、生产要素流动与组合，以及市场成果分配诸因素之间的有机联系和运动趋向。市场经济就是竞争机制。

（1）物业管理市场竞争的必然性。《物业管理条例》规定："国家提倡业主通过公开、公平、公正的市场竞争机制选择物业服务企业。"（第三条）"国家提倡建设单位按照房地产开发与物业管理相分离的原则，通过招投标的方式选聘具有相应资质的物业服务企业。住宅物业的建设单位，应当通过招投标的方式选聘具有相应资质的物业服务企业。"（第二十四条）

（2）物业管理市场竞争形式。物业管理市场的竞争形式表现为物业服务企业之间的竞争、业主与经营者之间的竞争和价格与非价格的竞争。

六、物业管理市场的管理机制

物业管理市场上的主体包括：物业服务企业、物业服务对象、与物业管理市场相关联的政府机构、物业管理行业协会。总体而言，可以归纳为三类管理机构：第一类是国家设置的市场管理机构，包括政府职能部门（如建设局、房管局等）、政法系统的有关机构以及统计、审计、财政、税收、工商、治安、物价等部门；第二类是物业管理服务的技术管理机构，包括计量、测量、质量管理和卫生、环保等管理机构；第三类是群众性的管理监督机构，如行业协会、消费者协会等。

（一）政府对物业管理市场的管理

政府对物业管理市场的管理主要是宏观调控，进行的是间接的管理。其具体现在：

（1）制定物业管理的政策和法规。如政府制定和颁布《物权法》、《物业管理条例》、《物业服务收费管理办法》等法律、法规。

（2）物业管理经营资质管理。为了加强对物业管理活动的监督管理，规范物业管理市场秩序，提高物业管理服务水平，在中华人民共和国境内申请物业服务企业资质，实施对物业服务企业资质管理。《物业服务企业资质管理办法》自2004年5月1日起施行，2007年10月30日，《建设部关于修改〈物业服务企业资质管理办法〉的决定》经建设部第142次常务会议讨论通过，11月26日该决定由国家建设部发布（建设部令第125号）。

（3）制定物业管理服务标准，开展物业服务企业质量评优工作。2000年建设部重新修订评优标准，制定了物业管理示范住宅小区（大厦、工业区）标准及有关考评验收工作细则。

（4）指导物业服务公司的工作和指导帮助业主委员会工作。《物业管理条例》第五条规定："国务院建设行政主管部门负责全国物业管理活动的监督管理工作。县级以上地方人民政府房地产行政主管部门负责本行政区域内物业管理活动的监督管理工作。"第十条规定："同一个物业管理区域内的业主，应当在物业所在地的区、县人民政府房地产行政主管部门的指导下成立业主大会，并选举产生业主委员会。"

（5）协调、解决物业管理市场运作中出现的问题。

（二）行业协会对物业管理市场的管理

物业管理行业协会是物业服务企业依法自愿组成的行业性社会团体，通过开展各种有益的活动，在行业内起到协调、协作和监督管理的作用。其具体体现在：

（1）在政府行政主管部门的领导下，宣传政府关于物业管理行业的政策、法规，协助制定本行业的道德规范、自律准则和管理标准。

（2）协助政府主管部门对物业服务企业进行等级评定、质量评优。

（3）开展物业管理的调查研究，解决行业工作中出现的新情况、新问题。

（4）搜集、整理和提供物业管理市场信息，组织业内的学术和经验交流，对物业管理人员进行培训。

（5）协助解决物业服务公司与业主之间出现的矛盾。

如《深圳经济特区物业管理条例》（2008 年 1 月 1 日实施）第六条规定："深圳市物业管理协会（以下简称市物业管理协会）是物业服务行业自律组织，应当积极规范行业经营行为，维护会员合法权益，促进行业健康发展；负责制定并监督实施物业服务规范，促进物业服务企业依法、诚信经营，并组织物业服务行业从业人员的业务培训，调解行业内部争议等。"第五十九条规定："市物业管理协会应当加强对物业服务企业和物业服务从业人员的自律性监管，建立诚信档案和诚信风险预警公告制度。对违反法律法规规定和行业规范，侵害业主合法权益的，应当要求其改正；情节严重的，应当给予警告、业内通报批评或者公开谴责等制裁。"这突出了行业协会在物业管理活动中的地位，更有利于行业自律。该条例在全国首次实行物业管理行业"业必归会"，即要求"物业服务企业应当自取得资质证书之日起三个月内加入市物业管理协会"（第五十八条）。

（三）社会舆论对物业管理市场的监督管理

社会舆论在物业管理市场中能够起到不可低估的作用，因此，应充分利用社会舆论所特有的作用，对物业管理市场进行有效的监督。社会舆论主要包括新闻媒介及业主意见等，主要内容有：

（1）宣传有关物业管理的法律法规，传播、普及物业管理的基本知识，加深物业服务企业与广大业主和使用人对物业管理的认识，共同维护物业管理市场的秩序。

（2）表彰先进，弘扬正气。通过社会舆论大力表彰先进，建立一种良好的市场经营作风。

（3）客观反映物业管理市场中出现的值得引起社会重视的问题，加快和促进对这些问题及相关方面的研究和解决，批评和揭露丑恶现象，净化市场风气，使物业管理市场健康发展。

（四）物业服务企业的自我管理

物业服务企业的自我管理是一种自律行为，是保证物业管理市场有序运作的一个非常重要的环节。只有物业服务企业在市场上自觉规范自己的企业行为，才是根本而有效的途径。物业服务企业的自我管理包括：依法经营、明确市场定位、制定和完善经营管理制度、员工培训。

2 物业管理运作主体

物业管理运作主体是业主委员会、物业服务企业（包括物业服务公司和专业服务公司）、政府主管部门和相关部门。物业管理健康运作的前提是主体各尽其职和相互间的良好协作。业主委员会维护业主权益和发挥决策、监督功能，物业服务企业承担各项具体管理服务工作，政府主管部门从法制、政策上实施管理和指导，相关部门则在各自业务范围内行使职权。本章对物业管理的运作主体和相关部门的职责范围分别加以介绍。

2.1 物业服务企业

一、概述

（一）物业服务企业的概念和特征

物业服务企业是依法成立、具备专门资质并具有独立企业法人地位，依据物业服务合同从事物业管理相关活动的经济实体。其特征可以归纳为：

（1）是独立的企业法人。物业服务企业严格遵循法定程序建立，拥有一定的资金、设备、人员和经营场所；拥有明确的经营宗旨和符合法律规定的管理章程，具备相应的物业管理资质；独立核算、自负盈亏，以自己的名义享有民事权利和承担民事责任；所提供的服务是有偿的和赢利的。

（2）属于服务性企业。物业服务企业的主要职能是通过对物业的管理和提供的多种服务，确保物业正常使用，为业主创造一个良好、舒适、安全方便的工作和居住环境。物业管理本身就是通过各种服务尽可能地使物业保值、增值。这是物业服务企业与其他工业企业的区别。

（3）具有一定的公共管理性质的职能。物业服务企业在向业主和物业使用人提供服务的同时，还承担着物业区域内的公共秩序的维护、市政设施的配合管理、物业的装修管理等职责，其内容带有公共管理的性质。

（二）物业服务企业的分类

物业服务企业的分类方法较多，本书只介绍其中有代表性的几种。

（1）按股东出资形式来划分，可分为有限责任公司、股份有限公司、股份合作公司等。

①物业管理有限责任公司是由2个以上50个以下的股东共同出资，并以其出资额为限对公司承担责任，公司以其全部资产对公司的债务承担责任的企业法人。

②物业管理股份有限公司是一般由5个以上发起人成立，全部资本为等额股份，每个股东以其所持股份为限对公司承担责任，公司以其全部资产对公司的债务承担责任的企业

法人。股份有限公司的注册资本必须在1 000万元人民币以上。

③股份合作公司，其原则是自愿组合、自愿合作、自愿参股、民主管理、自负盈亏、按劳分配、入股分红。这种公司股东一般为职工，股东订立合作经营章程，按其股份或劳动享有权利和义务，公司以其全部资产对其债务承担责任。

（2）按隶属关系来划分，可分为以下四类：

①由开发商成立的物业服务企业。在物业管理权实行招投标前，前期物业管理权的分配由开发商指定。对于物业管理这样一个朝阳产业，为了“肥水不流外人田”，许多开发商纷纷成立物业服务公司，自建自管。由于业主委员会成立严重滞后，加上重选物业服务企业的成本大，程序繁杂，因此，自建自管一直延续下去就成为一种普遍现象。这类物业服务企业有它的优点，也有它的缺陷。首先，作为开发商的下属公司，对项目运行的全过程有所了解，便于与开发商协调工作，可以较早、较顺利地介入物业的开发建设过程，对于完善物业的开发建设是有利的。其次，由于物业服务公司与开发商拥有共同的利益目标，为了物业的销售和品牌建设，开发商比较愿意对物业服务公司补贴，对于收费低、收费困难的物业服务公司有一定的帮助。再次，有开发商开发的物业作为后盾，物业服务公司不为“找米下锅”发愁。但是，由于物业服务公司和开发商利益捆绑，物业服务公司作为开发商的子公司受控于开发商，难以站在公正的立场上维护业主的权益，使得许多本来可以在业主入住前就应该解决的问题却成为物业管理过程中的纠纷。同时，当开发商经营状况不好时，可能会取消对物业服务公司的补贴，物业服务公司经营境况就会急剧恶化，难以持续发展。

②单独成立的物业服务企业，即按照《公司法》要求，由社会上的公司、个人发起组建，通过竞争取得房产管理权的物业服务企业。这类企业发展环境比较艰难，在当前基本上仍属自建自管，物业管理收费又普遍偏低的情况下，企业的生存压力比较大。也正是由于生存压力大，这类企业较有活力，因为没有退路，必须适应市场，提供较好的服务方可生存。

③由房地产管理部门附属房管所改制的物业服务企业。这类企业转制时间不长，行政色彩较浓。这些物业服务企业名义上脱离行政管理的关系，但与原房管所和房管科仍有着千丝万缕的联系，未完全摆脱原单位的影响。所管物业很多是租赁房，房屋比较陈旧、零乱，租户生活水平低，管理和收费难度大。

④由机关、企事业单位房管部门改制的物业服务企业。这类由大中型企事业单位自行组建的物业服务企业，福利色彩较浓。一般管理单位自建的物业，收费低廉，多数只提供基本的服务，如保洁绿化、车辆管理等，在管理手段上，常与单位的行政手段相结合。

二、物业服务企业的设立

根据《公司法》和《物业服务企业资质管理办法》的规定，物业服务企业的设立程序分为工商注册登记和资质审批两个阶段。

（一）物业服务企业的工商注册登记

根据《公司法》规定，企业设立须向工商行政管理部门进行注册登记，在领取营业执照后，方可开业。因此，物业服务公司在营业前必须到工商行政管理部门注册登记，其办理手续与一般企业相同。

（1）企业名称的预先审核。物业服务企业可结合行业特点，根据所管理物业的名称、地域、公司发起人等取名，但在取名时，必须符合《公司法》的有关规定。根据公司登记管理的有关规定，物业服务企业应当由全体股东或发起人指定的代表或委托的代理人申请企业名称的预先核准，经工商行政管理部门批准后，获得《企业名称预先核准通知书》。

（2）公司地址。物业服务企业应以其主要的办事机构所在地作为公司的地址。

（3）注册资本。《公司法》规定，科技开发、咨询、服务性有限责任公司最低限额的注册资本为10万元，物业服务企业作为服务性企业应符合此规定。同时，考虑到企业注册后即应办理物业服务企业资质证书，因此，注册资本还应符合各资质等级注册资本的规定要求，按照现行的规定不低于50万元。

（4）股东人数和法定代表人。在设立物业服务企业时，股东人数必须符合法定条件。物业服务有限责任公司，应由50人以下股东共同出资设立。物业服务股份有限公司（除国有企业改建为股份有限公司外）应有200人以下的发起人，并且其中半数以上发起人在中国境内有固定住所。

（5）公司人员。物业服务企业的人数和从业资格应该符合相关法规要求。

（6）公司章程。物业服务企业章程是明确企业宗旨、性质、资金、业务、经营规模、组织机构以及利益分配、债权债务、内部管理等内容的书面文件，是设立企业的最重要基础条件之一。企业章程的内容因企业性质和业务的实际情况不同而有所不同。一般工商行政管理部门备有章程文本。

国家授权投资的机构和部门，可以单独设立国有独资的有限责任公司。海外投资者，可以在我国独资设立外资性质的物业管理有限责任公司。

（二）物业服务企业的资质审批和管理

（1）物业服务企业的资质条件。根据《物业服务企业资质管理办法》（2004年3月17日建设部令第125号，2007年11月26日根据《建设部关于修改〈物业服务企业资质管理办法〉的决定》修正，以下简称《办法》）规定：物业服务企业资质等级分为一、二、三级。各资质等级物业服务企业应符合如下条件：

一级资质：

①注册资本为人民币500万元以上。

②物业管理专业人员以及工程、管理、经济等相关专业的专职管理和技术人员不少于30人。其中，具有中级以上职称的人员不少于20人，工程、财务等业务负责人应具有相应专业中级以上职称。

③物业管理专业人员应按照国家有关规定取得职业资格证书。

④管理两种类型以上的物业，并且管理各类物业的房屋建筑面积分别占下列相应计算基数的百分比之和不低于100%：多层住宅200万平方米，高层住宅100万平方米，独立式住宅（别墅）15万平方米，办公楼、工业厂房及其他物业50万平方米。

⑤建立并严格执行服务质量、服务收费等企业管理制度和标准，建立企业信用档案系统，有优良的经营管理业绩。

二级资质：

①注册资本为人民币300万元以上。

②物业管理专业人员以及工程、管理、经济等相关专业的专职管理和技术人员不少于

20人。其中，具有中级以上职称的人员不少于10人，工程、财务等业务负责人应具有相应专业中级以上职称。

③物业管理专业人员应按照国家有关规定取得职业资格证书。

④管理两种类型以上的物业，并且管理各类物业的房屋建筑面积分别占下列相应计算基数的百分比之和不低于100%：多层住宅100万平方米，高层住宅50万平方米，独立式住宅（别墅）8万平方米，办公楼、工业厂房及其他物业20万平方米。

⑤建立并严格执行服务质量、服务收费等企业管理制度和标准，建立企业信用档案系统，有良好的经营管理业绩。

三级资质：

①注册资本为人民币50万元以上。

②物业管理专业人员以及工程、管理、经济等相关专业的专职管理和技术人员不少于10人。其中，具有中级以上职称的人员不少于5人，工程、财务等业务负责人应具有相应专业中级以上职称。

③物业管理专业人员应按照国家有关规定取得职业资格证书。

④有委托的物业管理项目。

⑤建立并严格执行服务质量、服务收费等企业管理制度和标准，建立企业信用档案系统。

综上所述，以上三个等级的资质条件比较如表2－1所示。

表2－1　物业服务企业资质条件比较

比较项目 资质等级	注册资本（万元）	从事物业管理类型（种）	物业管理面积要求（%）	企业管理制度和标准、企业信用档案系统	企业经营业绩要求	专业管理人员		
						人数	中级以上职称管理人员（人）	对财务、工程人员中级职称要求
一级资质	≥500	≥2	本档计算基数之和的100%	有要求	优良业绩	≥30	≥20	有
二级资质	≥300	≥2	本档计算基数之和的100%	有要求	良好业绩	≥20	≥10	有
三级资质	≥50	≥1	无要求	有要求	无要求	≥10	≥5	有

（2）物业服务企业资质的行政管理。其主要包括三个方面，即资质等级核定管理、审批管理和业务管理。

①资质等级核定管理。《办法》第九条规定：“申请核定资质等级的物业服务企业，应当提交下列材料：企业资质等级申报表；营业执照；企业资质证书正、副本；物业管理专业人员的职业资格证书和劳动合同，管理和技术人员的职称证书和劳动合同，工程、财务负责人的职称证书和劳动合同；物业服务合同复印件；物业管理业绩材料。”

《办法》第六条规定：“新设立的物业服务企业，其资质等级按最低等级核定，并设一年的暂定期。物业服务企业在领取营业执照之日起 30 天内，持相关资料到当地的房地产行政主管部门申请资质。”

《办法》规定：“物业服务企业出租、出借、转让资质证书的，由县级以上地方人民政府房地产主管部门予以警告，责令限期改正，并处 1 万元以上 3 万元以下的罚款；物业服务企业不按照本办法规定及时办理资质变更手续的，由县级以上地方人民政府房地产主管部门责令限期改正，可处 2 万元以下的罚款。”

②资质等级审批管理。物业服务企业的资质管理实行分级审批制度，具体如下：

国务院建设主管部门负责一级物业服务企业资质证书的颁发和管理。

省、自治区人民政府建设主管部门负责二级物业服务企业资质证书的颁发和管理，直辖市人民政府房地产主管部门负责二级和三级物业服务企业资质证书的颁发和管理，并接受国务院建设主管部门的指导和监督。

设区的市的人民政府房地产主管部门负责三级物业服务企业资质证书的颁发和管理，并接受省、自治区人民政府建设主管部门的指导和监督。

资质审批部门应当自受理企业申请之日起 20 个工作日内，给符合相应资质等级条件的企业核发资质证书。一级资质审批前，应当由省、自治区人民政府建设主管部门或者直辖市人民政府房地产主管部门审查，审查期限为 20 个工作日。

物业服务企业申请核定资质等级，在申请之日前一年内有下列行为之一的，资质审批部门不予批准：聘用未取得物业管理职业资格证书的人员从事物业管理活动的；将一个物业管理区域内的全部物业管理业务一并委托给他人的；挪用专项维修资金的；擅自改变物业管理用房用途的；擅自改变物业管理区域内按照规划建设的公共建筑和共用设施用途的；擅自占用、挖掘物业管理区域内道路、场地，损害业主共同利益的；擅自利用物业共用部位、共用设施设备进行经营的；物业服务合同终止时，不按照规定移交物业管理用房和有关资料的；与物业管理招标人或者其他物业管理投标人相互串通，以不正当手段谋取中标的；不履行物业服务合同，业主投诉较多，经查证属实的；超越资质等级承接物业管理业务的；出租、出借、转让资质证书的；发生重大责任事故的。

③资质等级业务管理。物业服务企业取得资质证书后，不得降低企业的资质条件，并应当接受资质审批部门的监督检查。资质审批部门应当加强对物业服务企业的监督检查。

一级资质物业服务企业可以承接各种物业管理项目。

二级资质物业服务企业可以承接 30 万平方米以下的住宅项目和 8 万平方米以下的非住宅项目的物业管理业务。

三级资质物业服务企业可以承接 20 万平方米以下的住宅项目和 5 万平方米以下的非住宅项目的物业管理业务。

物业服务企业超越资质等级承接物业管理业务的，由县级以上地方人民政府房地产主管部门予以警告，责令限期改正，并处 1 万元以上 3 万元以下的罚款。

三、物业服务企业的组织形式与机构设置

（一）物业服务企业组织形式

物业服务企业应根据自身的实际情况，选择适宜的组织形式。物业服务企业的组织形式有直线制、直线职能制、事业部制、矩阵制等。

（1）直线制。直线制是最简单的企业管理组织形式。它的特点是：企业各级领导者亲自执行全部管理职能，按垂直系统直接领导，不设专门职能机构（如图 2－1 所示）。这种组织形式适用于业务量较少的小型物业服务企业的初期管理，不能适应较大规模和较复杂的物业管理。

主要优点：领导能够集指挥和职能于一身，命令统一，责权分明，指挥及时。

主要缺点：要求领导者通晓各种专业知识，具备多方面的知识和技能。

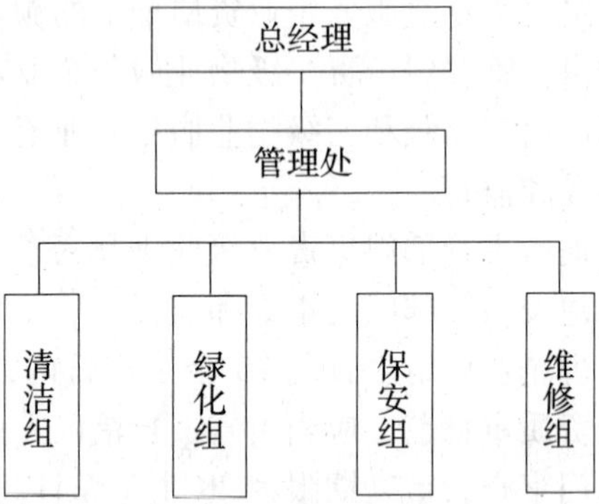

图 2－1　直线制物业服务企业组织形式

（2）直线职能制。直线职能制是以直线制为基础，在各级主管人员的领导下，按专业分工设置相应的职能部门，实行主管人员统一指挥和职能部门专业指导相结合的组织形式（如图 2－2 所示）。其特点是各级主管人员直接指挥，职能机构是直线行政主管的参谋。职能机构对下面直线部门一般不能下达指挥命令和工作指示，职能部门与管理处平级，只是起业务指导和监督作用。这种组织形式是目前物业管理机构设置中普遍采用的一种形式。

主要优点：加强了专业管理的职能，适合涉及面广、技术复杂、服务多样化、管理综合性强的物业服务企业。

主要缺点：机构人员较多，成本较高，横向协调困难，容易造成扯皮现象，降低工作效率。

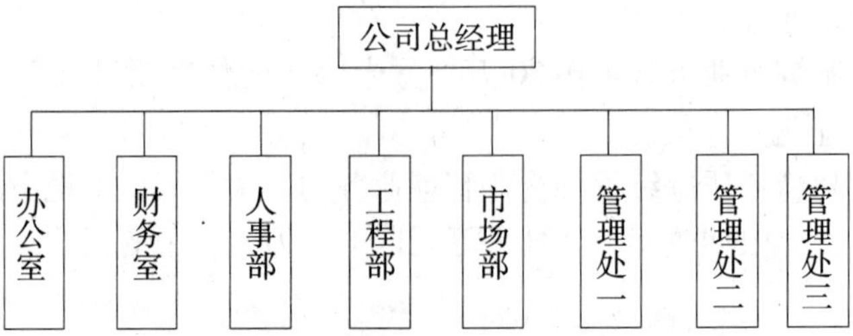

图 2－2　直线职能制物业服务企业组织形式

（3）事业部制。事业部制是较为现代的一种组织形式，是管理产品种类复杂、产品差别很大的大型集团公司所采用的一种组织形式（如图 2－3 所示）。这类集团公司按产品、地区或市场将公司分成几个相对独立的单位，即事业部。这种组织形式的主要特点：一是实行分权管理，将政策制定和行政管理分开；二是每个事业部都是一个利润中心，实行独立核算和自负盈亏。这种形式一般多由那些规模大、物业种类繁多、经营业务复杂多样的大型综合型物业服务公司借鉴采用。

主要优点：一是强化了决策机制，使公司最高领导摆脱了繁杂的行政事务，着重于公司重大事情的决策；二是能调动各事业部门的积极性、责任心和主动性，增强了企业的活力；三是促进了内部的竞争，提高了公司的效率和效益；四是有利于复合型人才的考核培养，便于优秀人才脱颖而出。

主要缺点：事业部之间的协调困难，机构重叠，人员过多。

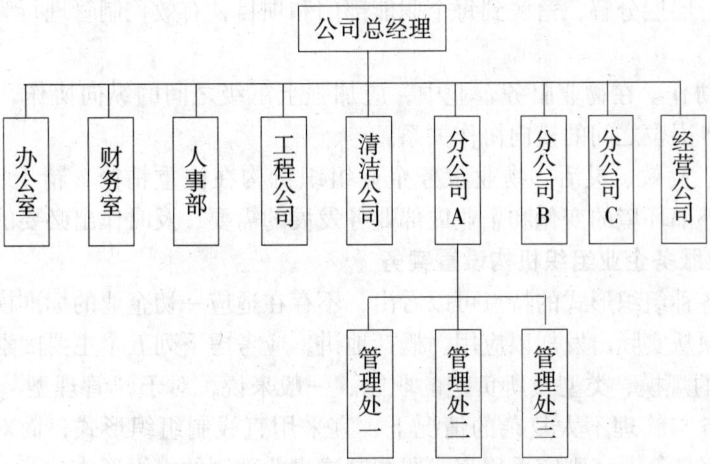

图2-3　事业部制物业服务企业组织形式

(4) 矩阵制。矩阵制是在传统的直线职能制纵向领导系统的基础上，按照业务内容、任务或项目划分而建立横向领导系统，纵横交叉，构成矩阵的组织形式（如图2-4所示）。其特点是：在同一组织中既设置纵向的职能部门，又建立横向的管理系统，参加项目的成员受双重领导，既受所属职能部门的领导，又受项目组的领导。职能部门比管理处要高半级，可以对管理处进行管理，而不单是指挥。

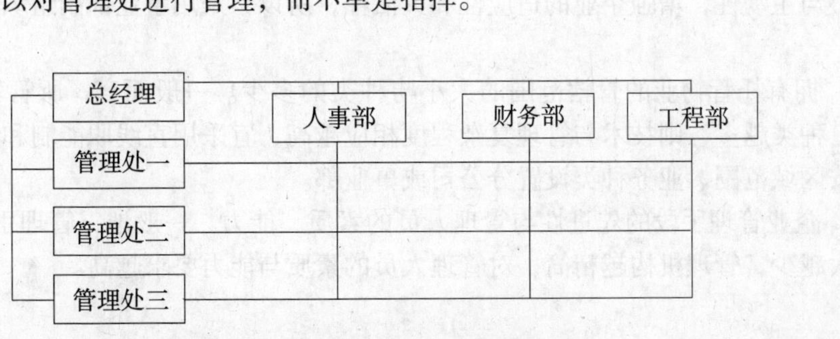

图2-4　矩阵制物业服务企业组织形式

主要优点：一是加强了各职能部门之间的横向联系，充分利用了人力资源；二是有利于调动各方工作的积极性，解决处理各自责任范围内的问题；三是具有较强的机动性和适应性。

主要缺点：一是组织结构的稳定性较差，机构人员较多，容易形成多头领导；二是部门之间关系复杂，协调工作量比较大，处理不当容易产生矛盾。

（二）物业服务企业组织机构设置的要求

（1）按照规模、任务设置。物业服务企业在设置组织机构时，一方面应考虑管理的规模；另一方面，在保证关键职能的基础上，应适当减少部门划分。物业服务企业的组织机构设置要服从企业的任务和目标，根据物业管理模式的任务和目标的不同，组织机构设置的重点也应该有所区别。

（2）统一领导、分层管理。物业服务企业各部门和项目应有明确的分工，把企业的任务和目标进行层层分解，落实到每个职能部门和项目，有效控制管理行为，实现集权与分权相结合。

（3）分工协作。在物业服务企业中，应加强上下级之间的纵向协作，改善各职能部门、各项目、各岗位之间的横向协作关系。

（4）精干、高效、灵活。物业服务企业组织机构在注重精简、精干、高效的同时，还应根据企业外部环境的变化和企业内部业务发展的需要，及时作出必要的调整。

（三）物业服务企业组织机构设置实务

分析以上各种组织形式的特点可以看出，不存在适应一切企业的标准模式，所以，物业服务企业必须从实际出发加以应用。概括地讲，应考虑下列五个主要因素：

（1）企业的规模、类型及所负担的职能。一般来说，对于“管理型”的中小物业服务企业，且业务与管理不太复杂的情况下，宜采用直线制组织形式，而对于“实体型”的大中型物业服务企业，则宜采用直线职能制或事业部制的组织形式。

（2）企业的经营方式与管理业务的负担程度。如果物业服务企业接受的委托业务社会化程度较高，业务的种类越多，就应加强管理的职能，提高市场的适应能力与决策能力，而不宜采用直线制组织形式。

（3）物业管理模式与服务对象的特点。在实行业主自治管理与物业服务企业专业化管理相结合的模式，或实行租赁经营型自主管理模式时，业主或使用人往往对管理的质量、服务的层次与水平提出更高的要求，这就要求企业提高科学管理水平，提高属下单位的责任心与主动性，增强企业的适应性和灵活性，所以，采用事业部制组织形式效果可能会更好。

（4）拥有托管物业的管辖范围的大小与种类的多少。一般而言，所管辖的物业的范围越大，种类越多，则技术与管理复杂程度相应越高，宜采用直线职能制和事业部制组织形式，按区域范围、业务种类设置分公司或事业部。

（5）企业管理手段的先进性与管理人员的素质、能力。一般地，管理手段越现代化，管理层次越少，管理机构越精简，对管理人员的素质与能力要求越高。

四、物业服务企业的权利和义务

根据《物权法》、《物业管理条例》等法律法规的规定，物业服务企业的权利和义务概括为：

（一）物业服务公司的权利

（1）依据物业服务合同和国家及本市有关规定实施物业管理；

（2）依据物业服务合同和有关规定收取物业服务费用及其他应收款项，并支付有关费用；

（3）劝阻、制止损害他人物业或妨害物业管理的行为；对造成的损害，有权要求赔偿；

（4）要求业主委员会协助管理；

（5）选聘专营公司或聘用专人承担清洁、保安、绿化等专业服务业务；

（6）从事物业经营或开展其他多种经营和有偿服务；

（7）物业服务公司进入产权人或使用人的单元进行维修工作时，应事先通知产权人或使用人并取得其同意。紧急情况下无法通知产权人或使用人的，物业服务公司可在第三方机构的监督下，进入单元内部，但事后应及时通知产权人或使用人。

（二）物业服务公司的义务

（1）全面履行物业服务合同，对产权人委托管理的房屋、设施及其共用部位进行维护、修缮，承担大厦的保安、防火、绿化维护、清扫保洁以及产权人和使用人日常生活必需的便民服务；

（2）建立物业服务收支账目，定期向产权人公布，接受业主委员会的查询，其他各项工作也应接受业主委员会和居民的监督；

（3）重大的管理措施提交业主委员会审议决定；

（4）接受房屋土地管理机关、其他行政管理机关及当地街道办事处的指导监督；

（5）发现违反法律法规和规章的行为，要及时向有关行政管理机关报告；

（6）制定并监督物业管理规章制度；

（7）采取合法措施（包括法律措施）制止并更正各业主违反公约的行为；

（8）业主委员会决定变更选聘其他公司管理物业时，物业服务公司有义务负责办理文件、资料、图纸及其他相关工作的交接手续。

五、物业服务企业人员

（一）物业管理从业人员的种类

物业管理从业人员是指在物业管理服务机构工作或从事物业管理相关服务的从业人员。按照物业服务公司的管理层次来划分，物业管理从业人员可以分为高层管理人员、中层管理人员、基层管理人员、岗位管理人员四种。

（1）高层管理人员。高层管理人员是站在物业服务公司的立场上，对整个公司实行综合指挥和统一管理的人员。高层管理人员所考虑的管理问题和所从事的管理活动，都是与公司的正常运作和实际效果密切相关的。高层管理人员的主要职责是制定物业管理的管理目标和服务思想，以及物业管理过程中的经营发展策略；根据管理与服务的需要配备人力资源；主持日常工作，定期召开部门经理或相关会议，布置工作，检查各部门的工作情况；考核部门经理以上人员的工作。

（2）中层管理人员。中层管理人员的职责主要是执行高层管理者所作出的决策和大政方针，并使高层管理者制定的目标、思想付诸实施。中层管理人员要为他们所负责的部门制定旨在实现公司总目标的次一级的管理目标；策划和选择实现目标的实施方案；按部门分配资源；协调公司内各单位的活动；制订对偏离目标行动的纠正方案。他们向最高管理层直接报告工作，同时负责监督和协调基层管理人员的工作。物业服务公司的中层管理人员一般包括行政部、会计部、工程部、管理部、保安部、人事部等部门的负责人。

（3）基层管理人员。基层管理人员是指主管、组长一级的管理人员。其主要职责是按中层管理者指示的程序，去组织、指挥和从事物业管理的具体管理活动，如给下属人员分配工作，监督下属人员的工作情况等。

（4）岗位管理人员。岗位管理人员是指在一线上从事管理与服务的人员。这部分人员占整个管理公司的绝大多数。他们虽然没有管理下属，但他们对物业的运作情况进行监控和维护，同时直接面对业主、使用人并提供服务，他们是物业管理与服务的最终执行者和实现者。岗位管理人员包括管理员、保安员、电工、清洁工等。

（二）物业管理从业人员的专业素质

优质的物业管理与服务依赖于物业管理从业人员良好的服务意识和专业的管理技术。现代物业管理的各项工作，其专业性和技术性都很强，为了进行有效的管理，物业管理从业人员必须具备相关的专业知识，否则难以面对现代物业先进的技术环境和复杂的人际关系。当前，关于物业管理的投诉颇多，其原因是多方面的，其中一个重要原因，不能不说是许多物业管理从业人员服务精神、专业素质都未达到基本的要求。从发展的眼光来看，即使物业管理法规已经基本完善了，物业管理的社会经济环境有了很大的改善，但如果物业管理从业人员不从根本上提高自身素质，我国物业管理业要实现快速发展并上升到较高的水平也是不可能的。

与其他行业的管理者一样，物业管理从业人员的专业素质包括许多方面的内容。概括地说，物业管理从业人员的专业素质包括知识结构和能力结构两方面，如表 2－2 所示。

表 2－2　物业管理从业人员的专业素质

结　构	知识结构	能力结构
内　容	管理学知识	创新能力
	建筑工程结构知识	决策能力
	机电设备知识	组织指挥能力
	法律知识	社会活动能力
	心理学知识	自制能力
	综合知识	技术能力

（三）物业管理从业人员专业素质的培养

物业管理从业人员如何才能获得物业管理必备的专业知识和综合的管理技能呢？基本的途径有两个：一是通过继续教育获得；二是通过不断的实践提高。

（1）通过继续教育获得物业管理的知识和技能。对管理者的再教育被称为“继续教育工程”，在国际上十分流行。许多有实践经验的管理者通过系统的理论学习，开阔了眼界，丰富了知识，管理的能力和水平有了进一步的提高。物业管理从业人员现阶段的继续教育，除了学习物业管理专业知识外，还可以根据个人的特点和岗位的需要，相应地学习计算机、财务管理、机电工程、房地产经营管理等专业知识。通过学习和提高，使今后的管理、服务更专业、更娴熟、更完满。

(2) 通过物业管理实践提高管理技能。如何提高管理者的专业素质，是我国现阶段物业服务公司碰到的一大难题。许多管理公司及其管理人员采取“在战争中学习战争”，即通过管理实践提高管理技能的方法，收到了显著的效果。在实践工作中，可以通过管理工作扩大化、管理工作丰富化、设立副职、开展案例讨论会和异地任职等方法来提高管理技能。

(四) 物业管理从业人员的职业道德修养

所谓道德修养，是道德活动的一种重要的形式，是指人在道德实践过程中，提高自己、改造自我的一种活动的体现。其表现为：运用正确的道德原则、道德观念，不断理清、改造思想意识中不正确的道德观念，这是内心的反省和斗争；在实践中，履行自己接受的道德原则，并通过实践检验对它们的理解是否正确，不断地进行总结、修正、提高。这两个方面是统一的。

所谓职业道德修养，是指从事各种职业活动的人员，按照职业道德的基本原则和规范，在职业活动中所进行的自我教育、自我锻炼、自我改造和自我完善，使自己形成良好的职业道德品质和达到一定的职业道德境界。

物业管理职业道德修养，是指物业管理从业人员在物业管理与服务过程中，坚定自己的职业选择，不断加深对物业管理行业特性、准则的认识，树立忠诚意识、服务意识、质量意识、利人意识，并以此指导、规范、升华自己的言行，从而达到使服务公司满意、业主满意、从业者自己满意的理想境界。

那么，物业管理从业人员怎样才能加强职业道德修养呢？

(1) 加深行业认识。物业管理从业人员要充分认识物业管理对城市功能的完善及对城市精神文明建设的重要性，明确自己在城市建设与发展中所担任的重要角色，自觉地把自己的工作与人们美好的生活环境联系起来，把自己视作美好生活的创造者和维护者。

(2) 树立服务意识。物业管理从业人员的一切工作都是服务，一切努力都是为了服务。只有树立起新型的现代服务观，才能主动地、创造性地开展服务工作。一个成熟的物业管理者，总会自觉地把为业主、使用人提供优质的服务作为职业的追求，并以此获得职业的满足感。可以说，是否树立了服务意识，是物业管理从业人员职业道德修养的主要内容。

(3) 提高文化素质。物业管理从业人员必须广泛地涉猎各种文化知识，汲取优秀的人类文化成果，丰富自己的精神世界和职业思想。牢记：没有高素质，没有好修养，便没有好的管理，更没有好的服务。

2.2 业主和业主大会

一、业主

(一) 业主的概念

按照《物业管理条例》第六条规定：“房屋的所有权人为业主。”我国实行房屋所有权与土地使用权归属同一个主体的原则，拥有了房屋的所有权在事实上就拥有了与房屋相配套的设施设备和相关场地的相关权利。这一点在《物权法》中体现得特别明确。在现实物业管理中，房屋的所有权人包括：建筑物区分所有权人、独立所有权人和集体所有权人。建筑物区分所有权人是指多人区分一幅地块上同一建筑物而有其专有部分，并就其共用部位按份拥有所有权者；独立所有权人是指某宗土地上的建筑物为某人或组织所独有。区分所有权人多见于居住物业，通常是一幢楼宇或一个小区有数十名乃至成百上千名业主；独立所有权人多见于非居住物业，如许多大型商厦、酒店、宾馆和纯出租的写字楼等，有时也见于独立的别墅物业。

因为物业的所有权人身份认定通常是以是否取得合法的产权证为前提的，而现实情况是，许多人签了房屋买卖合同、交了房款，不一定能马上拿到产权证。还有一种情况是发展商暂时没有卖出、呈现空置状态的物业，一般也不会有产权证。所以，国内一些地区为了保障物业权利的行使，在地方法规和行政规章中附加规定：已办理商品房预售、买卖合同登记且物业已交付使用的单位或个人，以及持有空置物业的建设单位，也是业主。

（二）业主的权利与义务

业主的权利是指业主的财产权利。业主作为物业的所有权人，其基本权利是依法享有物业所有权的各项权益，包括占有权、使用权、收益权、处分权。但这里讨论的业主权利是由物业所有权派生出的物业管理权。按照《物业管理条例》的规定，业主在物业管理活动中，享有下列权利：

（1）按照物业服务合同的约定，接受物业服务企业提供的服务；

（2）提议召开业主大会会议，并就物业管理的有关事项提出建议；

（3）提出制定和修改管理规约、业主大会议事规则的建议；

（4）参加业主大会会议，行使投票权；

（5）选举业主委员会成员，并享有被选举权；

（6）监督业主委员会的工作；

（7）监督物业服务企业履行物业服务合同；

（8）对物业共用部位、共用设施设备及相关场地使用情况享有知情权和监督权；

（9）监督物业共用部位、共用设施设备专项维修资金的管理和使用；

（10）法律法规规定的其他权利。

这些权利有些由单个业主享有和行使，有些只能通过业主大会来实现，比如，“接受物业服务企业提供的服务”单个业主可以享有，“制定和修改管理规约、业主大会议事规则的建议”只能通过业主大会来实现。

有权利就有义务。按照《物业管理条例》的规定，业主在物业管理活动中，应履行下列义务：

（1）遵守管理规约、业主大会议事规则；

（2）遵守物业管理区域内物业共用部位和共用设施设备的使用，公共秩序和环境卫生的维护等方面的规章制度；

（3）执行业主大会的决定和业主大会授权业主委员会作出的决定；

（4）按照国家有关规定缴纳专项维修资金；

（5）按时缴纳物业服务费用；

(6) 法律法规规定的其他义务。

（三）业主自治管理

“自治”即自行管理，是指业主对自己拥有的房产的使用、经营和管理作出决定的行为。业主自治在《物权法》中有明确的提法，也是新的《物业管理条例》的主导思想之一。

(1) 业主自治管理的组织形式。业主自治管理可以采用以下的组织形式：

①业主大会。业主大会是由特定物业管理区域内的全体业主组成的群众自治组织，是物业管理区域内有关物业管理实务的最高决策机构和权力机构，应当代表和维护物业管理区域内全体业主在物业管理活动中的合法权益。在业主较多的情况下，如广州市规定，业主超过300个的时候，应该按一定的比例推荐业主代表组成业主代表大会，业主大会和业主代表大会具有同等的法律地位。

②业主委员会。业主委员会是由业主大会选举产生，并在其授权下开展工作和负责向其汇报工作的执行机构。业主委员会具有独立承担民事责任的能力，可以直接对外发生民事法律关系。

③业主小组。业主小组是由物业管理区域内为了方便工作和联系而划分的较小范围内（如某一栋楼）的业主组成的自治小组。它们是业主内部的基层组织，不具有独立承担民事责任的能力，不能直接对外发生民事法律关系。

(2) 业主自治管理的方式。按照《物权法》，业主自治管理可以自主管理也可以委托管理，即业主可以自行管理建筑物及其附属设施，也可以委托物业服务企业或者其他管理人管理。

二、业主大会

（一）业主大会的概念

业主大会是由物业管理区域内全体业主组成，代表和维护物业管理区域内全体业主在物业管理活动中的合法权益的权力组织。它是同居一楼一区的众多的区分所有权人行使对物业共有、共用部分自治管理权的一种民主形式，其对物业区域内的各项物业管理事务有决策权。当业主人数较多时，应按比例推选业主代表，组成物业管理区域内的业主代表大会。

（二）业主大会的成立

一个物业管理区域只能成立一个业主大会，而不能成立多个业主大会。对于由众多业主构成的物业管理区域，只有成立业主大会才能民主解决物业管理的公共事项；对于业主数量很少的物业管理区域（如一个人或几个人），业主共同商讨物业管理问题很方便，业主大会成立与否并不影响业主关于物业管理的民主决策，因此，这样的物业管理区域，可以不成立业主大会。《物业管理条例》规定：“同一个物业管理区域内的业主，应当在物业所在地的区、县人民政府房地产行政主管部门的指导下成立业主大会，并选举产生业主委员会。但是，只有一个业主的，或者业主人数较少且经全体业主一致同意，决定不成立业主大会的，由业主共同履行业主大会、业主委员会职责。”例如，有的大厦建筑规模很大，连同配套建筑和设施构成独立的物业管理区域，但大厦产权统属一人或几人，业主只有一个或几个，这样的大厦就可以不成立业主大会。业主大会仅仅是业主民主决策的一种组织形式，《物业管理条例》规定业主大会制度，是为了保障众多业主的公众权益不受损害，只要不影响业主民主决策，是否成立业主大会，由物业管理区域的全体业主决定。

符合以上召开首次业主大会的前提条件，业主可以筹备成立业主大会，物业所在地的区、县人民政府房地产行政主管部门和街道办事处负有指导之责。首先应成立业主大会筹备组，筹备组成员由业主代表、建设单位（包括公有住房出售单位）组成，筹备组负责业主大会筹备工作。筹备组成员名单确定后，要以书面形式在物业管理区域内公告。

业主大会筹备组筹备工作的内容：

（1）确定首次业主大会会议召开的时间、地点、形式和内容；

（2）参照政府主管部门制定的示范文本，拟定《业主大会议事规则》（草案）和《管理规约》（草案）；

（3）确认业主身份，确定业主在首次业主大会会议上的投票权数；

（4）确定业主委员会委员候选人产生办法及名单；

（5）做好召开首次业主大会会议的其他准备工作。

以上内容要在首次业主大会会议召开15日前以书面形式在物业管理区域内公告。

因为物业建设单位和前期介入的物业服务企业掌握业主资料，便于召集业主，同时也有会务组织的起码条件（如场所、人员等），所以建设单位和前期介入的物业服务企业有协助业主召开业主大会会议的义务。

按照建设部《业主大会规程》第八条的规定，业主大会筹备组应当自组成之日起30日内在物业所在地的区、县人民政府房地产行政主管部门的指导下，组织业主召开首次业主大会会议，并选举产生业主委员会。

（三）业主投票权的确定

投票权是业主因物业的所有权而享有的参与物业管理、表达自己意愿的权利，它是物业所有权的派生权利，是业主行使物业管理权的具体体现。

关于业主投票权的确定，有的地方按建筑面积确定，有的地方按物业的套数、户数确定。按套或户确定投票权，显然未能完全反映业主物业权益份额大小，从物权角度看有失公平。但按建筑面积计算投票权，会存在大业主在一定情况下垄断业主大会表决权（如建设单位保留产权或空置面积较大），导致小业主的意见无法表达、权益无法保护的问题。在这种背景下，《物业管理条例》和《业主大会规程》共同规定的精神是，业主在首次业主大会会议上的投票权，按照省、自治区、直辖市制定的具体办法确定，赋予地方立法一定的自主权。《业主大会规程》第十条也规定："业主大会议事规则应当就业主大会的议事方式、表决程序、业主投票权确定办法、业主委员会的组成和委员任期等事项依法作出约定。"显然，业主在例行业主大会会议上投票权的确定办法，要由全体业主在业主大会会议上投票表决通过，在业主大会议事规则中写明。

（四）业主大会的职责

《物业管理条例》第十一条规定，业主大会履行以下职责：

（1）制定和修改业主大会议事规则；

（2）制定和修改管理规约；

（3）选举业主委员会或更换业主委员会成员；

（4）选聘与解聘物业服务企业；

(5) 筹集与使用专项维修资金；

(6) 改建、重建建筑物及附属设施；

(7) 有关共有和共同管理权利的其他重大事项。

此外，业主大会规程还规定业主大会应当依法履行职责，不得作出与物业管理无关的决定，不得从事与物业管理无关的活动。业主大会应当配合公安机关，与居民委员会相互协作，共同做好维护物业管理区域内的社会治安等相关工作。

在物业管理区域内，业主大会应当积极配合相关居民委员会，依法履行自治管理职责，支持居民委员会开展工作，并接受其指导和监督。住宅小区的业主大会还应将其作出的决定及时告知相关的居民委员会，并听取居民委员会的建议。

(五) 业主大会会议的召开

(1) 定期会议和临时会议。业主大会会议分为定期会议与临时会议。定期会议与临时会议都由业主委员会组织召开。定期会议的时间由业主大会在业主大会议事规则中确定。当出现下列情况时，业主委员会应当及时组织召开业主大会临时会议：①20%以上的业主提议召开业主大会临时会议的；②发生重大事故或者紧急事件需要及时处理的；③业主大会议事规则或者管理规约规定的其他情况。

发生以上应当召开业主大会临时会议的情况时，如果业主委员会不履行组织召开会议的职责，区、县人民政府房地产行政主管部门应当责令业主委员会限期召开业主大会临时会议。

业主委员会应当在召开业主大会会议15日前将会议通知及有关材料以书面形式在物业管理区域内公告。如果是住宅小区召开业主大会会议，还应当同时告知与物业管理区域相关的居民委员会。

(2) 业主代理人和业主代表人。

业主因故不能参加业主大会会议的，可以书面委托代理人参加。代理人应当在业主委托书的授权范围内行使代理权，如投票、发表意见、参加表决等。业主委托代理人的授权内容不得超越业主自身权限，如投票权数。业主只能委托代理人代理事项，不能委托代理人代理业主身份，代理人无权以候选人身份参加业主委员会成员的竞选。

物业管理区域内业主人数较多的，可以按照幢、单元、楼层等为单位，推选一名业主代表参加业主大会会议。推选业主代表参加业主大会会议的，业主代表应当于参加业主大会会议3日前，就业主大会会议拟讨论的事项，书面征求其所代表的业主意见。凡需投票表决的事项，业主代表应当要求业主将赞同、反对或弃权的决定及享有的投票权数以书面签字的形式呈现，然后由业主代表在业主大会上代表业主如实投票。业主代表因故不能参加业主大会会议的，其所代表的业主应当另外推选一名业主代表参加大会。

(3) 业主大会的召开形式。业主大会会议可以采用到会业主集体讨论的形式，也可以采用书面征求意见和书面投票表决的形式。无论采用何种形式，应当经专有部分占建筑物总面积过半数的业主且占总人数过半数的业主同意。

(六) 业主大会的决定

《物权法》第七十六条规定："下列事项由业主共同决定：①制定和修改业主大会议事规则；②制定和修改建筑物及其附属设施的管理规约；③选举业主委员会或者更换业主委员会成员；④选聘和解聘物业服务企业或者其他管理人；⑤筹集和使用建筑物及其附属

设施的维修资金；⑥改建、重建建筑物及其附属设施；⑦有关共有和共同管理权利的其他重大事项。决定前款第五项和第六项规定的事项，应当经专有部分占建筑物总面积2/3以上的业主且占总人数2/3以上的业主同意。决定前款其他事项，应当经专有部分占建筑物总面积过半数的业主且占总人数过半数的业主同意。”

三、业主委员会

（一）业主委员会的概念

业主委员会是指在物业管理区域内，经业主大会或业主代表大会选举产生，由业主代表组成的业主大会执行机构。业主委员会委员必须由业主担任，以保证能完全体现业主的意愿和主张，充分维护业主的权益。物业建设单位在其开发的物业未完全售出以前或保留经营时，依然具有业主的身份，也有当选为业主委员会成员的基本权利。物业服务公司不能代表业主参加业主委员会。

成立业主委员会是实施业主自治管理的重要方面。物业管理区域的一般物业管理事项不可能事事都由业主大会决定、执行，业主委员会作为业主大会的执行机构，在获得业主大会授权的情况下，代表业主的利益，维护业主的合法权益，监督物业服务企业的工作，监督业主遵守管理规约的规定，使业主在物业管理方面的自治管理权有了真正的载体和依附。

一个物业管理区域只能成立一个业主委员会。业主委员会的组成人数应视物业管理各方面情况而定。物业管理区域面积大、业主多，物业类型不一（同时拥有高层、多层住宅等），业主成分差别大的，则业主委员会的成员应多一些；反之，可适当减少。但为了保证业主委员会成员的代表性和业主委员会决策的民主性，业主委员会成员一般为5~15人，不得少于5人。为便于工作，业主委员会内部应有分工，一般应在业主委员会中推选主任1名，副主任1~2名，并可委派一名委员兼管财务工作。通常业主委员会还可聘任执行秘书一名（可以不是业主委员会成员），由其负责处理委员会的日常事务。至于业主委员会主任、委员、执行秘书是兼职还是专职，业主委员会的运作经费（包括其成员是否取酬、酬金来源）管理、使用等事项，均应由业主大会决定，在业主议事规则中列明。业主大会和业主委员会工作经费的使用情况应当定期以书面形式在物业管理区域内公告，接受业主的质询。

（二）业主委员会委员的条件

物业管理区域的大量事务，如业主大会会议的筹备、有关文件的草拟、物业服务企业的选聘组织与解聘执行、物业服务企业工作的监督、业主遵守管理规约情况的监督、物业专项维修资金的管理及其他诸多事项，均需要业主委员会具体负责。因此，对业主委员会成员的品质、资质有较高的要求。首先，业主委员会成员要符合《业主大会规程》规定的下列条件：

（1）本物业管理区域内具有完全民事行为能力的业主；

（2）遵守国家有关法律法规；

（3）遵守业主大会议事规则、管理规约，模范履行业主义务；

（4）热心公益事业，责任心强，公正廉洁，具有社会公信力；

（5）具有一定的组织能力；

（6）具备必要的工作时间。

其次，还要尽可能地懂得相关的法律知识和物业管理的专业知识，并且其直系亲属应当不在本物业管理区域的物业服务公司或本地的行政主管部门任职。

（三）业主委员会的职责

按照《物业管理条例》的规定，业主委员会应当履行以下职责：

（1）召集业主大会会议，报告物业管理的实施情况；

（2）代表业主与业主大会选聘的物业服务企业签订物业服务合同；

（3）及时了解业主、使用人的意见和建议，监督和协助物业服务企业履行物业服务合同；

（4）监督管理规约的实施；

（5）业主大会赋予的其他职责。

另外，按照《业主大会规程》规定，业主委员会还应当自选举产生之日起30日内，将业主大会的成立情况、业主大会议事规则、管理规约及业主委员会委员名单等材料向物业所在地的区、县人民政府房地产行政主管部门备案。备案的有关事项发生变更的，须重新备案。业主委员会还应当督促违反物业服务合同约定逾期不缴纳物业服务费用的业主，限期缴纳物业服务费用。业主委员会任期届满2个月前，应当召开业主大会会议进行业主委员会的换届选举；逾期未换届的，房地产行政主管部门可以指派工作人员指导其换届工作。原业主委员会应当在其任期届满之日起10日内，将其保管的档案资料、印章及其他属于业主大会所有的财物移交新一届业主委员会，并办好交接手续。

业主委员会不得作出与物业管理无关的决定，不得从事与物业管理无关的活动。业主委员会应当配合公安机关，与居民委员会相互协作，共同做好维护物业管理区域内的社会治安等相关工作。

在物业管理区域内，业主委员会应当积极配合相关居民委员会依法履行自治管理职责，支持居民委员会开展工作，并接受其指导和监督。住宅小区业主委员会还应将作出的决定，告知相关的居民委员会，并听取居民委员会的建议。

（四）业主委员会会议

按照《业主大会规程》规定：

业主委员会应当自选举产生之日起3日内召开首次业主委员会会议，推选产生业主委员会主任1人，副主任1~2人。

经1/3以上业主委员会委员提议或者业主委员会主任认为有必要的，应当及时召开业主委员会会议。

业主委员会会议应当作书面记录，由出席会议的委员签字后存档。

业主委员会会议应当有过半数委员出席，作出决定必须经全体委员人数半数以上同意。

业主委员会的决定应当以书面形式在物业管理区域内及时公告。

（五）业主委员会成员的更换与资格终止

按照《业主大会规程》规定：

经业主委员会或者20%以上业主提议，认为有必要变更业主委员会委员的，由业主大会会议作出决定，并以书面形式在物业管理区域内公告。

业主委员会委员有下列情形之一的，经业主大会会议通过，其业主委员会委员资格终止：

（1）因物业转让、灭失等原因不再是业主的；

（2）无故缺席业主委员会会议连续三次以上的；

（3）因疾病等原因丧失履行职责能力的；

（4）有犯罪行为的；

（5）以书面形式向业主大会提出辞呈的；

（6）拒不履行业主义务的；

（7）其他原因不宜担任业主委员会委员的。

业主委员会委员资格终止的，应当自终止之日起3日内将其保管的档案资料、印章及其他属于业主大会所有的财物移交给业主委员会。

（六）业主委员会章程

业主委员会章程，是指规定业主委员会组织及行为的基本准则的文件。它是以书面形式固定下来的业主共同意思的表示。业主委员会章程是保障业主委员会正常开展工作、维护业主利益、实现管理目标的纲领性文件。它既是业主委员会成立的基础，又是业主委员会赖以生存的灵魂。

业主委员会的章程一般包括总则、组织机构、业主委员会会议制度、业主委员会职责、业主委员会日常经费开支和办公用房、附则等内容。

（七）业主委员会的工作经费

业主大会和业主委员会开展工作的经费由全体业主承担；经费的筹集、管理、使用具体由业主大会议事规则规定。

业主大会和业主委员会工作经费的使用情况应当定期以书面形式在物业管理区域内公告，接受业主的质询。

四、非业主使用人

（一）非业主使用人

所谓非业主使用人，是指业主以外合法使用物业的租户或其他人。

住宅区、写字楼、商业大厦、工业厂房等许多物业都存在出租使用的情况，这也是物业作为高价值耐久使用的不动产与其他商品在交易形式上的截然不同。现时中的物业有的是部分出租，有的是全部出租，也有的是出售后由小业主零星出租，甚至还有二次或多次出租的情况。如在住房改革中部分住户未参加房改，依然租住公房；政府出资的新建住宅区，一部分作为经济适用房出售，一部分作为廉租房出租给低收入阶层居民；商品住宅区某一幢或几幢楼宇整体用于安置拆迁户。凡此种种，大量存在着业主与非业主使用人并住的情况，如何处理好二者的利益关系，维护好各自的权益，是对物业管理工作提出的新挑战。

（二）非业主使用人的权利和义务

非业主使用人主要是房屋租赁关系中的承租人，其权利来自法律法规的规定和管理规约的授权。在业主较多而占支配地位的情形下，为了防止业主侵害非业主使用人的合法权益，法律法规对非业主使用人的权益有特殊保障。如建设部发布的《城市房屋租赁管理办法》和各地施行的《出租屋管理规定》，都对房屋租赁当事人的权利和义务作出了规定。

2.3 物业管理相关机构

一、归口管理部门——政府房地产行政管理部门

房地产行政主管部门是物业管理工作的归口管理部门，负责物业管理的行业政策制定和对物业管理活动的指导、监督、管理工作。主要体现在以下四个方面：

（一）审批物业服务企业的经营资质

国家对从事物业管理活动的企业实行资质管理制度。房地产行政主管部门为了加强对物业服务企业的管理，规定物业服务企业的行为，按照《物业服务企业资质管理试行办法》，对物业服务企业的资质管理实行分级审批和动态管理制度，有些地方这一职能已转到行业协会。

（二）对物业管理招标投标活动实施监督管理

建设部《前期物业管理招标投标管理暂行办法》（建住房〔2003〕130号）规定：国务院建设行政主管部门负责全国物业管理招标投标活动的监督管理，省、自治区人民政府建设行政主管部门负责本行政区域内物业管理招标投标活动的监督管理，直辖市、市、县人民政府房地产行政主管部门负责本行政区域内物业管理招标投标活动的监督管理。

房地产行政主管部门应当建立评标的专家名册。省、自治区、直辖市人民政府房地产行政主管部门可以将专家数量少的城市的专家名册予以合并或者实行专家名册计算机联网。房地产行政主管部门应当对进入专家名册的专家进行有关法律和业务培训，对其评标能力、廉洁公正品德等进行综合考评，及时取消不称职或者违法违规人员的评标专家资格。

（三）对日常物业管理活动实施监督管理

《物业管理条例》规定：国务院建设行政主管部门负责全国物业管理活动的监督管理工作，县级以上地方人民政府房地产行政主管部门负责本行政区域内物业管理活动的监督管理工作，对违反《物业管理条例》规定的各种行为进行行政处罚或行政处分。

根据《物业管理条例》的规定，房地产行政主管部门的监督管理职责如下：

（1）制定物业管理区域划分办法，并管理物业管理区域的划分；

（2）指导业主大会的成立；

（3）对业主委员会的成立进行备案管理；

（4）参与物业服务收费办法的制定；

（5）监督核查物业服务收费情况；

（6）制止或依法处理物业管理区域内有关违法行为；

（7）处理业主、业主委员会、物业使用人和物业服务企业在物业管理活动中的投诉；

（8）对物业管理区域内安全事故的报告予以备案并进行处理；

（9）审批业主改变物业原设计用途的方案；

（10）审批改变公共建筑和共用设施使用性质的方案；

（11）参与专项维修资金管理办法的制定，并监督检查专项维修资金的使用；

(12) 对违反本行政法规规定的单位或个人进行行政处罚。

(四) 组织物业服务企业参加考评和评比

根据建设部《全国物业管理示范住宅小区(大厦、工业区)标准及评分细则》,各省、自治区、直辖市的房地产行政主管部门负责组织辖区内的物业服务企业参加考评和评比,并通过实地考查、听取汇报、查阅资料、综合评定等方法,对申报达标的物业管理区域进行考评。经建设部考评验收,成绩达到一定水平的小区(大厦、工业区)由建设部授予"全国物业管理示范住宅小区(大厦、工业区)"的称号。同样,根据各省、自治区、直辖市级物业管理示范住宅小区(大厦、工业区)标准,评定出省、自治区、直辖市级物业管理示范住宅小区(大厦、工业区)。

二、物业管理工作的相关行政部门和能源单位

(一) 工商、税务和物价等行政主管部门

工商、税务和物价等行政主管部门对物业服务企业实施监督和指导。

(1) 工商行政主管部门对物业服务企业的监督与指导。物业服务企业在开业之前,须向工商行政主管部门申请注册登记,经工商行政主管部门审核批准后,依法发给物业服务企业企业法人营业执照,然后物业服务企业方可正式开业。

工商行政主管部门每年度对物业服务企业依法进行年检、年审,对违法经营者有权依法进行批评、教育、处罚,直至吊销企业营业执照,对合法经营者给予保护和支持。

(2) 税务行政主管部门对物业服务企业的监督指导。物业服务企业要依法将应交税金按时交到税务行政主管部门。税务主管部门有权依法对物业服务企业进行定期与不定期的税务检查与指导,有权处罚违反税务规定的行为。

(3) 物价行政主管部门对物业服务企业的监督指导。物业服务企业要按照物价部门的定价形式确定物业服务收费。实行政府指导价的,物业服务企业要按照当地物价部门制定的基准价及其浮动范围在物业服务合同中约定具体收费标准。物业服务企业应当按照政府价格主管部门的规定实行明码标价,在物业管理区域内的显著位置,将服务内容、服务标准以及收费项目、收费标准等有关情况进行公示。物业服务企业要接受物价部门对其违反价格法律法规的处罚。

(二) 环境秩序管理部门

(1) 安全管理部门对物业服务企业的监督和指导。安全管理是物业管理的主要工作之一,物业服务企业应认真贯彻"预防为主,人防、物防、技防三者互相结合"的原则,自觉接受当地公安机关或派出所的监督和指导。

①物业服务企业要根据物业管理区域的特点,合理布岗,加强巡逻检查,发现有犯罪嫌疑人和易燃、易爆、剧毒、放射性等危险物品,或发现刑事案件、治安案件以及各种灾害事故,应当立即向当地公安机关的有关部门、派出所汇报,并协助做好调查、救助和疏散等工作。在物业管理区域内,当物业服务企业发现违法行为时应该予以制止,对应该制止的违法行为没有制止、应该及时报告的治安案件没有及时报告的,要承担相应的法律责任。

②居住小区规划红线内的机动车停车场(库)、非机动车存车处等交通设施,均由物业服务企业负责维护、管理,发生交通事故时应报请公安交通管理部门处理。设立收费停

车场，由公安交通管理部门审核批准。

③供水管网及管网上设置的地下式消防井、消火栓等消防设施，由供水部门负责维护、管理，公安消防部门负责监督检查；高、低压消防供水系统，包括泵房、管道、室内消火栓以及防火门、消防电梯、轻便灭火器材、消防通道等，由物业服务企业负责维护、管理，并接受公安消防部门的监督检查。

（2）环境管理部门包括环卫部门和园林部门，负责对物业服务企业的监督和指导。

①物业服务企业对违反规定进行固体、水体、大气和噪声污染等行为应该予以制止和揭发检举，情节严重的，应报环卫部门处理。对毁坏绿地、树木的行为应该予以制止和揭发检举，情节严重的，应报园林绿化部门处理。

②清扫保洁、垃圾清运、公共厕所的清掏和维护与环卫部门的责任分工明确。通行公共汽车的道路，由所在地环卫部门负责；其他道路、住宅楼房周围及绿地内、楼内公共部位等，由物业服务企业负责。将垃圾由垃圾楼（站）运至垃圾转运站或垃圾消杀场，由所在地环卫部门负责；将垃圾由住宅运至垃圾楼（站），由物业服务企业负责。公共厕所的产权属于环卫部门的，由环卫部门负责；未办理产权移交的，由物业服务企业负责，或由其委托环卫部门负责。

③绿化美化管理与园林绿化部门的责任分工明确。

（三）街道办事处和居委会

街道办事处是政府的派出机构，主要承担社区行政管理职责，依法统筹规划、信息引导、组织协调和监督检查。居民委员会是社区居民群众的自治组织，同时又在街道办事处的领导下，履行基层政府的职能。物业服务企业和业主大会、业主委员会都应接受街道办事处和居民委员会的工作指导，并积极配合他们开展社区建设工作。物业服务企业是整个社区的一个成员，应该在社区的统一领导和协调下开展工作，只有互相配合才能克服各种困难，解决各种矛盾，全面推进工作。

《物业管理条例》规定：“业主在区、县房地产行政主管部门或者街道办事处、乡镇人民政府的指导下成立业主大会，并选举产生业主委员会。”“住宅小区的业主大会会议，应当同时告知相关的居民委员会。”“业主大会、业主委员会应当配合公安机关，与居民委员会相互协作，共同做好维护物业管理区域内的社会治安等相关工作。”在物业管理区域内，业主大会、业主委员会应当积极配合相关居民委员会依法履行自治管理职责，支持居民委员会开展工作，并接受其指导和监督。住宅小区的业主大会、业主委员会作出的决定，应当告知相关的居民委员会，并认真听取居民委员会的建议。

《业主大会规程》还规定：“业主筹备成立业主大会的，也应接受街道办事处的指导。”

（四）行业协会

行业协会是具有社团法人资格，以本行业的从业企业为主体，相关企业参加，按照有关法律法规自愿组成的全国性或区域行业性的自律组织。行业协会的有效工作可以促进本行业的健康有序发展。物业服务企业应积极参加物业管理行业协会的活动，接受其业务指导。

物业管理行业协会对物业管理市场进行管理可以通过以下五个方面进行：

（1）强化职业道德规范，保护业主利益；

（2）会员的资格审查和登记；

（3）监督已登记注册会员的经营、管理、服务情况；

（4）调解、仲裁纠纷；

（5）物业管理知识的普及、经验的介绍、相关法律的宣传。

（五）与物业管理相关的能源单位

物业服务企业与供水、供电、供气、供热、通信、有线电视等能源单位是分工明确、密切配合的平等关系。

（1）物业服务企业与供水、供电、供气、供热、通信、有线电视等单位分工明确。

《物业管理条例》规定，供水、供电、供气、供热、通信、有线电视等单位，应当依法承担物业管理区域内相关管线和设施设备维修、养护的责任。在物业管理区域内，应明确划分供水与排水、供电、供气、供热等单位与物业服务企业维修、养护的管理界限，具体办法由各省市自定。如果供水、供电、供气、供热、通信、有线电视等单位委托物业服务企业对其承担维修养护责任的相关管线和设施设备进行维修养护，则应当与物业服务企业确定委托关系，签订委托协议，并支付相关费用。

《物业管理条例》规定："物业管理区域内，供水、供电、供气、供热、通信、有线电视等公用事业单位应当向最终用户收取有关费用。物业服务企业可以接受上述各单位的有偿委托，代收有关费用；但是，不得向业主收取手续费等额外费用。"

（2）物业服务企业应与供水、供电、供气、供热、通信、有线电视等单位密切配合。

为了搞好物业管理工作，物业服务企业必须加强与各单位的联系，在日常工作中及时发现问题，凡属于供水、供电、供气、供热、通信、有线电视等单位维修养护责任范围内的问题，要及时向有关单位通报，督促其及时解决问题，保证业主和物业使用人的正常生活和工作。

当供水、供电、供气、供热、通信、有线电视等单位因维修、养护等需要临时占用、挖掘道路、场地的，应当事先通报物业服务企业，以便于物业服务企业通知业主和使用人做好自己的生活和工作安排，有关单位应在合理的时间内尽快完成维修、养护任务，并将道路、场地恢复原状。

三、与物业管理密切相关的企业

（一）物业建设单位

物业建设单位负责物业的开发建设，1998 年 7 月 20 日颁布的《城市房地产开发经营管理条例》（国务院令第 248 号）规定，房地产开发企业应当对其开发建设的房地产开发项目的质量承担责任；2000 年 1 月 30 日颁布的《建设工程质量管理条例》（国务院令第 279 号）也规定，建设单位、勘察单位、设计单位、施工单位、工程监理单位都依法对建设工程质量负责。《城市房地产开发经营管理条例》还规定，房地产开发企业开发建设的房地产项目，应当符合有关法律法规的规定和建筑工程质量、安全标准、建筑工程勘察、设计、施工的技术规范以及合同的约定。房地产开发项目竣工后，房地产开发企业应当向项目所在地的县级以上地方人民政府房地产开发主管部门提出竣工验收申请，房地产开发主管部门自收到竣工验收申请之日起 30 日内，对涉及公共安全的内容，组织工程质量监督、规划、消防、人防等有关部门或者单位进行验收。

建设部于2000年6月30日发布并开始施行的《房屋建筑工程质量保修办法》对于在中华人民共和国境内新建、扩建、改建各类房屋建筑工程的质量保修办法作了统一规定，其中规定，建设单位和施工单位应当在工程质量保修书中约定保修范围、保修期限和保修责任等，双方约定的保修范围、保修期限必须符合国家有关规定。在正常使用下，房屋建筑工程的最低保修期限为：

（1）地基基础和主体结构工程，为设计文件规定的该工程的合理使用年限；

（2）屋面防水工程、有防水要求的卫生间、房间和外墙面的防渗漏为5年；

（3）供热与供冷系统为2个采暖期、供冷期；

（4）电气系统、给排水管道、设备安装为2年；

（5）装修工程为2年。

其他项目的保修期限由建设单位和施工单位约定。

物业开发建设单位应当向物业的所有人或物业服务公司提供物业的使用说明书和工程质量保证书。物业开发建设单位可以在一定的条件下将其与施工单位签订的工程质量保证书转给物业服务公司，由物业服务公司直接与施工单位交涉具体保修事宜。

2004年1月30日，建设部又针对保证住宅工程质量专门发布了《关于加强住宅工程质量管理的若干意见》（建质〔2004〕18号），其中进一步强调：建设单位（含开发企业，下同）是住宅工程质量的第一责任者，对建设的住宅工程的质量全面负责。建设单位应在住宅工程的显著部位镶刻铭牌，将工程建设的有关单位名称和工程竣工日期向社会公示。保修期内发生住宅工程质量投诉的，由开发企业负责查明责任，并组织有关责任方解决质量问题。暂时无法落实责任的，开发企业也应先行解决，待质量问题的原因查明后由责任方承担相关费用。

《物业管理条例》规定，在业主大会选聘物业服务企业之前，物业的建设单位应按照房地产开发与物业管理相分离的原则，通过招投标的方式选聘具有相应资质的物业服务企业承担前期物业管理工作。这时，物业的开发建设单位和物业服务公司是委托和受托的关系，双方应按规定办理物业的接管验收手续。

（二）专业性服务企业

《物业管理条例》规定，物业服务企业可以将物业管理区域内的专项服务业务委托给专业性服务企业，但不得将区域内的全部物业管理一并委托他人。物业服务企业对自己下设的专业服务部门可以实行承包责任制，对选聘的专业服务企业可以实行合同制。专业服务企业对物业服务企业应当负责，依照合同享有权利和义务。物业服务企业对所选聘的专业服务企业，依照法律和合同实行管理和监督，对于不称职的专业服务企业，可以按照合同规定予以更换。

3 物业管理招标与投标

3.1 物业管理招标

一、物业管理招标概念与主体

（一）物业管理招标的概念

物业管理的招标，是指物业所有权人、其法定代表的开发商、业主委员会，在为其物业选择管理者时，通过制定符合其管理服务要求和标准的招标文件向社会公开，由多家物业服务企业竞投，从中选择最佳对象，并与之订立物业管理合同的过程。物业管理招标还可以是物业服务公司针对某一项或多项如保安、保洁、绿化等专业服务项目通过公开竞争的方式选聘专业服务公司的过程，即物业管理服务项目的分包。实际上，物业管理招标是一个广义的概念，同时包括了开标、评标、定标的过程。

物业管理的招投标行为是一种通过市场化方式实现的双向选择。根据《招标法》的规定，招标活动必须遵循公开、公平、公正的原则。

（二）物业管理招标主体

物业管理招标的主体一般是物业的建设单位、业主大会（单一业主）、物业产权人（政府机关或物业产权部门）。

在业主、业主大会选聘物业服务企业之前的前期物业管理活动中，由物业建设单位负责物业管理服务的招标组织工作；业主大会已经成立的，由业主大会负责实施物业管理权的招标组织工作。

一些重点基础设施或大型公用设施的物业（如口岸、机场、学校、政府办公楼、码头、医院等），其产权多是由政府的国有资产部门管理的，此类物业的招标必须经国有资产管理部门或相关的产权部门批准，一般由产权人或管理使用单位、政府采购中心等作为招标人组织招标。

二、物业管理招标的方式

最常见的分类方式是按招标对象的广度划分，即公开招标和邀请招标。

（一）公开招标

公开招标是指招标人（业主、开发商或物业服务企业）通过报纸、电视及其他传播渠道公开发布招标通知，邀请所有愿意参加投标的投标人的招标方式。公开招标最大的特点是招标人以招标公告的方式邀请不特定的法人或者其他组织投标。其优点是最大限度地体现了招标的公开、公平、公正原则，有较大的选择范围，可在众多的投标单位之间选择报价合理、服务良好、信誉卓著的物业服务公司。因此，我国大型基础设施和公共物业管理一般都采用公开招标的方式。但是，由于参加竞争的物业服务公司较多，增加了资格预审和评标的工作量，有招标时间长、招标成本较高的缺点。

（二）邀请招标

邀请招标是指不公开刊登广告而直接邀请某些单位投标的招标方式。其主要特点是以投标邀请书的方式邀请特定的法人或者其他组织投标。邀请招标也称有选择的招标方式，即由招标单位根据平时的了解，向预先选择、数目有限而有承担能力的若干公司发出招标通知，邀请他们参加投标，一般邀请不超过 10 家。这种招标方式可以保证投标单位有相关的资质条件和管理经验，信誉可靠。邀请招标主要适用于标的规模较小（即工作量不大，总管理费报价不高）的物业管理项目。邀请招标在“省时省钱”的优点十分鲜明的同时，其缺点也十分突出。由于邀请招标是由招标人预先选择了投标人，因此可选择范围无疑就缩小了，这容易诱使投标人之间产生不合理竞争，容易造成招标人和投标人的作弊现象。因此，邀请招标是否成功最关键的就是如何防止不合理竞争和作弊行为。

三、物业管理招标程序

（一）物业管理招标的准备阶段

招标准备阶段是指从开发商或业主决定进行物业管理招标到正式对外招标即发布招标公告之前的这一阶段所做的一系列准备工作。这一阶段的主要工作有：成立招标机构；编制招标文件；确定标底。

（1）成立招标机构。成立招标机构主要有两种途径：一种是在物业管理行政主管部门的指导下（应先在政府部门备案），由招标方自行成立招标机构，聘请有关部门人员和物业管理专家，组织招标工作小组；另一种是由招标方委托专门的物业管理招标代理机构招标。

（2）编制招标文件。编制招标文件是招标准备阶段招标人最重要的工作内容。招标文件是招标机构向投标者提供的为进行招标工作所必需的文件。物业管理招标文件的内容、格式根据招标项目的特点和需要而有所不同。招标文件的内容主要有：告知投标人递交投标书的程序、阐明所需招标项目的标的情况、告知投标评定准则以及订立合同的条件等，即投标人须知、合同条款和技术规范。

（3）确定标底。制定标底是招标一项重要的准备工作。按照国际惯例，在正式招标前，招标人应对招标项目制定标底。标底是招标人为准备招标的内容计算出的一个合理的基本价格，即一种预价格，它的主要作用是作为招标人审核报价、评标和确定中标人的重要依据。因此，标底是招标单位的“绝密”资料，不能向任何无关人员泄露。

（二）物业管理招标的实施阶段

招标实施阶段是整个招标过程的实质性阶段。招标的实施主要包括以下四个具体步骤：发布招标公告（或投标邀请书）；组织资格预审；召开标前会议；开标、评标和定标。

（1）发布招标公告（或投标邀请书）。我国《招标投标法》和国际惯例都规定，招标人采用公开招标方式招标的，应当发布招标公告；招标人采用邀请招标方式招标的，应当向 3 个以上具备承担招标项目的能力、资信良好的特定的法人或其他组织发出投标邀请书。

（2）组织资格预审。资格预审是招标实施过程中的一个重要步骤，特别是大型的项目，资格预审更是必不可少。资格预审是对所有投标人的一项“粗筛”，也可以说是投标者的第一轮竞争。

若招标物业预计投标公司的数目众多，可预先对各投标公司进行资格预审，剔除资信较差的公司，重点选择6～10家申请者参与投标，这就是所谓早期预审；若投标公司数量较少，则可待投标机构已递送标书且开标之后进行资格预审，这也就是所谓后期预审。无论资格预审在何时进行，其审核程序和要求投标公司递交的文件都大致相同。

（3）召开标前会议。投标资格预审确定合格申请人后，应尽快通知合格申请企业及时前来购买招标文件。紧接着安排一次投标人会议，即标前会议。

召开标前会议的目的是澄清投标人提出的各类问题。《投标人须知》中一般要注明标前会议的日期，如有日期变更，招标人应立即通知已购买招标文件的投标人。招标机构也可要求投标人在规定日期内将问题用书面形式寄给招标人，以便招标人汇集研究，给予统一的解答，在这种情况下就无须召开标前会议。

（4）开标、评标与定标。

①物业管理开标。物业管理开标是物业管理招标机构在预先规定的时间将各投标人的投标文件正式启封揭晓，包含两个要点：

A. 开标人为招标机构。一般由招标委员会主持进行。参加开标的人员包括招标单位上级主管部门、当地招标投标管理机构、开户银行、标底编制单位有关人员、招标物业设计单位有关技术人员、投标企业代表和主要工作人员、法律公证部门。

B. 开标时间为预先约定的时间。一般指在招标文件中作出正式规定的时间。通常安排在投标人递交投标书的截止日之后2～3天内或截止日之后。

物业管理开标形式有公开开标和秘密开标两种。公开开标是指允许所有投标人或其代表出席开标会议，由招标人面对到场所有投标人或其代表，将装有投标书的封套当众揭开，并宣读投标报价的一种开标方式。秘密开标是指招标机构在无投标企业现场参与的情况下所进行的开标。

②物业管理评标。评标是指开标之后，评标委员会本着公开、公平、公正的原则，对投标书进行评定，并由招标委员会选择标价较低、资信条件较好的投标企业进入合同签订、谈判的阶段。

评标包含的要点：评标应在开标之后，顺序不能颠倒；评标组织机构为评标委员会。评标委员会可由招标单位组织具有相应专长的内部人员组成或同时邀请相关专家参加，也可由专业咨询公司代理。

物业管理招投标属于服务性项目招投标，这使其标价的确定具有很强的灵活性。因此，要想实现平等的竞争，体现公开、公平、公正的原则，必须要有科学的评标方法。一般来说，评标方法会因不同的评标人员、不同的招标项目或者不同的物业管理招标环境等而有所不同。目前，我国物业管理评标实践常用的评标方法有如下两种：

A. 低价评标法。该法适用于通过了严格资格预审以及其他评标内容都符合要求的物业服务企业标书的评定。具体做法是：将投标者按报价高低依次排序，取其报价接近标底而略低于标底的投标者若干个，再结合投标文件中的具体实施措施，综合比较，择优定标。

B. 打分法。该法适用于评标人员具有较好的专业判断及丰富经验的招标项目，在目前实际中较多被采用。具体做法是：评标委员会按标准将事先准备的评标内容划分为若干指标，并就每一指标确定其评分标准；然后由评标委员会根据投标企业的投标书、对照招标文件规定的管理目标对该企业每个指标所能达到的满足程度给予评分；最后统计投标者的得分，得出投标企业的总评分。

在做完标书的详细评审及对答辩情况作出评议后，评标工作人员将根据这些记录，整理出评标情况报告，并推荐前三名候选的中标单位，上报招标方或评标委员会作最终决定。

一般来说，评标委员会或招标方会根据所推荐的投标企业情况，从中选择其标书最合理、最符合实际需要、最经济，并且风险最小的物业服务企业定标。

表 3－1　物业管理投标评分标准表

（可作为招标评标的参考，假设有 A、B、C、D 四家物业服务企业投标）

项目指标	分数	现场打分				备注
		A	B	C	D	
1. 开发建设期的协调与管理						
主动协调，提出建议	10					
被动接受，调整服务	6					
不予参与，独立运行	2					
不能协调	0					
2. 报价						
报价较优	10					
报价符合招标底价	7					
报价可以接受	4					
报价不尽合理	1					
3. 管理措施						
管理方法较优，各种技术力量强大，管理设备先进	10					
管理方法适合，拥有各种技术力量，配备所需管理设备	8					
管理方法一般，拥有一般技术力量，配备一些管理设备	5					
管理方法陈旧，技术力量薄弱，管理设备较少或陈旧	2					

（续上表）

项目指标	分数	现场打分				备注
		A	B	C	D	
4. 服务机构设置						
机构设置科学合理，管理人员和工作人员数量、素质、职称结构较优	10					
机构设置、管理人员和工作人员数量、素质、职称结构满足要求	8					
机构设置、管理人员和工作人员数量、素质、职称结构一般，大体能满足要求	5					
机构设置、管理人员和工作人员数量、素质、职称结构混乱，不能满足要求	2					
5. 日常服务						
有类似经验，能超质量完成要求	30					
有管理经验，能完成要求	20					
有较少经验，服务与要求略有出入	10					
无管理经验，服务与要求有较大出入	5					
6. 特约服务						
主动为住户着想，提供高质量服务	10					
能全部完成业主要求	8					
能部分完成业主要求	5					
不能完成业主要求	2					
7. 管理制度						
制定严格的管理监督制度，保证运行	10					
有运行制度，但缺乏严格的监督制度	5					
无严格的管理运行制度	2					
8. 现场答辩						
答辩人答辩内容充实，能正确、迅速地回答问题，回答问题严密、合理	10					
答辩内容一般，基本能正确地回答问题，回答问题基本合理	6					
答辩内容欠妥，不能正确、迅速地回答问题，回答问题不尽合理	3					

③物业管理定标。定标也称决标，是指业主委员会或开发商等招标单位根据评标委员会对所有标书的筛选评定结果进行再次评审并最终确定中标人的过程。定标程序包括评委会评审和招标人再评审。

评委会评审的内容主要是：服务质量、报价及补充说明、主要服务方式与特殊服务。

一般来说，招标人会根据评标委员会的评标结果，采用综合评议法进行定标。一般先选择报价最低的投标书，然后针对投标企业情况及投标书（包括报价）予以综合评议，认为合理的，才予以定标。若通过综合评议，认为该投标书不能定标，则考虑下一份报价最低的投标书。

3.2 物业管理投标

一、物业管理投标的概念与原则

物业管理投标是指符合招标文件要求的物业服务企业，根据招标文件中确定的各项管理服务要求与标准，根据国家有关法律法规与本企业的实力，编制投标文件，参与投标活动。物业管理投标应遵守真实性原则，即投标人的投标书内容要真实，不能弄虚作假。实际操作中，招标人为保证投标真实，可要求投标人出具投标保证书，并缴纳一定的保证金。还要遵守正当竞争原则，这包含两方面的内容：一方面，参加投标的物业服务企业要反对其他参与竞投的物业服务企业进行不正当竞争行为，倡导物业管理投标企业遵守商业道德；另一方面，参加竞投的物业服务企业要约束自己不进行不正当竞争，如实编写投标书，反映自己真实的投标意愿、经营能力和技术水平，不与其他物业服务企业相互勾结，哄抬标价。

二、物业管理投标的程序

（一）物业管理投标的准备阶段

该阶段的主要工作包括：取得从业资格，筹措资金，收集招标物业相关资料，进行投标可行性分析。投标可行性分析包括招标物业条件分析、本公司投标条件分析、竞争者分析和风险分析。其中招标物业条件分析内容包括：物业性质、特殊服务要求、物业招标背景、物业开发商状况等。而对本公司的投标条件分析内容包括：以往类似的物业管理经验、人力资源优势、技术优势、财务管理优势、劣势。对竞争者的分析内容包括：潜在竞争者、同类物业服务公司的规模及其现接管物业的数量与质量、当地竞争者的地域优势、经营方式差异。风险分析内容包括：通货膨胀风险、经营风险、自然条件、其他风险。

（二）物业管理投标的实施阶段

在通过资格预审之后，物业服务公司便可按以下步骤实施投标：

（1）购买阅读招标文件。投标方要想取得招标文件必须向招标方购买，而取得招标文件之后如何阅读，成为关系到投标成败的重要环节。

（2）标前调查与现场考察。招标方将根据需要组织参与投标的物业服务公司等投标方统一参观现场，并向他们作相关的必要介绍，帮助投标公司充分了解物业情况，以合理计算标价。在考察过程中，招标人还将就投标公司代表所提出的有关投标的各种疑问作出口头回答，但这种口头答疑并不具备法律效力。只有在投标者以书面形式提出问题并由招标人作出书面答复时，才产生法律约束力。因此，投标公司对这一步骤不得掉以轻心，必须就以下方面进行细致了解：

①物业管理在物业竣工前期介入，则应现场查看工程土建构造、内外安装的合理性，尤其是消防安全设备、自动化设备、安全监控设备、电力通信设备等，必要时做好日后养护、维护要点记录，图纸更改要点记录，交与开发商商议。前期介入的优点在于物业服务公司可与业主更好地协调，有利于其接管后的管理。物业服务公司应尽量利用这一机会，认真准备、仔细查看，参与业主的设计开发，甚至可以就业主设计的不合理之处提出修改意见，或提出更好的设计建议。

②物业管理在竣工后期介入，则物业服务公司应按以下标准视察项目：工程项目施工是否符合合同规定与设计图纸要求；技术经检验是否达到国家规定的质量标准，能否满足使用要求；竣工工程是否达到窗明、地净、水通、电亮及采暖通风设备运转正常；设备调试、试运转是否达到设计要求；是否确保外在质量无重大问题；周围公用设施分布情况。

此外，主要业主情况，包括收入层次、主要服务要求与所需特殊服务，以及当地的气候、地质、地理条件等这些条件与接管后的服务也密切相关。只有当物业服务公司了解这些差异时，其服务才会有的放矢，事半功倍。

（3）制定管理服务方法及工作量。通常投标公司可根据招标文件中的物业情况和管理服务范围、要求，详细列出完成所要求管理服务任务的方法及工作量。

这里，以最常见的住宅公寓为例，制定管理服务内容及工作量如下（见表 3－2）。

表 3－2　公寓管理服务内容及工作量

<table>
<tr><td colspan="2">房屋名称</td><td>××公寓</td><td>类型</td><td>公寓</td><td>幢数</td><td>1 幢</td></tr>
<tr><td colspan="2">占地面积</td><td>1 200 米^2</td><td>建筑面积</td><td>5 000 米^2</td><td>居民总数</td><td>户数：65 户
人口数：198 人</td></tr>
<tr><td rowspan="9">物业管理服务内容</td><td>序号</td><td>项目</td><td colspan="4">内容构成及工作量</td></tr>
<tr><td>1</td><td>土建、水电、特种修理养护</td><td colspan="4">水电工 1 人，管理员 2 人；值班用水 250 吨/月，值班用电 540 度/月，绿化用水 50 吨/月</td></tr>
<tr><td>2</td><td>房屋附属设备修理养护</td><td colspan="4">电梯 1 部，消防管道、避雷带，水泵 2 台</td></tr>
<tr><td>3</td><td>路面沟管修理养护</td><td colspan="4">按小修经费的 40% 计算</td></tr>
<tr><td>4</td><td>房屋大修</td><td colspan="4">电梯 3 年一次，水泵 3 年一次，房屋大修 15 年为一周期</td></tr>
<tr><td>5</td><td>保安</td><td colspan="4">保安员 3 人</td></tr>
<tr><td>6</td><td>环卫</td><td colspan="4">环卫员 2 人</td></tr>
<tr><td>7</td><td>保洁</td><td colspan="4">保洁员 2 人；垃圾清运 100 桶/月，垃圾袋 30 个/（户·月），水池清洗 4 次/年，化粪池清洗 1 次/年</td></tr>
<tr><td>8</td><td>绿化、灭蚊、打蜡</td><td colspan="4">绿化员 2 人，绿化面积 730 米^2，打蜡面积 1 325 米^2</td></tr>
</table>

（4）制订资金计划。资金计划应当在确定了管理服务内容及工作量的基础上制订。制订资金计划的目的主要有以下两点：一是复核投标可行性研究结果；二是做好议标阶段向开发商或业主作承包答辩的准备。资金计划应以资金流量为根据进行测算，一般来说，资金流入应当大于流出，这样的资金计划安排对评标委员会才具有说服力。通常物业服务公司经营中主要的现金流入和流出项目为标书规定的预付款、保证金等，接管期间费用支出，接管期间收入，其他资金来源。

接上例，编制资金计划如下（见表3－3）。

表3－3　资金来源与使用计划表

物业简介：1幢楼，1部电梯，1个化粪池，65户，绿化面积730米^2			
一、资金流入项目			
1. 管理基金			10万元
2. 服务费用收取			
项　目	数　量	单　价	费　用
（1）管理员	2人	500元/（人·月）	1 000元/月
（2）保安员	3人	500元/（人·月）	1 500元/月
（3）楼管员	4人	300元/（人·月）	1 200元/月
（4）水电工	1人	400元/（人·月）	400元/月
（5）环卫员	2人	300元/（人·月）	600元/月
（6）绿化员	2人	350元/（人·月）	700元/月
（7）垃圾清运	100桶/月	5元/桶	500元/月
（8）垃圾袋	30个/（户·月）×65户	0.30元/个	585元/月
（9）楼梯打扫	10次/月	5元/次	50元/月
（10）水池清洗	4次/年	40元/次	160元/年
（11）化粪池清洗	1次/年	300元/次	300元/年
（12）绿化用水	50吨/月	0.35元/吨	17.5元/月
（13）值班用水	250吨/月	0.35元/吨	87.5元/月
（14）值班用电	540度/月	0.4元/度	216元/月
（15）市政维护	65户/月	5元/户	325元/月
（16）工杂费	65户/月	3元/户	195元/月
合　计（全年）			8.897 2万元
每月每户收取			114.07元

（续上表）

3. 其他物业经营收入（含政策补贴）		15.5 万元
4. 其他营业收入		12.19 万元
二、资金流出项目		
1. 本物业管理全年发生费用		
服务项目	服务内容	费用金额
（1）土建、水电、特种修理养护	每平方米小修经费为 1.00 元：1.00×5 000＝5 000 元	5 000 元
（2）路面沟管理修理养护	按小修经费的 40% 计算：5 000×40%＝2 000 元	2 000 元
（3）房屋大修基金预提	按 80 元/米^2，周期 15 年计算：80×5 000/15＝26 666.67 元	26 666.67 元
（4）保安	保安员 3 人，按每人每月 500 元计算：500×3×12＝18 000 元	18 000 元
（5）环卫	环卫员 2 人，按每人每月 300 元计算：300×2×12＝7 200 元	7 200 元
（6）保洁	垃圾清运按 120 桶/月，5 元/桶计算：12×120×5＝7 200 元	7 200 元
（7）绿化、灭蚊、打蜡	绿化面积 730 米^2，维护费 2 元/米^2；打蜡面积 1 325米^2，打蜡费 1 元/米^2：732×2＋1 325×1＝2 789 元	2 789 元
（8）公用水电煤费用支出	公用路灯按 300 元/月计算：300×12＝3 600 元	3 600 元
（9）人员费用支出	管理员 2 人，按每人每月 500 元计算：2×500×12＝12 000 元	12 000 元
（10）管理费用支出	按上述（1）～（9）项合计乘以 3% 计算：84 455.67×3%＝2 533.67 元	2 533.67 元
总　计	84 455.67＋2 533.67＝86 989.34 元	8.698 934 万元
2. 营租费用		8 万元
3. 公共关系费		5.5 万元
4. 相关税费		5.12 万元
5. 利息费用		7.96 万元
6. 总公司管理费		4.7 万元
三、净现金流量		6.608 678 万元

(5) 标价试算。以上工作完成后，投标者便可进行标价试算。试算前，投标者应确保做到明确领会招标文件中的各项服务要求、经济条件；计算或复核服务工作量；掌握物业现场基础信息；掌握标价计算所需的各种单价、费率、费用；拥有分析所需的、适合当地条件的经验数据。

(6) 标价评估与调整。对于上述试算结果，投标者必须经过进一步评估才能最后确定标价。

(7) 办理投标保函。由于投标者一旦中标就必须履行相应的义务，为防止投标单位违约给招标单位带来经济损失，在投递物业管理投标书时，招标单位通常要求投标单位出具一定金额和期限的保证文件，以确保投标方在投标有效期内不得撤回标书，中标后必须按通知书规定时间前往物业所在地签约。投标保函中标后不能履约时，招标单位可通过出具保函的银行，用保证金额的全部或部分替投标单位赔偿经济损失。投标保函通常由投标单位开户银行或其主管部门出具。

除办理投标保函外，投标方还可以保证金的形式提供违约担保。此时，投标方保证金将作为投标文件的组成部分之一。投标方应将保证金于投标截止之日前交至招标机构指定处。投标保证金可以银行支票或现金形式提交，保证金额依据招标文件的规定确定。未按规定提交投标保证金的投标，将被视为无效投标。中标的投标方的保证金，在中标方签订合同并履约后5日内予以退还；未中标的投标方的保证金，在定标后5日内予以退还，均不用支付利息。

(8) 封送标书、保函。投标文件全部编制好以后，投标人应派专人或通过邮寄将标书投送给招标人。

封送标书的一般惯例是，投标人应将所有投标文件按照招标文件的要求，准备正本和副本（通常正本1份、副本2份）。标书的正本及每一份副本应分别包装，而且都必须用内外两层封套分别包装与密封，密封后打上“正本”或“副本”的印记（一旦正本和副本有差异，以正本为准），两层封套上均应按投标邀请书的规定写明投递地址及收件人，并注明投标文件的编号、物业名称、“在某日某时（指开封日期）之前不要启封”等。内层封套是用于原封退还投标文件的，因此应写明投标人的地址和名称，若是外层信封上未按上述规定密封及做标记，则招标方的工作人员对于把投标文件放错地方或过早启封概不负责。由于上述原因被过早启封的标书，招标人将予以拒绝并退还投标人。

所有投标文件都必须按招标人在投标邀请书中规定的投标截止时间之前送至招标人。投标文件从投标截止之时起，有效期为30天。招标人将拒绝在投标截止时间后收到的投标文件。

三、物业管理投标文件

物业管理投标书是对投标方前述准备工作的总结，是投标公司的投标意图、报价策略与目标的集中体现，其编制质量的优劣将直接影响投标竞争的成败。因此，投标方除了应以合理报价、先进技术和优质服务为其投标成功打好基础外，还应在标书的编制、装订、密封等方面给评委留下良好的印象，以争取关键性评分。

（一）物业管理投标书的组成与内容

（1）物业管理投标书的组成。物业管理投标书，即投标人须知中规定投标者必须提交的全部文件，主要包括：

①投标致函。投标致函又叫投标综合说明，实际上就是投标方的正式报价信，其主要内容有：表明投标者完全愿意按招标文件中的规定承担物业管理服务任务，并写明自己的总报价金额；表明投标者接受该物业整个合同委托管理期限；表明本投标如被接受，投标者愿意按招标文件规定金额提供履约保证金；说明投标报价的有效期；表明本投标书连同招标者的书面接受通知均具有法律约束力；表明对招标接受其他投标的理解。

样本1：

投标综合说明书

业主：__________

1. 根据已收到的招标编号为物招审字（　　）第（　　）号的__________物业的招标文件，遵照《××市物业管理招标投标管理办法》的规定，经考察现场和研究上述招标文件、招标文件补充通知、招标答疑纪要的所有内容后，我方愿以我方所递交的标函摘要表中的总投标价，承担上述物业的全部管理工作。

2. 一旦我方中标，我方保证按我方所递交的标函摘要表中承诺的期限和招标文件中对承包期限的要求如期按质提供服务。

3. 一旦我方中标，我方保证所提供的物业管理质量达到我方所递交的标函摘要表中承诺的质量等级。

4. 一旦我方中标，我方保证按投标文件中的物业管理班子及管理组织设计组织管理工作。如确需变更，必须征得业主的同意。

5. 我方同意所递交的投标文件在投标有效期内有效，在此期间内我方的投标有可能中标，我方将受此约束。

6. 我方同意招标文件中各条款，并按投标标价总额3%缴纳保证金××万元（大写）。若我方违约，则扣除所缴纳的全部保证金。

7. 除非另外达成协议并生效，招标文件、招标文件补充通知、招标答疑纪要、中标通知书和本投标文件将构成约束我们双方的合同。

投标单位：　　　　（印鉴）

法定代表人或委托代理人：　　　　（签字、盖章）

日期：　　　年　月　日

②附件。附件的数量及内容按照招标文件的规定确定，但应注意，各种商务文件、技术文件等均应依据招标文件要求准备齐全，缺少任何必需文件的投标将被排除在中标人之外。这些文件主要包括：公司简介，概要介绍投标公司的资质条件、以往业绩等情况；公司法人地位及法定代表人证明，包括资格证明文件（营业执照、税务登记证、企业代码及行业主管部门颁发的资质等级证书、授权书、代理协议书等）、资信证明文件（保函、已履行的合同及商户意见书、中介机构出具的财务状况书等）；公司对合同意向的承诺，

包括对承包方式、价款计算方式、服务款项收取方式、材料设备供应方式等情况的说明；物业管理专案小组的配备，简要介绍主要负责人的职务、以往业绩等；物业管理组织实施规划，说明对该物业管理运作中的人员安排、工作规划、财务管理等内容。

样本2：

法定代表人资格证明书

单位名称：××物业服务公司

地址：　　省　　市　　街　　号

姓名：　　年龄：　　民族：

职务：　　技术职称：　　身份证号码：

×××系××物业服务公司的法定代表人。负责为××物业提供物业管理服务，签署上述物业的投标文件，进行合同谈判，签署合同和处理与之有关的一切事务。

特此证明。

投标单位：　　（盖章）

上级主管部门：　　（盖章）

日期：　　年　　月　　日

样本3：

物业管理专案小组配备

一、由我物业公司抽调有丰富管理经验和较强指挥能力的人员组成物业管理班子。总负责人（项目经理）和各级负责人（部门人员）配置见下表。

项目经理及部门人员配置表

管理部门人数：

领　导　层	职能部门	职　　责

二、物业管理专案小组主要成员简介。

1. 董事总经理：统筹整项发展计划，为此专案组最高负责人。

2. 董事：专责处理该发展计划的物业管理服务工作。其在香港及台湾前后共有10年的专业物业管理经验，其物业管理顾问的经历计有香港新辊××发展计划、香港××大厦、台北市××集团超高层大楼、台北市××集团总部大楼、上海外滩××广场、上海××百货公司、武汉××广场、北京×××大厦及珠海××广场等。

（2）物业管理投标书的主要内容。物业管理投标书除了按规定格式要求回答招标文件中的问题外，最主要的内容是介绍物业管理服务要点、服务内容、服务形式和费用。

①介绍本物业服务公司的概况和经历。除了介绍本公司的概况外，主要介绍本公司以前管理过或正在管理物业的名称、地址、类型、数量，要指出类似此次招标物业的管理经

验和成果，并介绍主要负责人的专业、物业管理经历和经验。

②分析投标物业和管理要点。主要指出此次投标物业的特点和日后管理上的特点、难点，可列举说明，还要分析租用户对此类物业及管理上的期望、要求等。以下分别对不同性质物业管理中的重点、难点作出分析。

对于住宅小区而言，舒适、便捷是业主最起码的要求，高档次的优质服务则是其更高的享受追求，因此其物业管理应当突出的是：

A. 环境管理。要求物业管理能维护规划建设的严肃性，定期进行检查、维修，禁止乱凿洞、乱开门窗的破坏性行为，禁止个别业主随意改动房屋结构或乱搭建行为，保证业主的居住安全。

B. 卫生绿化管理。定时对小区公共场所进行清扫保洁，及时清运垃圾，并对卫生用具进行清洁消毒；加强小区绿化养护，派专人管理绿化带、花草树木，禁止人为破坏行为。

C. 治安管理。成立保卫处，负责小区内的治安巡逻与防范，确保住户财产安全。

D. 市政设施管理。主要是市政道路、下水管道、窨井与消防等公共设施的管理、维修、保养等工作。

E. 便利服务。为特殊住户提供各种专业有偿服务和特需服务。

高层住宅相对于普通住宅小区而言，其特点是建筑规模大、机电设备多、住户集中，居住人员的素质也相应较高。因此，这类物业管理的重点应放在：

A. 机电设备管理。这是大楼的核心部分，如发电机、中央空调、供水、消防、通信系统等，一旦哪一部分发生问题，必将严重影响住户生活和工作。因此物业管理部门必须备有技术熟练的专业人员，做好管理人员的培训，健全各项管理制度，保证能及时排除故障。

B. 保卫治安管理。须设保安班，24 小时值班守卫，建立来访人员登记制度，公共场所安装闭路电视监视系统，保证大楼每个角落都能在保安人员的控制中。

C. 卫生清洁管理。坚持早上清扫楼梯、走廊通道、电梯层垃圾，清洗卫生用具，保持大楼清洁卫生。

D. 保养维护。主要是对公用设施、公共场所进行定期检查、维修。

写字楼作为办公场所，要求环境保持安静、清洁、安全，其物业管理重点应放在：

A. 安全保卫工作。保证防盗及安全设施运作良好，坚持出入登记制度，24 小时值班守卫。

B. 电梯、中央空调、水电设施维护。保证工作时间上述设备正常工作，不允许出错。

C. 清洁卫生服务。这同高层住宅相类似，但要求更高，应当天天擦洗门窗，清扫走廊，做到无杂物、无灰尘，同时保证上班时间的开水供应。

在商业大厦管理中，公司形象、居民购物方便程度是考虑的首要因素，其管理重点在于：

A. 安全保卫工作。通常大型商业中心客流量较大，容易发生安全问题，故应保证 24 小时专人值班巡逻，以及便衣保安人员场内巡逻。

B. 消防工作。管理、维护消防设施，制定严格的消防制度。

C. 清洁卫生工作。有专职人员负责场内巡回保洁、垃圾清扫，随时保持商场环境卫生。

D. 空调或供热设备管理。安排专职操作及维护人员，保证设备正常运转。

以上是针对各类型物业列举其物业管理中普遍存在的重点和难点，但在具体编写投标书时，投标公司应针对物业具体性质与业主情况，就最突出的问题作详细分析。

③介绍本公司将提供的管理服务内容及功能。

开发设计、建设期间的管理顾问服务内容：

A. 对投标物业的设计图纸提供专业意见。投标公司应从物业建成后管理的角度出发，考虑设计图纸是否具有操作的可行性，是否方便用户，有时甚至可以就物业的发展趋势提出一些有利于日后运用先进技术管理的设计预留建议。

B. 对投标物业的设施提供专业意见。投标公司应从使用者角度考虑设施的配置能否满足住户的普遍需要。

C. 对投标物业的建筑施工提供专业意见并进行监督。包括参与开发商重大的修改会议，向业主提供设备保养、维护等方面的建议。

D. 提出本投标物业的特别管理建议。主要就先前所分析到的管理难点有针对性地提出施工方面的建议，以利于日后管理。

物业竣工验收前的管理顾问服务内容：

A. 制订员工培训计划。详细说明员工培训的课程内容，以及经培训后员工所应具有的素质。

B. 制订租约条款、管理制度和租用户手册。

C. 列出财务预算方案。指出日常运作费用支出，确定日后收费基础。

用户入住及装修期间的管理顾问服务内容：

A. 住户入住办理移交手续的管理服务。说明物业服务公司在用户入住时应向用户解释的事项，及其应当承办的工作。

B. 住户装修工程及废料运送的管理服务。规定用户装修时应注意的问题及应提交的文件。

C. 迁入与安全管理服务。说明物业服务公司应采取的措施，规定业主应遵守的规章制度。

管理运作服务内容：

A. 物业管理人力安排。编制物业管理组织动态图，说明各部门人员职责及其相互关系。

B. 保安服务。包括为聘任与培训员工、设立与实施保安制度等而采取的措施。

C. 清洁服务。包括拟定清洁标准，分包清洁工作的措施，监督清洁工作，以及保证清洁标准的其他措施。

D. 维修保养服务。编制维修计划，安排技术工程师监督保养工作的实施。

E. 财务管理服务。包括制定预算案，代收管理费、处理收支账目、管理账户等。

F. 绿化园艺管理服务。包括配置园艺工，布置盆栽、节日的装饰工作等。

G. 租赁管理服务。这是针对承租用户的管理工作，包括收取租金、提供租约、监督租户遵守规章等工作。

H. 与租用户联系及管理报告。主要包括通知、拜访用户，了解情况，并定期向业主大会报告管理情况等工作。

I. 其他管理服务内容。补充说明由于招标物业的特殊功用或业主特殊要求而需要的其他特定服务。

说明将提供的服务形式、费用和期限：

A. 管理顾问服务期限：通常自接受委托开始至楼宇发放执照为止。

B. 管理动作服务期限：自楼宇发放执照起至合同到期为止。

（二）投标书写作技巧

投标书的规范化是投标工作的重要一环，基于投标这一竞争性的经济活动在物业管理领域还不十分普遍，所以本书就标书的编写作一个介绍，以供参考。由于投标物业管理的对象呈多样性，产权呈多元性，要求存在差别性，在编写标书时应结合实际适当调整。

（1）标书的标题。标题一般由三部分组成，即投标对象名称 + 内容 + 文种，如××小区物业管理标书。如果前面要冠以投标单位就是由四部分组成，即投标单位 + 投标对象名称 + 内容 + 文种，如×××物业服务公司关于××小区物业管理的建议书。至于标书这个文种的名称有“标书”、“建议书”、“投标方案”等。

（2）标书的序言。序言主要包括三个方面：对本公司作简短介绍；对投标对象的认定；对拟管理的策略进行简述。也有的标书把对本公司的情况介绍作为序言的，而这种介绍寓意着对投标对象拟管理的方式、方法具有推荐和设想的作用，对标书以下部分具有呼应效果。

（3）管理的方式、方法。包括本公司内部管理机构设置、运作机制、工程流程、信息反馈渠道等。

（三）编制投标文件应注意的事项

（1）确保填写无遗漏，无空缺。投标文件中的每一空白都需填写，如有空缺，则被认为放弃意见；重要数据未填写，可能被作为废标处理。因此投标公司在填写时务必小心谨慎。另外，单项管理的投标，可以参照上述有关条目编写，但是比较简单，又由于是单项管理，所以要求对该投标项目的填写应详细一些，数据更确定一些。

（2）不得任意修改填写内容。投标方所递交的全部文件均应由投标方法人代表或委托代理人签字；若填写中有错误而不得不修改，则应由投标方负责人在修改处签字。

（3）填写方式规范。投标书最好用打字方式填写，或者用墨水笔工整填写；除投标方对错处作必要修改，投标文件中不允许出现加行、涂抹或改写痕迹。

（4）不得改变标书格式。若投标公司认为原有标书格式不能表达投标意图，可另附补充说明，但不得任意修改原标书格式。

（5）计算数字必须准确无误。投标公司必须对单价、合计数、分步合计、总标价及其大写数字进行仔细核对。

（6）报价合理。投标人应对招标项目提出合理的报价。高于市场的报价难以被接受，低于成本报价将被作为废标，或者即使中标也无利可图。因唱标一般只唱正本投标文件中的“开标一览表”，所以投标人应严格按照招标文件的要求填写“开标一览表”、“投标价格表”等。

（7）包装整洁美观。投标文件应保证字迹清楚，文本整洁，纸张统一，装帧美观大方。

(8) 报价方式规范。凡是以电报、电话、传真等形式进行的投标，招标方一概不接受。

(9) 严守秘密，公平竞争。投标应严格执行各项规定，不得行贿、徇私舞弊；不得泄漏自己的标价或串通其他投标人哄抬标价；不得隐瞒事实真相；不得做出损害他人利益的行为。否则，该投标人将被取消投标或承包资格，甚至受到经济和法律的制裁。

(四) 投标报价及技巧

投标报价是整个投标过程的核心，具有很强的政策性、技术性和专业性。例如，报价高不利竞争，低了未必能取胜且无利可图，甚至亏损，而且会严重影响今后的管理工作。因为物业管理的每一项目的实施都有相应的支付。只有低而适度的价格才能既中标又获利。低而适度的报价取决于经营管理费用的正确测定及确定合理的利润率。

3.3 物业管理定标后的工作

一、中标后的合同签订与实施

经过评标与定标之后，招标方将及时发函通知中标公司。中标公司则可自接到通知之时做好准备，进入合同的签订阶段。

通常，物业委托管理合同的签订需经过签订前谈判、签订谅解备忘录、发送中标函、签订合同协议书等步骤。由于在合同签订前双方还将就具体问题进行谈判，中标公司应在准备期间对自己的优劣势、技术资源条件以及业主状况进行充分分析，并尽量熟悉合同条款，以便在谈判过程中把握主动，避免在合同签订过程中利益受损。同时，物业服务公司还应着手组建物业管理专案小组，制定工作规划，以便合同签订后及时进驻物业。

物业委托管理合同自签订之日起生效，业主与物业服务公司均应依照合同规定行使权利、履行义务。

二、未中标的总结

竞标失利不仅意味着前期工作白白浪费，而且还将对公司声誉产生不利的影响，因此，未中标的公司应在收到通知后及时对本次失利的原因作出分析，避免重蹈覆辙。分析可从以下三个方面考虑：

(1) 准备工作不充分。投标公司应分析前期收集的资料是否不够充分，致使公司对招标物业的主要情况或竞争者了解不够，因而采取了某些不当的策略，导致失利。

(2) 估价不准。投标公司应分析报价与中标标价之间的差异，并找出存在差异的根源，是工作量测算得不准，还是服务单价定得偏高，或是计算方法不对。

(3) 报价策略失误。这里包含的原因很多，投标公司应具体情况具体分析。

对于以上分析得出的结果，投标公司应整理并归纳，以备下次投标借鉴参考。

三、招标投标资料的整理与归档

无论投标公司是否中标，在竞标结束后都应将投标过程中的一些重要文件进行分类归档保存，以备查核。这样一来可为中标公司在合同履行中解决争议提供原始依据；二来也可为竞标失利的公司分析失败原因提供资料。

通常这些文档资料主要包括：招标文件、招标文件附件及图纸、对招标文件进行澄清和修改的会议记录和书面文件、投标文件及标书、同招标方的来往信件及其他重要资料。

四、物业管理服务合同

（一）物业管理服务总包合同

（1）物业管理服务总包合同及主要内容。物业管理服务合同是物业所有人或物业管理委员会与物业服务公司签订的有关物业管理与经营方面且明确双方权利与义务关系的协议。物业管理服务合同包括以下内容管理项目：管理内容、管理费用、双方权利和义务、合同期限、违约责任及其他。

（2）物业管理服务总包合同的管理项目及内容。管理项目主要是用来阐述管理项目的性质、管理项目由哪几部分组成的。如居住类物业与收益性物业管理方式就有区别。对于居住类物业来说，既有旧住宅小区，又有新建住宅小区，这两种管理方式从管理的内容上看是有区别的。对于新建的住宅小区来说，既有多层的，也有高层的，既有配套设施设备齐全的，也有配套设施设备不齐全的，从而就使得在管理内容和管理收费上有所区别。另外，还有一些物业融居住与收益于一体（如高档写字楼），其管理方式、管理内容与一般物业相比是有所不同的。因此，在物业管理合同中，应详细阐述管理项目的性质、管理项目的组成以及业主对管理项目的管理及经营的要求。

（二）物业服务合同的特征

（1）物业服务合同以权利义务关系为核心。物业服务合同以约定有关当事人在管理服务中的权利义务关系为核心，而其他经济合同，如房地产的开发、转让、中介等合同，均以相应的项目为核心。

（2）物业服务合同属于有偿的劳务合同。作为物业服务合同的标的与核心的物业管理服务，实质上是一种为委托人提供的带有管理、服务、经营性质的特殊劳务。物业服务企业作为经营性服务企业，为业主和使用人提供的服务是有偿的。

（3）物业服务合同既是诺成合同又是双务合同。只有经过要约（委托）和承诺，并在相互信任的基础上协商一致，物业管理合同才能成立；而且，物业服务合同对签约双方的权利与义务都作了明确的双向规定。

（三）物业服务合同的种类

（1）前期物业服务合同，指在业主、业主大会选聘物业服务企业之前，建设单位选聘物业服务企业并与之签订的物业服务合同。这一阶段，由于物业尚未出售或业主委员会尚未成立，所以应由建设单位（一般为房地产开发商）作为委托方与物业服务公司签订前期物业服务合同。

（2）物业服务合同，指业主大会授权业主委员会与物业服务企业签订的物业服务合同。

（3）物业服务分包合同，指物业服务企业或业主大会授权业主委员会与物业专营服务企业签订的专项服务合同。

（四）物业服务合同的内容

根据《中华人民共和国合同法》、《物业管理条例》以及建设部颁布的《前期物业服务合同》（示范文本）和实际中的合同订立情况，物业服务合同主要包括以下内容：

（1）物业基本情况。包括物业的名称、建成年月、类型、功能布局，物业坐落的位置，物业的东西南北四至，物业的占地面积和建筑面积。

（2）委托管理事项。主要阐述管理项目的性质、管理项目的组成，即具体负责哪些方面的问题，有哪些管理任务等。主要包括以下内容：建筑物本体建筑的维修养护与更新改造；物业共用设施设备的使用管理、维修、养护和更新；物业区域内市政公用设施和附属建筑物、构筑物的使用管理、维修、养护与更新；附属配套建筑和设施，包括商业网点等的维修、养护与管理；环境卫生管理与服务；秩序管理与服务；物业档案资料管理；环境的美化与绿化管理；供暖管理；社区文化建设；对于业主和物业使用人房屋的自用部位、自用设施设备的维修、养护，在当事人提出委托时应接受委托并收取合理费用；业主或业主管理委员会委托的其他物业管理服务事项。

（3）管理服务费用。根据《物业服务收费管理办法》的有关规定，物业服务合同中的管理费用应包括：管理费用的构成，即物业管理服务费用包括哪些项目；管理费用的标准，即每个收费项目收费的标准；管理费用的总额，即合计每平方米面积或每户每月（或每年）应缴纳的费用总计；管理费用缴纳的方式与时间，即是按年缴纳、按季缴纳还是按月缴纳，是分别缴纳还是汇总缴纳，什么时间或日期缴纳等；管理费用的结算，即是实报实销还是多退少补等；管理费标准的调整规定，即管理费调整的办法与依据；逾期缴纳管理费用的处理办法，如处罚标准与额度等；某些管理费用的承担责任，如房屋大、中修费用如何分摊或承担等；专项服务和特约服务收费的标准；共用部位和共用设施设备维修基金的管理办法。

（4）合同双方的权利和义务。根据《物权法》、《物业管理条例》、《物业服务收费管理办法》等有关法律法规规定的业主与物业服务企业的权利和义务，明确合同双方的权利和义务。

（5）管理服务质量及标准的约定。根据《物业管理条例》、《全国物业管理示范住宅、大厦、工业区标准及评分细则》、《普通住宅小区物业管理服务等级标准》（试行）等有关法规规定，约定物业管理服务质量及标准。

（6）合同期限。该条款关系到委托双方责任的时间界限，要明确起止的具体时间。前期物业服务合同的期限，应按照《物业管理条例》第二十六条规定执行，即前期物业服务合同可以约定期限；但是期限未满，业主委员会与物业服务企业签订的物业服务合同一旦生效，前期物业服务合同即告终止。

（7）违约责任。根据《民法通则》、《合同法》、《物业管理条例》等有关法律法规规定，明确规定违约责任，订立索赔条款，约定解决索赔的基本原则、提出索赔的期限、索赔的通知方法、递交的证明文件和票据等。

（8）合同更改、补充和终止的约定。根据《民法通则》、《合同法》等有关法律法规规定，约定双方更改、补充和终止合同的具体规定。

（9）合同争议解决办法的约定。根据《民法通则》、《合同法》等有关法律法规规定，约定合同争议解决的方式和条件。

（10）约定的其他事项。一般有保密条款、转委托的限制、合同生效期限的约定等。

4 不同类型物业的管理与服务

4.1 住宅小区物业管理

一、住宅小区物业特点

(一) 住宅小区的含义

住宅小区是指按照城市统一规划进行综合开发、建设，达到一定规模，基础设施配套比较齐全的居住区域。住宅小区相对封闭、独立，是符合现有生产水平和人们生活水平的一种居住模式。

按人口和用地规模多少的不同，住宅小区可以分为居住区、居住小区和居住组团三种规模，如表4-1所示。

表4-1 住宅小区的分级

人口规模	居住区	居住小区	居住组团
户数（户）	10 000 ~ 16 000	3 000 ~ 5 000	300 ~ 1 000
人口数（人）	30 000 ~ 50 000	10 000 ~ 15 000	1 000 ~ 3 000

一个完整的居住区由若干个居住小区组成。同样，一个完整的居住小区由若干个居住组团组成，而一个居住组团可由若干个生活单元组成。

(二) 住宅小区的特点

(1) 居住功能为主，相对封闭、独立。居民集中居住，小区内的一切设施如商业、体育健身、文化教育、娱乐等设施都是为小区内居民便利而设计、建造的。住宅小区与城市的工厂区、商业区、办公区等其他功能区分开，方便了居民的生活，便于集中服务与管理，有利于提高居民的居住条件和水平。

(2) 人口密度高、人口结构复杂。住宅小区一般都具有一定规模，而且建筑密度大，这就形成了住宅小区内人口密度高、人口结构复杂等特点。住宅小区建设是一种社会化的住宅开发，小区内的居民来自城市四面八方各行各业、各阶层的人员，这就使得小区内的居民构成在职业特征、文化素养、传统习惯、生活方式等方面形成较大差异。如此复杂、众多的人口长期集中居住在一起，久而久之相互影响，形成了相对独立的“社区文化”。

二、住宅小区的物业管理目标及管理要求

（一）住宅小区物业管理的目标

（1）实现社会效益。小区的社会效益首先表现在它可以为政府分忧解难。实施小区管理后，将分散的社会分工汇集起来由物业公司负责统一管理，政府只需制定有关政策规定，对小区管理实行指导、监督。

（2）实现经济效益。从政府的角度看，小区实行物业管理，政府不仅不需要向小区投资，用于房屋维修和环境管理，而且还可以向物业服务公司收税，增加财政收入；从开发企业的角度看，小区实行物业管理，有利于房产以较高的价格销售，达到较佳的收益目标，同时加速资金回转；从业主的角度看，小区实行物业管理，可以充分发挥物业的使用价值，并且使物业保值、增值。

（3）实现环境效益。搞好住宅小区管理，不仅能使居住区的环境得到绿化、净化和美化，还能对整个城市建设规模、格局和风貌产生积极影响，促进整个城市建设的良性循环。

（二）住宅小区物业管理要求

住宅小区各有不同，在实际操作过程中应根据小区的特点和条件，制定具体的管理要求。总的来说，住宅小区物业管理要求可以归纳为以下三方面：

（1）2000 年 5 月 25 日原建设部以住建房物第 8 号文发布的《全国物业管理示范住宅小区标准及评分细则》。具体内容如表 4－2 所示。

表 4－2　全国物业管理示范住宅小区标准及评分细则

序号	标准内容	规定分值	评分细则
一	基础管理	32	
	1. 按规划要求建设，住宅及配套投入使用。	1	符合 1.0，不符合 0
	2. 已办理接管验收手续。	1	符合 1.0，不符合 0
	3. 由一家物业服务企业实施统一专业化管理。	1	符合 1.0，不符合 0
	4. 建设单位在销售房屋前，与选聘的物业服务企业签订物业服务合同，双方责权利明确。	1	符合 1.0，基本符合 0.5，不符合 0
	5. 在房屋销售合同签订时，购房人与物业服务企业签订前期物业管理服务协议，双方责权利明确。	2	符合 2.0，基本符合 1.0，不符合 0
	6. 建立维修基金，其管理、使用、续筹符合有关规定。	1	符合 1.0，已建立但管理、使用、续筹不符合规定 0.5，未建立 0
	7. 房屋使用手册、装饰装修管理规定及管理规约等各项公众制度完善。	2	完善 2.0，基本完善 1.0，不完善 0
	8. 业主委员会按规定程序成立，并按章程履行职责。	2	符合 2.0，基本符合 1.0，不符合 0

（续上表）

序号	标准内容	规定分值	评分细则
一	9. 业主委员会与物业服务企业签订物业服务合同，双方责权利明确。	2	符合2.0，基本符合1.0，不符合0
	10. 物业服务企业制定争创规划和具体实施方案，并经业主委员会同意。	1	符合1.0，不符合0
	11. 小区物业管理建立、健全各项管理制度、各岗位工作标准，并制定具体的落实措施和考核办法。	2	制度、工作标准建立、健全1.0，主要检查：物业管理服务工作程序、质量保证制度、收费管理制度、财务制度、岗位考核制度等。每发现一处不完整规范扣0.2，未制定具体的落实措施扣0.5，未制定考核办法扣0.5
	12. 物业服务企业的管理人员和专业技术人员持证上岗；员工统一着装，佩戴明显标志；工作规范，作风严谨。	2	管理人员、专业技术人员每发现1人无上岗证扣0.1；着装及标志不符合0.5，完全不符合0
	13. 物业服务企业应用计算机、智能化设备等现代化管理手段，提高管理效率。	2	符合2.0，基本符合1.0，不符合0
	14. 物业服务企业在收费、财务管理、会计核算、税收等方面执行有关规定；至少每半年公开一次物业管理服务费用收支情况。	2	执行有关规定1.0，未执行0；公开1.0，未公开0
	15. 房屋及其共用设施设备档案资料齐全，分类成册，管理完善，查阅方便。	2	包括房屋总平面图、地下管网图，房屋数量、种类、用途分类统计成册，房屋共用设施设备大、中修记录，共用设施设备的设计安装图纸资料和台账。每发现一项不齐全或不完善扣0.2
	16. 建立住用户档案、房屋及其配套设施权属清册，查阅方便。	2	每发现一处不符合扣0.2
	17. 建立24小时值班制度，开通服务电话，接受业主和使用人对物业管理服务报修、求助、建议、问询、质疑、投诉等各类信息的搜集和反馈，并及时处理，有回访制度和记录。	2	符合2.0，值班制度不符合扣0.5，未设服务电话扣0.5，发现一处处理不及时扣0.2，没有回访记录每次扣0.1
	18. 定期向住户发放物业管理服务工作征求意见单，对合理的建议及时整改，满意率达95%以上。	2	符合2.0，基本符合1.0，不符合0
	19. 建立并落实便民维修服务承诺制，零修、急修及时率达100%，返修率不高于1%，并有回访记录。	2	建立并落实1.0，建立但未落实扣0.5，未建立0；及时率符合0.5，每降低1个百分点扣0.1；返修率符合0.3，不符合0；回访记录完整0.2，回访记录不完整或无回访记录0

（续上表）

序号	标准内容	规定分值	评分细则
二	房屋管理与维修养护	14	
	1. 主出入口设有小区平面示意图，主要路口设有路标，组团及幢、单元（门）、户门标号标志明显。	2	符合2.0，无示意图扣0.5，无路标扣0.3，幢、单元（门）、户门标号每缺一个扣0.1
	2. 无违反规划私搭乱建，无擅自改变房屋用途现象。	2	符合2.0，每发现一处私搭乱建或擅自改变房屋用途扣1.0
	3. 房屋外观完好、整洁，外墙面砖、涂料等装饰材料无脱落、无污迹。	2	符合2.0，每发现一处不完好、不整洁、脱落、污损扣0.2
	4. 室外招牌、广告牌、霓虹灯按规定设置，保持整洁、统一、美观，无安全隐患或破损。	2	符合2.0，未按规定设置0；按规定设置，但不整齐或有破损每处扣0.1，有安全隐患每处扣0.5
	5. 封闭阳台统一有序，色调一致，不超出外墙面；除建筑设计有要求外，不得安装外廊及户外防盗网、晾晒架、遮阳篷等。	2	符合2.0，每发现一处不符合扣0.2
	6. 空调安装位置统一，冷凝水集中收集，支架无锈蚀。	2	符合2.0，每发现一处不符合扣0.5
	7. 房屋装饰装修符合规定，未发生危及房屋结构安全及拆改管线和损害他人利益的现象。	2	符合2.0，每发现一处不符合扣0.5
三	共用设施设备管理	15	
	1. 共用配套设施完好，无随意改变用途。	1	符合1.0，每发现一处不符合扣0.5
	2. 共用设施设备运行、使用及维护按规定要求有记录，无事故隐患，专业技术人员和维护人员严格遵守操作规程与保养规范。	2	设施设备运行按规定记录0.5，无事故隐患0.5；遵守操作规程0.6，每发现一处不符合扣0.2；遵守保养规范0.4，每发现一处不符合扣0.1
	3. 室外共用管线统一入地或入公共管道，无架空管线，无碍观瞻。	2	符合2.0，每发现一处不符合扣0.2
	4. 排水、排污管道通畅，无堵塞外溢现象。	1	符合1.0，每发现一处堵塞或外溢扣0.5
	5. 道路通畅，路面平整；井盖无缺损、无丢失，路面井盖不影响车辆和行人通行。	2	通畅、平整1.0，每发现一处不通畅、不平整、积水扣0.2；发现井盖缺损或丢失扣0.6；路面井盖不影响通行0.4，每发现一处不符合扣0.2
	6. 供水设备运行正常，设施完好、无渗漏、无污染；二次生活用水有严格的保障措施，水质符合卫生标准；制订停水及事故处理方案。	2	设备运行正常、设备完好、无渗漏、无污染0.6，每发现一处不符合扣0.2；保障措施严格0.4，无措施或措施不严0；水质符合卫生标准0.5；有处理方案0.5
	7. 制定供电系统管理措施并严格执行，记录完整；供电设备运行正常，配电室管理符合规定，路灯、楼道灯等公共照明设备完好。	2	符合2.0，每发现一处不符合扣0.5
	8. 电梯按规定或约定时间运行，安全设施齐全，无安全事故；轿厢、井道保持清洁；电梯机房通风、照明良好；制订出现故障后的应急处理方案。	2	符合2.0，每发现一处不符合扣0.5
	9. 三北地区，冬季供暖室内温度不低于16℃。	1	符合1.0，不符合0

（续上表）

序号	标准内容	规定分值	评分细则
四	保安、消防、车辆管理	10	
	1. 小区基本实行封闭式管理。	1	符合1.0，不符合0
	2. 有专业保安队伍，实行24小时值班及巡逻制度；保安人员熟悉小区的环境，文明值勤，训练有素，言语规范，认真负责。	2	符合2.0，无专业保安队伍扣1.0，其他每发现一处不符合扣0.2
	3. 危及人身安全处有明显标志和具体的防治措施。	1	符合1.0，不符合0
	4. 消防设施设备完好无损，可随时启用；消防通道畅通；制订消防应急方案。	2	符合2.0，每发现一处不符合扣0.5
	5. 机动车停车场管理制度完善，管理责任明确，车辆进出有登记。	2	制度完善0.5，基本完善0.3，不完善0；因管理责任造成车辆丢失扣0.5（管理单位公开承诺赔偿的不扣）；每发现一台车辆乱停乱放扣0.1，出入无记录扣0.2
	6. 非机动车辆管理制度完善，按规定位置停放，管理有序。	2	符合2.0，制度不全或不落实扣1.0，乱停乱放每部车扣0.2
五	环境卫生管理	14	
	1. 环卫设备完备，设有垃圾箱、果皮箱、垃圾中转站。	1	符合1.0，每发现一处不符合扣0.2
	2. 清洁卫生实行责任制，有专职的清洁人员和明确的责任范围，实行标准化保洁。	2	未实行责任制扣1.0，无专职清洁人员和责任范围扣0.5，未实行标准化保洁扣0.5
	3. 垃圾日产日清，定期进行卫生消毒灭杀。	2	每发现一处垃圾扣0.2，未达到垃圾日产日清扣0.5，未定期进行卫生消毒灭杀扣0.5
	4. 房屋共用部位共用设施设备无蚁害。	1	符合1.0，每发现一处不符合扣0.2
	5. 小区内道路等共用场地无纸屑、烟头等废弃物。	2	符合2.0，每发现一处不符合扣0.2
	6. 房屋共用部位保持清洁，无乱贴、乱画，无擅自占用和堆放杂物现象；楼梯扶栏、天台、公共玻璃等保持洁净。	2	符合2.0，每发现一处不符合扣0.2
	7. 商业网点管理有序，符合卫生标准；无乱设摊点、广告牌和乱贴、乱画现象。	2	符合2.0，每发现一处不符合扣0.2
	8. 无违反规定饲养宠物、家禽、家畜。		符合1.0，不符合0
	9. 排放油烟、噪声等符合国家环保标准，外墙无污染。	1	符合1.0，每发现一处不符合扣0.2

（续上表）

序号	标准内容	规定分值	评分细则
六	绿化管理	7	
	1. 小区绿地布局合理，花草树木与建筑小品配置得当。	1	符合1.0，基本符合0.5，不符合0
	2. 绿地无改变使用用途和破坏、践踏、占用现象。	2	符合2.0，基本符合1.0，不符合0
	3. 花草树木长势良好，修剪整齐美观，无病虫害，无折损现象，无斑秃。	2	长势不好扣1.0，其他每发现一处不符合扣0.2
	4. 绿地无纸屑、烟头、石块等杂物。	2	符合2.0，每发现一处不符合扣0.2
七	精神文明建设	3	
	1. 开展有意义、健康向上的社区文化活动。	2	符合2.0，基本符合1.0，不符合0
	2. 创造条件，积极配合、支持并参与社区文化建设。	1	符合1.0，基本符合0.5，不符合0
八	管理效益	5	
	1. 物业管理服务费用收缴率98%以上。	2	符合2.0，每降低1个百分点扣0.5
	2. 提供便民有偿服务，开展多种经营。	2	符合2.0，基本符合1.0，不符合0
	3. 本小区物业管理经营状况。	1	赢利1.0，持平0.5，亏本0

（2）中国物业管理协会制定的《普通住宅小区物业管理服务等级标准（试行）》（中物协〔2004〕1号），根据普通住宅小区物业服务需求的不同情况，由高到低设定为一级、二级、三级三个服务等级，级别越高，表示物业服务标准越高。各等级服务分别由基本要求、房屋管理、共用设施设备维修养护、协助维护公共秩序、保洁服务、绿化养护管理等六大项主要内容组成。具体内容见表4－3。

表4－3 普通住宅小区物业管理服务等级标准（试行）

一 级

项目	内容与标准
（一）基本要求	1. 服务与被服务双方签订规范的物业服务合同，双方权利义务关系明确。 2. 承接项目时，对住宅小区共用部位、共用设施设备进行认真查验，验收手续齐全。 3. 管理人员、专业操作人员按照国家有关规定取得物业管理职业资格证书或者岗位证书。 4. 有完善的物业管理方案，质量管理、财务管理、档案管理等制度健全。 5. 管理服务人员统一着装、佩戴标志，行为规范，服务主动、热情。 6. 设有服务接待中心，公示24小时服务电话。急修半小时内、其他报修按双方约定时间到达现场，有完整的报修、维修和回访记录。 7. 根据业主需求，提供物业服务合同之外的特约服务和代办服务的，公示服务项目与收费价目。 8. 按有关规定和合同约定公布物业服务费用或者物业服务资金的收支情况。 9. 按合同约定规范使用住房专项维修资金。 10. 每年至少1次征询业主对物业服务的意见，满意率达80%以上。

（续上表）

项目	内容与标准
（二）房屋管理	1. 对房屋共用部位进行日常管理和维修养护，检修记录和保养记录齐全。 2. 根据房屋实际使用年限，定期检查房屋共用部位的使用状况，需要维修，属于小修范围的，及时组织修复；属于大、中修范围的，及时编制维修计划和住房专项维修资金使用计划，向业主大会或者业主委员会提出报告与建议，根据业主大会的决定，组织维修。 3. 每日巡查1次小区房屋单元门、楼梯通道以及其他共用部位的门窗、玻璃等，做好巡查记录，并及时维修养护。 4. 按照住宅装饰装修管理有关规定和管理规约（业主临时公约）要求，建立完善的住宅装饰装修管理制度。装修前，依规定审核业主（使用人）的装修方案，告知装修人有关装饰装修的禁止行为和注意事项。每日巡查1次装修施工现场，发现影响房屋外观、危及房屋结构安全及拆改共用管线等损害公共利益现象的，及时劝阻并报告业主委员会和有关主管部门。 5. 对违反规划私搭乱建和擅自改变房屋用途的行为及时劝阻，并报告业主委员会和有关主管部门。 6. 小区主出入口设有小区平面示意图，主要路口设有路标。各组团、栋及单元（门）、户和公共配套设施、场地有明显标志。
（三）共用设施设备维修养护	1. 对共用设施设备进行日常管理和维修养护（依法应由专业部门负责的除外）。 2. 建立共用设施设备档案（设备台账），设施设备的运行、检查、维修、保养等记录齐全。 3. 设施设备标志齐全、规范，责任人明确；操作维护人员严格执行设施设备操作规程及保养规范；设施设备运行正常。 4. 对共用设施设备定期组织巡查，做好巡查记录，需要维修，属于小修范围的，及时组织修复；属于大、中修范围或者需要更新改造的，及时编制维修、更新改造计划和住房专项维修资金使用计划，向业主大会或业主委员会提出报告与建议，根据业主大会的决定，组织维修或者更新改造。 5. 载人电梯24小时正常运行。 6. 消防设施设备完好，可随时启用；消防通道畅通。 7. 设备房保持整洁、通风，无跑、冒、滴、漏和鼠害现象。 8. 小区道路平整，主要道路及停车场交通标志齐全、规范。 9. 路灯、楼道灯完好率不低于95%。 10. 容易危及人身安全的设施设备有明显警示标志和防范措施；对可能发生的各种突发设备故障有应急方案。
（四）协助维护公共秩序	1. 小区主出入口24小时站岗值勤。 2. 对重点区域、重点部位每1小时至少巡查1次；配有安全监控设施的，实施24小时监控。 3. 对进出小区的车辆实施证、卡管理，引导车辆有序通行、停放。 4. 对进出小区的装修、家政等劳务人员实行临时出入证管理。 5. 对火灾、治安、公共卫生等突发事件有应急预案，事发时及时报告业主委员会和有关部门，并协助采取相应措施。

（续上表）

项目	内容与标准
（五）保洁服务	1. 高层按层、多层按幢设置垃圾桶，每日清运2次。垃圾袋装化，保持垃圾桶清洁、无异味。 2. 合理设置果壳箱或者垃圾桶，每日清运2次。 3. 小区道路、广场、停车场、绿地等每日清扫2次；电梯厅、楼道每日清扫2次，每周拖洗1次；一层共用大厅每日拖洗1次；楼梯扶手每日擦洗1次；共用部位玻璃每周清洁1次；路灯、楼道灯每月清洁1次。及时清除道路积水、积雪。 4. 共用雨、污水管道每年疏通1次；雨、污水井每月检查1次，视检查情况及时清掏；化粪池每月检查1次，每半年清掏1次，发现异常及时清掏。 5. 二次供水水箱按规定清洗，定时巡查，水质符合卫生要求。 6. 根据当地实际情况定期进行消毒和灭虫除害。
（六）绿化养护管理	1. 有专业人员实施绿化养护管理。 2. 草坪生长良好，及时修剪和补栽补种，无杂草、杂物。 3. 花卉、绿篱、树木应根据其品种和生长情况，及时修剪整形，保持观赏效果。 4. 定期组织浇灌、施肥和松土，做好防涝、防冻工作。 5. 定期喷洒药物，预防病虫害。

二　级

项目	内容与标准
（一）基本要求	1. 服务与被服务双方签订规范的物业服务合同，双方权利义务关系明确。 2. 承接项目时，对住宅小区共用部位、共用设施设备进行认真查验，验收手续齐全。 3. 管理人员、专业操作人员按照国家有关规定取得物业管理职业资格证书或者岗位证书。 4. 有完善的物业管理方案，质量管理、财务管理、档案管理等制度健全。 5. 管理服务人员统一着装、佩戴标志，行为规范，服务主动、热情。 6. 公示16小时服务电话。急修1小时内、其他报修按双方约定时间到达现场，有报修、维修和回访记录。 7. 根据业主需求，提供物业服务合同之外的特约服务和代办服务的，公示服务项目与收费价目。 8. 按有关规定和合同约定公布物业服务费用或者物业服务资金的收支情况。 9. 按合同约定规范使用住房专项维修资金。 10. 每年至少1次征询业主对物业服务的意见，满意率达75%以上。
（二）房屋管理	1. 对房屋共用部位进行日常管理和维修养护，检修记录和保养记录齐全。 2. 根据房屋实际使用年限，适时检查房屋共用部位的使用状况，需要维修，属于小修范围的，及时组织修复；属于大、中修范围的，及时编制维修计划和住房专项维修资金使用计划，向业主大会或者业主委员会提出报告与建议，根据业主大会的决定，组织维修。 3. 每3日巡查1次小区房屋单元门、楼梯通道以及其他共用部位的门窗、玻璃等，做好巡查记录，并及时维修养护。 4. 按照住宅装饰装修管理有关规定和管理规约（业主临时公约）要求，建立完善的住宅装饰装修管理制度。装修前，依规定审核业主（使用人）的装修方案，告知装修人有关装饰装修的禁止行为和注意事项。每3日巡查1次装修施工现场，发现影响房屋外观、危及房屋结构安全及拆改共用管线等损害公共利益现象的，及时劝阻并报告业主委员会和有关主管部门。 5. 对违反规划私搭乱建和擅自改变房屋用途的行为及时劝阻，并报告业主委员会和有关主管部门。 6. 小区主出入口设有小区平面示意图，各组团、栋及单元（门）、户有明显标志。

（续上表）

项目	内 容 与 标 准
（三）共用设施设备维修养护	1. 对共用设施设备进行日常管理和维修养护（依法应由专业部门负责的除外）。 2. 建立共用设施设备档案（设备台账），设施设备的运行、检查、维修、保养等记录齐全。 3. 设施设备标志齐全、规范，责任人明确；操作维护人员严格执行设施设备操作规程及保养规范；设施设备运行正常。 4. 对共用设施设备定期组织巡查，做好巡查记录，需要维修，属于小修范围的，及时组织修复；属于大、中修范围或者需要更新改造的，及时编制维修、更新改造计划和住房专项维修资金使用计划，向业主大会或业主委员会提出报告与建议，根据业主大会的决定，组织维修或者更新改造。 5. 载人电梯早 6 点至晚 12 点正常运行。 6. 消防设施设备完好，可随时启用；消防通道畅通。 7. 设备房保持整洁、通风，无跑、冒、滴、漏和鼠害现象。 8. 小区主要道路及停车场交通标志齐全。 9. 路灯、楼道灯完好率不低于 90%。 10. 容易危及人身安全的设施设备有明显警示标志和防范措施；对可能发生的各种突发设备故障有应急方案。
（四）协助维护公共秩序	1. 小区主出入口 24 小时值勤。 2. 对重点区域、重点部位每 2 小时至少巡查 1 次。 3. 对进出小区的车辆进行管理，引导车辆有序通行、停放。 4. 对进出小区的装修等劳务人员实行登记管理。 5. 对火灾、治安、公共卫生等突发事件有应急预案，事发时及时报告业主委员会和有关部门，并协助采取相应措施。
（五）保洁服务	1. 按幢设置垃圾桶，生活垃圾每天清运 1 次。 2. 小区道路、广场、停车场、绿地等每日清扫 1 次；电梯厅、楼道每日清扫 1 次，半月拖洗 1 次；楼梯扶手每周擦洗 2 次；共用部位玻璃每月清洁 1 次；路灯、楼道灯每季度清洁 1 次。及时清除区内主要道路积水、积雪。 3. 区内公共雨、污水管道每年疏通 1 次；雨、污水井每季度检查 1 次，并视检查情况及时清掏；化粪池每 2 个月检查 1 次，每年清掏 1 次，发现异常及时清掏。 4. 二次供水水箱按规定定期清洗，定时巡查，水质符合卫生要求。 5. 根据当地实际情况定期进行消毒和灭虫除害。
（六）绿化养护管理	1. 有专业人员实施绿化养护管理。 2. 对草坪、花卉、绿篱、树木定期进行修剪、养护。 3. 定期清除绿地杂草、杂物。 4. 适时组织浇灌、施肥和松土，做好防涝、防冻工作。 5. 适时喷洒药物，预防病虫害。

三 级

项目	内容与标准
（一）基本要求	1. 服务与被服务双方签订规范的物业服务合同，双方权利义务关系明确。 2. 承接项目时，对住宅小区共用部位、共用设施设备进行认真查验，验收手续齐全。 3. 管理人员、专业操作人员按照国家有关规定取得物业管理职业资格证书或者岗位证书。 4. 有完善的物业管理方案，质量管理、财务管理、档案管理等制度健全。 5. 管理服务人员佩戴标志，行为规范，服务主动、热情。 6. 公示 8 小时服务电话。报修按双方约定时间到达现场，有报修、维修记录。 7. 按有关规定和合同约定公布物业服务费用或者物业服务资金的收支情况。 8. 按合同约定规范使用住房专项维修资金。 9. 每年至少 1 次征询业主对物业服务的意见，满意率达 70% 以上。
（二）房屋管理	1. 对房屋共用部位进行日常管理和维修养护，检修记录和保养记录齐全。 2. 根据房屋实际使用年限，检查房屋共用部位的使用状况，需要维修，属于小修范围的，及时组织修复；属于大、中修范围的，及时编制维修计划和住房专项维修资金使用计划，向业主大会或者业主委员会提出报告与建议，根据业主大会的决定，组织维修。 3. 每周巡查 1 次小区房屋单元门、楼梯通道以及其他共用部位的门窗、玻璃等，定期维修养护。 4. 按照住宅装饰装修管理有关规定和管理规约（业主临时公约）要求，建立完善的住宅装饰装修管理制度。装修前，依规定审核业主（使用人）的装修方案，告知装修人有关装饰装修的禁止行为和注意事项。至少两次巡查装修施工现场，发现影响房屋外观、危及房屋结构安全及拆改共用管线等损害公共利益现象的，及时劝阻并报告业主委员会和有关主管部门。 5. 对违反规划私搭乱建和擅自改变房屋用途的行为及时劝阻，并报告业主委员会和有关主管部门。 6. 各组团、栋、单元（门）、户有明显标志。
（三）共用设施设备维修养护	1. 对共用设施设备进行日常管理和维修养护（依法应由专业部门负责的除外）。 2. 建立共用设施设备档案（设备台账），设施设备的运行、检修等记录齐全。 3. 操作维护人员严格执行设施设备操作规程及保养规范；设施设备运行正常。 4. 对共用设施设备定期组织巡查，做好巡查记录，需要维修，属于小修范围的，及时组织修复；属于大、中修范围或者需要更新改造的，及时编制维修、更新改造计划和住房专项维修资金使用计划，向业主大会或业主委员会提出报告与建议，根据业主大会的决定，组织维修或者更新改造。 5. 载人电梯早 6 点至晚 12 点正常运行。 6. 消防设施设备完好，可随时启用；消防通道畅通。 7. 路灯、楼道灯完好率不低于 80% 。 8. 容易危及人身安全的设施设备有明显警示标志和防范措施；对可能发生的各种突发设备故障有应急方案。

（续上表）

项目	内容与标准
（四）协助维护公共秩序	1. 小区 24 小时值勤。 2. 对重点区域、重点部位每 3 小时至少巡查 1 次。 3. 车辆停放有序。 4. 对火灾、治安、公共卫生等突发事件有应急预案，事发时及时报告业主委员会和有关部门，并协助采取相应措施。
（五）保洁服务	1. 小区内设有垃圾收集点，生活垃圾每天清运 1 次。 2. 小区公共场所每日清扫 1 次；电梯厅、楼道每日清扫 1 次；共用部位玻璃每季度清洁 1 次；路灯、楼道灯每半年清洁 1 次。 3. 区内公共雨、污水管道每年疏通 1 次；雨、污水井每半年检查 1 次，并视检查情况及时清掏；化粪池每季度检查 1 次，每年清掏 1 次，发现异常及时清掏。 4. 二次供水水箱按规定清洗，水质符合卫生要求。
（六）绿化养护管理	1. 对草坪、花卉、绿篱、树木定期进行修剪、养护。 2. 定期清除绿地杂草、杂物。 3. 预防花草、树木病虫害。

（3）其他规定和要求。《物权法》、《物业管理条例》、《业主大会规程》、《前期物业管理招标投标管理暂行办法》、《物业服务收费管理办法》、《房屋修缮范围与标准》、《房屋修缮工程质量检验评定标准》、《住宅室内装饰装修管理办法》等法律法规，从不同的角度对物业管理作出了具体细致的要求，都适用于住宅小区的物业管理。

此外，许多省、市、自治区都制定了更加具体的物业管理服务要求与标准，如《北京市住宅小区物业管理服务标准》已于 2003 年 12 月 1 日起实施。还有太原市、福州市也出台了类似的服务标准。物业服务公司在各省、市、自治区辖区内实施住宅小区物业管理时，应同时遵照当地的服务要求和标准。

4.2 写字楼的物业管理

一、写字楼物业的特点与管理要求

（一）写字楼的含义

写字楼是指供各种政府机构的行政管理人员和企事业单位的职员办理行政事务和从事商业经营活动的大厦。有的写字楼被业主自己使用，有的用于出租，有的部分自用而部分出租。

现代写字楼一般具有现代化的设备、智能化的设施，而且交通地理位置优越，有宽阔的停车场或地下车库相匹配。在城市中心，写字楼趋向于高层和超高层发展。写字楼密集区，往往形成城市的中心商务区，已成为现代城市发展的重要组成部分。

（二）写字楼的分类

目前，我国对写字楼的分类尚无统一的标准，专业人员根据工作需要，通常依照建筑面积、使用功能、现代化程度、综合条件等进行不同的分类。

（1）按建筑面积划分：小型写字楼，建筑面积一般在1万平方米以下；中型写字楼，建筑面积一般在1万~3万平方米；大型写字楼，建筑面积一般在3万平方米以上。

（2）按使用功能划分：单纯型写字楼，基本上只有办公一种功能；商住型写字楼，具有办公和居住两种功能；综合型写字楼，以办公为主，同时也具备其他多种功能，如公寓、餐厅、商场、娱乐厅等多功能的综合型楼宇。

（3）按现代化程度划分：非智能型写字楼，也就是自动化程度较低的普通写字楼；智能型写字楼，通常包括通信自动化、办公自动化、大楼管理自动化、建筑设备自动化等。

（4）按综合条件划分：甲级写字楼，具有优越的地理位置和交通环境，建筑物的物理状况优良，建筑质量达到或超过有关建筑条例或规范要求，有完善的物业管理服务，包括24小时的设备维修与保安服务；乙级写字楼，具有良好的地理位置，建筑物的物理状况良好，建筑质量达到有关建筑条例或规范的要求，但建筑物的功能不是最先进的，有自然磨损存在，收益能力低于新落成的同类建筑物；丙级写字楼，物业使用年限较长，建筑物在某些方面不能满足新的建筑条例或规范要求，建筑物存在较明显的物理磨损和功能陈旧，但仍能满足低收入承租人的需求，租金低，尚可保持合理的出租率。

（三）写字楼的特点

（1）建筑规模大，机构和人员集中。写字楼多为高层建筑，层数多，建筑面积大，少则几万平方米，多则十几万、几十万平方米，如北京的京广中心、国贸大厦、发展大厦等建筑面积均在10万平方米以上。由于建筑面积越来越大，可供租售的面积不断扩大，因此业主或租赁单位越来越多，少的几十户、上百户，多的几百户、上千户，人口密度很大。

（2）建筑档次高，设备先进。写字楼购建、安装的设施设备都是比较先进的，如供电系统一般设有两路电源供电，同时设有柴油发电机组作为应急电源，大厦设计安装中央空调以保证大厦冬暖夏凉；根据客流量大小，设计安装多部电梯。另外，大厦内一般都配有智能消防灭火自动报警系统、保安监控系统、通信网络系统、智能楼宇自控系统等，正是由于充分采用了现代科学技术新成果，才能保证几十家甚至几百家、上千家公司集中在一座大厦内，并能秩序井然，正常运转。

（3）地理位置优越，交通便利。写字楼多位于城市中心的繁华地段，与公共设施和商业设施相邻，有多种便利的交通条件，方便办公人员上下班和其他人员来往。同时，好的地段商业服务设施往往比较齐全，信息集中、通畅，也为写字楼的用户提供高效和便利的物质条件。

（4）使用时间集中，人员流动性大。写字楼的作息时间比较集中，上下班时间及办公时间人来人往、熙熙攘攘、川流不息；下班后人走楼空，冷冷清清。

（5）功能齐全，设施配套。现代写字楼一般拥有大或小会议室、小型酒吧、娱乐餐饮场所、健身房、停车场等。综合型写字楼还有餐厅、商场、商务中心、银行、邮电等配套服务场所设施，能为客户的工作和生活提供很多方便，满足他们高效办公的需要。

（四）写字楼物业管理的要求

写字楼主要是办理行政事务、从事商业经营活动的场所。这里公务来往频繁，商业洽谈不断，文件资料整理较多。这些特点决定了对其物业管理的独特要求。

（1）要求确保设备能完好运行，正常使用。写字楼内有多个工作单位，人员众多，电脑、传真机、通信设备、打印机等全天使用，必须保证供电系统的正常运行，否则将会影响办公人员的工作效率，甚至会给客户带来巨大损失，导致客户的投诉或索赔。

为了保证楼内办公人员正常生活用水，因此要重视对楼内的给排水系统设备进行定期的维修养护，按时对生活水箱进行清洗、消毒，以保证办公人员的用水安全。

电梯是高层写字楼中最重要的交通工具，所以要制定严格的电梯运行和养护制度。通过合理的运行和周密的养护，可以提高电梯的安全性，延长其使用寿命，达到节省开支、提高效益的目的。同时，中央空调、通信设备等都是大楼的重要设备，物业公司要经常检修、维护，保证其完好，不影响办公人员的正常使用。

（2）要求加强安全管理，提供安全保障。高层写字楼人员流动大，且隐蔽死角多，必须加强治安保卫。对电梯间、楼梯间及各隐蔽地方，保安人员要定时巡逻检查，并建立严格的督促机制。楼内的各种管道、通风口、竖井等极易给坏人提供便利，要有安全措施。节假日，对进入写字楼办公区域人员要实行严格的登记查证制度。

高层楼宇造成火灾的因素很多，如管理不善、线路老化等。一旦发生火灾，后果难以想象，必须特别注意预防各类火灾发生。物业管理工作中除了要保证消防设施的完好和消防通道的畅通外，还要加强对员工和用户的防火教育和宣传工作，建立一支以保安人员为主的业余消防队，遇到紧急情况，随时可以出动，抢时间，减少损失。

必须做好应付突发事件的准备，由于写字楼的设备系统、建筑结构和楼内人员的复杂性，物业服务公司应时刻保持警觉，随时准备应付各种突发事件。要建立完善的应急预案，诸如火灾预案、刑事案件发生时的处理预案、意外人身伤害的处理预案、公共逃生应急预案等，并应定期进行演练，常备不懈。一旦有突发事件，物业管理人员应冷静处理各类事件，将损失控制到最低。

（3）要求保持环境幽雅、整洁。写字楼由于人员出入量大，容易出现脏、乱和建筑材料损坏问题。为了保持干净、整洁的办公环境，写字楼内、电梯间、卫生间、走廊、大堂等公共区域的卫生及办公区域的卫生应由专业的保洁人员进行定时、定期的清洁维护，力争做到无杂物、无灰尘。同时，为了改善写字楼形象，对大楼外墙也应定期清洁，以保持楼宇外表美观，楼内垃圾要及时清运，定期消毒，预防疾病的传播。

卫生工作的另一个重点就是会议室。会议室要天天清扫，桌、椅要勤擦，茶杯等用具要清洗、消毒。上班前要备好开水，会议后要及时整理干净，以备下次使用。

（4）写字楼的科技含量大，这就对物业管理人员提出了更高要求。写字楼自身规模大、功能多，特别是智能化的写字楼设施设备都很先进，如中央空调系统设备、楼宇自控设备、高档电梯、火灾自动报警系统设备、保安监控设备、办公自动化系统设备等。这些先进设备的使用与维护，更要具有与之相适应的专业技术知识，才能有效使用这些设备，才能够担负起管理和维护这些设备系统的责任。同时，指导客户正确地使用这些设备，避免因不正常的使用操作而导致设备的提前损坏，也是物业管理服务的工作之一。

二、写字楼物业管理的组织实施

现代的写字楼是高档物业，规模大、功能全，应由专业化的物业服务公司，招聘有经验的业务骨干、合格的服务人员，经专业技术培训合格后上岗，进行服务与管理。写字楼的管理与服务工作应从以下九个方面组织实施：

（一）使用前的准备工作

（1）物业服务企业与大厦业主委员会签订物业服务合同，明确责权利关系，并制定管理规约或用户公约。

（2）制订物业管理方案，草拟写字楼各项管理制度、服务质量标准，各工作岗位考核标准、奖金办法等。

（3）根据写字楼的具体情况，编写物业管理维修公约，计算楼宇各部分所占的管理份额，使各单位使用者公平地负担管理费及管理专项维修资金的支出。

（4）根据写字楼的特点及周边环境，制定争创全国或省、市、自治区物业管理示范大厦的规划和具体的实施方案，并落实到各部门。

（5）按照有关规定，做好写字楼的接管、验收工作。

（二）房屋的维修维护管理

（1）写字楼装修监督管理。为确保写字楼结构安全、大厦内各功能系统不受破坏，通常在物业服务公司与业主或使用人共同签订的物业管理公约中都会约定“装修条款”，将房屋装饰装修中的禁止行为和注意事项告知业主或使用人；业主和使用人在进行装修前，其装修图纸、装修方案等文件均需得到物业服务公司批准；物业公司应对施工过程进行必要的监控；装修工程结束后，物业公司要检查和验收，以确保楼宇结构和附属设施设备不受破坏。

（2）日常维护。要做好房屋日常维护工作，首先就应对建筑物各部位做好日常检查工作。如检查发现问题，应由检查部门提出申请，经批复后技术部门人员到场，做好损坏部位的原因分析与鉴定工作，并进行维修。

物业公司应保障写字楼外观的完好整洁，引导标志齐全完好，杜绝违反规划、私搭乱建的现象，应使房屋完好率达到98%以上，零修及时率达到98%以上，零修合格率达到100%，并建立、健全用户回访制度，做好回访记录。

（3）大修改造。对需大修改造的项目，应制订大修改造计划，并经业主、业主委员会或业主大会讨论通过后实施。工程施工过程中应跟踪监理，提出质量要求和注意事项。完工后，应会同有关部门对修复改造项目进行工程验收。

（三）设施设备使用管理及维修养护

写字楼的设备先进，智能化程度高，对维修养护和使用管理要求较高，所以设施设备使用管理及维修养护是写字楼物业管理的一项重点内容。为了保证设备能够正常运行，延长使用年限，应制定严格的设备养护和维修制度，做好设备的日常养护、检修工作。此外，设备管理人员应实行24小时值班制度，以最短时间处理突发运行故障。

（四）安全管理服务

写字楼安全管理包括治安管理、消防管理和停车场（车库）管理等，主要从以下七个方面组织实施：

（1）根据实际需要建立安全管理组织机构，配齐安全管理人员，包括保安人员、消防管理人员。

（2）建立有效的安全制度，如保安人员交接班制度、值班制度、电视监控管理制度、写字楼门卫管理制度、保安巡逻管理制度、消防管理制度、车辆管理制度，并保证安全制度的实施。

（3）确立保安巡逻的岗位和路线，做到定时、定点、定线巡逻与突击检查相结合，特别注意出入口、仓库、停车场（库）等隐蔽处。

（4）应用电视监控设备，在主要入口处、电梯内、贵重物品存放处及易发生事故的区域或重点部位安装闭路电视监视器，发现异常及时采取措施。

（5）建立24小时固定值班、站岗和巡逻制度，做好交接班工作。

（6）配备必要的消防设施设备，建立消防管理档案。定期组织及安排消防检查，消除消防隐患，迅速处理消防事故。

（7）做好停车场管理工作，加强车辆进出与停车的引导服务和及时疏导来往车辆，使出入写字楼的车辆井然有序，保证车辆及行人的安全。

（五）清洁服务

写字楼对清洁卫生的要求非常高，尤其是大堂、公共通道、公共卫生间和外墙等部位。写字楼清洁卫生工作要实行标准化清扫保洁，制定完善的清洁细则，明确需要清洁的部位，所需清洁的次数、时间，由专人负责检查、监督。指定地点设有垃圾箱、果皮箱、垃圾中转店等保洁设备。

写字楼的清洁卫生服务项目包括：清洁保养工作；外墙的定期清洁；公共区域、走廊及通道的清洁；空调机房、变电房及楼房的配电室清洁；电梯清洁保养；消防系统及其设备的清洁；供水、排水、泵房系统及其设备的清洁；公共照明设备的清洁；公共洗手间的清洁；写字楼外围区域的清洁等。

（六）绿化服务

写字楼内外的绿化、美化管理是写字楼物业管理日常工作内容之一。绿化、美化管理既是一年四季日常性的工作，又具有阶段性的特点，必须按照绿化的不同品种、不同习性、不同季节、不同生长期，适时确定不同的养护重点，安排不同的落实措施，保证无破坏、践踏及随意占用绿地现象。

（七）前台服务

在写字楼市场的竞争日趋白热化的今天，谁能为客户提供更好的服务，谁就能够拥有更多的客户，谁就能够在写字楼市场的竞争中立于不败之地。写字楼的前台服务主要项目有：通信、引导服务和留言服务，信件报刊收发、传送服务，客人行李搬运、寄送服务，物品寄存服务，预订餐饮、文化体育节目票务服务，出租车预约服务，洗衣、送衣服务，提供旅游活动安排服务，航空机票订购、确认服务，文娱活动安排及组织服务，花卉代购、递送服务，代购清洁物品服务，其他委托代办服务。

（八）商务服务

写字楼一般设有商务中心，是物业服务公司为了方便客户、满足客户需要而设立的商务服务机构。

（1）硬件配置。写字楼的商务中心应配备一定的现代化办公设备，如电话、传真机、电脑、打印机、电视、录音机、投影仪及其他的办公用品。商务中心设备的配置，可根据服务项目的增加而逐步添置。商务中心人员在使用过程中，应严格按照操作程序进行操作，定期对设备进行必要的保养，设备一旦发生故障，应由专业人员进行维修。

（2）商务中心工作人员的要求。商务中心的服务要周到、快捷。要做到这一点，商务中心工作人员应具备良好的品德修养、良好的服务意识，流利的外语听、说、读、写能力，熟练的中、英文录入能力，熟练操作各种现代办公设备的能力，懂得商务管理、秘书工作知识和一定的设备清洁、保养基本知识。

（3）商务中心的服务项目。写字楼商务中心的服务项目应根据客户的需要进行设置，主要包括各类文件的处理打印服务，报纸、杂志订阅服务，客户外出期间保管、代转传真、信件等服务，电视、录像、电脑、投影仪等办公设备的租赁服务，印刷文件、名片等印刷服务，商务会谈、会议安排服务，翻译服务，秘书培训服务，长话、传真、电信、互联网服务，邮件、邮包、快递等邮政服务，商务咨询、商务信息查询服务等。

（4）商务中心的工作程序：①接待客户并了解客户所需服务项目、服务时间及服务要求；②向客户讲明收费情况，开具收费通知单，并按规定收取押金；③按客人服务项目、服务要求及时、准确地完成服务；④填写“商务中心费用收据单”，并陪同客人到财务部结账。

写字楼内部人员因工作需要使用商务中心的设备，应填写“商务中心设备使用申请单”，经其所在部门同意，方可使用。用后应在“费用结算单”上签名。

（九）租赁管理

写字楼是收益性物业，除了业主少部分自用外，大部分用于出租。这是业主对物业使用权的零星出售，承租者向业主缴纳约定数额的租金，从而获得一定期限的使用权。写字楼各办公单元的租期长短不一，日常性的租赁业务是写字楼经营必不可少的活动。如果物业公司接受业主的委托代理物业租售业务，则营销推广是其一项经常性的管理工作内容。

为了使写字楼保证较高的出租率和较高的收益，物业服务公司必须做好营销服务。写字楼营销的市场调研和营销计划制订，整体形象设计、宣传推广，引导买租客户考察物业，客户的联络、谈判、签约，帮助客户和业主沟通等均属于写字楼的营销推广服务范畴。

4.3 商场的物业管理

一、商场物业管理概述

（一）商场的含义

商场是指能同时供众多零售商和其他商业服务机构租赁，用于从事各种经营服务活动的大型收益性物业。其有两层含义：一是以各种零售商店（或柜台、楼面）组合为主，包括其他商业服务和金融机构在内的建筑群体；二是购物中心的楼层和摊位是专供出租给商人零售商品作为经营收入的物业。现代商场百业陈杂，不仅有多家零售商店、专业商店，还有各种服务业、娱乐场所、银行等。尽管各种设施设备齐全，功能也日趋多样完备，但是，其主要还是一个提供给消费者购物的场所。

（二）商场的类型

商场物业一般可根据建筑规模、建筑功能和建筑结构等进行不同的分类。

（1）按建筑规模划分：①居住区商场。建筑规模一般在 1 万平方米以下，商业服务区域以某一居住小区为主，服务人口通常在 5 万人以下，年营业额一般在 3 000 万～1 亿元。②地区购物商场。建筑规模一般在 1 万 ~3 万平方米，商业服务范围以某一区域为主，服务人口在 10 万 ~30 万人，年营业额一般在 1 亿 ~5 亿元。③市级购物中心。建筑规模一般都在 3 万平方米以上，其商业辐射区域可覆盖整个城市，服务人口在 30 万人以上，年营业额一般在 5 亿元以上。

（2）按建筑功能划分：①综合型。包括购物、娱乐活动、健身房、保龄球场、餐饮店、影剧院、银行分支机构等。如广州的天河城。②商住两用型。低楼层是商场、批发部等，高楼层为办公室、会议室、居住用房。如宁波的世贸中心。

（3）按建筑结构划分：①敞开型。商业场所多由露天广场、走廊通道并配以低层建筑群构成，其中设有大型停车场、小件批发市场等。如广州的海印电器城。②封闭型。商业场所为商业楼宇，如商场、商厦、商城、购物大厦、购物中心、贸易中心等。如上海的友谊商城等。

（三）商场物业的特点

（1）商场要合理布局，精心策划。商场的选址和规模应满足不同层次的需要，要依据城市人口数量、密集程度、顾客的多少，分散与集中兼备。在大城市定居和经常性的流动人口越多、越密集，居民消费水平越高，所需的商业、服务业设施也就越多、越齐全，档次上的要求也就越高。因此，高档商品店、高级餐馆等要选在人口密集、流动量大的繁华地段，有的可以集中在一起建成商业街、食品街或购物中心等；日用小百货店、一般副食品商店或修理服务的设施，则可以分散在各居民区，以便就近服务。在大城市和旅游热点地方，还要有各种星级的高级宾馆和饭店，也要注意建设一些满足一般出差、旅游者需要的设备简单、花费较低的中、低档旅馆和餐馆。同时，还要照顾到各地区、各民族生活习惯上的要求。

（2）建筑结构设计要新颖、别致，有特色。为了满足人们追求购物的享受和乐趣的需要，也为了拓展商场物业的市场，现代商场物业设计力求新颖、奇特、别致，在外观上要突出个性及地区特色，给顾客留下深刻印象。内部设计也要竭尽所能选用优质的装饰材料和设备，色彩搭配协调、造型布局赏心悦目，进出口处都要有鲜明的标志。如香港的购物中心，供消费者小憩的广场是设计在中心内的，并有喷泉池、阳光走廊以及其他装饰物，既可供人购物，也可以供人观赏。

（3）商务齐全，客流量大，人员素质杂。商场地处城市居住人口集中地带，是面向公众的经营性购物场所，来往的人员数量多、流动性大。往来的人员有的购物，有的闲逛，人员素质杂，这也给物业管理的安全管理工作带来了一定困难。

（四）商场物业管理的要求

商场是集多种服务功能于一体的公共性的收益性物业，由于商场物业自身的特点，在物业管理的过程中，有别于其他类型物业，有其独特的要求。

（1）要求树立商场的良好形象。商场是依靠形象来显示企业实力、增大知名度、扩大影响力的，企业的良好形象就是一种无形资产。因此，对于物业服务企业来说，就要认真做好广告宣传活动，扩大商场的知名度和影响力，树立良好的商业企业形象和声誉。

（2）需要确保商场的安全性。商场建筑物类型复杂、楼层高、功能多、建筑面积大、进出口多，造成人流量大、人员复杂，这些人在进出商场时又不受任何的限制，尤其是敞开式的商场堆满了商品，保安工作很重要，但也给制定和落实安全措施带来一定困难。物业服务企业应通过完善的技防和人防措施，最大限度地保证业主、客户和顾客的利益，保证顾客安全、放心地购物消费。

商场内部人流量大、商品多，火灾的防范工作尤为重要。物业服务企业平时应做好对消防设施设备的维护保养工作，同时制定完善的紧急应急措施，保证商场消防通道畅通，以便出现紧急情况时可将顾客及时疏散出去。同时还要加强易燃、易爆商品的管理和清场后的商场管理。

(3) 要确保顾客消费的便利性。大型商场的车辆来往频繁，停留时间较短，停车是否方便、交通是否便利直接关系到商场的经济效益。所以，物业服务企业应该有专人负责对往来车辆的疏导工作，以便顾客的出行方便。

要保持各种标志的完整性，为前来消费的顾客提供一个明确的休闲、消费导向，使顾客享受极大的便利。物业服务企业应该经常对各种标志进行巡视检查，如有损坏及时更新，如有变化应及时更换。

(4) 要确保设施设备的可靠性。商场设施设备的正常运行是开展经营活动所必需的保证。如电梯的故障将会给顾客购物带来极大的不便；供电系统的故障会给商场带来巨大混乱，同时也造成不安全因素；空调系统的故障会使顾客失去一个舒适的环境。因此，要对商场内各种设施设备精心地养护和及时地维修，以保证设施设备可靠运行。

二、商场物业管理的组织实施

商场与写字楼同属于经营型物业，因此在管理上有许多相同和相仿之处，商场是否办得成功，出租率是否高，经营效率是否好，要看许多因素，但物业管理是否成功是关键因素之一。总的来说，商场日常管理应从以下七方面来组织实施：

(一) 安全保卫管理

商场物业的安全保卫管理与其他物业的安全保卫工作相比，其最大不同在于它面对的客流量大、商品多。大型商场的日客流量达几十万人次，年营业额达数亿元，这些因素都容易导致发生安全问题。因此，商场的安全保卫工作量大，质量要求高。商业场所物业安全管理服务主要是为顾客提供安全、放心的购物场所，并确保商场的物品不被偷盗。商场的安保管理工作应从以下六方面组织实施：

(1) 要保证所有固定装置设备和装饰品均达到高度安全的标准，以免造成对顾客和儿童的意外伤害。

(2) 不间断值班巡逻，在商场营业时间内，物业服务企业应安排便衣保安员在商场内巡逻。

(3) 在商场的重要部位，如收款台、财务室、商场各出入口等处，安装闭路电视监控器、红外线报警监控装置，保安人员随时对商场内安全状况进行全方位监控。

(4) 营业时间结束时，保安人员要进行严格清场，确保商场内无闲杂人员，以免商品失窃。

(5) 结合商场的实际情况，制定安全管理预案，并组织一定规模的演练，以保证在紧急情况下能够顺利实施预案。

(6) 同当地公安部门建立工作联系，发现案情时，积极主动协助、配合公安部门的工作。

（二）消防管理工作

购物中心人员流动非常大、商品多且摆放密集，这些都给商场消防管理工作带来较大困难。所以，消防工作更要常抓不懈。

（1）制定严密的消防制度。

（2）组建一支素质高、责任心强、专业技术过硬、经验丰富的消防队伍，在物业服务企业内部成立一支专业消防队，在商场所有租户群体中成立一支义务消防队，通过宣传、培训，使租户提高消防意识，熟悉消防知识，掌握使用消防器材的方法。

（3）定时定期对消防设施设备进行检查维护，保证其随时能正常投入使用。

（4）针对商场的特点，完善各种消防标志配置，如避难指示图、各出入口指示、灭火器材的存放位置、标志等。同时，一定要保持标志的完整、清晰。

（5）保持消防通道畅通无阻，一旦发生火灾，能及时疏散人群。

（6）制定商场消防预案，对物业公司及租户进行培训。同时，定期或不定期地组织消防学习，从而确保紧急情况下能有效组织救火、疏散人员，保证客户人身、财产安全。

（三）环境保洁及绿化管理

由于商场物业中客流对卫生影响大，废弃的商品包装物多，导致商场内垃圾多，环境卫生状况容易变差，而且随着生活水平的提高，人们对商场环境的要求也越来越高。所以，做好物业的保洁与绿化工作是十分必要的。

（1）制定合适的保洁服务质量标准，设立清洁检查机制，并有效落实和实施。

（2）基本的保洁工作安排在非营业时间。营业时间采用流动保洁，而且避免湿拖。

（3）设专人负责随时、定时收集垃圾杂物，并清运到垃圾存放点。

（4）定期清洁商场外墙面、广告牌，确保商场的外观形象，雨天、雪天应及时采取防护措施。

（5）置放的绿化、盆栽植物保持干净、鲜活，枯萎的要及时调换。

（四）车辆管理

大型商场的车辆来往频繁，停留时间短，物业服务企业要做好车辆的管理工作，维持好交通秩序，以免堵塞人流通道，达到方便顾客交通往来、增加生意额的目的。车辆管理工作要做好以下三方面：

（1）商场车辆管理要分设货车、小车、摩托车、自行车专用停放场所。

（2）物业服务企业设专人负责指挥、维持交通，安排车辆停放，同时要安排专人负责看管车辆，以防丢失。

（3）要与交通管理部门建立工作联系，了解停车场情况，有助于车辆疏导工作和简单处理解决交通纠纷问题。

（五）房屋及附属设施设备管理

物业服务企业对商场的房屋及设施设备的维修养护工作是否到位，直接关系到商场能否正常营业。

（1）确保商场外观完好整洁，引导标志齐全完好。

（2）结合商业场所的营业时间，制定设施设备日常性、阶段性维修养护计划，使设施设备维修养护工作顺利逐步实施，不影响正常经营活动。

（3）供电系统设备的管理是其他设备正常运行的基础，要加强对供电设备的维修、养护管理，商场原则上要保证两路供电系统正常运行并配置备用发电机，以备断电时应急使用。

(4) 建立有效的巡视检查制度，对供电设备系统、给排水系统、消防系统、照明系统、电梯、中央空调等设备定时、定期巡查，及时发现问题并及时解决，以确保设施设备正常运行。

(5) 对设施设备的报修工作应于第一时间及时处理，保持高效率，以使商业场所不至于因设备故障而中断经营活动。

(六) 建立商场识别系统

企业识别系统（CIS）是强化商场形象的一种重要方式。从理论上讲，完整的CIS系统构成有理念识别系统（MIS）、视觉识别系统（VIS）、行为识别系统（BIS），只有三者互相推进、共同作用，才能产生最好的效果。

建立企业识别系统是借以改变企业形象，注入新鲜感，使企业更能引起广大消费者注意，进而提高经营业绩的一种经营手法。它的特点是通过对企业的一切可视事物，即形象中的有形部分进行统筹设计、控制和传播，使商场的识别特征一贯化、统一化、标准化、个性化和专业化。其具体做法是：综合围绕在企业四周的消费群体及其他的关系群体（如股东群体、制造商群体、金融群体等），以商场楼宇所特有和专用的文字、图案、颜色、字体组合成一定的基本标志——作为顾客和社会公众识别自己的特征，并深入贯穿到涉及公共商业楼宇有关形象的全部内容。诸如企业名称、自有商标、招牌、商徽以及企业简介、广告、员工服装、展厅等，使顾客通过对具体对象的特征部分的认定，强化和识别商场楼宇形象，这样便可以帮助顾客克服记忆困难，并使这一贯独特的形象在他们决定购物时发生反射作用。这是商场楼宇促销的一项战略性工程，必须长期开展。

(七) 承租客商的选配

商场物业是一个商业机构群，其所有人主要是通过依靠经营商业店铺的出租而赢利，因而商场物业管理者必须十分重视对客商的选择及其搭配。管理者应主要依据所管理的商场物业的规模大小和不同层次去选配承租客商。大型商场如省级、国家级的，甚至是国际级的，其经营的商品范围、零售商店的类型以及商业机构门类应该是越齐越好，应尽量争取一些省市级、全国性乃至世界级的分店为基本承租户，给人以购物天堂、度假去处的感觉。中型公共商业楼宇，如大城市区一级的，其经营的商品和零售商店类型应该尽量齐全，也应有其他各种商业机构，同时应尽量争取省市级和区级大商店的分店作为基本承租户。小型商场，如一些住宅小区的购物中心则各方面都不必太全，其主要功能是为附近居民提供生活方便。

4.4 工业物业的管理

一、工业物业的特点与管理要求

(一) 工业物业的含义

所谓工业，是指对自然资源或农产品、半成品等进行生产加工，以制造各种生产资料、生活资料的产业。而直接进行工业生产活动的场所称为工厂，供这些生产企业、科研单位安置生产设备与试验设备，进行生产活动或科学试验的物业及其附属设施设备称为工业厂房。工业厂房中以标准厂房最为普遍，标准厂房是由政府批准，在某一区域内进行统一规划、统一设计、统一施工、统一管理，其供水、供电、交通、通信等配套设施齐全，布局合理，能够满足从事一般工业生产和科学试验需要的标准型建筑物或建筑群体。工厂一般都有储备原材料和储备产品的建筑物，称为仓库。

随着工业物业的发展，我国又出现了“工业园区”。所谓工业园区，是指在一定区域内建造的，以工业生产用房为主，并配有一定的办公楼宇、生产用房（住宅）和服务设施的地方。工业园区相当于一个小社会，各建筑物有自己独立的用途，而建筑物群体的用途又有内在的联系。

以上所说的工厂、工业厂房、仓库、工业园区等统称为工业物业，总的来说是指已建成并投入工业使用的房屋及其附属的设施设备和相关的场地。

（二）工业物业的分类

根据工业项目对环境的影响情况，工业物业可分为无污染工业物业、轻污染工业物业、一般工业物业和特殊工业物业。

（1）无污染工业物业。物业内的工业项目对空气、水不产生污染，亦无气味、无噪声污染。

（2）轻污染工业物业。物业内的工业项目不产生有毒、有害物质，不产生废水、废渣，噪声污染小，无燃煤、燃油的锅炉等设施。

（3）一般工业物业。物业内的工业项目必须设置防治污染设施。

（4）特殊工业物业。物业内的工业项目因大量使用有毒、有害的化学品，必须设置完善的防治污染设施。

（三）工业物业的特点

（1）投资大，投资回收期长。工业厂房建设需要大量资金，同时工业厂房从投资决策、规划设计、土地征用、施工建设，到厂房建成投入使用，再到资金的回收，一般需要较长时间。

（2）非流动性。生产不同的工业产品对工业厂房的要求是有区别的，再加上一些工业物业具有规模大、投资大的特点，使得工业厂房在房地产市场中交易缓慢，具有非流动性。非流动性会增加投资者的风险。

（3）工业设备的功能容易过时。新技术革命带来功能更先进的设备，这对原有的技术设备是很大的冲击，这一点无疑会增加投资者的风险。因此在远景规划时，投资者应以审慎的态度，通过增加物业的租赁用途等方法尽量防范这种风险。

（4）对周围环境容易产生污染。生产企业对环境造成污染主要包括以下五种情况：①空气污染。造成空气污染的因素有：直接燃煤，排放过多的二氧化硫气体；机动车排放尾气，经强紫外线照射形成光学烟雾污染；基建扬尘形成尘烟污染。②水体污染。工业废水含有大量有毒、有害污染物，进入水体后形成水体污染。③固体废弃物污染。固体废弃物是人们在生活和生产中扔弃的固体物质。④噪声污染。工业企业造成的噪声污染主要是生产中产生的噪声污染，如冲压、锻造、蜂窝煤加工点的噪声，建筑工场上机器的轰鸣声，对附近居民和办公人员影响很大。⑤电磁波污染。

（5）建筑独特，基础设施齐全。工业厂房通常采用框架结构的大开间建筑形式，室内采光、通风好。房屋抗震性、耐腐蚀性和楼地面承载能力强，工业物业内一般有高负荷变电站和污水处理厂，邮电、通信设施齐全，以满足企业的生产要求。

（四）工业物业的管理要求

由于工业物业与居民住宅以及商业物业相比有其自身特点和用途，因此，工业物业管理上也有其特殊要求：

（1）对治安保卫和消防工作有严格要求。工业原材料的防盗和防火工作是工业物业管理的重要内容之一，很多生产企业是高科技型的，生产高、精、尖产品，从原材料到产品、成品，不仅价格昂贵，而且技术保密性强，一旦丢失或损坏，会给企业生产带来很大影响，使生产无法顺利进行。因此，必须加强安全防范，建立一套有效的制度，防患于未然。

作为生产企业，会使用和接触一些危险品，如管理不善，会发生火灾、爆炸事故。因此，物业服务企业要做好危险品的管理工作，定期检查，消除不安全因素。

（2）要加强对重点设施设备的管理。电梯是现代化工业厂房中最常用、使用最频繁的运输设备，保证电梯的正常运行，对保障企业的生产有重要作用。因此，为了管好、用好电梯，必须对电梯司机进行专业的培训，并配备专业的维修技术人员，完全按照专业化的要求进行管理。同时，物业管理人员应该参与电梯的选型、订货、安装、验收以及年检等工作。

工业用水、用电不同于生活用水、用电，其耗水量大、耗电量大。停水、停电都会造成相当大的负面影响，尤其是连续生产的企业，一旦发生停电、停水就会造成巨大损失。因此，工业厂房必须保持持续的供水、供电，如果确实需要维修、抢修而需要临时中断的，必须提前做好安排。

（3）对保洁、绿化等常规性服务要求高标准。由于使用功能的特殊性，生产用房难以保持清洁，如厂房内机器的油污容易弄脏走廊等地方，生产过程中排放的有害气体、尘埃等，要花费大量的人力、物力、财力来清除。有的工业厂房要求清洁度相当高，甚至要求车间内一尘不染，如生产精密化仪器、仪表的工厂和食品加工厂等。因此，对不同的工业厂房应有不同的卫生保洁制度和方法。对难以保持清洁的工业厂房，应勤清洁、清理、清扫。对清洁度要求高的厂房平时要采取保持清洁的措施，如进入车间要严格管理，要更换衣、帽、鞋子，戴好手套、帽子等。同时，做好对工业垃圾和生活垃圾的分离及处置工作。

同其他物业一样，工业物业的绿化管理也很重要。搞好工业物业的绿化，能够为工人工作、生活、娱乐提供一个优美的环境，从而能够让工人工作时精神饱满，心情舒畅，减少工伤事故的发生。当然，在具体管理上有些差别，如绿化方面，应根据工业厂房的生产特点种植一些能排除工厂异味和废气的植物。

（4）对物业管理的专业性要求高。各生产企业有其各自的生产设施设备，专业性强。以加工区为例，就有家电、模具、汽车、电子元件等诸多类型的生产设备。有单机操作，也有流水线形式；有单班制，也有多班制；有的有噪声、气味；有的设备启动耗电量大且振动等。这就要求物业管理部门了解不同行业的有关知识，有针对性地制定具有权威性和约束力的管理规定，维护辖区内正常的生产、经营秩序。同时，可以设立维修中心，该中心除了对常规性的设施设备进行维修外，还可以进行一些公共性的生产设施设备的维修，这样不仅可以为入区企业提供方便，而且可以为物业服务企业增加一定的经济收入。

二、工业物业管理的组织实施

工业物业本身是一个综合性的复杂系统，工业物业的管理不同于一般的住宅物业和商业物业的管理，它具有很强的专业性和技术性，物业管理人员应根据工业物业的特点进行管理和提供相应的服务。

（一）制定严格的管理制度

工业物业管理中的制度包括：工业厂房与仓库的管理规定，各个岗位的工作职责与操作规定，机器设备的安装、管理、使用规定，材料领取、加工、检验、耗用等规定，产品入厂、入库的规定，成品发货出厂、出库等制度，安全保卫制度，消防制度。根据工业物业的具体情况以及物业管理的服务要求，制定物业管理公约。

（二）工业厂房和仓库共用部位的管理

（1）厂房和仓库的公共场所，除了管理者确定的停车场外，各企业不得随意堆放物品。

（2）加强对企业员工爱护共用部位及维护公共场所清洁卫生的教育。

（3）各企业不得以任何形式占用在购买或租赁合同中明确规定的共用部位，不可占用园林绿地用地。

（4）为确保厂房和仓库及附近的建筑群体协调和美观，满足给排水及道路畅通要求，保证生产人员安全，各企业不得在规定范围内的基地上或屋顶、外墙、技术层搭建和安装设备。若在外墙或屋顶设置企业标志和广告，应事先向管理者申请，经批准后方可实施。

（三）工业厂房和仓库的内部管理制度

工业厂房是生产车间，关系到产品生产。仓库是储存保管的场所，关系到产品的丢失、损坏等。工业物业内的各企业单位，要自觉维护和管理好各自使用的建筑物，并遵守以下五项规定：

（1）因使用水、电不当而给其他企业造成损失的，其损失由责任者承担。

（2）企业根据生产需要，对厂房和仓库进行分割改造和内部安装设备时，不可损坏楼面结构和超过楼面允许的载荷。施工前向管理者提供图纸，并取得认可，施工时接受管理者的监督和管理。

（3）各企业的工业废弃物自行妥善处理，不得随意向外倒放，可以由物业公司专门人员集中处理。

（4）各企业应按照楼层的承受负荷要求放置设备和货物。如有超载放置，管理者有权要求修复到正常状态，由此造成的损失由责任企业承担。

（5）未经允许，不得擅自改变物业的用途和功能。除经公安部门批准同意设立专用库房外，禁止在厂内堆放易燃、易爆、有腐蚀性的危险品和有害物品。

（四）工业物业设施设备的管理

工业物业设施设备大体可分为工业生产专用设施设备、工业生活共用设施设备以及工业物业附属设施设备三大类。工业生产专用设施设备，如钢铁厂的炼钢炉、机械加工厂的各类机床等，其管理的专业性强，由工业企业自管。工业生活共用设施设备以及工业物业附属设施设备（以下简称工业物业设施设备），如供水、供电、供气、供暖、通信等，可委托物业服务公司管理。物业服务公司要制定设施设备的使用、维修、保养制度，保证其正常运行。针对工业物业的特殊用途要注意做好以下三点：

（1）物业服务企业要定期对道路路面加以维护，保证其完好，以便企业的正常使用。道路上不得随意占用、堆放原材料和其他物品，以保障道路畅通。

（2）维护工业区各种公共标志的完好性是物业服务企业的工作内容之一，这些标志为进入区内的车辆和人员提供向导和警示的作用。因此，需要经常地、定期地进行检查、维护及核对，及时修复或更换破损的标志或已作了内容调整的标志。

（3）工业区内的地下管线包括热力管线、燃气管线、生活污水管线、生产废水管线、电力管线、自来水管线、雨水管线等。这些管线所经过的上方应设置明显标志，以防止因重载车辆的碾压和施工对管线造成的意外损坏。物业管理人员要定期对这些管网进行检查、测试及维护，以保证这些管线正常使用。

（五）工业物业的环境管理

（1）工业物业内环境污染的防治。环境污染的治理有两个方面，即防与治，预防为主，治理为辅。

空气污染的防治：防治物业区域空气污染所能做到的是尽可能消除扬尘，减轻物业范围内空气中二氧化硫气体和机动车尾气的含量。主要途径有：①教育住户和生产单位改变能源结构，减少直接燃煤的比例。②硬化地面，减少尘土。③绿化、净化空气中的二氧化硫和机动车尾气。④限制车辆驶入，减少尾气排放。

水体污染的防治：①禁止和防止工业废水排入，教育广大群众不要把固体废弃物扔进水里。②在物业区域的沟渠、池塘里，饲养水草、种植荷花，净化水体。

噪声污染的防治：①绿化可以消声、防噪，美化环境。②限制车辆进入物业区域，同时，区域主路可以采取曲线型来限制车速。③加强精神文明建设，减少噪音。

固体废弃物污染的防治：对于垃圾，物业公司应建立垃圾分类收集系统，做到从该物业及时输出或处理。有条件的自己处理，没有条件的应把垃圾送到城市垃圾处理中心集中处理。

电磁波污染的防治：防止电磁波污染的有效办法是绿化，绿化能防止和阻碍电磁波的穿入，减轻其直接影响。

（2）绿化和环卫工作。工业物业内的绿化能改善工业区域内小气候，并美化人们的工作、生活环境。工业物业内绿地的类型有公共绿地，包括工业厂区、生活区域、文化活动场所的绿地，公共场所、公共建筑及公用设施绿地，宿舍、住宅及庭院绿地，道路及广场绿地。

工业物业内的环境卫生要注意“扫”和“防”结合。道路要天天清扫、洒水。公共场所必须设置卫生桶、卫生箱，垃圾要日产日清，制定纠正不良卫生习惯的措施。保洁人员按分配区分片包干，责任分明。同时，抓好宣传教育工作，加强职工及住户文明意识和自觉遵章守制观念。

（3）认真清理工业物业内的违章搭建。违章搭建是对整个工业区和谐环境的破坏，它既有碍观瞻，又影响人们的生产、生活，还可带来交通不安全问题。因此，物业公司要清理工业物业内的违章搭建。

（4）努力建设新型的人文环境。新型的人文环境应该是和睦共处、互帮互助的生活环境，温馨文明、轻松有序的办公环境等。新型的人文环境可以促使人们焕发热情，提高工作效率，对社会治安状况的好转也有很大促进作用。

（六）安全管理

（1）安全保卫管理：①工业厂房和仓库都要建立严格的值班守卫制度，对人员、产品的进出都要进行认真的检查登记。②无关人员不得进入厂房和仓库重地。③下班后厂房与仓库要严格执行值班、巡逻制度以及其他安全措施。④严格执行两人以上进入仓库、锁门等制度。

（2）消防管理。工业厂房的消防管理往往是厂家所忽视的内容，从而导致许多工厂火灾事故的发生。物业公司必须加强对辖区内的消防安全工作的管理，具体包括：①建立严格的消防制度，配备专门的消防管理人员。②保证消防器材的正常使用，并配有先进的报警设备、工具等。③不定期地组织消防教育和消防演习并制订紧急情况下的应急措施方案。④保持消防通道畅通无阻，一旦发生火灾能及时疏散人群。

（3）车辆管理：①建立健全车辆管理制度。②将机动车和非机动车分区，并设专人管理。③配置相应的监控、防盗措施。④物业服务企业应与车主签订车辆停放管理合同，明确双方责任。对工业区的车辆统一管理，对外来车辆也应作相关规定。⑤检查、放行进出门卫的车辆。

4.5 其他物业的管理

一、其他物业的类型与管理特点

（一）其他物业的主要类型

除了上述几节讨论的住宅小区物业、写字楼物业、商场物业、工业物业以外，还有许多尚未包括的类型，如文教、卫生、体育与寺庙等。为了便于区分，统称它们为其他物业，人们一般接触的其他物业有以下八类：

（1）文化类物业，包括学校、图书馆、博物馆、档案馆、展览馆等；

（2）体育类物业，包括体育场、健身房、游泳馆、网球场等；

（3）传媒类物业，包括电台、电视台、音像影视制作基地等；

（4）卫生类物业，包括医院、卫生所、药检所、疗养院等；

（5）餐饮类物业，包括酒楼、饭店、咖啡屋、啤酒屋等；

（6）交通类物业，包括车站、码头、机场、停车场、桥梁等；

（7）娱乐类物业，包括电影院、游乐场、夜总会、舞厅等；

（8）宗教类物业，包括寺庙、教堂、宗祠等。

以上的物业有些是公益性的，有些是收益性的。在传统管理体制下，一般为系统管理，在投资、维修、保养等方面由主管部门承担主要责任。在经济体制改革中，按照政企分开的原则以及物业服务企业化、社会化、专业化的要求，这些物业可由主管部门委托物业服务企业进行管理，也可由主管部门按照现代化物业管理模式进行自治管理。

（二）其他物业管理的特点

对其他物业的管理，具有和居住物业、商业物业、工业物业共同的性质，即是以“物”为媒、以“人”为本的管理，其专项管理如物业的维护、环境保护、保安、车辆管理等是类同的。然而，在具体实施时，还必须着重分析它们的不同特点和差别，以便于进行有效的管理和服务。

（1）服务对象不同。其他类型物业的服务对象首先具有年龄、文化、性格、兴趣、信仰等方面的差别，其次具有滞留时间上的差别。如游乐场，各种年龄层次的对象都可能参与，一般停留时间在 2 小时左右，流动性很大，清洁和疏散就成为管理的主要任务；宾馆、饭店除了少部分包间外，其余绝大部分都滞留时间较短，其规模和规格差别也甚大，要能提供给不同需求的顾客选择使用。

（2）服务需求不同。在其他类型物业中，求知场所要求灯光柔和、环境宁静，一般应铺设地毯；医疗卫生场所特别强调通风并配置足够的座椅，供患者和家属等候使用，并且应该限制住院部的探视时间；影视院、医院、图书馆、博物馆等区域要有吸烟限制等。

（3）管理要求不同。物业用途不同，其管理侧重点也有差别。如图书馆，资料、文物对环境保护提出了更高的要求，在防火、防盗、防潮、防尘、防虫、防有害气体等方面必须采取专门的有效措施；医院化疗、放射性工作室应作防护测定，并配以警示装置等。

（4）经费来源不同。在其他类型物业的管理中，凡属营业性的，如舞厅、健身房等可采取自负盈亏的方式实施管理；半营业半公益性的，如疗养院、卫生所等基本上由主管部门补贴；凡属公益性的，如学校，原则上依靠财政拨款，也通过招收一部分自费生来解决，又如图书馆，基本上依靠财政拨款，同时开展复印、翻译、展览等收费性服务来补贴，但此项收入甚微。

其他类型物业的种类繁多，除了以建筑物为主体的物业外，还有工程结构的物业，如码头、桥梁、水塔、隧道等。

二、酒店的物业管理

酒店（hotel）也称饭店，主要是为宾客提供饮食和临时住宿的场所。现代化的高档饭店，为了方便宾客、吸引宾客，还配备并向宾客提供舞厅、卡拉 OK、游泳池、高尔夫球、台球、保龄球、酒吧、健身房等娱乐及健身设施和服务。旅游经济的迅速发展为我国酒店业带来了前所未有的发展机遇。酒店物业管理是酒店经营管理的重要组成部分，是实现酒店经营目标的基础工作。

（一）酒店物业的特点

（1）宾客流动频率高。酒店的主要功能一是餐饮，二是临时住宿。宾客到餐厅吃一餐饭的时间少则半小时，多则 2 ~ 3 小时。客房住宿亦是（长包房的除外），今天来明天走，即使开会也至多一个星期，宾客流动频率特别高。因此，需要的服务人员不仅数量多，而且要求专业技术熟练、素质高，这一点在高档酒店管理中尤其明显。

（2）服务时间既短又长。酒店的这一特征，主要表现在餐饮和其他各种娱乐活动服务项目中，饭店的餐饮一日三餐，对每餐或每批宾客服务的时间是短的。但是，餐厅一天要翻几次台，有的酒店还有夜总会、舞厅等，一般都要到深夜一两点钟结束。为此服务要几班倒，时间又很长。

（3）卫生管理服务标准要求高。下榻酒店的人员来自社会四面八方或世界各地，对所提供的服务有着很高而不同的需求，这就要求物业管理人员具备较高的素质。服务人员从穿戴、化妆到站姿、坐姿，到迎送宾客的礼貌语言、微笑服务，到端菜、送菜、报菜名等都有严格的规范要求。饭店是为宾客提供餐饮与住宿的公共场所，因此对其卫生条件要求特别高。提供的各种食品必须新鲜清洁、无毒无害；餐厅、餐桌、餐具必须经过严格消毒，无尘无污；服务人员必须衣着干净整洁；客房必须按规范要求每天清扫换洗。

（4）建筑规模大，档次高。现代高档的酒店，为了吸引宾客，一般都建筑得比较好，特别是商务会议型与度假休闲型酒店，其主体建筑加上配套设施，多数都在10万平方米以上；而且，设计造型各具特色，建筑使用的主要材料、设备，如钢材、木材、石材、涂料、电器材料以及供电、空调、监控、供暖、供水等主要设备大多是进口产品。

（二）酒店物业管理的组织实施

高档酒店的物业经营管理必须实行专业化管理，由专业化的物业公司设置专门的物业经营管理机构，聘用经过培训的专业人才，实行专业化分工协作的科学管理。

（1）客人接待服务。酒店一般设有专门接待客人的前台，当有客人时，前台服务人员主动接待，落实客人的住宿、吃饭或娱乐等要求。对服务人员的礼貌服务要求如下：

①服务人员形象要美，统一着装。男服务员穿西装系领带，女服务员要化妆，淡抹素描、端庄大方。

②迎送客人，要热情大方，不卑不亢，使用礼貌用语，表达欢迎与欢送之情。

③热情服务，有问必答。有客人来时主动接待，使客人要办的事，如住宿、吃饭或娱乐等都有着落，对不属于自己职责范围内的事要报告领导解决。

（2）酒店钥匙的管理：

①客房门钥匙由前厅总服务台负责管理。在客人办理住宿登记时，由酒店总服务台发给客人，退房时交回钥匙。客人住宿期间丢失钥匙，应填写配置、调换钥匙登记表，经前厅经理同意、签字及保安部批准后，方能配置或调换。

②库房钥匙要有专人保管，同时严格执行登记制度。重要库房、保险柜必须采取双人双锁或三人三锁制，钥匙由两个或三个人分别掌管。

③客房各楼层的总钥匙必须统一放置在前台钥匙柜内，任何人不能将钥匙带出酒店。

④因工作需要，酒店员工需要临时借用客房门钥匙时，必须办理登记和审批手续，并按时交回。

⑤前台晚班人员清点钥匙并做好记录。如发现钥匙短缺，及时记录并报告上级主管。

⑥保安部门负责对酒店钥匙管理的检查和监督，配合各部门做好钥匙的管理工作。

（3）酒店建筑及设施设备的养护管理。酒店的建筑及设施设备的养护管理除了完成写字楼等物业相同的管理任务外，特别应做好以下工作：

①做好设备的更新改造工作。酒店的物业对设备性能要求高、变化较快，只有不断完善其使用功能，才能延长其经济寿命，这就要对物业的设施设备适时地进行更新改造。因此，物业服务企业应帮助酒店制订设备更新改造计划，并付诸实施。

②做好建筑及其装饰的养护与维修，酒店的建筑及其装饰是酒店的标志性形象，需注意养护，保持其特有的风貌与格调，切忌毁损。

③筹划楼宇的改建、扩建与新建。随着酒店市场需求的变化和发展，酒店楼宇改建、扩建、新建势在必行。工程设备部门应积极主动地向酒店总经理提出筹划方案，并在总经理决策后予以贯彻实施。

（4）酒店的保洁服务：

①搞好客房卫生服务。每天都要按规范清扫、擦拭房间，更换床单、被套、枕巾、拖

鞋、浴巾、毛巾、牙具等。及时换补房间内租摆及小吧台的酒水、饮料。

②做好餐厅的卫生保洁工作。由于饭店的宾客流动频率特别高，客观上容易发生传染病，出现饮食不良现象。因此，对其卫生条件要求特别严格。从食品采购开始，要求新、鲜，凡能由专卖店购入的食品、饮料，一律由专卖店进货，并应注意其保鲜期。加工制作要按规范要求，符合卫生标准。餐厅应保持空气清新，温度适中，窗明几净，一尘不染，餐具用后必须清洗消毒。

③其他公共区域的卫生保洁。除了客房和餐厅以外的其他公共区域，主要包括大堂、会议厅、楼道、楼梯、电梯、公共卫生间、楼外广场、绿地、外墙墙面、停车场、娱乐场所等，这些部位的卫生保洁也是酒店为宾客服务的一项重要工作内容。每一个酒店都应设有负责卫生保洁工作的部门，根据酒店和物业服务企业的具体情况制定严格的卫生保洁规范要求、岗位职责、操作规程和标准，具体内容应尽可能细化，便于操作。

(4) 酒店的安全保卫服务。为了保证宾客的人身、财产安全，物业管理应设立专门的保安、消防机构具体负责此项工作。保安部应设立监控室，实行24小时监控与巡逻，要害部位应安装自动录像设备。发现隐患及时采取措施，将其消灭于萌芽状态中。万一发生火灾事故，要按规范要求和程序组织宾客撤离，处理事故，保护现场。总之，要有经过专门培训的保安、消防人员进行管理。

(5) 环境绿化管理。酒店的绿化工作除了对区域内的环境美化外，更主要的是对楼宇内的美化。如大堂具有特色的装饰与艺术品、工艺品、字画及租摆植物等，都需要有能工巧匠、行家里手进行安排和管理，经常更新，创造优美而典雅的良好环境。

(6) 多种经营项目管理。酒店开展的多种经营服务项目，如商务中心、舞厅、卡拉OK、台球、高尔夫球、游泳池、保龄球等，应选派具备专业技术的人才，实行专业化管理。

三、医院的物业管理

医院是社会医疗保健工作组织体系中最基本的工作机构，是为患者提供医疗服务和进行医学教学、科研的特殊场所。医院大体上可分为办公楼、门诊部、住院处、教学楼、宿舍、配电室、机房、库房、锅炉房、停车场等。

医院的人流量大，人员素质杂，对物业管理的要求高。这里需要有清洁的卫生环境、优美的绿化环境、安全的治安环境、舒适的工作环境、宁静的教学环境、安静的休息环境，而且供电、供水、空调、电梯、供暖等设施设备必须保持正常运行。

(一) 医院物业管理的特点

(1) 工作专业性强。医院每天都会有大量的医疗废物产生，这些废弃物携带有致病菌和有害物质，必须按严格的规定分类处理和清运。保洁人员必须执行严格的消毒、隔离和防护制度，防止出现交叉感染的情况。

对护工人员的基本素质要求较高，其需要和各类病人及医护人员接触沟通，这就要求护工人员有一定的医疗、医护知识，清楚遇到突发事件时的处理程序。

(2) 设备运行具有连续性。医院物业功能的特殊性，决定了有些设备需要24小时不间断地运行，几乎无法利用停水、停电的方式进行设备维修。这给医院的物业管理工作带来了相当大的难度，无形中增加了物业管理费用的支出。医院设备的维修养护必须做到科学合理，对于不能间断运行的设备，必须保证备用设备的良好适用性，一旦出现故障，立即将备用设备投入使用。

（二）医院物业管理的组织实施

（1）房屋及附属设施设备的维修养护与运行管理。主要包括对房屋建筑、中央空调系统、备用发电机、照明系统、给排水系统、制冷系统、电梯、通风系统、污水处理系统等的维修养护和运行管理，保证24小时的水、电、气、热供应，以及电梯、变配电、锅炉房、氧气输送系统的正常运行。

医院设施设备的维修养护必须适应医疗服务专业性、时效性、稳定精确性强的特点，根据医疗要求和设备运行规律加强维修设计，提高维修效率。在业务技术方面，要求设备技术人员必须既有一定的技术理论水平，又有维修工作的实际经验，并有独立工作能力和灵活处理技术问题的应变能力。

（2）安全保卫服务。医院是治病救人、救死扶伤的专业医疗机构，医院的安全保卫工作尤为重要，必须有一个安全有序的环境作为保障，给医务人员提供一个安全的工作环境，使前来就诊的病人感到安全舒适。

①消防无小事，从上到下都要引起重视，平时经常巡视，消除安全隐患。一旦发现问题，及时组织有关人员处理解决。要配备专职的消防工作人员，成立义务消防队伍，并不定期举行消防演习。

②保安人员要加强对医护人员的安全保护，对于打架、斗殴或发生医疗纠纷的情况，要及时、慎重地进行处理。

③保安人员要有效地开展防盗工作，发现可疑的作案人员，可采取暗中监视或设法约束，并报告和移交公安机关处理。

④慎防医托。现在的医疗机构参差不齐，导致产生大量的医托，他们渗入各大医院，或劝说病人到其指定的医院看病，或向病人派送传单，严重影响医院的医疗秩序。保安必须提高警惕，不断积累经验，一旦发现可疑人员，立即协助医院保卫科查处。

⑤停车场的管理。医院人流量大，车流量也大，一定要规范停车场管理，确保停车场车辆有序停放，行驶畅通。

（3）保证被褥用品洗涤及供应管理服务。洗衣房担负着医院医护工作人员工作服和住院病人被服的洗涤和消毒工作。要确保送洗被服的清洁，防止院内交叉感染。

①按规定下科室回收脏被服要做到分类放袋，分类处理；传染性及带血、便、脓污染衣物要密封回收；一般病人衣被及医护人员工作服分开回收。

②为防止交叉感染，各类衣物执行分类洗涤原则，回收的脏被服要及时消毒浸泡。

③清洁被服按时下发到科室，双方做好清点登记，每天做好日工作量统计。

（4）环境管理服务：

①严格遵守医疗医护消毒隔离制度。医院是各种病原体大量存在的地方，若有疏忽则极易造成交叉感染。传染病区尤其如此，不能将传染病原带出传染病区。严格区分无污染区和污染区的地拖、桶、扫帚、手套等清洁工具，不能混淆使用。

②保持安静的就医环境。环卫人员工作时动作要轻、快，更不要高声说笑，工作性交谈也必须小声进行，不可干扰医护人员工作和病人的休息。

③保洁要勤快。医院人流量大，地面、厕所等公用地方容易脏，保洁人员要经常巡

查，并发动其他工作人员，发现垃圾要随脏随扫，随时保持清洁。

④保洁人员服务态度要好。建立首问负责制，遇到病人的提问，要耐心解答，自己不清楚的要协助病人找到相关部门解决，切忌一问三不知。

⑤在处理垃圾时要区分有毒害类和无毒害类，定期消毒杀菌。医用垃圾的销毁工作要统一管理，不能让其流失，以免造成大面积感染。

⑥做好消杀工作。消杀工作主要是除四害。熟练使用各种消杀药物，熟知作业过程的规范，保证院内没有虫鼠传播病菌和白蚁侵蚀物业设施。

⑦有效开展对医院公共区域的绿化美化工作。定期对树木和绿地进行养护、灌溉和修剪，保证无破坏和随意占用绿地现象。

（5）医院的饮食管理。医院的饮食管理功能是满足患者的医疗康复、职工的生活服务和院内的综合服务这三个方面的要求。它具有不同于传统餐饮经营的特点，从某种角度来说，甚至有着本质上的区别。医院餐饮的服务对象是特定的群体，出品的食物除追求色、香、味之外，更注重营养搭配、医疗辅助作用。此外，应实行制作、销售过程的卫生监管。

①餐员要熟悉治疗饮食的种类，掌握饮食搭配的基本原则，根据医嘱与病员饮食计划，按时、准确、热情地将热饭热菜送到病员床边。送餐过程中需保持卫生。

②提前一天统计第二天的饮食，有时收回餐具，避免损失，便于周转。洗餐具时小心操作，搞好消毒，节约用水。每天清洗配餐间、餐车、残渣桶。

③配餐员要注意个人清洁卫生，工作时穿戴工作衣帽、口罩。

（6）护工服务管理。护工服务是医院物业管理的特色，它是对医生和护士工作的延续和补充，护工是医护人员的得力助手。护工必须掌握必要的专业医疗医护知识，必须遵守医院和公司的各项规章制度及操作规程。

①护工的工作内容：负责为病人打开水，协助行动不便及卧床的病人进行各种必要的活动；保持病房整洁，物品摆放整齐；及时收集送检人的化验标本并取回报告单，急检标本立即送检，递送各种治疗单以便划价、记账，特殊检查预约和出院结算等；护送病人做各项辅助检查和治疗，特殊危重病人必须有医护人员陪同；点收医护人员工作服、患者的脏被服和病人服，污被服不能随地乱扔乱放；认真与洗衣房清点收送科室的洗涤物品。

②专业陪护：专业陪护人员为病人提供专业化、亲情般的服务，并作为整体化护理的一个重要补充，是一种新型的护理模式。陪护人员要认真做好病人的生活护理、心理护理、健康宣教、饮食指导、病情观察等工作，治疗处置时要协助护士再次做好查对病人用药过程中的反映工作，发现异常情况及时报告。做好病人的基础护理工作，落实各项护理措施，预防合并症的发生。

③导医、导诊：导医、导诊员的职责是正确引导病人就诊，为病人的就诊提供方便、快捷、优质的服务。要清楚院容、院貌、科室设备、医院设施、专业技术水平、特色专科，做到有礼貌、有问必答、百问不厌，引导患者挂号、候诊、检查，指导最佳就诊系统，合理安排检查项目，指导就诊。

（7）开设便民服务。医院的物业服务公司可根据医院的实际情况，开设一些便民设施，例如 OTC（自助药店）、鲜花店、礼品店、自动售货机、自动饮料机等，既方便就医患者及前来探望的客人，其收入还可弥补物业经费的不足。

5 物业管理相关法律法规知识

5.1 物业管理法律关系

一、物业管理法律关系的概念与特征

（一）物业管理法律关系的概念

法律关系是法律规范在调整一定社会关系过程中所形成的人们相互之间的权利与义务关系。物业管理法律关系是指由物业管理法律规范调整人们在物业管理及相关活动过程中所形成的相互之间的权利与义务关系。

物业管理法律规范是调整物业管理关系的法律规范的总称。物业管理关系是人们在物业管理过程中形成的社会关系。

物业管理法律关系是法律关系的一种，它包括以下三层含义：

（1）它是在物业管理法律规范调整之下的社会关系。这种社会关系总是与现行的物业管理法律规范紧密关联，是受物业管理法律规范制约而形成的社会关系。这些关系有业主与物业服务公司、业主委员会与物业服务公司、业主与业主、业主与业主委员会等关系。

（2）它是以确定的权利和义务为内容的社会关系。物业管理法律关系是以物业管理参与各方确定的权利和义务为内容的，并不是以物业管理行为与物业管理行为产生的结果为内容，它只对法律关系各方产生法律约束力。如某物业服务公司与某房地产开发公司签订了前期物业管理服务合同。合同签订后，物业服务公司履约提供了物业管理整体策划等服务，房地产开发公司也履约给付了双方合同中约定的物业管理费。这其中，双方签订合同行为、物业服务公司提供的策划服务行为和房地产开发公司给付物业管理费行为，都不是物业管理法律关系的内容，只有双方在合同中约定应该享有的权利与承担的义务，才是物业管理法律关系的内容。

（3）它是物业管理法律规范调整物业管理活动的结果。物业管理法律关系的形成是通过物业管理法律规范对物业管理参与各方的具体活动进行调整后的结果，其内容是符合物业管理法律规范要求的各项权利和义务，这种关系所确定的权利和义务是以合同关系体现的，任何一方不得擅自更改，一旦违约，将承担法律责任。

（二）物业管理法律关系的特征

（1）物业管理法律关系主体的多样性。物业管理法律关系主体包括自然人、法人、国家和其他组织。自然人中又有中国公民和外国公民、产权人和非产权人；法人中有建设单位，也有物业服务企业和其他物业专营服务企业；国家主要指房地产行政主管部门及物价、公安、税务等其他部门；其他组织如基于物业管理行业特殊性而产生的特殊主体，如业主大会和业主委员会以及物业管理协会。

（2）业主意志的多元化和代表性。现代物业管理所体现的建筑物区分所有权制度，要求将多元化的产权主体意志有效地集中统一行使。作为物业管理法律关系一方的业主，具有个体业主分散和意志多样的特征，使得组成一个统一代表全体业主利益和意志的机构成为必要，而业主大会及其常设机构业主委员会就是这种代表机构。这一特征体现了业主意志的多元化与业主大会代表性的统一。

（3）多重法律关系交错的统一体。物业管理法律关系是由多重关系共同组成的统一体，物业管理法律关系并非仅指某一对主体之间的关系，而是人们在取得、利用、经营和管理物业的过程中形成的多重关系的组合。在这多重关系中，物业管理法律关系的内容即主体间的权利、义务既有平等主体间的民事关系，又有不平等主体间的行政管理关系。如物业服务公司与业主委员会的关系是平等主体之间的民事关系，在物业管理过程中，双方的权利、义务体现在物业管理服务合同中；政府行政主管部门或司法机关为维护物业管理的规范、有序运作，就要对物业管理法律关系主体在物业使用、维护、监控等方面进行监督，这就是行政管理关系。

二、物业管理法律关系的构成要素

物业管理法律关系的要素是指构成物业管理法律关系的主体、客体和内容，这三者缺一不可，故称物业管理法律关系的三要素。

（一）物业管理法律关系的主体

物业管理法律关系的主体是指物业管理法律关系中权利的享有者和义务的承担者。如业主、使用人、开发商、物业服务公司、政府行政管理部门等。

（1）业主。业主是房屋的所有权人，是物业管理法律关系中的重要主体。由于现代建筑存在着复杂的异产毗连关系，各业主的权利形态一般表现为建筑物区分所有权，于是，在物业管理法律关系中，业主大会及其执行机构业主委员会成为代表全体业主的法律关系主体。在物业管理过程中，业主的权利和义务，需要通过召开业主大会、选举业主委员会实施自治管理的形式来实现。

（2）使用人。使用人也称非业主使用人，是指物业的承租人和其他实际使用物业的人。使用人不是物业区域的建筑物区分所有权人，不具有成员权，一般不能参加业主大会与业主委员会。使用人与业主有直接的法律关系，与开发商、物业服务企业没有直接的法律关系。为约束使用人独立存在的地位，使用人在物业管理中的权利和义务不仅受其与业主的法律关系的制约，而且受相关法律法规及管理规约的制约。如《物业管理条例》第四十八条规定："物业使用人在物业管理活动中的权利义务由业主和物业使用人约定，但不得违反法律法规和管理规约的有关规定。""物业使用人违反本条例和管理规约的规定，有关业主应当承担连带责任。"第四十二条第一款规定："业主应当根据物业服务合同的约定缴纳物业服务费用。业主与物业使用人约定由物业使用人缴纳物业服务费用的，从其约定，业主负连带缴纳责任。"

（3）开发商。开发商即房地产开发企业，是指以赢利为目的，从事房地产开发和经营的企业。开发商作为物业的投资建设单位，原始取得物业所有权，在物业销售前，是物业唯一的所有权人，也称大业主。根据有关规定，开发商在法定或约定的期限内，对其销售的物业承担保修责任；物业销售前，实施前期物业管理时，开发商有权选聘物业服务企业。

（4）物业服务企业。物业服务企业是指按照物业服务合同的约定，专门进行房屋及配套的设施设备和相关场地的维修、养护、管理，维护物业管理区域内的环境卫生和秩序，为业主和使用人提供服务的企业。从事物业管理活动的企业应当具有独立的法人资格，自主经营，独立核算，自负盈亏，独立承担民事责任。物业服务企业除须经过工商行政管理部门核准登记并颁发营业执照外，还须经政府房地产行政主管部门审核资质。

（5）政府行政管理部门。为维护物业管理的规范、有序运作，保护物业管理法律关系各主体的合法权益，政府行政管理部门如房地产行政主管部门、建设行政主管部门以及公安、消防、环保等政府有关部门，就要介入物业管理活动中，对物业管理法律关系各主体进行指导、监督，行使行政权。《物业管理条例》第五条规定："国务院建设行政主管部门负责全国物业管理活动的监督管理工作。""县级以上地方人民政府房地产行政主管部门负责本行政区域内物业管理活动的监督管理工作。"第四十六条规定："对物业管理区域内违反有关治安、环保、物业装饰装修和使用等方面法律法规规定的行为，物业服务企业应当制止，并及时向有关行政管理部门报告。""有关行政管理部门在接到物业服务企业的报告后，应当依法对违法行为予以制止或者依法处理。"

（二）物业管理法律关系的客体

物业管理法律关系的客体是指物业管理法律关系主体的权利、义务共同指向的对象，包括物、行为和非物质财富。

（1）物。物是指物业，即纳入物业管理范畴的各类建筑主体及其附属设施、共用设备和场地，这是主要的、基本的客体。

（2）行为。行为是指物业管理法律关系主体各方行使权力和履行义务的活动，包括作为和不作为。作为是指主体积极实施的某种行为；不作为是指主体消极不实施的某种行为。如物业服务公司履约进行的保洁、保安等活动。

（3）非物质财富。非物质财富是指物业管理中产生的荣誉、发明专利等精神文化财富。如小区、大厦的荣誉称号及管理方案、规划设计等。

（三）物业管理法律关系的内容

物业管理法律关系的内容是指物业管理法律关系主体所享有的权利和承担的义务，主要指业主的权利、义务和物业服务企业的权利、义务，这是物业管理法律关系最基本的要素。

（1）物业管理权利。物业管理权利是指物业管理法律关系主体在一定条件下所享有的做出某种行为的资格。它既可以表现为享有权利的人有权作出一定的行为，也可以表现为享有权利的人有权要求他人作出一定的行为。前者如物业的所有权人或使用人可以合法使用物业及其附属配套设施；后者如业主可以要求物业服务企业提供规定或约定的有关服务，或物业服务企业要求装修人不得在影响他人休息时间进行装修施工等。

（2）物业管理义务。物业管理义务是指物业管理法律关系主体所承担的职责。它可以表现为义务主体必须按照权利主体的要求作出一定的行为，如业主须按时缴纳物业管理费，物业服务企业应按合同要求提供保洁服务等；或表现为义务主体必须抑制一定的行为，如业主的装修活动不得损害房屋结构，物业服务企业不得违规收费等。

物业管理法律关系内容的权利和义务是密不可分的，二者相互依存、相互联系。权利和义务也是相对的，没有无义务的权利，也没有无权利的义务，一个主体享有某项权利的同时，也必定要承担相应的义务。如业主和使用人在享有物业装修权利的同时，又必须承担维护物业完整、不得损害房屋结构的义务。

三、物业管理法律关系的种类

由于物业管理法律关系主体的多样性，引起物业管理法律关系的法律事实的多样性，导致物业管理法律关系极为纷繁复杂。物业管理法律关系可以根据不同的标准来进行分类，按照物业管理法律关系主体的相互地位，可以把物业管理法律关系分为两大类：

（一）平等主体之间在物业管理法律关系中的平权关系

法律关系主体之间是平等的，没有相互隶属关系，是一种民事法律关系，当事人在法律地位上平等，相互之间可以协调和选择。如业主和物业服务企业间的法律关系，是平等的聘用和被聘用的合同关系。业主委员会有权代表全体业主选聘、解聘物业服务企业，物业服务企业也有权选择业主，有权拒绝聘用，二者地位平等，互不隶属。

（二）不平等主体之间在物业管理法律关系中的隶属关系

法律关系主体之间是相互隶属的，不平等主体之间法律关系是一种行政法律关系，当事人在法律地位上的不平等，决定了相互之间是一种领导和服从关系。如房地产行政管理部门享有指导、监督的行政权，有权对物业服务公司实行资质管理，确定物业服务公司的市场准入资格；对物业服务公司的专业工作、日常工作实施监督管理；对物业服务公司与业主之间的纠纷作出行政裁决。

按照物业管理法律关系的具体化程度不同，可以划分为一般的物业管理法律关系和具体的物业管理法律关系；依据物业管理法律关系主体是单方具体化还是双方具体化，还可以划分为绝对物业管理法律关系和相对物业管理法律关系等。

5.2 物业管理法律规范

一、物业管理法律规范的含义与构成

（一）物业管理法律规范的含义

法律规范是由国家权力机关制定或认可，并由国家强制力保证其实施的行为准则。法律规范是基本的法律单位，在所有的社会行为规范中，是一种特殊的行为规范。

物业管理法律规范是指由国家制定或认可，并具有普遍约束力，以国家强制力保证对物业管理中某一类具体关系或某一具体活动进行调整的行为规范。物业管理法律规范是法律规范的一种。

（二）物业管理法律规范的构成

法律规范规定的是具体的行为，因此，其表达方式不能含糊，必须有一个严谨的逻辑结构，即由假定、处理和制裁三部分组成，称为法律关系构成的三要素。物业管理法律规范也是由这三要素构成的。

（1）假定。假定就是物业管理法律规范中指出的适用该规范的条件和情况，是只有合乎哪种条件，出现哪种情况，才能适用该规范的有关规定，即指出在什么情况下这一规

范生效。如《物业管理条例》第四十六条规定："对物业管理区域内违反有关治安、环保、物业装饰装修和使用等方面法律法规规定的行为，物业服务企业应当制止，并及时向有关行政管理部门报告。""有关行政管理部门在接到物业服务企业的报告后，应当依法对违法行为予以制止或者依法处理。"其中的"物业管理区域内违反有关治安、环保、物业装饰装修和使用等方面法律法规规定的行为"，就是该项法律规范的假定部分，只要出现这种假定情况，该项法律规范就会发生作用。如果不符合这种假定情况，则不适用该项法律规定。

（2）处理。处理就是法律规范中规定的具体行为规则，即物业管理法律规范中规定的法律关系主体应当做什么，不应当做什么；允许做什么，禁止做什么，或者要求做什么。这是物业管理法律规范中最基本、最核心的部分。如果没有它，法律关系主体的作为或不作为、合法与违法就失去了衡量的尺度。如《物业管理条例》第四十六条规定"物业服务企业应当制止，并及时向有关行政管理部门报告"，就是物业服务企业在符合该项法律规范的假定条件和情况（即"物业管理区域内违反有关治安、环保、物业装饰装修和使用等方面法律法规规定的行为"）出现后，物业服务企业所应当做的。

（3）制裁。制裁就是指法律规范中规定的违反该法律规范所带来的法律后果、法律责任，即对违反该法律规范行为的处置。它说明了违反法律规范时必须承担什么样的法律后果，该法律后果是国家的强制措施，是法律规范得以实现的根本条件。《物业管理条例》第四十六条第二款规定"有关行政管理部门在接到物业服务企业的报告后，应当依法对违法行为予以制止或者依法处理"中的"予以制止或者依法处理"就是制裁部分。这是国家强制力的具体体现，也是法律规范作为一种特殊的社会行为规范的威慑力所在。

法律规范的制裁部分在法律条文中有的作了明确规定，有的未作直接规定，还有的是规定在其他法律文件中，但假定、处理和制裁这三要素是任何一个法律规范在逻辑上都必须具备的。制裁部分在法律规范中的具体形式不尽相同，有的是单独设立一章法律责任或罚则，有的是与假定、处理合写在同一条文中，也有的是分写在不同的法律或规章中。

总之，假定、处理、制裁这三要素在物业管理法律规范中是密不可分的。假定是物业管理法律规范适用的前提，不具备假定中所规定条件的，该物业管理法律规范就不能被使用；处理是物业管理法律规范的核心部分，没有它，物业管理法律规范就失去了尺度作用；制裁是物业管理法律规范的保证，只有通过它，才能保证合法权益不受侵害，纠正违法行为。

二、物业管理法律规范的表现形式

物业管理法律规范包括中央和地方所有立法机关、行政机关制定或颁布的有关物业管理方面的行为规范，其表现形式主要有以下七种：

（一）宪法

宪法是我国的根本大法，由我国最高权力机关全国人民代表大会经过特定的立法程序制定和修改，具有最高的法律效力，其他所有的法律法规都必须依据宪法制定，不得与其相抵触，否则无效。宪法中关于物业权属的条款是物业管理立法的根本依据和指导思想。

（二）法律

法律是由我国最高权力机关全国人民代表大会及其常务委员会制定、颁布的规范性文件的总称。其法律地位、法律效力仅次于宪法，是制定行政法规、地方性法规和其他规范性文件的依据。目前适用我国物业管理的法律有《中华人民共和国民法通则》、《中华人民共和国合同法》、《中华人民共和国物权法》、《中华人民共和国土地管理法》、《中华人民共和国城市房地产管理法》、《中华人民共和国建筑法》等。

（三）行政法规

行政法规是由国家最高行政机关国务院根据宪法和法律制定的有关国家行政管理活动的规范性文件，包括条例、规定、办法三种形式。行政法规法律地位、法律效力低于宪法和法律。如《物业管理条例》。

（四）地方性法规

地方性法规是指由省、自治区、直辖市或全国人民代表大会特别授权的市（如深圳）的人民代表大会及其常务委员会制定和发布，只在本辖区内有效力的规范性文件。如《广东省物业管理条例》、《深圳经济特区住宅区物业管理条例》等。

（五）部门规章

规章，一类是由国务院所属各部委在部门权限内根据法律和行政法规制定和发布的规范性文件，又称为部门行政规章，其地位低于国务院的行政法规和其他规范性文件。如《物业管理服务收费办法》、《住宅专项维修资金管理办法》等。另一类是由省、自治区、直辖市的人民政府以及省、自治区人民政府所在地的市及国务院批准的较大市的人民政府所制定的有关规章。如《北京居住小区物业管理办法》、《广州市房屋修缮管理规定》等。规章的地位低于宪法、法律、行政法规，不得与它们相抵触。

（六）司法解释

为适应司法实践需要，最高人民法院在总结审判经验的基础上，对某些法律法规作出司法方面的解释，作为立法的补充和执行的依据。如《关于贯彻执行〈中华人民共和国民法通则〉若干问题的意见》。

（七）政策文件

政策文件是由无权制定行政规章的行政机关，在其法定的职权范围内制定的在一定区域范围内具有约束力的规范性文件。它的法律效力低于法规、规章，但可作为行政机关所做的具体行为的依据。如《关于进一步深化城镇住房制度改革、加快住房建设的通知》、《深圳市物业管理资质证书管理规定》等。

以上有关的法律规范，由高而低，在不同层次上对物业管理各方面的社会关系和具体活动发挥着调整作用，但是，各层次的法律效力不同，低层次的规定必须与高层次的规定精神相一致，不能抵触。

三、物业管理法律规范与物业管理法律关系

物业管理法律关系是物业管理法律规范与物业管理实践发生联系的途径，物业管理法律规范正是通过物业管理法律关系实现其调整物业管理社会关系的目的。因此，物业管理法律规范与物业管理法律关系的统一是法律调整物业管理关系正常发挥作用的重要保证。

(一) 物业管理法律规范是物业管理法律关系产生的前提

物业管理法律规范是物业管理法律关系产生的前提，它保证各种具体的物业管理法律关系的建立都必须有严格的法律根据。如果没有相应的物业管理法律规范的存在，就不可能产生物业管理法律关系。如物业服务企业与业主之间的合同关系，有《中华人民共和国合同法》、《物业管理条例》等法律规范进行调整，有严格的法律根据，其所构成的就是法律关系；而物业服务企业与业主之间的友谊关系等，一般不由法律调整，不存在相应的法律规定，所以也就不存在法律关系。另外，由于一些人对物业管理概念认识不清，对物业管理法律规范理解不准确，也不能产生物业管理法律关系。如有些业主将本属于与开发商之间的房屋质量问题，错误地认为应由物业服务企业来承担责任，而这一法律关系事实上是不存在的，一味地坚持这一认识，结果只能使自身合法权益受到损害。

(二) 物业管理法律关系是物业管理法律规范实现的特殊形式

物业管理法律规范总是针对同一类情况、同一类法律关系主体而制定的，物业管理法律关系则是在某一具体情况下具体的权利主体与义务主体之间所结成的具体的权利与义务关系。物业管理法律规范是人们抽象的行为模式，物业管理法律关系则是使物业管理法律规范在人们的实际行为中加以具体化的主要工具。因此，物业管理法律规范是抽象的，物业管理法律关系则是具体化了的。物业管理关系的法律调整如果没有物业管理法律规范就会缺乏根据，不能形成统一的社会秩序；反之，如果没有物业管理法律关系，物业管理法律规范的、抽象的、一般的规定也不可能转化为现实的、具体的物业管理关系，形成现实的法律秩序。如《物业管理条例》对物业管理合同内容有着较为详尽的规定，但这只是抽象的，只有当业主与物业服务企业双方根据该办法签订合同，即建立物业管理法律关系时，物业管理法律关系的主体和客体以及权利和义务才是具体化了的。

5.3 物业管理法律责任

一、物业管理法律责任的含义与构成要件

(一) 物业管理法律责任的含义

法律责任也称违法责任，是指自然人、法人或国家工作人员因其违法或违约行为应承受某种不利的法律后果。违法行为是指违反物业管理法律规章的行为；违约行为是指当事人违反物业服务合同或有关管理制度、规定的行为。

法律责任是法律规范的有机组成部分，一旦法律关系主体符合法律责任的构成要件就必然受到法律的处理和制裁。法律责任具有国家强制性，并以法律的规定为最终依据。

(二) 物业管理法律责任的构成要件

违法行为是法律责任的前提，法律制裁是法律责任的必然后果。但不是每种违法行为都要引起法律责任，只有符合一定条件的违法行为才能引起法律责任，这种能引起法律责任的各种条件的总和称为法律责任的构成要件。物业管理法律责任的构成要件如下：

(1) 违法性。政府行政主管部门的工作人员、物业服务公司、业主和使用人在进行物业管理服务、使用物业的活动中，必须遵守国家物业管理法律规范，如果因故意或过失违反了物业管理的法律规范，导致有损失事实发生，就属于违法行为。如物业服务公司乱收费、业主违章搭建或违章装修等。

（2）危害性。危害性是指违法行为人的行为对国家、集体或公民的合法权益造成了侵害，具备了法律规定的危害后果。如违章装修损害房屋的结构所造成的房屋质量的破坏，为公民的生活与安全带来了隐患；房屋装修时堵塞或改变给排水管道，妨碍相邻他人正常给排水等行为。

（3）可罚性。可罚性是指行为人的违法行为符合法律法规所规定的制裁条件。可罚性是违法性和危害性的法律后果，是前二者派生的。

以上物业管理法律责任的构成要件缺一不可，只有同时具备，才能由当事人承担物业管理的法律责任。

二、物业管理法律责任产生的原因

（一）侵权行为

侵权行为是指侵犯他人人身权利、财产权利和政治权利的行为。

侵权行为是一种民事违法行为。根据我国有关法规的规定，侵权行为一经发生，受害人有要求侵害人赔偿其财产或身心损害所带来的经济损失的权利，侵害人则负有赔偿这种损失的义务。如物业管理活动中，物业服务企业因业主未履约缴纳物业管理费，就采取停电、停水，甚至更换出入门磁卡限制业主进出园区等行为，就属于侵犯业主人身权利、财产权利的侵权行为。

（二）违约行为

违约行为是指合同当事人不履行或者不完全履行合同的行为。

违约责任，基于法律的规定或当事人的约定而产生，是合同一方当事人因违反合同而产生的民事责任。违约责任随合同的产生而产生，没有合同关系，就不可能存在违约责任问题，因而违约责任只能存在于合同当事人之间。违约责任，仅仅是一种财产责任，法律一般只强制违约者用其财产来弥补给对方所造成的财产损失。在通常情况下，合同当事人违约之所以承担违约责任，并非出于当事人之间的约定，即使当事人在合同中没有列明违约责任条款，根据合同法的规定，也不影响违约责任的存在，仍然要承担民事责任。当事人一方既有违约行为，又有侵权行为时，发生法律责任竞合，受害人有权选择追究违约责任或者侵权责任。如物业管理活动中，业主拒绝缴纳物业管理费的行为，物业服务企业因不作为导致电梯故障频发并造成损毁，都属于违约行为。

（三）行政违法行为

行政违法行为是指违反行政管理法规并应受到行政法律制裁的行为。它包括三种情况：①国家工作人员执行公务时违反有关法规等行为；②公民违反行政管理法规应受到行政处罚等行为；③法人违反行政管理法规应受行政处罚等行为。

如物业管理活动中，政府房地产行政主管部门的工作人员在接到物业服务企业随意出租公共用房造成园区生活秩序混乱的投诉后，却收受物业服务企业财物或者其他好处不予查处的行为；业主和使用人强占小区公共绿地种植果菜的行为；住宅物业的建设单位未通过招投标的方式选聘物业服务企业或者未经批准擅自采用协议方式选聘物业服务企业的行为，都属于行政违法行为。

（四）犯罪行为

犯罪行为是指具有严重的社会危害性，触犯国家刑事法律，应当受到刑法处罚的行为。

犯罪行为必须由四个要素构成：犯罪客体、犯罪客观方面、犯罪主体、犯罪主观方面。犯罪客体是指刑法所保护的，为犯罪行为所侵害的社会关系。犯罪客观方面是指刑法所规定的犯罪行为的客观事实特征，包括危害行为、危害后果、危害行为与危害后果之间的因果关系。犯罪主体是指实施了犯罪行为，依法应当被追究刑事责任的自然人和单位。犯罪的主观方面是指犯罪主体对其所实施的危害行为及其危害后果所持的心理状态，包括故意和过失。故意分为希望危害后果发生的直接故意和放任危害后果发生的间接故意；过失分为疏忽大意的过失与过于自信的过失。如物业管理活动中，物业服务企业违反国家消防安全有关规定，造成重大事故，且损失巨大，就要依法追究直接负责的主管人员和其他直接责任人员的刑事责任。

三、物业管理法律责任的种类

在物业管理活动中，存在的法律责任的种类繁多，民事责任、行政责任和刑事责任等在物业管理法律制度中均有可能适用。有许多违反物业管理法律规范的行为都表现为其责任主体要承担多种法律责任。

根据物业管理违法行为性质、程度不同，法律责任包括民事责任、行政责任和刑事责任。

（一）民事责任

民事责任是民事主体违反合同义务或法定民事义务而应承担的法律后果。民事责任可分为违约责任、侵权责任和无过错责任。

（1）违约责任。违约责任是指一方不履行物业服务合同义务或履行义务不符合约定，依法应当承担继续履行、采取补救措施、赔偿损失等民事责任。如物业服务企业不按合同约定提供服务，减少保洁次数，降低保洁标准；业主不缴纳维修资金。

（2）侵权责任。侵权责任是指在物业管理中，民事主体因违法实施侵犯公、私财产权和公民、法人人身权的行为而应承担的民事责任。如物业修缮施工时没有设置明显标志和安全措施而造成他人损害；违章建筑或附属设施影响他人采光和通风；物业保安人员滥用职权、殴打业主等行为都属侵权行为，应承担侵权责任。

（3）无过错责任。违法者主观有过错是法律责任不可缺少的构成要件，但是许多民事责任的构成要件则不要求行为者主观是否有错，只要有损害事实发生，就要承担民事法律责任。这种责任，主要反映了法律责任的补偿性，而不具有法律制裁意义。

（二）行政责任

行政责任是指物业管理行政主体和物业管理行政相对人的行为违反物业管理法律规范而必须承担的法律责任。如没有营业执照而从事物业管理活动；物业服务企业采用不正当的手段获利；物业管理人员的渎职行为以及妨碍国家行政管理和业主委员会对其实施的管理和监督等违法行为，都应受到相应的处罚。承担行政责任的方式有责令限期整改、行政处罚、行政处分等。

（三）刑事责任

刑事责任是行为人违反刑法的规定，实施犯罪行为所应承担的法律责任。由国家司法机关依法给予行为人以相应的刑事制裁。如物业服务企业保安人员监守自盗；业主或使用人违法存放爆炸物引发爆炸，造成人员伤亡等。承担刑事责任的方式是刑事处罚，包括主刑和附加刑。

四、物业管理法律责任的承担方式

(一) 承担物业管理民事法律责任的方式

(1) 停止侵害，是指停止正在进行的侵害行为。如加害人因违章装修造成房屋损害的行为正在进行中，受害人有权要求停止侵害。

(2) 排除妨碍，是指将妨碍他人权利行使的障碍除去。如在公共通道堆放物件，妨碍邻居通行，堆放物件人应承担排除妨碍的民事责任。

(3) 消除危险，是指行为人的行为有造成他人损害或再次造成他人损害的危险时，行为人应将危险之源除去。如危房已出现险情，随时有可能倒塌而危及邻居，邻居有权要求消除危险，危房业主有责任消除危险。

(4) 返还财产，是指一方当事人将无权占有的他人财产返还给对方当事人。如房屋租赁到期，承租人托词不搬，非法占有出租人房屋，出租人有权要求其搬离，返还房屋财产，承租人应返还所承租房屋。

(5) 恢复原状，是指将损坏的财产修复，条件是既有修复的可能，也有修复的必要。如楼上当事人私自更改排水系统，造成楼下邻居墙体渗水，楼下邻居有权要求楼上当事人予以修复。

(6) 赔偿金，是指行为人支付一定的金钱，赔偿因其不法行为给他人造成的损害。不能采取其他责任追究方式时，一般可以采取赔偿损失的责任追究方式。

(7) 违约金，是指违约方按照法律规定和合同的约定，付给对方一定数量的货币。这是对违约方的一种经济制裁，具有惩罚性和补偿性，但主要体现惩罚性。

(8) 修复或更换。均属质量担负责任，如对房屋施工质量的保修或室内设施的维修、更换或重做。

(9) 消除影响，恢复名誉。这是对侵害人身权的行为适用的一种责任形式。如房屋承租人利用所租房屋进行赌博、卖淫、嫖娼等活动，使房屋主人名誉遭受损害，行为人应承担消除影响、恢复名誉的民事责任。

(10) 赔礼道歉，是指公开认错、赔不是的行为。这表示了对不法行为的谴责以及对受害人利益的确认和保护。

(11) 取消或限制部分权利，是指由于行为人不履行其应尽的义务而取消或限制其享有对应的部分权利。如不允许拖欠物业管理费的业主进入业主委员会。

(二) 承担物业管理行政法律责任的方式

(1) 物业行政管理相对人的行政处罚种类：

①警告和通报批评。警告是管理机关对违法者的正式谴责和警戒，是强制性的行政处罚，应有书面裁决。通报批评也是对行为人的谴责和警戒，适用于处分有较大危害性的违法行为人，通报批评常与其他处罚同时使用，也可单独使用。

②罚款。罚款是经济制裁，使用较为广泛。在《物业管理条例》等法规中，均有罚款的规定。

③没收财产。这是行政机关将非法所得、违禁物或实施违法行为的工具予以收缴并上

交国库的处罚。

④行政拘留。这是特定行政机关对违法的公民在短期内剥夺其人身自由的一种处罚，应由县级或县级以上的公安机关决定并施行。

⑤劳动教养。这是行政处罚中最严重的形式，是特定行政机关对屡次违反治安管理法规或者犯有轻微罪行尚不够科刑的人所施行的一种强制教育改造的行政处罚。劳动教养处罚由地方一级公安机关的劳动教养委员会决定，由省、地市司法行政机关负责执行。

⑥许可证处罚。这是指组织或个人依法持有的许可证，由于持证人违反管理规范而被特定机关没收、撤销或扣留。如改建房屋者违反建筑管理法规，以致原合法取得的建筑施工许可证被撤销。

⑦停止营业。这是房地产行政管理机关或营业单位的上级主管部门，因营业单位有严重违法行为，致使管理混乱，不能维持正常生产、经营活动，而命令其停业整顿的行政处罚。

（2）物业管理行政主体的行政处罚种类。物业管理行政主体的行政责任包括对内部的行政处理和对外部的行政赔偿。

①物业管理行政主体内部的行政处理。政府行政主管部门工作人员在执行公务中违反行政法规定，应及时纠正、处理。包括对违法行为的处理和对违法行为人的处理。

②物业管理行政主体对外部的行政赔偿。主要是执行《中华人民共和国国家赔偿法》的规定。

（三）承担物业管理刑事法律责任的方式

对于严重违反物业管理法律规定，给国家、集体、公民财产或生命健康造成严重损害，情节严重，触犯刑事法律规定的，由司认机关依法追究刑事责任。

5.4 物业管理常用法律法规

一、《中华人民共和国民法通则》

《中华人民共和国民法通则》于1986年4月12日由第六届全国人民代表大会第四次会议通过，自1987年1月1日起施行。

民法是调整平等主体的自然人之间、法人之间、自然人和法人之间的财产关系和人身关系的法律规范的总称。《中华人民共和国民法通则》是我国调整民事活动和民事关系的基本大法，为从事民事活动提供了共同遵循的法律规范，是进行民事活动必须遵守的基本准则。物业管理法律关系中民事法律关系占多数，民法是物业管理活动中最常用的法律规范，也是物业管理法规必须遵循的准则。《中华人民共和国民法通则》共9章156条。《中华人民共和国民法通则》中常用的法律规定有：

（一）民法的基本原则

包括民事活动当事人地位平等的原则；民事活动应当遵循自愿、公平、诚实信用的原则；公民、法人的合法民事权益不受侵犯的原则；民事活动必须遵守法律和国家政策的原则；民事活动应当尊重社会公德，不得损害社会公共利益的原则等。

（二）对公民（自然人）和法人民事权利能力和民事行为能力的规定

关系着业主、业主大会和物业服务企业等是否有资格作为民事法律关系的主体，以自己的名义依法独立享有民事权利和承担民事义务。

（三）对民事法律行为和代理的规定

包括何为民事法律行为，民事法律行为应当具备的条件，什么是无效的民事行为和可撤销、可变更的民事行为及其法律后果，什么是代理，哪些情况属于无权代理等。

（四）对民事权利的规定

民事权利中与物业管理关系密切的是财产所有权、物权和债权。这部分对物权的原则性规定是解决不动产权属问题的主要依据。此外，这部分还规定了处理不动产的相邻各方关系的基本精神。

（五）对民事责任的规定

主要包括什么情况下应承担民事责任、违反合同的民事责任和侵权的民事责任的构成、承担民事责任的方式等。

（六）诉讼时效制度

主要规定了诉讼时效的种类和期间，何为诉讼时效的中止、中断等。

1990 年 12 月 5 日，最高人民法院发布了《关于贯彻执行〈中华人民共和国民法通则〉若干问题的意见》（修改稿），共 230 条，详细规定了如何具体适用《中华人民共和国民法通则》中的各项规定。

二、《中华人民共和国物权法》

《中华人民共和国物权法》于 2007 年 3 月 16 日由第十届全国人民代表大会第五次会议通过，自 2007 年 10 月 1 日起施行。《中华人民共和国物权法》是一部规范财产关系的民事基本法律，调整因物的归属和利用而产生的民事关系，或者说只调整平等主体之间因物的归属和利用而产生的财产关系。物权法是维护我国社会主义基本经济制度的重要法律，是社会主义市场经济的基本法。

《中华人民共和国物权法》分为总则、所有权、用益物权、担保物权、占有等五编，共 19 章 247 条，涉及所有权、共有、用益物权、担保物权和占有等财产关系，其中所有权中的“业主的建筑物区分所有权”、“相邻关系”、“共有”等内容与物业管理关系密切。

“物权”是一种财产权，指权利人依法对一定的物享有直接支配并排除他人干涉的权利，包括所有权、用益物权和担保物权。物权法所称的物，包括不动产和动产。《中华人民共和国物权法》中常用的法律规定有：

（一）基本经济制度与社会主义市场经济原则

我国是社会主义国家，处于社会主义初级阶段，实行以公有制为主体、多种所有制经济共同发展的基本经济制度。

（二）平等保护国家、集体和私人的物权原则

民法是调整平等主体之间的财产关系和人身关系的法律，作为民法重要组成部分的物权法，是调整平等主体之间因物的归属和利用而产生的财产关系的法律。根据民法中关于当事人在民事活动中的地位平等规定，作为物权主体，不论是国家、集体的物权，还是私人的物权，都应当给予平等保护。

（三）物权法定原则

这一原则是指能设立哪些种类的物权，各种物权有哪些基本内容，只能由法律规定，当事人之间不能创立。

（四）物权公示原则

物权公示原则包括两个方面：第一方面，物权人享有物权、物权的内容变更或者物权消灭以什么方式确定；第二方面，由于物权是排他的“绝对权”、“对世权”，因此必须让广大的义务人清楚地知道谁是权利人。

物权公示的主要方法是不动产物权的设立、变更、转让和消灭经过登记发生效力；动产物权的设立、转让通过交付发生效力。

（五）取得和行使物权遵守法律、尊重社会公德原则

物权的取得，一是取得物权应当符合法定的方式；二是特定的物，自然人、法人不能取得。如土地在我国只能归国家或者集体所有，个人、单位不能取得土地所有权。

物权的行使，一是使权利人丧失权利或者受到损害，情况有三：征收征用、没收财产或者收回用益物权、自卫和紧急避险；二是对权利人行使权利的限制，情况有三：对土地所有权的客体范围和效力范围的限制、对不动产权利行使的限制（通常称为相邻关系）、对行使处分权的限制（如文物）。

三、《中华人民共和国合同法》

《中华人民共和国合同法》于1999年3月15日由第九届全国人民代表大会第二次会议通过，自1999年10月1日起施行。合同法作为调整平等民事主体之间的交易关系的法律，是我国民法的重要组成部分。

《中华人民共和国合同法》包括总则和分则两大部分，共23章428条。总则部分规定了合同法的基本原则，规范了合同的订立、合同的有效或无效及合同的履行、变更和解除、保全、违反合同的责任等问题。分则主要包括各种类型的合同，如买卖合同，供用电、水、气、热力合同，赠与合同，租赁合同，委托合同，居间合同等有名合同的有关规定。其中租赁合同，供用电、水、气、热力合同，委托合同等是物业管理常用的合同类型。

《中华人民共和国合同法》采取了约定优先的原则，即有约定的依约定、无约定的依法定的规则。当事人依法享有自愿订立合同的权利。合同法规范的对象是交易关系，决定了合同法较之于民法的其他法律更强调平等协商和诚实信用原则。《中华人民共和国合同法》中常用的法律规定有：

（一）合同法的基本原则

平等、自愿、公平、诚实信用、守法和尊重社会公德等基本原则是从事交易活动的当事人必须遵循的行为模式。

（二）订立合同时要注意的问题

法律法规规定采用书面形式的，应当采用书面形式，如物业服务合同、房屋转让合同、房屋租赁合同都应采用书面形式。当事人订立合同，采取要约、承诺方式。合同的主要条款应齐备详尽，一般包括当事人的名称或者姓名和住所、标的、数量、质量、价款或者报酬、履行期限、地点和方式、违约责任、解决争议的方法等。

（三）关于合同效力的规定

包括合同生效的时间，无效合同、可撤销和可变更合同的法律后果等。合同生效是指已经成立的合同开始发生以国家强制力保障的法律约束力，即合同发生法律效力。

（四）对履行合同的规定

当事人应按照约定全面履行自己的义务。在合同的履行过程中，当事人应当遵循诚实信用原则，根据合同的性质、目的和交易习惯履行通知、协助、保密义务。合同生效后，当事人不得因姓名、名称的变更或者法定代表人、负责人、承办人的变动而不履行合同义务。此外还有关于合同履行抗辩权、代位权与撤销权的规定等。

（五）对合同的变更、转让和终止的规定

当事人协商一致，可以变更合同。对合同转让的几种情形作了规定，以避免由于合同的转让而可能导致的纠纷。合同终止，当事人之间的权利义务关系消灭。另外，还规定了解除合同的法定事由，当事人如果协商一致，可以解除合同。

（六）对违约责任的规定

规定了违约责任的构成要件、违约行为的种类、承担违约责任的方式等内容。当事人一方不履行合同义务或者履行合同义务不符合约定的，应当承担继续履行、采取补救措施或者赔偿损失等违约责任。

最高人民法院于1999年12月1日通过了《关于适用〈中华人民共和国合同法〉若干问题的解释（一）》，自1999年12月29日起施行。

四、《物业管理条例》

《物业管理条例》于2003年9月1日正式实施。2007年8月26日，以中华人民共和国国务院令〔2007〕504号公布《国务院关于修改〈物业管理条例〉的决定》，自2007年10月1日起施行。《物业管理条例》是国务院颁布的规范业主和物业服务企业行为的行政法规。

《物业管理条例》的主要内容可归纳为：建立了10项基本制度；明令业主的5项权益；明令物业服务企业的7项权责；明令4项禁止行为；规范2项书面合同；授权3项规定。

（一）10项基本制度

（1）告知制度。住宅小区的业主大会会议应当同时告知相关的居民委员会；业主大会、业主委员会作出的决定违反法律法规的，物业所在地的区、县人民政府房地产行政主管部门，应当责令限期改正或撤销其决定，并通告全体业主；住宅小区的业主大会、业主委员会作出的决定，应当告知相关的居民委员会，并认真听取居民委员会的建议；业主依法确需改变公共建筑和公共设施用途的，应当在依法办理有关手续后告知物业服务企业；业主需要装饰装修房屋的，应当事先告知物业服务企业；物业服务企业应当将房屋装饰装修中的禁止行为和注意事项告知业主。

（2）业主委员会备案制度。业主委员会应当自选举产生之日起30日内，向物业所在地的区、县人民政府房地产行政主管部门备案。业主委员会委员应当由热心公益事业、责任心强、具有一定组织能力的业主担任。业主委员会主任、副主任在业主委员会委员中推选产生。

（3）物业管理招标投标制度。国家提倡建设单位、业主通过招标投标的方式选聘具有相应资质的物业服务企业，鼓励建设单位按照房地产开发与物业管理相分离的原则，通过招投标的方式选聘具有相应资质的物业服务企业，并对住宅物业的建设单位应当通过招标投标的方式选聘具有相应资质的物业服务企业作了明确的规定。住宅物业的建设单位未通过招投标的方式选聘物业服务企业或者未经批准，擅自采用协议方式选聘物业服务企业的，由县级以上地方人民政府房地产行政主管部门责令限期改正，给予警告，可以并处10万元以下的罚款。

（4）承接查验制度。物业服务企业承接物业时，应当对物业共用部位、共用设施设备进行查验。企业承接物业时，应当与业主委员会办理物业验收手续。同时规定，建设单位、业主委员会应当向物业服务企业移交相关资料。

（5）保修责任制度。建设单位应当按照国家规定的保修期限和保修范围，承担物业的保修责任；供水、供电、供气、供热、通信、有线电视等单位，应当依法承担物业管理区域内相关管线和设施设备维修、养护的责任；物业存在安全隐患，危及公共利益及他人合法权利时，责任人应当及时维护养护，有关业主应当给予配合；责任人不履行维护养护义务的，经业主大会同意，可以由物业服务企业维修养护，费用由责任人承担。

（6）交接制度。物业服务合同终止时，物业服务企业应当将物业管理用房和本条例第二十九条第一款规定的资料交还给业主委员会。物业服务合同终止时，业主大会选聘了新的物业服务企业的，物业服务企业之间应当做好交接工作。不移交有关资料的，由县级以上地方人民政府房地产行政主管部门责令限期改正；逾期仍不移交有关资料的，对建设单位或物业服务企业予以通报，处1万元以上10万元以下的罚款。

（7）资质管理制度。国家对从事物业管理活动的企业实行资质管理制度。未取得资质证书从事物业管理的，由县级以上地方人民政府房地产行政主管部门没收违法所得，并处5万元以上20万元以下的罚款；给业主造成损失的，依法承担赔偿责任。以欺骗手段取得资质证书的，依照规定处罚，并由颁发资质证书的部门吊销资质证书。

（8）人员资格制度。从事物业管理的人员应当按照国家有关规定，取得职业资格证书。物业服务企业聘用未取得物业管理职业资格证书的人员从事物业管理活动的，由县级以上地方人民政府房地产行政主管部门责令停止违法行为，处5万元以上20万元以下的罚款；给业主造成损失的，依法承担赔偿责任。

（9）专项维修资金制度。住宅物业、住宅小区内的非住宅物业或者与单幢住宅楼结构相连的非住宅物业的业主，应当按照国家有关规定缴纳住宅专项维修资金。专项维修资金属业主所有，专项用于物业保修期满后物业共用部位、共用设施设备的维修和更新、改造，不得挪作他用。挪用专项维修资金的，由县级以上地方人民政府房地产行政主管部门追回挪用的专项维修资金，给予警告，没收违法所得，可以并处挪用数额2倍以下的罚款；物业服务企业挪用专项维修资金，情节严重的，并由颁发资质证书的部门吊销资质证书；构成犯罪的，依法追究直接负责的主管人员和其他直接责任人员的刑事责任。

（10）报告制度。对物业管理区域内违反有关治安、环保、物业装饰装修和使用等方面法律法规规定的行为，物业服务企业应当制止，并及时向有关行政管理部门报告；物业服务企业应当协助做好物业管理区域内的安全防范工作。发生安全事故时，物业服务企业在采取应急措施的同时，应当及时向有关行政管理部门报告，协助做好救助工作。

（二）业主的5项权益

（1）业主大会有权选聘和解聘物业服务企业，应当经专有部分占建筑物总面积过半数的业主且占总人数过半数的业主同意。

（2）业主依法享有物业共用部位、共用设施设备的所有权或者使用权，建设单位不得擅自处分。

（3）物业管理用房的所有权依法属于业主。未经业主大会同意，物业服务企业不得改变物业管理用房的用途。

（4）住宅专项维修资金属业主所有，专项用于物业保修期满后物业共用部位、共用设施设备的维修和更新、改造，不得挪作他用。

（5）业主大会或者业主委员会作出的决定侵害业主合法权益的，受侵害的业主可以请求人民法院予以撤销。

（三）物业服务企业的7项权责

（1）从事物业管理活动的企业应当具有独立的法人资格。

（2）一个物业管理区域由一个物业服务企业实施物业管理。建设单位应当按规定在物业管理区域内配置必要的物业管理用房。

（3）物业服务企业应当按照物业服务合同的约定，提供相应的服务。物业服务企业未能履行物业服务合同的约定，导致业主人身、财产安全受到损害的，应当依法承担相应的法律责任。保安人员在维护物业管理区域内的公共秩序时，应当履行职责，不得侵害公民的合法利益。

（4）物业服务收费应当遵循合理、公开以及费用与服务水平相适应的原则，区别不同物业的性质和特点，由业主和物业服务企业在物业服务合同中约定。业主应当根据物业服务合同的约定缴纳物业服务费用。已竣工但尚未出售或者未交给物业买受人的物业，物业服务费用由建设单位缴纳。

（5）物业服务企业可以根据业主的委托提供物业服务合同约定以外的服务项目，服务报酬由双方约定。

（6）违反物业服务合同约定，业主逾期不缴纳物业服务费用的，业主委员会应当督促其限期缴纳；逾期仍不缴纳的，物业服务企业可以向人民法院起诉。

（7）物业服务企业确需改变公共建筑和共用设施用途的，应当提请业主大会讨论决定同意后，由业主依法办理有关手续。

（四）4项禁止行为

（1）业主大会、业主委员会应当依法履行职责，不得作出与物业管理无关的决定，不得从事与物业管理无关的活动；物业使用人在物业管理活动中的权利义务由业主和物业使用人约定，但不得违反法律法规和管理规约的有关规定。

（2）物业服务企业可以将物业管理区域内的专项服务业务委托给专业性服务企业，但不得将该区域内的全部物业管理一并委托给他人。物业服务企业将一个物业管理区域内的全部物业管理一并委托给他人的，由县级以上地方人民政府房地产行政主管部门责令限期改正，处委托合同价款30%以上50%以下的罚款；情节严重的，由颁发资质证书的部门吊销资质证书。委托所得收益，用于物业管理区域内物业共用部位、共用设施设备的维修、养护，剩余部分按照业主大会的决定使用；给业主造成损失的，依法承担赔偿责任。

（3）物业管理区域内按照规划建设的公共建筑和共用设施，不得改变用途。未经业主大会同意，物业服务企业擅自改变物业管理用房的用途的，由县级以上地方人民政府房地产行政主管部门责令限期改正，给予警告，并处 1 万元以上 10 万元以下的罚款；有收益的，所得收益用于物业管理区域内物业共用部位、共用设施设备的维修、养护，剩余部分按照业主大会的决定使用。

（4）业主、物业服务企业不得擅自占用、挖掘物业管理区域内的道路及场地，以损害业主的共同利益。否则，个人处 1 000 元以上 1 万元以下的罚款；单位处 5 万元以上 20 万元以下的罚款。

（五）2 项书面合同

（1）前期物业服务合同。在业主、业主大会选聘物业服务企业之前，建设单位选聘物业服务企业的，应当签订书面的前期物业服务合同。

（2）物业服务合同。业主委员会应当与业主大会选聘的物业服务企业订立书面的物业服务合同。物业服务合同应当对物业管理事项、服务质量、服务费用、双方的权利义务、专项维修资金的管理与使用、物业管理用房、合同期限、违约责任等内容进行约定。

（六）授权 3 项规定

（1）物业管理区域的划分应当考虑物业的共用设施设备、建筑物规模、社区建设等因素。具体办法由省、自治区、直辖市制定。

（2）国家对从事物业管理活动的企业实行资质管理制度。具体办法由国务院建设行政主管部门制定。

（3）专项维修资金收取、使用、管理的办法由国务院建设行政主管部门会同国务院财政部门制定。

五、《前期物业管理招标投标管理暂行办法》

《前期物业管理招标投标管理暂行办法》（建住房〔2003〕130 号）于 2003 年 6 月 26 日由建设部颁布，自 2003 年 9 月 1 日起施行。该办法的颁布，是为了规范物业管理招标投标活动，保护招标投标当事人的合法权益，促进物业管理市场的公平竞争。规定业主和业主大会通过招投标的方式选聘具有相应资质的物业服务企业的应参照该办法执行。其主要内容有：

（1）前期物业管理招标投标应当遵循的原则和监督管理机构；

（2）前期物业管理招标的组织实施方式和应该注意的问题；

（3）投标的程序和注意事项；

（4）对开标过程的规定、评标委员会的组成方式、评标委员会委员的任职资格、评标结果的产生过程、注意事项和中标结果的通知与签约等。

六、《业主大会规程》

《业主大会规程》（建住房〔2003〕131 号）于 2003 年 6 月 26 日由建设部颁布实施，其目的是进一步规范业主大会的活动，保障民主决策，维护业主的合法权利，是对《物业管理条例》中有关规定的细化，使其更具操作性。其主要内容包括以下七个方面：

（1）详细规定业主大会的筹备程序和筹备机构；

（2）进一步明确业主大会的职责；

（3）规定了业主大会的议事规则、管理规约应当具备的主要内容；

（4）规定了业主大会和业主委员会会议的召集方式、议程、作出有效决定必须具备的条件；

（5）业主委员会的产生方式、机构设置、职责和业主委员会委员的任职条件；

（6）明确规定业主委员会委员的变更和适用资格终止的情形；

（7）业主大会和业主委员会的经费来源、履行职责时应注意的问题、印章的使用等。

七、《物业服务收费管理办法》

《物业服务收费管理办法》（发改价格〔2003〕1864 号）于2003 年11 月13 日由国家发展改革委员会、建设部根据《中华人民共和国价格法》和《物业管理条例》制定并颁布，自2004 年1 月1 日起施行。其目的是规范物业管理服务收费行为，保障业主和物业服务企业的合法权益。原《城市住宅小区物业管理服务收费暂行办法》同时废止。其内容有：

（一）“物业服务收费”含义

本办法中所称的“物业服务收费”，是指物业服务企业按照物业服务合同的约定，对房屋及配套的设施设备和相关场地进行维修、养护、管理，维护相关区域内的环境卫生和秩序，向业主所收取的费用。

（二）物业服务收费应当遵循的原则

物业服务收费应当遵循的原则，即合理、公开以及费用与服务水平相适应的原则。

（三）物业服务收费的构成

明确而具体地规定了物业服务收费的构成，包括管理服务人员的工资、社会保险和按规定提取的福利费等，物业共用部位、共用设施设备的日常运行、维护费用，物业管理区域清洁卫生费用，物业管理区域绿化养护费用，物业管理区域秩序维护费用，办公费用，物业服务企业固定资产折旧，物业共用部位、共用设施设备及公众责任保险费用，经业主同意的其他费用。

另外，本办法规定：物业共用部位、共用设施设备的大修、中修和更新、改造费用，应当通过专项维修资金予以列支，不得计入物业服务支出或者物业服务成本。

（四）物业服务收费的定价方式

物业服务收费的定价方式有政府指导价和市场调节价两种。

（五）物业服务费的收取方式

物业服务企业可以与业主约定按照包干制或者酬金制等形式收取物业服务费用。

（六）物业服务收费的管理、监督

物业服务收费的管理、监督包括物业服务收费明码标价制度、物业服务费使用公示制度、物业服务收费监审制度。

（七）违约的追究

业主应当按照物业服务合同的约定按时足额缴纳物业服务费用或者物业服务资金。业主违反物业服务合同约定逾期不缴纳服务费用或者物业服务资金的，业主委员会应当督促其限期缴纳；逾期仍不缴纳的，物业服务企业可以依法追缴。

业主与物业使用人约定由物业使用人缴纳物业服务费用或者物业服务资金的，从其约定，业主负连带缴纳责任。

（八）其他规定

（1）纳入物业管理范围的已竣工但尚未出售，或者因开发建设单位原因未按时交给物业买受人的物业，物业服务费用或者物业服务资金由开发建设单位全额缴纳。

（2）物业管理区域内，供水、供电、供气、供热、通信、有线电视等单位应当向最终用户收取有关费用。

（3）物业服务企业接受委托代收上述费用的，可向委托单位收取手续费，不得向业主收取手续费等额外费用。

（4）利用物业共用部位、共用设施设备进行经营的，应当在征得相关业主、业主大会、物业服务企业的同意后，按照规定办理有关手续。所得收益应当主要用于补充专项维修资金，也可以按照业主大会的决定使用。

（5）物业服务企业已接受委托实施物业服务并相应收取服务费用的，其他部门和单位不得重复收取性质和内容相同的费用。

（6）物业服务企业根据业主的委托提供物业服务合同约定以外的服务，服务收费由双方约定。

八、《住宅专项维修资金管理办法》

自2008年2月1日起，建设部、财政部联合颁布的《住宅专项维修资金管理办法》（以下简称新《办法》）正式实施，同时，1998年发布的《住宅共用部位、共用设施设备维修基金管理办法》（建住房〔1998〕213号，以下简称旧《办法》）废止。其主要内容如下：

（一）概念："维修基金"变脸"维修资金"

新《办法》第2条规定，本办法所称住宅维修资金是指专项用于住宅共用部位、共用设施设备保修期满后的维修和更新、改造的资金；旧《办法》第4条规定，凡商品房和公有住房出售后都应建立住宅共用部位、共用设施设备维修基金。

由"基金"改为"资金"，在概念上实际更准确一些。一般而言，基金不能使用本金而只能使用增值部分；而资金不但可以动用本金也可以动用所产生的增值收益，而且可以再次收取，以满足房屋维修之用。

这里的"住宅共用部位"，是指根据法律法规和房屋买卖合同，由单幢住宅内业主或者单幢住宅内业主及与之结构相连的非住宅业主共有的部位，一般包括住宅的基础、承重墙体、柱、梁、楼板、屋顶以及户外的墙面、门厅、楼梯间、走廊通道等。

"共用设施设备"，是指根据法律法规和房屋买卖合同，由住宅业主或者住宅业主及有关非住宅业主共有的附属设施设备，一般包括电梯、天线、照明设备、消防设施、绿地、道路、路灯、沟渠、池、井、非经营性车场车库、公益性文体设施和共用设施设备使用的房屋等。

业主交存的住宅专项维修资金属于业主所有。从公有住房售房款中提取的住宅专项维修资金属于公有住房售房单位所有。

（二）缴存额依据标准：由“房款”变为“建安费”

新《办法》第7条规定，商品住宅、非住宅的业主按照所拥有的建筑面积缴存维修资金，每平方米建筑面积缴存的首期专项维修资金是当地每平方米建筑安装工程造价的5%～8%；旧《办法》规定，房屋维修资金是根据多层房屋按购房款的2%、高层房屋按购房款的3%来缴存。

《广州市国土房管局转发省建设厅省财政厅关于贯彻建设部财政部〈住宅专项维修资金管理办法〉有关问题的通知》规定：

（1）2008年2月1日前已取得商品房预售许可证的商品住宅（非住宅），首期住宅专项维修资金缴存标准仍为住宅（含别墅）建筑面积每平方米40元、非住宅建筑面积每平方米50元。

（2）2008年2月1日起取得商品房预售许可证的商品住宅，每平方米建筑面积缴存首期住宅专项维修资金的标准为住宅建筑安装工程每平方米造价的6%。

根据广州市建设工程造价管理站计算的2007年广州市建筑安装工程每平方米造价高层（有电梯）住宅为1 750元、多层（无电梯）住宅为1 275元。

高层（有电梯）住宅缴存首期住宅专项维修资金的标准为每平方米建筑面积105元；多层（无电梯）住宅（含别墅）缴存首期住宅专项维修资金的标准为每平方米建筑面积77元。

独立非住宅物业可参照高层（有电梯）住宅的标准缴存专项维修资金。

（三）公有住房维修资金：缴存期限得到明确

新《办法》第12条规定，已售公有住房单位应当在办理房屋入住手续前将首期维修资金存入公有住房专项维修资金专户或交由售房单位存入专户；公有住房售房单位应当在收到房款之日起30日内，将维修资金存入公有住房专项维修资金专户；而在此之前，并没有明确的规定，执行起来难度比较大。新《办法》更有利于开展对房改房、公有住房维修资金的归集。

（四）住宅维修资金：可购买国债增值

新《办法》第27条明确规定：“下列资金应当转入住宅专项维修资金滚存使用：（一）住宅专项维修资金的存储利息；（二）利用住宅专项维修资金购买国债的增值收益；（三）利用住宅共用部位、共用设施设备进行经营的所得收益，但业主大会另有决定的除外；（四）住宅共用设施设备报废后回收的残值。”旧《办法》第8条规定：“维修基金存入维修基金专户起按规定计息，维修基金利息净收益转作维修基金滚存使用和管理。”

（五）未缴维修资金：不得将房屋交付购买人

新《办法》第13条规定：“未按本办法规定缴付首期住宅专项维修资金的，开发建设单位或公有住房售房单位不得将房屋交付购房人。”在旧《办法》中，缺少相应的条款。

（六）续缴时间：余额不足首期缴存额30%时

新《办法》的第12条和第15条，分别对房屋维修资金的使用管理作了详细的规定：一是业主大会成立前的使用程序，二是业主大会成立以后维修资金的使用程序。第17条还明确规定：“业主分户账面住宅专项维修资金余额不足首期缴存额30%的，应当及时续缴。”而旧《办法》只是规定了“维修基金不敷使用时，按业主占有的住宅建筑面积比例向业主续筹"。

（七）挪用维修资金：情节严重追究刑事责任

新《办法》第35条至40条规定，一是买受人未缴房屋维修资金，但开发建设单位或公房售房单位将房屋交付买受人的，由县级以上房地产主管部门责令限期改正，逾期不改的，处以罚款。二是挪用维修资金的，没收非法所得，并处以挪用金额2倍以下罚款；构成犯罪的，依法追究刑事责任；物业服务企业挪用维修资金，情节严重的，吊销其资质证书。三是对房屋维修资金各级管理部门挪用维修资金的具体惩处办法作了详细规定。旧《办法》在第18条规定，维修基金代管部门构成犯罪的，应依法追究刑事责任，并没有没收非法所得和处以罚款的规定。

（八）专项维修资金的监督与管理：专户存储、专款专用

住宅专项维修资金管理实行专户存储、专款专用、所有权人决策、政府监督的原则。

国务院建设主管部门会同国务院财政部门负责全国住宅专项维修资金的指导和监督工作。县级以上地方人民政府建设（房地产）主管部门会同同级财政部门负责本行政区域内住宅专项维修资金的指导和监督工作。

业主大会成立前，商品住宅业主、非住宅业主缴存的住宅专项维修资金，由物业所在地直辖市、市、县人民政府建设（房地产）主管部门代管。

直辖市、市、县人民政府建设（房地产）主管部门应当委托所在地一家商业银行，作为本行政区域内住宅专项维修资金的专户管理银行，并在专户管理银行开立住宅专项维修资金专户。

开立住宅专项维修资金专户，应当以物业管理区域为单位设账，按房屋户门号设分户账；未划定物业管理区域的，以幢为单位设账，按房屋户门号设分户账。

业主大会成立前，已售公有住房住宅专项维修资金，由物业所在地直辖市、市、县人民政府财政部门或者建设（房地产）主管部门负责管理。

负责管理公有住房住宅专项维修资金的部门应当委托所在地一家商业银行，作为本行政区域内公有住房住宅专项维修资金的专户管理银行，并在专户管理银行开立公有住房住宅专项维修资金专户。

开立公有住房住宅专项维修资金专户，应当按照售房单位设账，按幢设分账；其中，业主缴存的住宅专项维修资金，按房屋户门号设分户账。

住宅专项维修资金划转后的账目管理单位，由业主大会决定。业主大会应当建立住宅专项维修资金管理制度。

业主大会开立的住宅专项维修资金账户，应当接受所在地直辖市、市、县人民政府建设（房地产）主管部门的监督。

第二部分

物业管理基本操作技能

6 物业客户服务

6.1 客户关系处理

能力目标

（1）能设置高效的客户服务中心组织机构。

（2）全面认识和理解投诉行为，具备较强的沟通能力和技巧。

（3）能制定高效的住户投诉处理程序，做好客户关系的管理工作。

基本操作

一、设置高效的客户服务中心组织机构

客户服务中心是物业服务企业直接向客户提供服务的重要部门，它的功能集合与配置决定了物业服务企业提供客户服务的水平。组建什么样的客户服务中心，首先，反映了物业服务企业的企业宗旨，只有将客户的满意作为企业存在的唯一理由，才能建立高水平的客户服务部门；其次，反映了物业服务企业的经营核心，以客户为自己经营的核心，才可能建立功能齐全的客户服务部门；最后，反映了物业管理的管理水平，以现代企业制度和规范化管理为基础，才可能为客户服务部门提供较大的支持系统。理想的客户服务中心应该具有四个主要职能，如图 6－1 所示。

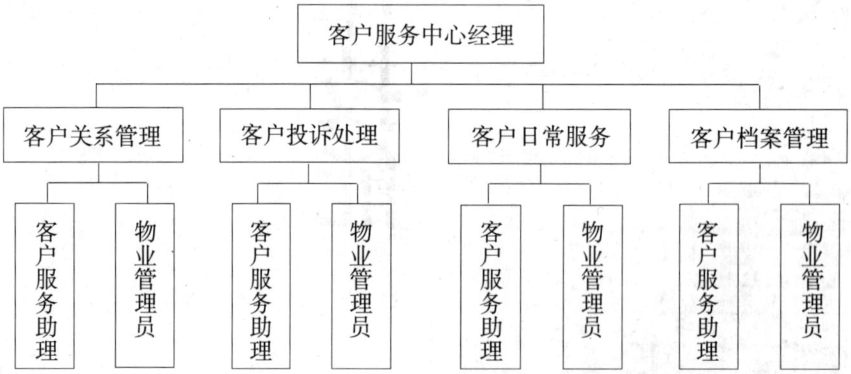

图 6－1 客户服务中心组织结构

具体职能包括：

（一）客户关系管理

专门负责开拓与管理客户资源，包括组织已购房客户和潜在客户，以及举办各种旨在

加强物业服务企业与客户信任关系的活动。其功能是对物业客户资源进行管理，同时为客户资源的经营提供依据。

（二）客户投诉处理

专门处理针对物业服务企业的客户投诉处理情况，其中也包括沟通和满足客户的正常服务需求。

（三）客户日常服务

（1）办理客户迁入迁出手续和办理客户室内装修申请及装修验收手续并实施监管。

（2）办理用户大件物品放行手续和办理出入证。

（3）办理车辆的停放手续和办理统一收购废品手续。

（4）检查物业项目公用设施的运行状况。

（5）负责同客户的沟通工作，受理客户的服务要求等日常服务项目。

（6）进行绿化养护、美化保养服务，确保物业项目的绿化布置合理。

（7）对物业项目公共区域、走廊通道、公共洗手间、楼层及垃圾房实行标准化清扫保洁服务。

（8）进行地毯清洗服务，各类石材地面打蜡、抛光服务，以及为客户提供物业增值服务。

（四）客户档案管理

建立客户数据库，储存有关客户本身以及可能与物业服务企业有关的个人信息。为客户服务工作提供方向，也对物业服务企业的内部运作建立预警机制。

岗位设置可根据物业项目的大小与物管业务的复杂程度来调节，其中的一些岗位人员可兼任。

二、制定住户投诉处理的程序

（一）客户投诉的接受

（1）凡客户对物业管理服务质量方面的投诉或建议，不论采取何种形式（如来访、来电、投递、投诉意见箱等），接待投诉的人员要在客户投诉处理表中记录投诉人姓名、投诉时间、联系电话、投诉内容等，并向客户作简单答复，同时立即将客户投诉处理表转至管理处客户服务部。

（2）管理处客户服务部接到客户投诉处理表，在确定为有效投诉后，确定具体受理部门，受理部门负责人在客户投诉处理表中签字确认，填写具体处理方式。

（二）客户投诉的处理及回访

（1）对客户以电话、口头、书信等方式进行的投诉，无论情况真实与否，客服接待人员应耐心倾听，认真接待，在受理投诉记录表、客户投诉处理表上做好记录，并首先向客户表示歉意，承诺立即核对事实，分析原因，追究责任。

（2）经客户服务部经理确认后，应立即将客户投诉处理表送至物业服务企业有关部门。受理部门接到客户投诉处理表后，迅速与投诉人或单位取得联系，对客户投诉必须作出及时的反应并进行处理。

（3）投诉处理过程中，受理部门要分析投诉产生的原因，讨论今后如何避免出现类似问题及纠正或预防措施，按“不合格控制程序”执行。对超出本部门处理权限或须报请总经理决定的问题，由部门负责人与总经理联络，由总经理协调处理。

（4）若是合理投诉，应再次当面、致电或去信向事主解释，告知问题产生的原因、解决问题的措施和时间。即使是不合理的投诉，也应再次当面、致电或去信向客户解释，对事情真相和问题产生的原因进行讲解。相关部门应及时拟定解决措施，并将处理方案向领导汇报，经批准后实施。

（5）投诉处理完毕，受理部门负责人在客户投诉处理表上填写投诉具体处理方式和处理结果后交回管理处客户服务部，一般情况下要求3个工作日内回单，若3日内无法回单，受理部门负责人应及时向管理处客户服务部说明情况。

（6）对于短期内无法解决或无力解决的问题，受理部门负责人应在客户投诉表上注明原因，由总经理或管理处主任批准，退回管理处客户服务部，作退单处理，同时受理部门负责人应在3天内向客户作适当解释，以取得客户的谅解。

（7）事情解决后客户服务部应进行回访，记录客户反馈意见，方可确认该投诉的处理是否结束。投诉事件处理结束后，填写最终处理结果，并与客户投诉处理表一起归档保存，以备日后核对查询。

（8）管理处客户服务部收到回单，立即通过电话回访客户，了解客户对处理结果的意见，在受理投诉记录表上做好相关回访记录，每周将“客户投诉周报”报交客户服务部经理和总经理审阅。

（三）客户投诉处理的流程

客户投诉处理的流程，如图6－2所示。

相关知识

一、五种基本沟通方式

（1）口头沟通。主要形式包括面对面沟通、电话沟通、会议沟通、谈判沟通、面试沟通、演讲沟通等。

（2）书面沟通。在企业内部的主要形式包括员工手册、工作说明、便函、报告、海报、布告板、电子公告栏、便条；在企业外部的主要形式包括商务信函、建议书、电子邮件、报告、传真、合同、广告、产品目录、新闻发布会。

（3）网络沟通。主要形式包括电子邮件、网络电话、网络传真、网络新闻。

（4）图表沟通、视听沟通、影像沟通。

（5）非语言沟通。包括真诚的面部表情；运用语音、语调、语速；适当保持视线的接触；得体的仪态；尊重对方的空间。

二、投诉处理的认识

投诉是指业主因对物业服务企业的服务有需求或不满等，通过各种方式向有关部门反映的行为，其方式包括来电、来访、来函及其他（如登报）。

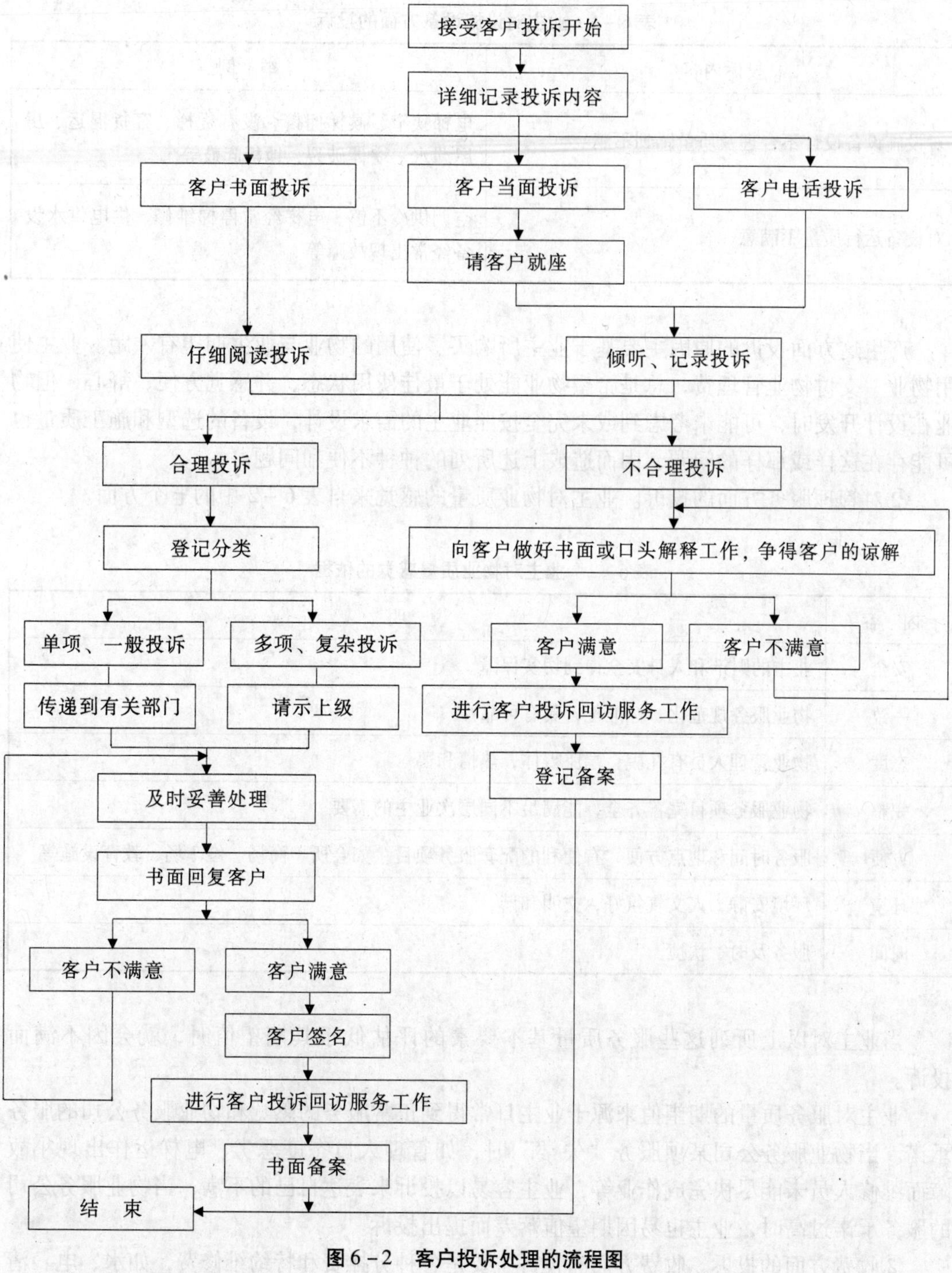

图 6－2 客户投诉处理的流程图

（一）业主投诉的分类

（1）按业主投诉的内容分类：

①对设施设备方面的投诉。对设施设备方面的投诉包括表 6－1 中的两个方面。

表 6－1　业主对设施设备方面的投诉

投诉内容	举　例
对设施设备设计不合理及质量感到不满	电梯狭窄、候梯拥挤、没有货梯、客货混运、房屋漏水、墙体破裂、地板起鼓等
对设备运行质量不满意	空调供冷不够、电梯经常停梯维修、供电供水设备经常出现故障等

产生这方面投诉的原因主要基于业主所购买、使用的物业与业主期望有差距。业主使用物业、支付物业管理费，总是希望物业能处于最佳使用状态，并感觉方便、舒心，但物业在设计开发时，可能未考虑到或未完全按照业主的需求设计，设备的选型和施工质量也可能存在这样或那样的问题，因而造成上述所列的种种不便和问题。

②对管理服务方面的投诉。业主对物业质量的感觉来自表 6－2 中的七个方面。

表 6－2　业主对物业质量感觉的依据

内　容	说　明
安全	业主的财产和人身安全得到切实保障
一致	物业服务规范化、标准化，具有可靠性
态度	物业管理人员有礼貌，端庄得体，热情和蔼
完整	物业服务项目完善齐全，能满足不同层次业主的需要
方便	服务时间和地点方便，有便利的配套服务项目，如会所、商场、停车场、教育设施等
环境	环境安静，人文气氛好，文明和谐
时间	服务及时、快捷

当业主对以上所列这些服务质量基本要素的评估低于其期望值时，就会因不满而投诉。

业主对服务质量的期望值来源于业主日常得到正常服务的感觉和物业服务公司的服务承诺。当物业服务公司某项服务“失常”时，如管理人员态度恶劣、电梯运作出现小故障而维修人员未能尽快完成作业等，业主容易以投诉来表达自己的不满；当物业服务公司的服务承诺过高时，业主也易因期望值落差而提出投诉。

③收费方面的投诉。收费方面的投诉主要是各种分摊费和特约维修费，如水、电、清洁、绿化、公共设备抢修等分摊费用，及换灯、换锁、换门等特约维修费用方面的投诉。

④对突发事件方面的投诉。对突发事件的投诉主要是指因停电、停水、电梯困人、溢水及室内财物被盗、车辆丢失等突然事故而造成的偶然性投诉。这类问题虽有其偶然性和突发性，但由于事件本身很重大，会给业主的日常工作和生活带来较大麻烦，因而容易引致较强烈的投诉。

（2）按业主投诉的性质分类：

①有效投诉。有效投诉又分两种情况：第一种情况是业主对物业服务企业在管理服务、收费、经费管理、维修养护等方面失职、违法、违纪等行为的投诉并经过有关行业主管部门查实登记的；第二种情况是业主向物业服务企业提出的管理处或管理人员故意、非故意或失误造成业主或公众利益受到损害的投诉。

②沟通性投诉。沟通性投诉分为三类，如表6－3所示。

表6－3 沟通性投诉的分类

求助型	投诉者有困难或问题需给予帮助解决的
咨询型	投诉者有问题或建议向管理部门联络的
发泄型	投诉者带有某种不满，受委屈或误会等造成内心不满，要求使问题得到解决的

沟通性的投诉如果处理不当，就会变成有效投诉，所以必须认真处理沟通性投诉，尽量大事化小，小事化了。

（二）投诉问题的界定

（1）重大投诉。属重大投诉的有：公司承诺或合同规定提供的服务没有实施或实施效果有明显差距，经业主、租户多次提出而得不到解决的投诉；由于公司责任给业主、租户造成重大经济损失或人身伤害的；有效投诉在一个月内得不到合理解决的。

（2）重要投诉。重要投诉是指因公司的管理服务工作不到位、有过失而引起的投诉。

（3）轻微投诉。轻微投诉是指因公司的设施、设备和管理水平有限给业主、租户造成的生活、工作轻微不便，而非人为因素造成的影响，可以通过改进而较易得到解决或改进的投诉。

三、客户异议处理技巧

（1）客户异议处理的准备——调整认知。这是正确处理客户异议的前提。包括：①有效果比对错更重要；②冷静面对，认真思考如何缓和客户的不满和冲动情绪，如何更好地化解矛盾；③迅速处理客户异议，进行“排雷”工作，争取最后的成功。

（2）有效处理客户异议的方法：①安抚客户情绪，满足客户的情感需要；②避免过度承诺，实事求是。

四、客户关系处理技巧

（1）协调客户关系的基本原则——以和为贵。

（2）化解客户矛盾的良方——真诚的道歉。

（3）处理“两难”客户关系的技巧——学会委婉拒绝。

（4）融洽客户关系的润滑剂——学会赞美。

6.2 社区文化建设

能力目标

(1) 清楚社区文化活动的形式和建设要点。

(2) 能策划社区文化活动，具备社区文化建设的能力。

基本操作

一、设置组织机构及人员配备

(一) 设置组织机构

物业公司可设置一个专门的工作部门——社区文化部，主要负责策划、组织、实施一系列有针对性的文化活动，有时也承担新闻宣传、文体活动场所及其设施的管理维护等工作。这个部门通常应配备宣传、文艺、体育、美工和文秘等专门人员。

社区文化活动的组织机构可大可小，关键是看社区文化活动工作量的大小。社区规模大、活动多且保持常年活动的，可设常设机构；反之，可设兼职机构。

(二) 配备活动人员

如果是常设机构，则人员配备应根据物业管理区域规模及业主和用户需求等实际情况而定，通常可固定1~3名，其他按需要可聘请几名业余兼职人员，最好是本社区业主、用户或居委会中的热心人士。

如果规模不大，则只设兼职机构。兼职机构除了固定1~3名兼职人员外，也可聘请几名本社区业主、用户或居委会中的热心人士业余兼职。

人员配备时要统筹兼顾，安排组织能力强、活动能力强和有文化专长的各类人才参加，大家群策群力，共同把社区文化活动搞得红红火火。

二、策划社区文化活动

社区文化活动策划要经过以下五个步骤：开展需求调研、进行总体构想、实施流程策划、制订活动计划、制订活动方案。

(一) 开展需求调研

需求调研是策划的第一步，即先了解所辖物业区域内业主、租户对社区文化活动的需求。社区文化活动的需求调研方法与其他延伸服务的方法相同，可以利用业主、租户调查问卷或相关分析等办法来进行。

社区文化活动问卷调查表如表6-4所示。

表6-4 社区文化活动问卷调查表

××社区文化活动问卷调查表

1. 您的性别　□男　□女
2. 您的年龄　□10~20岁　□21~30岁　□31~40岁　□41~50岁　□50岁以上
3. 您的民族　□汉族　□少数民族
4. 您的职业　□工人　□教育行业　□商业　□企事业单位　□其他
5. 您是否经常参加社区文化活动？
   □经常　□有时　□偶尔　□极少
   若选择“偶尔”或“极少”，请说明之所以不参加的原因：
   □没有时间　□对活动不感兴趣　□活动组织、宣传不力　□活动内容陈旧，没有参与欲望
   □其他________
6. 您所在社区举行社区活动的频率有多高？
   □经常　□有时　□偶尔　□极少
7. 您经常参加的社区文化活动有哪些？（多选）
   □文艺表演队　□各类培训　□讲座　□健身　□球类、棋类　□书报阅读、影视娱乐
   □其他________
8. 您在参加社区文化活动时，感觉自己身处其中时更具有：
   □接受感　□参与感　□娱乐感　□茫然感　□其他________
9. 您所在社区经常举办的文化活动面向的对象主要是：
   □老年人　□中年人　□青年人　□儿童
10. 您认为在下列社区文化活动中，依照经常性排列顺序，应该是：________
    ①下岗职工培训　②老年人锻炼身体　③青年休闲　④学生学习
11. 您所在社区外来人员的比例是：
    □高　□中　□低　□零
    他们是否经常参与社区的文化活动？
    □经常　□有时　□很少　□从不
12. 您所在的社区是否文明小区？
    □是　□否
13. 您感觉社区文化建设中还存在哪些问题？（多选）
    □环境“脏、乱、差”的老问题　□绿化面积有限
    □休闲场所过少，不能满足需要　□日常性的文化活动较少
    □外来人员参与度不够　□社会治安依然严峻
    □其他________
14. 社区是否制定了引导、规范本社区居民言行的小区文明公约或居民守则？
    □是　□否
15. 您所在社区文化活动的经费来源主要包括：（多选）
    □民政局或其他政府部门拨款　□企业赞助　□适当收取社员费用　□其他________
16. 您认为社区开展的哪些文化活动能够对多数社员有吸引力？（多选）
    □知识讲座　□趣味运动会　□爱心活动　□书法绘画摄影比赛　□棋类比赛　□家庭文化建设
    □文化活动室　□露天电影、文艺演出　□其他________
17. 您所在社区是否形成了自己的凝聚力？
    □已经形成　□正在形成　□感觉不出来　□比较差

（二）进行总体构想

通过对社区文化活动的需求分析，结合本物业的实际情况，就社区文化活动进行总体构想，作初步的策划。总体构想包括以下内容：目标、原则、文化背景的分析、方式方法构想、活动主题构想等。

（三）实施流程策划

社区文化活动的实施流程通常为五步，即计划制订、方案策划、活动准备、活动实施、检查总结。流程策划时，可在这五步的基础上进行细化和扩展，使实施流程更加科学、更加合理。

（四）制订活动计划

（1）按月度编排计划。社区文化活动的计划编制至少每年进行一次，具体应从便于时间安排、力量安排的角度出发，按月做活动安排。

（2）年度活动计划。社区活动的形式多种多样，具体操作也可以从活动形式丰富的角度出发，按形式来制订年度活动计划。

（五）制订活动方案

（1）方案的主要内容。有了计划之后，社区文化活动管理部门就应针对具体项目制订活动的实施方案，通常方案编制应考虑以下内容：时间、地点、主题、形式、活动参与对象、活动邀请对象、活动组织安排、活动后勤保障、活动费用测算、活动费用来源及其他相关事宜。

（2）影响方案的相关因素。制订社区文化活动方案应予以考虑的相关因素很多，具体如表6－5所示。

表6－5　影响社区文化活动方案的相关因素

因素	具体措施
人员配备	可在管理处下设社区文化部，主要负责社区文化活动开展和环境文化建设：（1）社区文化部成员采用专职和兼职相结合的方式以适应社区规模，主管负责整个社区的社区文化行为，从事策划、实施和监督，如大型文体活动、编辑月报、接待来访等；（2）助理参与协助工作；（3）聘请部分热心业主、租户（5～7人）共同作为社区文化活动的基本组织成员。
活动场地	（1）管理处可划出一间办公室作为日常办公地点和联络场所；（2）社区内规划出户外活动场地，可作为活动开展的主要地点；（3）社区中心广场作为活动开展的主会场；（4）大型或特大型活动可借助社区内或附近中小学的操场或教室举行；（5）社区内开辟的科技馆、图书馆（室），也是学习交流的极佳场所；（6）体现报栏、宣传栏功用，发布信息，有利于沟通交流。
经费来源	（1）物业服务公司或管理处拨出专项经费；（2）适当地酌情收费；（3）寻求个人或相关企业赞助；（4）活动受益人集资。
相关规范	社区文化活动能否正常、有序地开展，还要有一套行之有效的运作规范予以保障，在活动策划时应充分考虑，最好在进行活动策划的同时建立和完善相关运作规范。

相关知识

一、社区文化活动的形式

表6－6 社区文化活动可采取的形式

活动形式	举 例
仪式活动	入住揭幕仪式、欢迎入住仪式、国庆升旗仪式等
常规文体活动	棋类、牌类、球类、健身、健美、钓鱼、园艺、茶艺等
大型文体活动	艺术节、运动会、文艺晚会等
生日活动	儿童生日、老人生日等
郊游活动	踏青、花展观赏等
节日活动	“六一儿童节”绘画、小小运动会、“中秋团圆节”晚会、“九九重阳节”登高等
讲座活动	养生保健讲座、美容美发讲座、证券买卖讲座、家居美化讲座、消防安全讲座、智能化建筑讲座等
沙龙活动	音乐欣赏、舞蹈表演等
培训活动	电脑、书画、交谊舞、游泳等培训班
公益活动	义诊、义卖、助残、助贫、助学等

社区文化活动应该百花齐放，满足不同层次的兴趣爱好，兼顾不同类型的文化品位。这要求充分做好社区文化调查工作，真正摸清业主、租户在想什么，需要得到什么样的文化服务，愿意参加怎样的社区文化活动。

物业服务企业可依托丰富的社会资源，对各方面的客户资源进行整合利用。如与专业旅行社合作组织夏令营、特色旅游；与美容机构合作举办女性护肤养肤知识讲座；与健身机构合办健身训练班等。同时，对于某些在专业上无法直接合作的单位，可由其以赞助、协办的形式介入社区活动，以补充社区文化建设经费。

二、开展社区文化活动应掌握的原则

（1）老少结合。老少结合是指社区文化活动应该抓住老人与儿童这两个大的群体，带动中青年人参与社区文化活动。

（2）大小结合。“大”是指大型的社区文化活动，需精心策划与组织，参与人数众多，影响面广，如体育节、艺术节、文艺汇演、入住仪式、社区周年庆等。“小”是指小型的社区文化活动，是指那些常规的、每日每周都可能开展，又有一定的组织安排的社区文化活动，如每日的晨练、休闲、娱乐等。组织时大活动和小活动要合理搭配、合理安排，大活动不能没有，也不能过频。一般大的活动以2～3个月一次为宜。小的活动要经常性开展，而且面可以广一些，琴棋书画、天文地理、娱乐游戏、吹拉弹唱等爱好者都可以形成兴趣小组。小活动的组织要充分利用已有的资源，尽可能地节约开支，并且注意不要造成噪声扰民、负担过重的后果。

（3）雅俗共赏。所谓雅俗共赏，是指社区文化活动应当注重社区成员不同层面的需求，通俗与高雅同在，崇高与优美并存。通俗的活动如家庭卡拉 OK 比赛、迪斯科表演、秧歌、腰鼓等，高雅的活动如交响音乐会、旅游、书画珍藏品展、国标舞等。

当然，社区文化之雅也不能曲高和寡，那样会失去文化的群众基础；俗也不可以俗不可耐，那样会导致社区文化的畸形发育。所以，社区文化的开展一定要做到雅俗共赏。

（4）远近结合。“远”是指组织开展社区文化活动要有超前的意识，要有发展的眼光，要有整体的目标；“近”是指要有短期周密的安排、落实和检查。

社区文化对塑造社区精神，引导生活方式等方面具有极其重要的作用。现代的物业服务企业被誉为新生活方式的“领航者”。随着人们生活水平的提高和社会的不断进步，社区成员的价值观念、消费观念等都在悄悄地发生着变化。物业服务企业应把握时代的脉搏，以敏锐的目光洞察社区将要面临的变化，超前一步为业主、租户提供服务。社区文化活动开展要有预见性、领先性。例如，随着知识经济时代的到来，业主、租户已不再满足单纯的吹拉弹唱等娱乐形式，社区文化活动已从娱乐型向科技知识型发展。

因此，社区文化活动要有长远的规划，对社区文化开展的效果要进行预测分析。在此基础上的短期安排也非常重要，每一次大型活动事先都要有计划，事后都要有分析。只有对社区文化活动的开展过程进行有效的控制，才能真正做到切实可行，行之有效。

三、社区文化活动开展中的问题及解决方法

（1）单纯接受多，双向交流少。组织者往往以包办者的姿态组织、控制整个活动过程，参与的业主、租户仅仅是被动地接受，缺乏反馈与交流细节。

解决方法：在小区内组织一支文化活动骨干队伍，在开展活动前以问卷调查或随机抽样询问的方式开展活动内容意愿征询。在每个活动结束后，除必须做好活动效果记录外，还可以座谈会等形式征求业主、租户对活动内容、组织、方式等的看法与想法。

（2）个体活动多，群体参与少。活动缺少让业主、租户广泛参与的基础，即选择的活动内容仅使少部分业主、租户有兴趣、有能力参与，使得活动无法广泛、深入、持久地开展，无法形成良好的规模效应。

解决方法：在组织活动时除开展具教育意义的活动以提高小区业主、租户的综合素质外，还应开展一些有深厚群众基础的大众化趣味活动，让广大业主、租户有兴趣、有能力参与。同时，还可组织一部分业主、租户培训，培养他们的兴趣与能力。

（3）被动欣赏多，主动创造少。活动以“外来和尚主持”为主，业主、租户仅停留在被动欣赏层面，主观能动性无法有效调动，使得活动无法形成特色。

解决方法：除聘请外来专业人员和利用学校、幼儿园小朋友的热情表演外，组织者还应尽可能挖掘业主、租户中间的能人参与活动，如文艺工作者、体育工作者、文体活动爱好者、文化活动热心人等，让他们出主意想办法，让他们登台献技献艺。这样，社区文化活动就有了广泛的群众基础，业主、租户的主观能动性就会被有效调动，形成小区的特色。

7 物业早期介入与前期管理服务

7.1 物业管理的早期介入

能力目标

（1）能在物业服务公司早期介入时提出合理的建议。

（2）会进行物业项目的早期介入。

基本操作

物业管理早期介入一般包括立项决策、规划设计、建设施工和竣工验收等四个阶段。

一、立项决策阶段早期介入的内容

立项决策阶段的早期介入是指物业服务企业在房地产开发项目可行性研究阶段即开始介入，此时的主要内容是对项目的可行性提出意见和建议。

立项决策阶段是房地产开发的第一个阶段，这个阶段要解决的主要是开发什么、能否开发等问题。这首先依赖于对市场的调查分析，此时物业服务企业应该从以下方面对欲开发的房地产项目提出专业意见，并在可能的情况下，就该项目今后的物业管理提出书面报告，以便房地产开发商在决策时能够综合考虑包括物业管理目标和模式定位在内的各方面意见，减少决策的盲目性和随意性。这些专业意见包括如下内容：

（一）项目的市场定位

市场定位的内容主要包括以下五个方面：

（1）明确用途、功能。根据城市规划，按照最佳最优原则确定开发类型、项目功能。

（2）确立消费档次。根据地域的消费能力，确定开发项目的形象风格、租售价位。

（3）筛选目标客户。以有效需求为导向，确定项目的目标客户。

（4）推出主打房型。根据目标客户的具体情况，提出主打房型、面积和使用功能。

（5）选择入市时机。根据企业经济实力和投资流量，分析和选择适当的入市时机。

（二）潜在客户的构成

（1）目标客户定性调查。根据项目市场定位，确定客户群体的职业、收入、年龄。

（2）目标客户定量调查。预测符合定性条件的客户群体的数量。

（三）消费水平与需求

项目所在地的经济状况、产业发展状况、居民收入状况、市场需求状况及目标客户对项目的基本需求和特殊需求等因素，对合理定位项目、确定项目品质在城市中的地位，以及项目规模、后期的规划设计与营销推广具有潜在影响。

（四）项目周边情况

以步行30分钟为半径，了解项目周边人文习惯（如常住人口受教育程度、饮食习惯、风俗习惯等）、区域配套设施（如医院、购物场所、学校、派出所、政府派出机构等）和公共设施（如供电、供水、供暖、供气、排水等）情况。

（五）周边物业管理概况

包括周边项目物业管理模式的定位、物业管理的内容、管理服务的标准、最具吸引力和差异化的亮点等。

（六）日后的物业管理内容

针对周边物业管理概况，初步确定物业管理模式、内容、服务标准等，并据此测算管理的成本费用等。需要注意的是，物业管理模式要尽量凸显差异化，表现个性主张。

二、规划设计阶段早期介入的内容

规划设计阶段的早期介入是指物业服务企业在房地产开发已确立项目的设计规划阶段即开始介入，此时的主要内容是完善物业的功能和管理功能设计。

设计规划阶段是房地产开发的第二个阶段，这个阶段要解决的主要问题是综合考虑整体环境设计、小区的合理布局、房屋或楼宇的使用功能、建材的选用、居住的安全舒适、硬件设施设备配备和服务配套等。物业管理人员对于项目的整体规划设计、功能配置、设施设备配套等提出的意见与建议，更加贴近业主或使用人的实际需求、满足今后管理服务的要求，有利于避免项目规划设计阶段给今后使用、管理带来的“先天不足”。这一阶段，物业服务企业针对规划设计中存在的问题和缺陷提出的意见与建议，一般是根据以往的管理经验和日后实施物业管理的需要。这些专业意见与建议包括如下内容：

（一）配套设施

房地产项目开发是一种综合性开发行为，仅仅满足居住和工作的需求是不够的，还需要考虑人们社会生活中的各种需求，这就要求项目配套设施完善。如对于大多数住宅小区，不仅要考虑其环境的美化、道路交通的规划、休闲场所场地的布置和安全保卫系统等，还要考虑这些设施的规模和档次，以及是否需要幼儿园、学校、商业服务网点、医院等公共服务设施。

（二）水电气等的供应容量

水电气等的供应容量是项目规划设计时的基本参数，设计人员在设计时，通常参照国家的标准设计，而国标仅规定了下限，即最低标准，只要高于此限就算达到了设计要求。但随着社会生活水平的不断提高，生活、工作中的耗能设备将会越来越多，对这些能源的需求量不断增加；再加上地域的气候、地理环境等因素的差异，也会造成实际用量的差异。因此，在规划设计时，要考虑这些因素，给水电气等的供应容量留有余地。

（三）建筑材料的选择

建筑材料的选择不仅影响工程的质量、造价，而且也会影响以后的物业管理服务。不同的建筑材料由于其材料特性的不同、使用养护要求不同，随之要求的养护设备、管理工作量就不同。如玻璃、大理石、陶质墙砖、涂料等不同建筑材料的外墙饰面，对保洁的要求就不同。物业服务企业应根据自己以往的管理经验，本着节约资源、保护环境的原则，提出建筑材料选择的意见，为今后的物业管理服务工作提供一定的便利。

（四）其他

在规划设计时，一些细节性的问题往往容易被设计人员忽略，会给日后的使用和管理带来许多的不便，物业服务企业应予以关注，提出建议，尽量减少类似的缺陷。如小的方面有电路接口的数量、位置是否方便日后检修，插座开关的高度、数目及具体的位置是否适当、方便使用等；大的方面有室内各种管线的布局、位置是否适用，垃圾的处理方式是选择垃圾道还是垃圾桶等。

［阅读资料］

物业服务公司在开发商对项目规划设计时应该提出哪些意见？

1. 要考虑商业和物业管理用房的预留（包括管理处办公用房、员工宿舍和食堂、职工与业主娱乐活动室、保安岗亭用房、垃圾收集站、物料仓库、保洁工具房等）。

2. 配套设施设备、管线配置和布线要合理，包括预留空调安装位置及空调滴水管。

3. 设计时尽量减少外墙外凸沿，尤其是高空位置不可上人的平台、条柱等不利清洁的部位。

4. 高层楼宇和大型小区应考虑合理配置清洁楼道及绿化浇水处所必需的水管接口和洗手池；水、电、煤气表的设置要考虑抄表到户的需要，尽量集中放在首层。

5. 信报箱的设置亦要考虑邮政需要放在首层（放在架空层等首层以上，邮电部门会加收服务费），并且信报箱的规格和锁要符合要求，也可以同时考虑送奶箱的位置。

6. 小区进出口位置和数量配置要合理，能少则少，以减少不必要的费用支出。

7. 小区内的车位配置要考虑户均车辆比例，尽量充足。

8. 小区的外围尽量满足封闭式治安管理的需要，铁围栏的设计要防攀防钻，女儿墙亦要设计成防攀越的形式。

9. 小区内绿化面积要考虑以后小区创评的需要；绿化带植物的品种（尤其是高档大型物业小区）不要太名贵、太繁多。除充分考虑错落有致、四季有花外，配制原则是大方得体，合理选择背阴喜阳、易于养护的植物。

10. 小区内标牌和建筑小品设计亦要考虑易于低成本维护。

11. 小区内尽量不要配置有安全隐患的水池（含游泳池）、沙池、秋千、转盘、高低杠等设施和器械；排污管、雨水管在穿楼板时要考虑采用套管，以方便管体爆裂时更换。

12. 现在大部分家庭将阳台用作洗衣、拖地的给排水之地，所以阳台设计应考虑统一接管，并配2个地漏（其中一个为洗衣机排水用）；否则业主在二次装修排管时，施工不规范会引发一系列问题。

13. 建筑物的可上人平台可以设计成花坛、绿化带；多层屋顶不上人天台设计成易于养护的绿化带，既可以隔热又可以弥补地面绿化面积的不足（第五面资源的利用）。

14. 现代家庭的电话、电脑、电视等家用电器容量较大，所以布线设计时主、次卧房及大厅都应配置预留电话插座、宽带网或局域网电脑连线插口、电视插座和家庭影院环绕音响接口。甚至可以考虑可视对讲电话、门铃的配置除在玄关外，在洗手间亦可配置（以避免在冲凉、上厕时有人来电、来访的尴尬）。

15. 楼道侧墙应考虑铺设一定高度的瓷砖（防涂鸦、防污渍）；楼道内电表箱等其他线盒箱不要用通用锁而应采用专用锁，楼道开关总闸更应内藏而不外露（以防小孩和他人拨弄捣乱）。

16. 小区内的消防水管（在地面）可考虑用油漆的红管或不易褪色的油漆管（以减少高空作业）。

17. 小区路灯不必多，只需满足一定的光照度就可以，路灯尽量采用被普遍采用的规格，灯座要耐锈蚀、牢固、防日晒雨淋、不怕台风，采用节能灯胆（方便日常维修、减少开支）；单元楼道灯最好采用光控红外线复合开关（以方便手提东西的业主上下楼梯，且减少楼道公共照明用电量）；一般核定一个单元楼道灯用电量一个月才十来度，故电表配制要选用最小容量（以免选用大容量电表收取几十度电的费用而发生不必要的支出）。

18. 垃圾收集站最好设计在小区进出口附近，且垃圾房门朝外，便于垃圾清运车在外面作业不影响小区安宁。

19. 消防水泵、二次供水等设施设备功率大但用电量很少的可考虑合用一个电表；由于商业用水和居民用水的收费标准不同，建议居民用水和商铺用水的管路分开并各配计量表（以避免自来水公司自定商业用水和居民用水的比例，一般都把收费高的商业用水比例定得比较高，无形中又会长期多支出费用）。

20. 小区的地下排污管道要铺设合理，井口间距要合适，一般不要超过管路疏通时的竹片长度或机械疏通机可达长度。

21. 凡有空调机滴水管的沿墙周围应做绿化带（既利用了空调水，又美化了环境，避免了以往空调滴水造成地面青苔）；商铺前后的预留空调位及排水位往往易被忽视，设计中应考虑进去。

22. 建筑物的临街外窗、下有行人路面或停车位的外窗可考虑送纱窗（以减少高空抛物现象）。

23. 各单元门、停车位、外围、巡视死角、商铺招牌部位平台等应设计加装闭路电视监控；所有单元进户门应设计遮雨棚（防雨水和淋花水）。

24. 建筑上不要出现死角即不可上人的平台等（以减少卫生死角和高空作业）；重要管路和线路要预留备用管线或活口（以免发生局部损坏换整条管线，劳民伤财）。

25. 小区配套公共设施规划设计要一步到位：

（1）按物业管理要求配置绿化率、物业管理用房、功能用房和设备用房。

（2）管道煤气、智能综合布线、二次加压的管路及闸阀、用于餐饮商铺预留的排烟道和隔油池等都应在设计中加以考虑。

（3）阳台设计要考虑花盆座架（底部向里倾斜），以防淋花水往下滴水给下面业主带来不便，客厅、主人卧室分体式空调穿线预留外斜防水措施设计也要考虑进去。

三、建设施工阶段早期介入的内容

建设施工阶段的早期介入是指物业服务企业在房地产开发已确立项目的建设施工阶段即开始介入，此时的主要内容就是进行工程监控和熟悉项目的整体情况。

建设施工阶段是房地产开发项目质量保证的一个关键阶段，这个阶段施工质量的控制对项目的物业质量产生直接的影响。此阶段物业服务企业介入，一方面加强了工程监理的力量，通过参与工程监理，使工程质量多了一份保证；另一方面也是对开发项目的全面了解，尤其是对基础隐蔽工程、机电设备安装调试、管道线路的铺设和走向等有所了解，对保证后续的承接查验和管理服务的连续性有诸多益处。这个阶段由于设计人员、监理人员、开发商以及物业服务企业都要参与，所以对发现问题的处理容易出现扯皮推诿，产生监管部门多而监管力度差的现象。物业服务企业要把握好“配角”的角色，明确责任，按程序行使职权，避免越权和推卸责任。这个阶段主要从以下三个方面对开发商提出建议。

（一）设备的购置安装

（1）对重要大型设施设备的供应商，应尽量选择能做到供货、安装、调试、售后维修保养一体化的。在价格相近的供货商中，尽可能选择企业历史长、售后技术服务良好、价格适中的。

（2）重要的大型配套设备（如电梯、中央空调、配电设施、闭路监控系统、消防报警系统等）的供应单位应提供清晰明了的操作使用说明书，并对物业管理相关技术操作人员提供正规的培训。

（3）所有参与土建工程、装饰工程、设施设备安装工程、绿化工程和相关的市政工程的施工单位、供货商、安装单位和与之有关联的中介单位都应与开发商就设备（或大宗材料、配件）的保质（修）期的保质（修）内容、保质（修）期限、责任、费用（维修保证金）、违约处理等达成书面协议，并提供有效的合法经营及资质证明、产品的产地与合格证明、设备订购合同、材料供货价目表、采购供应地址及单位联系电话。

（4）选用的设备和仪表（如电梯、监控系统、消防报警系统、电表、水表等）均应得到有关部门的校验许可证明，最好由设备或仪表供货安装单位一并解决。

（二）建筑材料的选择

（1）基建工程采用的批量较大的各种建材、装饰材料、水电器材等常规材料和配件尽量选用市面上有的普通规格的标准件和通用件，尽量采用国家和本市指定厂家所生产的牌子、型号与规格。

（2）涉及房屋楼宇的结构、防水层、隐蔽工程等的钢筋以及管线材料一定要考虑耐久性和耐腐蚀性、抗挤压能力及能否做套管，且与监理公司一起共同把好相关过程控制和验收控制的监督检查质量关。

（三）工程的监理与验收

（1）各专业工程技术人员要做好质量跟进工作，深入现场，掌握第一手资料。尤其是各种给排水、电、中央空调、消防报警电话、有线电视等管线的走向，以及重要闸阀和检查口的位置，相应的施工更改要做好记录。

（2）重要的土建工程要确保一定的抽验合格率，所有的隐蔽工程都要进行质量验收。

四、竣工验收阶段早期介入的内容

竣工验收阶段的早期介入是指物业服务企业在房地产开发已建成项目的竣工验收阶段即开始介入，此时的主要内容就是参与工程的验收，与开发商商定前期物业管理的委托事宜。

竣工验收阶段是房地产开发项目的最后一个阶段，这个阶段是建筑单位把符合设计文件规定要求且具备使用条件的开发项目交给开发商。竣工验收是对开发项目质量控制的最后把关，其工作的认真、细致与否，不仅对开发项目质量最终认定产生直接的影响，而且对物业服务企业承接查验也将产生影响。因此，物业服务企业在此阶段尽管是以参与者的身份介入，但是在认识和操作上，都不能有丝毫的懈怠，以便为接下来的物业承接查验打好基础。这个阶段的工作主要包括以下两个方面：

（一）验收的准备

组成验收小组，协助开发商编制竣工验收方案，其中包括验收计划和验收标准，以保证验收工作能够按计划、有步骤地进行，避免验收疏漏的出现。

（二）验收的实施

（1）提请开发商注意保持物业原设计图纸、设计变更、竣工图和设备出厂合格证书及设备试运行记录等技术检验资料验收的完整性。

（2）提请开发商注意按移交设备清单核清设备的规格型号、设计要求、安装数量、安装位置等。

（3）提请开发商对在验收过程未达到验收标准的物业、设施设备，提出书面整改报告并限期进行整改。

（4）应注意对房屋水、电、土建、门窗、电器设备进行全面检查，并做好记录。

（5）对未达到验收标准的物业、设施设备，要通过摄像、摄影手段，留存影像资料。

（三）验收的结束

协助开发商做好验收后资料的分类、存档工作，为物业承接查验做准备。

相关知识

一、早期介入的含义

物业管理早期介入，是指物业服务企业在物业的开发设计阶段即介入，从事物业形成前的阶段性管理。也就是说，物业服务企业在接管物业之前，参与房地产项目的投资立项、规划设计及施工建设等过程，并提出相应的意见和建议，以便建成后的物业能够更好地满足业主和物业使用人的需求。

物业服务企业早期介入的服务对象，主要是房地产开发商或投资商，其费用应由开发商承担。

二、早期介入的必要性

对于一项物业来说，存在着开发—经营—管理三个阶段。长期以来，物业管理一般只是在物业的管理阶段进入，即在物业交付使用时进入。但是，从物业管理的实践来看，因为开发设计是各物业辖区能否形成完整、舒适、便利的功能区域的先天制约阶段，而房地产开发商在规划设计中只考虑房屋和配套设施建造时的方便和节约，设计人员只考虑目前国家的技术标准和建设成本，都没有更多地结合日后使用和管理的角度进行综合考虑和统一规划，造成建成后物业使用和管理上的许多不尽如人意的地方。如现在常见的停车位不足，房屋使用功能落后，设施设备科技含量滞后，以及水、电、煤气、通风、交通等配套方面存在的问题。这种设计规划上的先天不足，既使业主时有抱怨，又使物业管理工作难以顺利开展，并且以后往往也难以弥补。如果开发商在规划设计阶段就选择好物业服务企业，利用物业服务企业的丰富经验和专业知识对规划设计提出建议和意见，使规划设计更符合使用和管理的要求，不仅可以为以后的管理工作打下良好的基础，而且可以充分满足人们对工作或居住功能、环境的需求，保持其产品的竞争力。

三、早期介入的作用

（1）完善物业的规划设计和使用功能。如在物业布局、配套，建筑造型，房型设计，电力负荷设计，垃圾站点布设，建材选用，供电供水，污水处理，电话、有线电视等的管线铺设，空调排烟孔位预留等方面根据经验提出建设性意见，充分考虑住户生活的安全、舒适与便利。

（2）更好地监理施工质量。消除施工质量的隐患，保证后期用户的可靠使用及物业管理的方便。

（3）为验收接管打下基础。由于对物业的土建结构、管线走向、设施建设、设备安装等情况了如指掌，有利于缩短验收时间，提高验收质量，便于发现问题后的交接处理。

（4）便于日后对物业的管理。方便日后维修保养计划的制订；方便日后检修，缩短检修时间；保证维修质量；方便后期改建改造。

四、早期介入的主要工作及充当的角色

（一）立项决策阶段（充当顾问）

在项目的市场定位、潜在业主的构成和消费水平，周边物业管理概况，日后的物业管理服务内容、标准以及成本、利润测算等方面提出建议，减少决策的盲目性和主观随意性。

（二）规划设计阶段（充当顾问）

物业服务企业（人员）此方面的长处有：对细节问题的发现与处理有着特殊的敏感性和应变力；改进意见或建议更易贴近业主的实际需求；更能直接地把以往物业开发“先天不足”所造成的后果反映出来，以防患于未然。侧重从以下四方面提出看法和建议：

（1）养护、维修方面。建筑材料的选用及设施设备的性能特点、使用效果、养护、维修乃至更换的成本费用。

（2）日常管理方面。中央监控室、设备层、管理用房、大门、总台等的设置与标准；人流通道、车辆进出和停放、保安、消防等人防、技防措施在图纸上的具体落实；垃圾容器及堆放、清运点的设置，外立面附属物预留位置及孔洞大小等。

（3）日后管理服务方面。从物业现有总量，使用人口数量、发展趋势和消费需求等出发，考虑各类商业网点和生活、教育、娱乐设施的服务内容、服务半径、服务对象，以决定这些设施的配备。

（4）物业自身方面。综合考虑物业总体布局、空地、绿化开发与利用、公共活动场所与道路循环系统、房型功能构想与匹配比例、内外装修标准等，以提升物业内在价值和环境效果。

（三）施工安装阶段（扮演监理）

监督基础隐蔽工程、机电设备安装调试、管道线路的敷设及走向等日后难以从建筑外观上察觉的施工质量，收集资料，熟悉情况，提出整改意见，督促落实。

（四）接管准备阶段（开始管家）

（1）与房地产开发企业接洽前期物业管理委托事项。主要是管理服务内容、标准、

期限；保修责任的委托与实施；遗留扫尾工程、空置房经租或看管等代为办理事项；管理服务费构成及筹集；管理用房、经营用房的提供使用及收益分配；物业及相关资料的验收接管。

（2）制订接管方案。对人力、物力等自身条件和接盘运作、盈亏风险作出科学测算，据此制订接管方案，以此与房地产开发企业进一步协商或竞标。

（3）签约，实施验收接管。依照建设部制定的《中华人民共和国标准——房屋承接查验标准》、《城市住宅小区竣工综合验收管理办法》接管，同时做好档案资料的移交工作。必不可少的档案资料有：规划图、竣工图，地下管网竣工图，各类房屋清单，单体建筑结构图、设备竣工图及合格证或保修书，公用设施设备及公共场地清单，有关业主或承租使用人的相关资料。

（4）制定系列管理制度。根据前期物业管理合同所赋予的管理职责，制定一系列管理制度，以建立正常的管理秩序。

（5）组成该物业的常设管理机构。为了迎接即将到来的业主入住，着手组成该物业的常设管理机构，配备管理人员。

（6）建立与社会协作单位的联络，构筑综合服务网络。

（7）参与物业“开盘”。物业“开盘”之日就是前期物业管理开始之日，物业服务企业可以和开发商一起参与做好楼盘营销。

7.2 物业的承接查验

能力目标

（1）能正确地查验要承接的物业。

（2）会处理承接查验中出现的问题。

基本操作

一、物业承接查验的准备

新建物业竣工后、业主入住前，物业服务企业应及时组建承接查验小组，对所接管的物业进行综合性的承接查验，以确保所接管物业基本合格，满足业主的质量要求。

（一）人员准备

在接到承接查验指令后，物业服务企业各相关部门应立即按照要求抽调业务骨干组成物业接管小组。由物业服务企业管理处牵头，组织办公室、工程部、公司策划部有关人员参加。

承接查验小组应当由企业以下部门人员组成：

（1）物业承接查验的负责人最好由本项目的负责人担任；

（2）办公室抽调档案管理文员负责接管物业的产权、工程、设备资料的验收移交工作；

（3）公共关系部抽调人员负责业主资料的验收移交以及协助楼宇的验收移交工作；

（4）工程部抽调人员具体负责房屋本体、公共设施和机电设备的验收移交工作。

（二）承接查验的资料准备

（1）与开发商联系好交接事项、交接日期、进度、验收标准等；

（2）派出先头技术人员前往工地现场摸底，制订承接查验计划；

（3）提前参与竣工验收和机电设备最终安装、调试工作，做到心里有数；

（4）准备好承接查验记录表格。这些表格包括：

① 楼宇接管资料移交清单，见表7－1。

表7－1　楼宇接管资料移交清单

序　号	移交资料名称	单　位	数　量	备　注

移交人：__________　　时间：__________

②公共配套设施承接查验表，见表7－2。

表7－2　公共配套设施承接查验表

设施名称	存在问题简述	备　注

接管人：__________　　时间：

③公共配套设施承接查验遗留问题统计表，见表7－3。

表7－3　公共配套设施承接查验遗留问题统计表

设施名称	遗留问题简述	备　注

统计人：__________　　日期：__________

④房屋承接查验表，见表7-4。

表7-4 房屋承接查验表

栋号： 承接查验时间： 年 月 日

编 号	存在问题简述					备 注
	土建设施	照明	给排水	门窗	其他	

接管人：

⑤房屋承接查验遗留问题统计表，见表7-5。

表7-5 房屋承接查验遗留问题统计表

栋号房号	遗留问题简述	备 注

统计人：__________ 日期：__________

（三）进行现场初步勘察

根据设计图和施工图纸，派承接查验小组的工程技术人员到物业现场进行初查，为承接查验工作的开展打下基础。

二、物业承接查验的程序

（一）新建物业的承接查验程序（见图7-1）

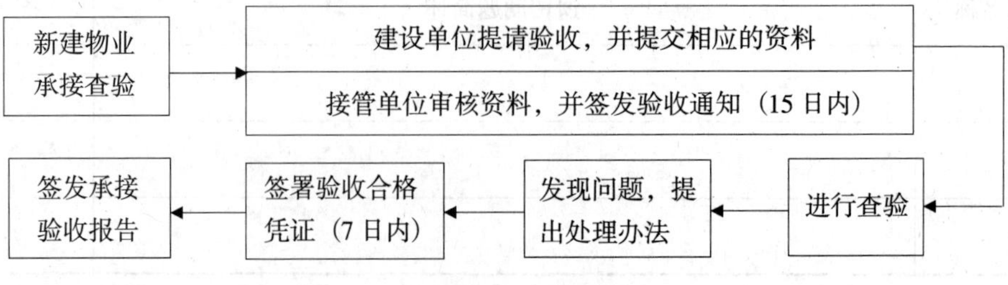

图7-1 新建物业的承接查验程序

（1）建设单位书面提请接管单位承接查验，并提交相应的资料；

（2）接管单位按照承接查验标准，对建设单位提交的申请和相关资料进行审核，对具备条件的，应在15日内签发验收通知并约定验收时间；

（3）接管单位会同建设单位按照承接查验的主要内容及标准进行验收；

（4）对在验收过程中发现的问题，按质量问题的处理办法处理；

（5）经检验符合要求时，接管单位应在7日内签发验收合格凭证，并应及时签发接管文件。

（二）原有物业的承接查验程序

（1）移交人书面提请接管单位承接查验，并提交相应的资料；

（2）接管单位按照承接查验标准，对建设单位提交的申请和相关资料进行审核，对具备条件的，应在15日内签发验收通知并约定验收时间；

（3）接管单位会同移交人按照承接查验的主要内容及标准进行验收；

（4）查验房屋的情况，包括建筑年代、用途变迁、拆改添建等；评估房屋的完好与损坏程度及现有价值；对在验收过程中发现的问题，按危险和损坏问题处理办法处理；

（5）交接双方共同清点房屋、装修、设备和定、附着物，核实房屋的使用状况；

（6）经检验符合要求时，接管单位应在7日内签发验收合格凭证，签发接管文件，并办理房屋所有权的转移登记（若无产权转移，则无须办理）。

三、物业承接查验的内容及技术标准

（一）新建物业承接查验的内容及标准

（1）主体结构的验收：

①地基基础的沉降不得超过建筑地基基础设计规范的允许变形值；不得引起上部结构的开裂或相邻房屋的损坏；

②钢筋混凝土构件产生变形、裂缝，不得超过钢筋混凝土结构设计规范的规定值；

③木结构应结实牢固，支撑系统可靠、无蚁害，其构件的选材必须符合结构工程施工及验收规范规定；

④砖石结构必须有足够的强度和刚度，不允许有明显裂缝；

⑤凡应抗震设防的房屋，必须符合建筑抗震设计规范的有关规定；

⑥外墙不得渗水。

（2）屋面与楼地面的验收：

①各类屋面必须符合屋面工程及验收规范的规定，排水畅通，无积水，不渗漏；

②平屋面应有隔热保温措施，3层以上房屋在共用部位设置屋面检修孔；

③阳台和3层以上房屋的屋面应有组织排水，出水口、檐沟、落水管应安装牢固，接口严密，不渗漏；

④面层与基层必须黏结牢固，不空鼓，整体面层平整，不允许有裂缝、脱皮和起砂等缺陷，块料面层应表面平整，接缝均匀顺直，无缺棱掉角；

⑤卫生间、阳台、盥洗间地面及相邻地面的相对标高应符合设计要求，不应有积水，不允许倒泛水和渗漏；

⑥木楼地面应平整牢固，接缝密合。

(3) 装修的验收：

①钢木门窗应安装平正牢固，无翘曲变形，开关灵活，零配件装配齐全，位置准确，钢门窗缝隙严密，木门窗缝隙适度；

②进户门不得使用胶合板制作，门锁应安装牢固，底层外窗、楼层公共走道窗、进户门上的亮子均应装设铁栅栏；

③木装修工程应表面光洁，线条顺直，对缝严密，不露钉帽，与基层必须钉牢。门窗玻璃应安装平整，油灰饱满，粘贴牢固；

④抹砂应平整，不应有空鼓、裂缝和起泡等缺陷；

⑤饰面砖应表面洁净，粘贴牢固，阴阳角与线角顺直，无缺棱掉角；

⑥油漆、刷浆应色泽一致，表面不应有脱皮、漏刷现象。

(4) 水电设施设备的验收：

供配电系统的验收：

①检查高低压配电柜、高压器有无正式供电，是否满足设计功能，是否按国家及地区有关规程施工，有无事故及安全隐患（如电缆沟有无盖板；有无悬挂安全标示牌；安全有效距离是否合格；高压侧有无隔离设施等）；接地网有无可靠接地；设备房有无做好“三防”措施（如有无防鼠板，电缆沟、门窗、墙洞有无封网）。

②检查发电机系统是否满足设计功能，机组能否正常使用，机油管路、柴油管路、冷却水路是否畅通。若有两台以上机组，能否并车同步进行，烟管有无漏烟现象，有无事故紧急停车功能，应急自动发电功能能否正常启动，必保供电线路是否正常供电等。

③低压电气线路应平整、牢固、顺直，过墙应有导管，导线连接必须紧密，铝导线连接不得采用铰接或绑接；采用管子配线时，连接点必须紧密、可靠，使管路在结构上和电气上均连成整体并有可靠的接地，每回路导线间及对地绝缘电阻值不小于规定要求。应按套安装电表或预留表位，并有电气接地装置。照明器具等低压电器安装支架必须牢固，部件齐全，接触良好，位置正确。电表需经过国家供电有关部门检测。

④避雷装置的所有连接点必须牢固可靠，接地电阻值必须符合电气装置工程施工及验收规范的要求。

中央空调系统通风工程部分的验收：

①检查中央空调主机能否正常运行，负荷能否在可调节范围内调节运行，检查冷却泵、冷冻泵、冷却塔能否正常运行，控制柜内电气线路是否符合规范；

②检查冷冻管系、冷却管系和阀门的保温系统是否完好，有无漏水现象；防腐是否符合要求，膨胀水箱能否正常补水；

③检查制冷或制热情况能否满足设计要求；

④检查柜式风机、盘管内机、新风机、吊顶风机能否正常使用；噪音是否在规定范围内，风管出风是否均匀，风机进风口、出风口有无封闭现象。

电梯的验收：

①电梯应能准确运行、选层、平层、停层；

②曳引机的噪声和震动声不得超过电气装置安装工程验收规范的规定值；

③制动器、限速器及其他安全设备应动作灵敏可靠。

消防系统的验收：

①检查消防控制系统烟感、温感、水流等信号能否作出相应的反应，消火栓泵、喷淋泵、排烟风机、排烟阀加压风机等能否自动及手动启动，消防广播能否正常广播；

②检查消防管路有无漏水，阀（防火水阀除外）应保持常开状态，消火栓内配件是否缺少，检查喷淋头是否满足要求，消火栓、喷淋头有无水流，水压是否满足要求；

③检查气体灭火系统能否正常运行，气体压力是否在正常范围内，气体有无及时补充更换；

④检查各工作生活点手持式灭火器、防毒面具等是否配备齐全，防火门是否合格，有无保持常开状态，消防设施有无故障妨碍正常使用等。

给排水系统的验收：

①管道应安装牢固，控制部件启闭灵活、无滴漏；水压试验及保温、防腐措施必须符合采暖与卫生工程施工及验收规范的要求；应按套安装水表或预留表位；

②高位水箱进水管与水箱检查口的设置应便于检修；

③卫生间、厨房内的排污管应分设，出产管长不宜超过 8 米，并不应使用陶瓷管、塑料管；地漏、排污管接口、检查口不得渗漏，管道排水必须流畅；

④卫生器具质量良好，接口不得渗漏，安装应平正牢固、部件齐全、制动灵活；

⑤水泵安装应平稳，运行时无较大震动。

（5）供暖系统的验收：

①采暖工程的验收时间，必须在采暖期前 2 个月进行；

②锅炉、箱罐等压力容器应安装平整、配件齐全，不得有变形、裂纹、磨损、腐蚀等缺陷。安装完毕后，必须有专业部门的检验合格签证；

③炉排必须进行 12 小时以上的试运转，炉排之间、炉排与炉铁之间不得互相摩擦，且无杂声、不跑偏、不凸起、不受卡、返转应自如；

④各种仪器、仪表应齐全、精确，安全装置必须灵敏、可靠，控制阀门应开关灵活；

⑤炉门、灰门、煤斗闸板及烟、风挡板应安装平正、启闭灵活、闭合严密，风室隔墙不得透风漏气；

⑥管道的管径、坡度及检查井必须符合 GB50242－2002《建筑给水排水及采暖工程施工质量验收规范》的要求，管沟大小及管道排列应便于维修，管架、支架、吊架应牢固；

⑦设备、管道不应有跑、冒、滴、漏现象，保温、防腐措施必须符合采暖与卫生工程施工及验收规范的规定；

⑧锅炉辅机应运转正常，无杂音，消烟除尘、消音减震设备应齐全，水质、烟尘排放浓度应符合环保要求；

⑨经过 48 小时连续试运行，锅炉和附属设备的热工、机械性能及采暖区室温必须符合设计要求。

（6）附属工程及其他：

①房屋入口处必须做室外道路，并与主干道相通，道路不应有积水（路面排水反坡）；

②沟渠排水是否通畅，有否残余建筑垃圾。明沟、散水、落水沟头不得有断裂、积水现象；

③供水管道有否渗漏，有条件的在一段时间内检查水管前后水表读数是否相符；

④化粪池应按排污量合理设置，池内无垃圾杂物，进出水口高差不得小于5厘米，立管与粪池间的承接管道应有足够坡度，并不应超过2个弯，有无透气管（不能完全密闭）；

⑤小区内有否配备室外消火栓，水压是否足够；

⑥小区内路灯开关分区是否合理，有否防雷保护；

⑦室外排水系统的标高、窨井（检查井）设置、管道坡度、管径均必须符合室外排水设计规范的要求，管道应顺直且排水通畅，井盖应搁置稳妥并设置井圈；

⑧房屋应按单元设置信报箱，其规格、位置须符合有关规定；

⑨挂物钩、晒衣架应安装牢固，烟道、通风道、垃圾道应畅通，无阻塞物；

⑩单体工程必须做到"工完料净场地清"，临时设施及过渡用房拆除清理完毕，室外地面平整，室内外高差符合设计要求；

⑪群体建筑应检验相应的市政、公建配套工程和服务设施，达到应有的质量和使用功能要求。

（二）原有物业承接查验的内容及标准

（1）质量与使用功能的检验：①以危险房屋鉴定标准和国家有关规定作为检验依据；②从外观检查建筑物整体的变异状况；③检查房屋结构、装修和设备的完好与损坏程度；④查验房屋使用情况（包括建筑年代、用途变迁、拆改添建、装修和设备等情况），评估房屋现有价值，建立资料档案。

（2）危险和损坏问题的处理：①属有危险的房屋，应由移交人负责排险解危后，才能承接；②属有损坏的房屋，由移交人和承接单位协商解决，既可约定期限由移交人负责维修，也可采用其他补偿形式；③属法院判决没收并通知承接的房屋，按法院判决办理。

目前各个公司和各个地区也正在或已经制定了自己的验收标准，但不管采取什么标准，我们认为接管验收的原则应包含以下主要内容：

首先，承接查验是建筑工程投入使用前的最后一次验收，也是非常重要的一次验收，查验合格的条件有：已经完成单位工程的质量验收（竣工验收）；有关的资料文件应完整齐全；涉及安全和使用功能的分部工程应进行检验资料的复查，不仅要全面检查其完整性，而且对分部验收时补充进行的抽样检验报告也要复核，这种强化验收的手段体现了对安全和主要使用功能的重视。

其次，对主要的使用功能必须进行抽查。通过对单项功能的运转，检查运行的稳定性、实用性。使用功能的检查是对建筑工程和设备安装工程最终质量的综合检验，也是业主最为关心的内容，因此，在竣工验收的基础上，接管验收时再作全面检查。检查内容在资料文件的基础上由参加验收的各方人员商定，并建议多采用专业仪器仪表进行确认，检查按照各专业施工质量验收标准的要求进行。

此外，对配套设备、工具的配置应分工责任、费用明确，如高压配电等专用工具，垃圾桶等清洁设施，灭火器等消防器材，引导标志、标牌制作等。

四、承接查验遗留问题的处理

（一）遗留问题的登记确认

（1）对资料验收中发现的资料不全、不真实、不合格等问题，承接查验小组应当将问题逐项记录在房屋承接查验遗留问题统计表中并交开发商相关人员签字确认。

（2）对物业硬件设施承接查验中发现的不合格等问题，承接查验小组应当将问题逐项记录在公共配套设施承接查验遗留问题统计表中并请开发商相关人员签字确认。

（二）遗留问题的解决

（1）对资料遗留的问题，承接查验小组应当积极与开发商联系补齐，必要时企业领导应当协助进行。

（2）对物业硬件设施设备遗留问题，一般问题应当要求开发商在两周内解决；重大问题应当要求开发商在一个月内解决。必要时企业领导应当协助进行。

（3）对于长期解决不了而势必会影响物业管理的问题，物业服务公司应当以备忘的形式将问题登记后交给开发商进行备录。

五、物业承接查验中应注意的问题

承接查验是物业服务企业接管物业的重要环节，物业服务企业通过承接查验，即由对物业的前期管理转入到对物业的实体管理之中。因此，物业服务企业对所移交的物业一定要把好验收关，否则因为把关不严而造成的后遗症和改造、增设工程会给今后的物业管理服务带来许多不必要的麻烦。为确保今后物业管理工作能顺利开展，物业服务企业在承接查验时应注意以下八个方面：

（1）人员选配要精干。物业服务企业应选派素质好、业务精、对工作认真负责的管理人员及技术人员参加验收工作。

（2）验收立场要明确。物业服务企业既应从今后物业维护保养管理的角度进行验收，也应站在业主的立场上，对物业进行严格的验收，以维护业主的合法权益。

（3）遗留问题要备案。①对在前期介入阶段提出完善项目和整改意见进行复核，对尚未完善的事项（包括物管用房、专项基金、开办费用、对外承诺的小区配套设施等敏感问题），要求开发商提出补救和解决措施并备案。②承接查验中若发现问题，应明确记录在案，约定期限督促移交人对存在的问题加固补强、整修，直至完全合格。

（4）保修事宜要落实。根据建筑工程保修规定，由开发商负责保修的，应向物业服务企业交付保修保证金，或由物业服务企业负责保修，开发商一次性拨付保修费用。

（5）特殊信息要搜集。①新建物业开发商应将项目所有土建工程、装饰工程、市政工程、设备安装工程和绿化工程等主体及配套工程的施工（承包）单位名称、工程项目、工程负责人员联系电话、保修期限等内容列出清单交给物业服务企业。②将开发商施工未用完的小区建材包括各种瓷片、玻璃窗及配件等留下来备用，可为以后维修减少费用。③凡项目采用非市面上常见的建材、设施设备的，应让开发商或施工单位提供供货和维修保养单位的地址、电话和联系人信息。

（6）管理配套要关注。验收时注意和物业管理服务密切相关的设施和管线有无按要求做好。包括岗亭、道闸、围栏防攀防钻设施、清洁绿化取水用的水管接口、倒水池、垃圾收集房（含清洁工具房）、小区标志系统、车棚、停车位是否足够，小区摆摊、开展社区活动、室外加工用电的预留电源插座等设施做好与否。

（7）产权界定要证明。小区公共设施设备、辅助场所（幼儿园等）、停车位、会所等产权须界定并出具相关证明（避免以后引起业主投诉、纷争）。

（8）管理权限要清楚，验收手续要齐全。物业服务企业接受的只是对物业的经营管理权以及政府赋予的有关权利；承接查验符合要求后，物业服务企业应签署验收合格凭证，签发接管文件。

六、物业承接查验双方的责任

（一）建设单位的责任

（1）提前做好房屋交验准备，房屋竣工后要及时提出承接查验申请，未经承接查验的新建房屋一律不得分配使用；

（2）在承接查验时，应严格按照承接查验标准进行验收，验收不合格的负责返修；

（3）房屋接管交付使用，如发生重大质量事故，应由接管单位会同建设、设计、施工等单位，共同分析研究，查明原因，如属设计、施工、材料的原因，由建设单位负责处理，如属使用不当、管理不善的原因，则应由接管单位负责处理；

（4）按规定负责保修，并向接管单位预付保修保证金和保修费；

（5）新建房屋接管后，应负责在3个月内组织办理承租手续，逾期不办应承担因房屋空置而产生的经济损失和事故责任。

（二）接管单位的责任

（1）对建设单位提出的验收申请，应在15日内审核完毕，及时签发承接查验文件；

（2）经检验符合要求的，应在7日内签署验收合格凭证，并应及时签发承接查验文件；

（3）承接查验时，应严格按照承接查验条件进行验收，对在验收中发现的问题明确记录在案，并会同建设单位共商处理办法，确定复验时间，督促施工单位限期改正；

（4）房屋接管交付使用后，如发生重大质量事故，应会同建设、设计、施工等单位，共同分析研究，查明原因，如属管理不善的原因，应负责处理；

（5）根据协议，可负责代修、保修。

承接查验时如有争议，交接双方应尽可能协商解决，不能协商解决时双方应申请市、县房地产管理机关进行协调或裁决。

相关知识

一、物业承接查验的含义

（一）物业承接查验的概念

物业承接查验是指物业服务企业在接受委托物业管理时，对新建物业或原有物业按行业承接查验标准进行检验的过程。承接查验是在竣工验收合格的基础上，以主体结构安全和满足使用功能为主要内容的验收。承接查验后，整个物业就移交给物业服务企业管理。

承接查验的对象有两种，一是新建房屋，即开发商已完成竣工验收的建设项目，其交接人为开发商；二是原有房屋，即已取得房屋所有权证，并已投入使用的房屋，其交接人为业主委员会。

（二）物业承接查验与竣工验收的区别

工程项目竣工后，需经开发商或专门组织的验收委员会对竣工项目进行查验，在认为工程合格后办理工程交付手续，建筑商把物业交给开发商，这一交接过程称为物业竣工验收。其包括隐蔽工程验收、分期工程验收、单项工程验收和全部工程验收。而物业承接查验是由物业服务公司依据建设部《房屋承接查验标准》，接管开发商移交的物业所进行的验收，是物业服务企业接管开发企业、建设单位或个人委托管理的新建房屋或原有房屋时，以物业主体结构安全和满足使用功能为主要内容的再检验。它不仅包括主体建筑、附属设备、配套设施的验收，而且包括道路、场地和环境绿化等的验收。因此，两者有一定区别。

（1）验收目的不同。承接查验是以主体结构安全和满足使用功能为主要内容的再检验；而竣工验收是检验工程是否达到设计文件规定要求。

（2）验收条件不同。承接查验的首要条件是竣工验收合格，设施设备正常使用，房屋幢、户编号已得到认可；竣工验收的首要条件是施工完毕，设备已落实到位。

（3）交接对象不同。承接查验是建设单位向物业服务企业移交物业的过程；而竣工验收是建筑商（施工单位）向开发商移交物业的过程。

（4）性质不同。承接查验属于企业行为，是物业服务企业代表全体业主（包括现有业主和未来业主）根据物业服务合同，从确保物业日后的正常使用与维修的角度出发，对物业委托方委托的物业进行的质量验收。竣工验收属于政府行为，房地产开发项目和任何的建设工程的竣工验收由政府建设行政主管部门负责，组成综合验收小组，对施工质量和设计质量进行全面的检验和质量评定。

（5）验收所处的阶段不同。竣工验收合格标志物业可以交付使用；承接查验合格标志物业正式进入使用阶段。

图 7－2　竣工验收与承接查验所处阶段

二、物业承接查验的条件

承接查验的首要条件是竣工验收合格。

（一）物业验收的常规条件

（1）凡竣工的工程，一般须做到“五通一平”，即通路、通水、通电、通信、通暖通畅，楼前 6 米、楼后 3 米场地要平整，不准堆积建材或杂物，以确保进出安全。要做到煤气表、电表、水表三表到户。室内清扫干净，水池、水盆、粪桶、门窗、玻璃、管道清理干净，无污物，达到窗明地净，地漏、雨水斗等处无堵塞杂物。

（2）高层住宅楼生活供水系统必须具有卫生防疫部门核发的用水合格证。全部靠自己打井取水的小区在验收房屋时，水样送交有关部门检验水质是否符合生活用水标准。

（3）高层住宅楼电梯必须具有劳动部门核发的安全运行合格证。

（4）高层住宅楼消防供水系统必须经消防部门检验合格。

（5）房屋应按图纸、文件要求达到设备齐全，功能可靠，手续完备。

（二）新建房屋承接查验条件

（1）建设工程全部施工完毕，并业经竣工验收合格。

（2）供电、采暖、给水排水、卫生、道路等设施设备能正常使用。

（3）房屋幢、户编号经有关部门确认。

（三）原有房屋承接查验条件

（1）房屋所有权、使用权清楚。

（2）土地使用范围明确。

（3）原物业服务企业已解除合同关系。

三、物业承接查验应提交的资料

（一）新建房屋承接查验应提交的资料

（1）产权资料，包括项目批准文件、用地批准文件、建筑执照、拆迁资料。

（2）技术资料。包括：①竣工图，包括总平面、建筑、结构、设备、附属工程有隐蔽管线的全套图纸；②地质勘察报告，工程合同及开、竣工报告，工程预决算，图纸会审记录；③工程设计变更通知及技术核定单位（包括质量事故处理记录）；④隐蔽工程验收签证、沉降观测记录、竣工验收证明书；⑤钢材、水泥等主要材料的质量保证书，新材料、构配件和鉴定合格证书，水、电、暖、通、卫生器具、电梯等设备的检验合格证书；⑥砂浆、混凝土试块试压报告，供水、供暖、管道煤气的试压报告。

（二）原有房屋承接查验应提交的资料

（1）产权资料，包括房屋所有权证，土地使用权证，有关司法、公证文书和协议，房屋分户使用清册，房屋设备及其定、附着物清册。

（2）技术资料，包括建筑竣工图纸资料全套、设施设备图纸资料全套、环境绿化竣工资料全套。

7.3 物业管理撤管与工作移交

能力目标

（1）会对接管的物业项目进行撤管。

（2）能准确地进行工作移交。

基本操作

一、物业的撤管

在项目撤管工作中，物业服务企业应恪守四个基本原则，即严格守法、善始善终、求同存异、诚信负责，本着向业主负责的精神，做好撤管工作，并将诚信负责作为项目退出工作的最终落脚点。项目撤管要按三个阶段安排：策划准备阶段，包括设立项目退出专项工作组，制订退出方案，依法促成业主委员会成立；过渡阶段，依法促使业主委员会进行物业管理招投标，配合业主委员会选聘企业；正式交接、收尾阶段，帮带接管企业熟悉项目，正式移交，移交资料完整齐全，手续合法，做好移交后续工作，坚持注重服务细节。

（一）撤管工作的程序

（1）物业服务企业接受业主大会和业主委员会的撤管通知。

（2）进入撤管准备阶段。物业服务企业在企业内部和外部在人、财、物三个方面做好撤管准备。按照《物业管理条例》和各地方的相关规定做好撤管工作。

（3）正式实施撤管。首先，要移交全部档案和有关资料；其次，移交全部物业管理用房和本物业的公共财产。在该阶段，业主委员会有权委托有相应资质的审计公司对物业管理财务状况进行审计。

（二）撤管过程中物业服务企业应做好的工作

要善始善终做好管理工作；要尽量减少遗留问题；要做好交接工作。根据《物业管理条例》规定，如果不移交有关资料的，由县级以上地方人民政府房地产行政主管部门责令限期改正；逾期仍不移交有关资料的，对建设单位、物业服务企业予以通报，处1万元以上10万元以下的罚款。

二、物业管理工作的移交

物业管理工作的移交既涉及国家政策法规，又涉及物业管理各方的权益，还直接影响到物业管理活动能否正常进行，因此，物业管理工作的移交是物业管理操作中一个重要的环节。结合物业管理工作的实际，移交工作分为三种情况：一是建设单位将新建物业移交给物业服务企业；二是业主大会选聘新的物业服务企业并订立物业服务合同后，由业主大会或物业产权单位将物业移交给物业服务企业；三是在物业服务企业与业主大会或物业产权单位终止物业服务合同、退出物业管理项目的同时，由物业服务企业向业主大会或物业产权单位移交或交接物业。

（一）新建物业的移交

（1）移交双方。在新建物业的移交过程中，移交方是该物业的开发建设单位，承接方是物业服务企业。双方签订前期物业服务合同。建设单位按照国家相关规定的要求，及时、完整地提供物业有关资料和做好相关移交工作。物业服务企业做好承接的工作。

（2）移交内容。移交的物业资料包括：产权资料，竣工验收资料，设计、施工资料，机电设备资料，物业保修和物业使用说明资料，业主资料。移交的对象包括：物业共用部位、共用设施设备以及相关清单（如房屋建筑清单、共用设施设备清单、园林绿化工程清单、公用配套设施清单等）。建设单位应按有关法律和政策规定向物业服务企业提供物业管理用房。

（二）物业管理机构更迭时管理工作的移交

物业服务合同或前期物业服务合同的终止，将导致提供物业管理服务的主体发生变化、物业管理机构发生更迭，与此同时，在相关方之间会发生物业管理的移交行为。

（1）移交双方。物业管理机构更迭时管理工作的移交包括：原有物业管理机构向业主大会或物业产权单位移交；业主大会或物业产权单位向新的物业服务企业移交。前者的移交方为该物业的原物业管理机构，承接方为业主大会或物业产权单位；后者的移交方为业主大会或物业产权单位，承接方为新的物业服务企业。

（2）移交内容。交接的具体项目包括：

物业资料的移交：

①物业产权资料、综合竣工验收资料、施工设计资料、机电设备资料等。

②业主资料，包括业主入住资料，即入住通知书、入住登记表、身份证复印件、相片。

③房屋装修资料，包括装修申请表，装修验收表，装修图纸，消防审批，验收报告，违章记录等。

④管理资料，包括各类值班记录、设备维修记录、水质化验报告等各类服务质量的原始记录。

⑤财务资料，包括固定资产清单、收支账目表、债权债务移交清单、水电抄表记录及费用代收代缴明细表、物业服务费收缴明细表、维修资金使用审批资料及记录、其他需移交的各类凭证表格清单。

⑥合同协议书、人事档案资料和其他需要移交的资料。

资料移交应按资料分类列出目录，根据目录名称、数量逐一清点是否相符完好，移交后双方在目录清单上盖章、签名。

物业共用部位及共用设施设备管理的工作交接：

①房屋建筑工程共用部位及共用设施设备，包括消防、电梯、空调、给水排水、供配电等机电设备及附属配件，共用部位的门窗，各类设备房、管道井、公共门窗的钥匙等。

②共用配套设施，包括环境卫生设施（垃圾桶、箱、车等）、绿化设施、公共秩序与消防安全的管理设施（值班室、岗亭、监控设施、车辆道闸、消防配件等）、文娱活动设施（会所、游泳池、各类球场等）。

③物业管理用房，包括办公用房、活动室、员工宿舍、食堂（包括设施）、仓库等。停车场、会所等需要经营许可证和资质的，移交单位应协助办理变更手续。

人、财、物的移交或交接：

①人员。在进行物业管理移交时，有可能会有原物业管理机构在本项目任职人员的移交或交接，承接物业的管理企业应与移交方进行友好协商，双方达成共识。

②财务。移交双方应做好账务清结、资产盘点等相关移交准备工作。移交的主要内容包括物业服务费、维修资金、业主各类押金、停车费、欠收款项、代收代缴的水电费、应付款项、债务等。

③物资财产。物资财产包括建设单位提供和以物业服务费购置的物资财产等，主要有办公设备、交通工具、通信器材、维修设备工具、备品备件、卫生及绿化养护工具、物业管理软件、财务软件等。

（3）办理交接手续。同新建物业的物业管理移交一样，原物业服务企业退出后的物业管理移交也应该办理交接手续。交接手续涉及建设单位、原物业服务企业、业主委员会、行业主管部门、新进入的物业服务企业等。在办理交接手续时应注意以下四个主要方面：①对物业及共用配套设施设备的使用现状作出评价，真实客观地反映房屋的完好程度；②各类管理资产和各项费用应办理移交，对未结清的费用（如业主拖欠的物业服务费）应明确收取、支付方式；③确认原有物业服务企业退出或留下人员名单；④提出遗留问题的处理方案。

（4）注意事项：

①明确交接主体和次序。此类物业的物业管理工作移交是原物业管理机构将物业管理工作移交给该物业的业主大会或物业产权单位之后，再由业主大会或物业产权单位将物业管理工作移交给准备接管的物业服务企业，而不是原物业管理机构向准备承接的物业服务企业直接移交。虽然在具体移交工作中可合并进行，但要分清楚移交的主体及责任。

②各项费用和资产的移交、共用配套设施和机电设备的接管、承接时的物业管理运作衔接是物业管理工作移交中的重点和难点，承接单位应尽量分析全面，考虑周全，以利交接和今后工作的开展。

③如承接的部分物业项目还在保修期内，承接单位应与建设单位、移交单位共同签订移交协议，明确具体的保修项目、负责保修的单位及联络方式、保修方面遗留问题的处理情况，并在必要时提供原施工或采购合同中关于保修的相关条款文本。

④在物业管理移交工作中，对物业共用部位和共用设施设备存在的问题不易全部发现，难免存在遗漏，因此在签订移交协议或办理相关手续时，应注意做好相关安排，便于在后续工作中能妥善解决发现的问题。

相关知识

一、物业服务企业的解聘

（一）解聘的形式

（1）自然解聘。自然解聘是指物业管理委托合同期满后不再被续聘。续聘是指物业管理委托期限到期后对物业服务企业的再次聘用。为了确保业主和物业服务企业双方利益，物业管理委托合同中对物业管理的期限都有明确的规定。

（2）提前解聘。提前解聘是指在合同期内，由于某种原因，合同双方或单方提出终止合同的履行。提前解聘一般发生在合同履行中双方产生争议而又协商不成时，或物业服务企业认为业主或业主委员会未认真履行合同中载明的义务，或对本企业物业管理工作的支持配合十分不力，以致无法继续履行合同。

（二）解聘的程序

（1）自然解聘的程序：

①双方提出书面意见。一般在物业服务合同期满前（如6个月），业主委员会和物业服务企业就合同期满后是否续聘的问题向对方提出书面意见，表明态度。

②征求业主意见。业主委员会应广泛征求业主对物业管理工作的意见和评价，如果多数业主反映良好的可以续聘；如果专有部分占建筑物总面积过半数的业主且占总人数过半数的业主对物业管理工作不满的，可以不续聘，进行自然解聘。

③物业服务企业的选择。是否续聘，既是业主和业主委员会的权利，也是物业服务企业的权利。物业服务企业可以决定在合同期满后是否和业主签约，也就是根据自身的情况可以决定是否续聘。

（2）提前解聘的程序：

①正确地解决双方的争议。提前解聘一般是发生在合同履行期间。首先双方应充分地协商；协商不成的提请有关部门进行调解；调解不成，还可由法院等有关机构进行裁决。根据裁决结果，赔偿因提前解约所造成的损失。

②尽快选聘新的物业服务企业。为了工作的连续性和业主的权益不受损害，应尽快选聘新的物业服务企业。

③做好移交工作。虽然提前解聘可能会导致合同双方之间发生一些不愉快的事情，但物业服务企业应从行业发展的方面着想，做好移交工作。

二、物业服务企业撤管时应提交的资料和相关规定

（一）撤管时应移交的资料

《物业管理条例》第三十九条规定："物业服务合同终止时，物业服务企业应当将物业管理用房和本条例第二十九条第一款规定的资料交还给业主委员会。"这里的"第二十九条第一款规定的资料"指的是：①竣工总平面图，单体建筑、结构、设备竣工图，配套设施、地下管网工程竣工图等竣工验收资料；②设施设备的安装、使用和维护保养等技术资料；③物业质量保修文件和物业使用说明文件；④物业管理所必需的其他资料。

（二）撤管与移交的相关规定

除了《物业管理条例》有关于撤管和移交工作的规定外，不少省、市、自治区都有这方面更详细的规定，如广州市在《关于贯彻国家〈物业管理条例〉有关问题的通知》（穗国房字〔2003〕592号）中规定：

（1）物业服务合同终止时，原物业服务公司应在收到业主委员会通知之日起15日内，将物业管理用房和有关资料移交给业主委员会。业主委员会再向选聘的物业服务公司移交物业管理用房和有关资料。

（2）在业主委员会与原物业服务公司未办结物业管理用房和有关资料移交前，新选聘的物业服务公司不得进入，否则，造成的损失由新选聘的物业服务公司承担；影响社会稳定的，由市、区国土房管局对新选聘的物业服务公司作出处理，公安部门对违反治安管理规定的有关人员依法处置。

（3）物业服务合同终止后，原物业服务公司逾期不移交物业管理用房和有关资料的，业主委员会可以报告区国土房管局，由区国土房管局责令其限期整改，逾期不改正的，作出行政处罚，处以1万元以上10万元以下的罚款；同时，业主委员会应当直接向人民法院起诉，经人民法院判决，申请人民法院强制执行。

8 物业服务费用管理

8.1 物业服务费用测算

能力目标

能准确地测算物业服务费用。

基本操作

一、物业服务收费的构成

物业服务收费的构成，在《物业服务收费管理办法》（发改价格〔2003〕1864号）、《物业服务定价成本监审办法》（试行）中都有明确而具体的规定。物业服务成本或者物业服务支出构成一般包括以下部分：

（1）管理服务人员的工资、社会保险和按规定提取的福利费等；
（2）物业共用部位、共用设施设备的日常运行及维护费用；
（3）物业管理区域清洁卫生费用；
（4）物业管理区域绿化养护费用；
（5）物业管理区域秩序维护费用；
（6）办公费用；
（7）物业服务企业固定资产折旧；
（8）物业共用部位、共用设施设备及公众责任保险费用；
（9）经业主同意的其他费用。

以上的物业管理区域是指物业管理的公共区域。根据《物业服务收费管理办法》，如果实行物业服务费用包干制，则物业服务费用不仅包括物业服务成本，还包括法定税费和物业服务企业的利润；如果实行物业服务费用酬金制，那么在收取的服务资金中，不仅包括物业服务支出，还包括物业服务企业的酬金。

二、物业服务费用的测算

（一）居住性物业服务费用的测算

居住性物业服务费用标准的测算，可以用下面一个简单的公式表示：

$$X=\sum X_i \quad (i=1,2,3,\cdots,12)\text{（元/月·平方米）}$$

X——代表求得的物业服务费用标准（元/月·平方米或元/年·平方米）；

X_i——代表各分项收费标准（元/月·平方米或元/年·平方米）；

Σ——表示对所有费用项目算术相加之和。

由于各住宅小区的物业类型（普通型、别墅型等）不尽相同，因此在具体测算一个特定物业项目的服务标准时，所列出的费用项目应考虑物业服务的具体支出，在合理测算每项费用的同时，不要漏项，也不要重复测算，把所有发生的合理费用项目尽可能地计算在内，从而确定物业服务成本或者物业服务支出。

为了便于实际工作中的测算，一般把物业服务支出的构成各项按类别分别测算，最后求和，得出物业服务费用的标准。

（1）管理服务人员的工资、社会保险和按规定提取的福利费 X_1：

$$X_1 = \sum F_i/S \ (i=1,\ 2,\ 3,\ 4)\ (\text{元/月·平方米})$$

该项费用是用于物业服务企业的人员费用，包括基本工资、按规定提取的福利费、加班费和服装费，但是不包括管理、服务人员的奖金。奖金应根据企业经营管理的经济效益，从赢利中提取。

其中：

F_1——基本工资（元/月），各类管理、服务人员的基本工资标准根据企业性质，参考当地平均工资水平确定。

F_2——按规定提取的福利费（元/月），包括福利基金、工会经费、教育经费、社会保险、住房公积金等。

F_3——加班费（元/月）。

F_4——服装费（元/月）。

S——表示可分摊费用的建筑面积之和（m^2）。

（2）物业共用部位、共用设施设备的日常运行、维护费用 X_2：

$$X_2 = \sum F_i/S \ (i=1,\ 2,\ 3,\ 4,\ 5)\ (\text{元/月·平方米})$$

其中：

F_1——公共照明系统的电费和维修费：①电费 = $(W_1 \times T_1 + W_2 \times T_2 + \cdots + W_n \times T_n) \times 30 \times P_E$，其中：$W_1$ 表示每日开启时间为 T_1（小时）的照明电器总功率（千瓦·小时）；T_1 表示每日开启时间；30 代表每月测算的天数；P_E 表示电费单价（元/度）；②维修费：这是一个估算的经验值，一般按照当地的工资水平、使用的零配件及进货的价格来测算。

F_2——给排水设施的费用，此项费用测算时又可分项为：①给水泵的电机功率（可包括生活水泵、消防蓄水池泵）电费 = $W \times 24 \times I \times 30 \times P_E$（元/月）。$I$ 代表使用系数 = 平均每天开启小时数/24；②消防泵的电机功率（包括喷淋泵、消火栓泵）电费 = $W \times 24 \times I \times 30 \times P_E$（元/月）；③排污泵的电机功率（包括集水井排水泵、污水处理排水泵）电费 = $W \times 24 \times I \times 30 \times P_E$（元/月）；④维修费（元/月）。

F_3——配供电系统设备维修费、检测费（元/月）。

F_4——建筑、道路维修费（元/月）。

F_5——电梯费用的核算：①电费 = $n \times W \times 24 \times I \times 30 \times P_E$（元/月），其中：$n$ 为电梯台数；W 为电梯功率；I 为电梯使用系数，由于不同类型物业的电梯使用时间和频率不同，会产生差异，一般可通过统计的方法进行估算，居住类物业大致为 0.4；②维修费（元/月），可分包给专业的电梯维修公司，也可自行维修（包括人工费、材料费）；③年检费（元/月）；④不可预见费按 5% 计取（元/月）。

此处的费用项 $F_1 \sim F_5$ 并非固定项目，不同物业项目不一，不能机械套用。以下各项也是如此。

（3）物业管理公共区域清洁卫生费用 X_3：

$$X_3 = \sum F_i/S \ (i=1,\ 2,\ 3,\ 4,\ 5,\ 6)\ (\text{元/月·平方米})$$

其中：

F_1——人工费（元/月）。

F_2——清洁机械、工具、材料、服装费，按价值和使用年限折算出每月的值（元/月）。

F_3——消杀费（元/月）。

F_4——化粪池清理费（元/月）。

F_5——垃圾清运费（元/月）。

F_6——水池（箱）清洁费（元/月）。

（4）物业管理公共区域绿化养护费用 X_4：

$$X_4 = \sum F_i/S \ (i=1,\ 2,\ 3,\ 4,\ 5)\ (\text{元/月·平方米})$$

其中：

F_1——人工费（元/月）。

F_2——绿化工具费（元/月）。

F_3——化肥、除草剂等材料费（元/月）。

F_4——绿化用水费（元/月）。

F_5——园林景观再造费（元/月）。

（5）物业管理公共区域秩序维护费用 X_5：

$$X_5 = \sum F_i/S \ (i=1,\ 2,\ 3,\ 4,\ 5)\ (\text{元/月·平方米})$$

其中：

F_1——人工费（元/月）。

F_2——服装费（元/月）。

F_3——维修费（元/月）。

F_4——日常保卫器材费（元/月），包括对讲机、多功能警棍、110 报警联网等。

F_5——保安用房及保安人员住房租金（元/月）。

（6）办公费用 X_6：

$$X_6 = \sum F_i/S \ (i=1,\ 2,\ 3,\ 4,\ 5,\ 6,\ 7)\ (\text{元/月·平方米})$$

通常用全年的费用预算来折算出每月费用，即全年费用除以 12 个月，也可根据上年的年终决算数据预算今年的办公费。

其中：

F_1——交通、通信费用（元/月）。

F_2——文具、办公用品等低值易耗品费（元/月）。

F_3——车辆使用费（元/月）。

F_4——节日装饰费（元/月）。

F_5——公共关系费及宣传广告费（元/月）。

F_6——办公水电费（元/月）。

F_7——书报费（元/月）。

（7）物业服务企业固定资产折旧费 X_7：

该项费用指物业服务企业拥有的各类固定资产按其总额每月分摊提取的折旧费用，包括交通工具、通讯设备、办公设备、工程维修设备等。按实际拥有的上述各项固定资产总额除以平均折旧年限，再分摊到每月每平方米建筑面积。值得注意的是，这里的固定资产主要是直接用于该项目服务的固定资产。

（8）物业共用部位、共用设施设备及公众责任保险费用 X_8：

$$X_8 = （投保总金额 \times 保险费率）/ 保险受惠物业的总面积$$

为了从经济上保障住宅物业区内水、电、电梯等设施遭受灾害事故后能及时修复和对伤员进行经济补偿，物业服务企业必须对这些设备设施投财产保险、相关责任保险（如电梯责任保险）、公众责任险。保费按保险受惠物业总建筑面积分摊。

（9）经业主同意的其他费用 X_9：

该项是指经业主大会同意的全体业主均能受惠的必要的服务费用。

（10）不可预见费用 X_{10}：

考虑不可预见费用一般按上述费用总和的5%～10%计的原因是物价上涨、银行利率调整及其他不可预见的临时性支出。不可预见费用应单独设账，严格控制其支出。

（11）利润或管理酬金 X_{11}：

上述费用的测算都是物业服务过程中所需的实际费用支出，不包含利润。管理酬金是物业服务企业为组织物业管理服务而取得的报酬。在物业管理实践中，物业管理协议不同，管理酬金的确定方式也不同。一般情况下是由物业服务企业与业主组织根据物业服务项目的多少、管理服务水平与标准及管理效果好坏等协商确定。

通常的确定方法有：管理酬金 = 业主租金收入×酬金比率；管理酬金 = 物业价值/物业约定使用年限×酬金比率；或者按定额利润/酬金或行业利润率/酬金率确定，即：管理利润/酬金 = 服务费 ×行业利润率/酬金率。

物业管理行业利润率/酬金率一般在8%～15%，具体的比率可由双方根据物业服务的标准等因素协商确定。

值得注意的是，这里所说的利润并不是物业服务企业的利润，也不是真正意义上的利润，只是一个项目的报酬。

（12）法定税费 X_{12}：

按现行税法，物业服务企业属服务业，上缴的税金包括：①须按营业额缴纳营业税，税率为5%；②城市建设维护税，按营业税税额的7%计征；③教育附加费，按营业税税额的3%计征。合计总营业额的5.5%。

不过，依照最新的《物业服务收费管理办法》，实行酬金制计费方式的物业服务费用不含税金。

上述具体项目费用的测算，实际工作中多用表格的方式进行。

（二）收益性物业服务费的测算

物业服务企业在确定收益性物业服务费的标准时，通常是按照物业租金收入的一定比例进行测算和收取，也可以按照上述居住性物业服务费的测算方法来测算。

业主一般采用定额法和比例法测算收益性物业服务费。定额法是业主按照某一固定的数额承担物业服务费用，具体测算方法与居住性物业服务费的测算方法相同。比例法是业主为物业服务企业定出最低的年租金收入任务和物业维修养护指标，完成后按租金收入的一定比例支付物业服务费。这种测算方法比较适合于代理收益性物业租赁的物业服务企业。其将物业服务费与物业服务质量联系在一起，刺激物业服务企业以优质的物业管理服务吸引客户，提高出租率，增加收入。有时候还另定更高的超额比例，以激励企业更加尽心服务。

收益性物业服务费中与租户切身利益直接相关的保安、保洁、设备维修、空调、通讯、特别装饰、停车等项服务费用，往往由租户承担，可以直接向租户收取，也可以含在租金里，再从中扣除。

三、物业服务收费的管理、监督

按照财政部1998年3月颁布的《物业服务企业财务管理规定》有关规定，物业服务收费属于物业服务企业营业收入下主营业务收入的物业管理收入，其企业内部管理按相关的企业财务制度管理要求执行即可。实行物业服务费用酬金制的，预收的物业服务支出属于代管性质，为所缴纳的业主所有，物业服务企业不得将其用于物业服务合同约定以外的支出。

但在物业管理实践中，由于物业管理收费涉及面广，是社会、业主和使用人所关心的热点问题，也是引发物业管理纠纷的焦点，因此，对物业服务费收缴、使用情况，业主有知情权，物业服务企业有公示的义务。

根据《物业服务收费管理办法》、《物业服务定价成本监审办法》（试行）、《物业服务收费明码标价规定》有关规定，对物业服务收费实行物业服务收费明码标价制度、物业服务费使用公示制度、物业服务收费监审制度。

（一）物业服务收费明码标价制度

按照《物业服务收费明码标价规定》有关规定，根据《中华人民共和国价格法》、《物业管理条例》和《关于商品和服务实行明码标价的规定》，物业服务企业向业主和使用人收取物业服务费应遵循公开、公平和诚实信用的原则，实行明码标价，标明服务项目、收费标准等有关情况。

物业服务企业实行明码标价应当做到价目齐全，内容真实，标示醒目，字迹清晰。物业服务收费明码标价的内容包括物业服务企业名称、收费对象、服务内容、服务标准、计费方式、计费起始时间、收费项目、收费标准、价格管理形式、收费依据、价格举报电话等。实行政府指导价的物业服务收费应当同时标明基准收费标准、浮动幅度以及实际收费标准。

以上物业服务收费明码标价的信息内容，物业服务企业应在其服务区域内的显著位置或收费地点予以公示，公示方式可采取公示栏、公示牌、收费表、收费清单、收费手册、多媒体终端查询等方式。

实行明码标价的物业服务收费的标准等发生变化时，物业服务企业应当在执行新标准前一个月，将所标示的相关内容进行调整，并应标示新标准开始实行的日期。

（二）物业服务费使用公示制度

根据《物业管理条例》、《物业服务收费管理办法》有关规定，物业服务企业对物业服务收费的使用情况应予以定期公示。

物业服务企业应向业主大会或者全体业主公布物业服务资金年度预决算，物业服务资金的收支情况的公布每年不少于一次。对物业服务收费采取酬金制方式的，物业服务企业或者业主大会可以按照物业服务合同的约定，聘请专业机构对物业服务资金年度预决算和物业服务资金的收支情况进行审计并予以公示。

业主或者业主大会对物业服务企业公布的物业服务资金年度预决算和物业服务资金的收支情况有权提出质询。对业主或者业主大会的质询，物业服务企业应当及时予以答复。

（三）物业服务收费监审制度

根据《物业服务定价成本监审办法》（试行）有关规定，对实行政府指导价物业服务收费标准的物业服务企业实施定价成本监审，物业服务定价成本监审工作由政府价格主管部门负责组织实施，房地产主管部门应当配合政府价格主管部门开展工作。

政府价格主管部门负责组织实施定价成本监审行为时，在本行政区域内物业服务企业数量众多的，可以选取一定数量、有代表性的物业服务企业进行成本监审。核定物业服务定价成本，应当以经会计师事务所审计的年度财务会计报告、原始凭证与账册或者物业服务企业提供的真实、完整、有效的成本资料为基础。

物业服务定价成本监审应当遵循合法性、相关性、对应性、合理性原则。

相关知识

一、物业服务收费的概念

物业服务收费是指物业服务企业按照物业服务合同的约定，对房屋及配套的设施设备和相关场地进行维修、养护、管理，维护相关区域内的环境卫生和秩序，向业主所收取的费用。即我们通常所说的物业服务费用。

二、物业服务收费的特征

（1）物业服务收费的主体是物业服务企业。物业服务企业是具有民事主体资格的独立法人，物业服务收费是物业服务企业与业主在物业服务合同中约定的内容之一，是业主向物业服务企业支付的管理、服务报酬。其支出构成或费用组成，在《物业服务收费管理办法》、《物业服务定价成本监审办法》（试行）中都有明确而具体的规定。

（2）物业服务费缴纳的主体是业主。物业服务费由物业服务企业按照物业服务合同的约定向业主收取，物业服务合同的法律关系主体是物业服务企业和业主，业主是物业服务费缴纳的主体。

（3）物业服务收费具有独立性。物业服务收费是物业服务合同的约定，物业服务合同的法律关系主体是物业服务企业和业主，与其他法律关系主体不发生联系，物业服务收费是独立的。

三、物业服务收费的原则

根据《物业管理条例》、《物业服务收费管理办法》有关规定，物业服务收费应当遵循合理、公开、服务费用与服务水平相适应以及专款专用的原则。

（1）合理原则。物业服务收费应根据《物业服务收费管理办法》、《物业服务定价成本监审办法》（试行）相关规定，贯彻合理使用、合理收益的原则，根据物业服务费用的构成，合理分摊、科学计算，制定合理的标准。

（2）公开原则。物业服务企业与业主是平等的民事主体法律关系，按照物业服务合同的约定，根据《物业管理条例》、《物业服务收费管理办法》、《物业服务定价成本监审办法》（试行）相关规定，物业服务收费的成本费用应当为与物业服务直接相关或者间接相关的费用，业主有权对物业服务收费情况进行检查和监督，物业服务企业应公开费用收支情况，并按业主委员会的要求履行报告、解释义务。

（3）服务费用与服务水平相适应原则。物业服务收费应按照物业管理项目的类型、规模、功能、设施设备的配备情况及物业服务标准，按质收费，物业服务收费的成本费用应当与物业服务内容及服务标准相对应，根据物业服务质量的高低，确定物业服务收费标准。

（4）专款专用原则。物业服务收费支出构成或费用组成，在《物业服务收费管理办法》、《物业服务定价成本监审办法》（试行）中都有明确而具体的规定，必须严格执行，专款专用，不得随意使用，以确保业主的利益不受损害。

四、物业服务收费的定价方式

根据《物业管理条例》、《物业服务收费管理办法》有关规定，物业服务收费有政府指导价和市场调节价两种。

（1）政府指导价。政府指导价是指有定价权限的人民政府价格主管部门会同房地产行政主管部门根据物业管理服务等级标准等因素，制定相应的基准价及浮动幅度，并定期公布定价方法。

物业管理服务具有一定的公益性，其社会影响范围较大，但由于物业管理行业起步较晚，物业管理市场发展还不够规范，社会收入水平与物业管理有偿服务的发展趋势还不能完全相适应等因素，根据《中华人民共和国价格法》关于重要的公益性服务价格政府在必要时可以实行政府指导价或者政府定价的规定，物业服务收费方式之一为政府指导价。对政府指导价的具体执行，就是物业服务收费的具体收费标准由业主与物业服务企业根据规定的基准价和浮动幅度在物业服务合同中约定。政府指导价这种定价方法主要适用于普通住宅物业服务收费。

需要注意的是，物价部门和房地产主管部门在确定指导价格时，一是应当充分听取物业服务企业、业主和使用人的意见，既能满足物业服务企业的健康发展需要，也要考虑业主和使用人的经济承受能力，以物业管理服务成本费用为基础，结合物业管理的服务内容、服务质量确定；二是物价部门对确定的指导价格，应当根据物价等因素的变化适时进行调整，并及时公布。

（2）市场调节价。市场调节价是指物业管理服务收费标准由供求双方，即业主和物业服务企业进行协商确定，在物业服务合同中约定的定价方法。

随着人们生活水平的提高以及物业管理市场的完善，实行市场调节价的物业服务收费将逐渐成为主要的物业服务收费定价方式。这是因为它符合市场经济的要求，是物业管理专业化、规范化成熟表现的一种市场行为。

五、物业服务费的收取方式

根据《物业服务收费管理办法》有关规定，物业服务企业可以与业主约定按照包干制或者酬金制等形式收取物业服务费用。

（1）包干制。指由业主向物业服务企业支付固定物业服务费用，盈余或者亏损均由物业服务企业享有或者承担的物业服务计费方式。包干制的物业服务费用构成包括物业服务成本、法定税费和物业服务企业的利润。

（2）酬金制。指在预收的物业服务资金中按约定比例或者约定数额提取酬金支付给物业服务企业，其余全部用于物业服务合同约定的支出，结余或者不足均由业主享有或者承担的物业服务计费方式。酬金制预收的物业服务资金包括物业服务支出和物业服务企业的酬金。

8.2 物业服务收费管理及纠纷解决

能力目标

（1）会追缴物业服务费。

（2）能合理地解决物业服务费的纠纷问题。

基本操作

一、物业服务费的追缴

业主享受物业服务企业提供的物业服务，同时就有承担、缴纳物业服务费用的义务。逾期欠费的业主将被按每日万分之几的比率计算缴纳滞纳金。物业服务企业对欠费业主应及时追讨，并且有权对欠费期超过一定期限仍不缴费的业主提起诉讼，索赔欠费。

追讨欠费主要有以下三种不同的方法：

（1）一般性追缴。当上月费用拖欠后，物业服务企业在下一次收费时将向业主（使用人）发出催款通知单，此单将上次费用以及本次费用一起通知业主（使用人）。如果第二次仍拖欠，物业服务企业将在第三次再次发出催款通知单，将前两次的费用和当次费用一并通知，并限期缴清。

（2）针对性追缴。物业服务企业应针对不同情况，对拖欠费用的业主（使用人）采取相应措施。对于费用大户，要亲自登门（有时物业服务企业的总经理也要亲自上门）进行劝导和解释，争取用户的理解和支持；对于一些“钉子户”，则应严格按照法律程序执行。

（3）区别性追缴。对于业主由于工作繁忙而没时间及时交款的情况，物业服务企业的财务部门一方面要及时提醒其补交，另一方面应尽可能配合他们的工作时间，采用预约时间、上门收缴等方法，给业主提供方便，业主一般也会乐于配合。对于因对服务不满而欠费的业主，若企业自身服务确有不足的地方，应尽快改正，以满足业主的要求；若业主提出的要求不合理，也应向业主耐心解释。若业主依然如故，物业服务企业就要根据管理制度、服务合同采取停止服务或相应的法律程序来解决。这种情况下要特别注意保存好催款工作的书面记录和相关物证。

欠费追缴的一般程序：发出催缴费通知、电话催缴和上门催缴、协商、停止服务或起诉。

费用的追讨是一门学问，物业管理人员要有较高的文化素质和社交能力，在加强与业主沟通的基础上，善于把握时机，及时协助解决他们的投诉和困难，取得他们的信任和理解。

二、物业服务收费纠纷的解决

（一）物业收费纠纷产生的原因

物业服务收费纠纷问题的突出表现就是部分业主拒交或拖欠物业服务费（与使用人欠费的情形类似），这其中的原因和情形十分复杂，可归纳如下：

（1）对服务不满，对受约束不满。一般情况下，物业服务企业与业主说到底是一种市场交易关系，物业服务企业向业主提供（出售）约定的服务，业主向企业支付约定的费用（购买服务）。若物业服务企业提供的服务不合格或业主认定不合格，业主最常用的抗争手段就是拒交或拖欠费用（法律上可上升到履行合同抗辩权）。另外，作为产权人的业主，原本拥有对物业管理的决策权，但其在物业购买和使用过程中经常感受到的只是接受管理与约束。对外来的这种管理约束不满，也是业主拒交、欠费的重要原因之一。

（2）对收费标准、项目、方式等不满。由于信息不对称、业主自身理解的偏差和接受服务的偏好不同，加之确有物业服务企业为一己之利巧立名目乱收费的现象，业主对物业服务收费标准、项目和收费方式（预收、代收等）不满的情况较为普遍，也会因此拒交服务费。

（3）建设单位遗留问题所致。对多数业主来说，买房是其一生最大的投资或消费交易行为，如果这一过程遇到建设单位遗留的房屋质量、承诺不兑现、擅改规划等问题，造成的伤害之大足以令业主明知不是物业服务企业之过，也要以拒交物业服务费作为报复。更何况多数情形下，不管是事实上，还是在一般业主的观念里，物业服务企业与发展商本来就是一家，由此认为拒交费用是理所当然的。

（4）邻里关系等问题引起。在不少业主的观念里，物业服务企业是全包全管的管家，小区里诸事物业服务企业都应管好服务好。诸如楼上业主装修引起地板漏水、渗水，楼下业主排放油烟，邻居放音乐、装修发出噪声等问题不能及时解决，业主都可能归于物业服务企业服务不好、失职，并因此拒交费用。

（5）对外部大环境不满。还有一些业主把因市政施工造成的交通不便、停水断电，或因城市规划改变造成的居住环境质量下降等也归责于物业服务企业，进而拒交费用。

（6）无支付能力。确有一部分业主欠交费用是由于下岗、失业、家庭变故、投资亏本、破产等导致客观上失去支付能力。

（7）特权思想作祟，或受人传染、唆使。有极少数的业主不交费用，纯粹是因为特权思想作祟，这类人依仗对物业服务企业制约的特权，或与发展商的特殊关系，长时间“吃霸王餐”，赖账不交费用。业主欠费的直接结果就是导致服务项目减少或品质下降，这样就很容易给规规矩矩交费的人找到口实，有样学样。也有部分小区，一些人会以种种理由唆使他人拒交物业服务费，以达到驱赶物业服务企业或其他目的。

以上都是引发物业服务收费纠纷的微观的、直接层面的原因。从深入和宏观的角度看，欠费纠纷还可归结为观念滞后、业主运作效率低下、物业管理市场竞争机制难以建立、物业服务难以区分和选择、服务收费定价大一统、建管不分的体制性遗留问题、行政监管薄弱、司法低效、社会信用体系未确立、公民法制契约及社会责任意识淡薄等多方面因素影响。

（二）物业服务收费纠纷的解决对策

尽管影响、导致业主欠费的因素很多，且如上所述，确有一些因素非单个物业服务企业所能改变、克服的。但作为一线从业者，从自身做起，不懈努力，切实改进工作，设身处地为业主着想，精打细算降低服务收费，以优质服务和活动感化业主，公开账目取信业主，让业主真正感受到服务价值是第一重要的。除此之外，具体说来，一线企业可以从以下各个方面着手，解决欠费问题。

（1）深入了解欠费原因，加强与业主的协商沟通，依理依法说服业主。正如前面所说，业主欠费各有原因，企业应多走访欠费业主，深入了解情况，针对性地多做说服、沟通工作。对那些不了解情况、不理解收费道理、不明白收费用场、误解物业服务企业要为建设环节负责的欠费业主，经过解释说服，大多数是能够改变态度的。

（2）借助管理规约和业主委员会的力量。管理规约是由业主共同订立的有关物业的共有部分和共同事务管理的协议，对全体业主具有约束力。按时依约交费是管理规约规定的每个业主应尽的义务。物业服务企业应充分重视管理规约的作用，宣讲管理规约的精神，积极协助业主，组织督促业主履行管理规约，发挥管理规约的基础制约作用。同时，可以诚心诚意地要求业主委员会履行《物业管理条例》赋予其帮助企业追讨欠费的义务。

（3）争取业主工作单位、居委会等外部因素的帮助。有时候直接出面交涉无效，另辟蹊径效果反而截然不同。如求助于业主工作单位、居委会等外部力量的帮助，往往能使问题迎刃而解。生活中就有物业服务企业借助于社区小学对学生的宣讲追讨欠费成功的例子。

（4）服务项目、流程设计上力求能够区分。如前所述，在一个物业区域，常规性的物业服务类似于公共产品，而公共产品的一个突出特点就是容易搭便车消费，要剔除单个搭便车消费者的成本很高。所以物业服务企业要想在合理合法的范围内对无故欠费者以有效制约，就必须在服务项目、流程设计上力求能够区分，这样就便于像电信服务商等企业一样，一旦遇有无故或恶意欠费者，即可马上终止对其服务。

（5）改进服务、计费方式和收费办法。即企业可以尝试提供弹性服务项目，按项目收取服务费，公开收支账目，给业主以更多、更灵活的选择权和知情权，让业主充分享受到对物业服务的控制权，从而增强交费的主动性。另外，企业在具体收费服务时应及时通知业主，在交费时间、收费方式等方面给业主提供真正的便利。

（6）完善物业管理服务合同，严格依约行事。即从一开始就订立双方权利义务明晰的服务合同，详细、明确地约定服务范围、项目、标准与收费方式及违约处罚办法等，为后期减少纠纷、方便纠纷解决打下好的基础。这也是在许多外在条件不具备的情况下，企业与业主在解决相关问题方面可以着重依赖的途径。

（7）在必要催缴的程序后通过法律途径解决。虽然法律解决是一种成本很高（费时、耗财、伤感情）的办法，但为了对付一些“钉子户”及不给他人树立“榜样”，必要时必须采取这种途径。可以几个欠费对象一并起诉，并在胜诉后作适当宣传，以传递与无理欠费绝不妥协的信息，让少数犹疑者不再心存侥幸。

以上主要是从企业层面探讨解决物业服务收费纠纷的办法，要想从根本上解决物业服务收费问题，必须发挥政府主导作用，通过社会各个方面的工作，在改变居民消费观念、改变从业人员服务观念，培育充满活力的物业管理市场竞争机制，细化服务标准，完善立法、改进司法、加强执法，健全社会保障体系、加快社会信用体系的建立等多方面付出努力。

（三）法律途径解决物业服务欠费问题的程序

（1）催缴物业服务费的法律督促程序（支付令）。物业服务企业要求欠费业主、使用人给付物业服务费，在正式起诉之前，可以向有管辖权的人民法院申请支付令，即根据法律提起督促程序。督促程序是一种迅速、简便的保护债权人合法权益的非诉讼程序。因为拖欠的物业费用属于以金钱为内容的债务，内容单纯，关系明确，且履行期已到，物业公司作为债权人可以向有管辖权的基层人民法院申请支付令，请求人民法院判令债务人履行，可以比较迅速地实现自己的债权，比诉讼的审判程序要简便易行，可以节省时间和费用。

企业运用法律督促程序，在申请书上要写明请求给付金额的数额和所根据的事实、证据。欠费业主使用人在收到支付令后15日内既不提出书面异议又不履行支付令的，企业可以向人民法院申请执行。

人民法院收到债务人提出的书面异议后，应当裁定终结督促程序，支付令自行失效，物业服务企业可提起诉讼。

（2）简易程序。简易程序是基层人民法院及其派出法庭审判简单民事案件和简单经济纠纷案件的诉讼程序。诉讼程序有所简化，便于当事人进行诉讼。因为物业费用纠纷大多属于事实清楚、权利义务关系明确、争议不大的简单民事案件，所以可以适用《中华人民共和国民事诉讼法》中关于简易程序的规定，适用简易程序审理。这有些类似于中国香港的小额钱债审裁程序，值得在实践中大力推广。

（3）追讨物业服务费的法律诉讼程序。用诉讼方式追讨物业服务费是物业公司在不得已时才会采取的措施。因为一旦进入诉讼程序，物业服务企业不仅要付出一定的诉讼费用（包括案件受理费、律师费和调查取证费等），耗费人力，而且还要承受一定的诉讼风险，也难免影响到物业服务企业与业主的情感关系，所以物业服务企业应首先考虑采取通过协商和督促的手段来解决收费的问题。只有在其他措施均不能奏效的情况下，才考虑起诉。

①起诉。一般物业费用纠纷案件可向被告住所地的基层人民法院提起诉讼。物业服务企业应为诉讼准备充足的证据，包括物业服务合同、收费依据和对方欠费的证据和催缴通知等证据。物业服务企业作为原告应当向人民法院递交起诉书，并要在起诉书中写明具体的诉讼请求和事实、理由。人民法院会在收到起诉书之日起7日内决定是否受理并通知当事人。

②参加庭审。接到法院决定开庭的受理案件的通知后，物业服务企业作为原告应当派

代表按时到庭参加庭审，在法庭调查和法庭辩论中陈述事实、理由和诉讼请求，进行发言和答辩。在诉讼过程中双方当事人也可争取和解或请求法院调解。

③上诉。收到判决书后，若不服地方人民法院一审判决，物业服务企业有权在判决书送达之日起15日内向上一级人民法院提起上诉。二审人民法院的判决、裁定，是终审的判决、裁定。

④执行。若被告拒绝履行发生法律效力的判决，物业服务企业可以向法院申请强制执行。

相关知识

一、物业服务收费管理

服务费是物业服务企业提供服务的基础和报酬来源，因此，做好服务收费管理至关重要。

（一）物业服务收费管理的依据

物业服务收费及管理的主要依据是国家发展和改革委员会和建设部制定的《物业服务收费管理办法》，该办法对物业服务收费的性质、范围 、成本或支出构成、定价形式、价格形式、监管，以及收费应遵循的原则、账务公开与审计、服务费的缴纳责任、空置物业交费 、公用事业等单位收费责任均作了明确的规定，为规范物业服务收费打下了很好的基础。

（二）物业服务费管理的内容

（1）物业服务费的收取。物业服务费一般由管理处的专门收费员负责向业主收取。通常管理处应在每月某日前，将上月物业服务费用明细及收费通知单及时地送达业主或使用人，并接受其查询。然后在规定时间、由规定人员佩戴专门胸卡上门收取，开具发票。也可在指定的存折账户中统一扣取，或由业主刷卡交费，再寄送或上门送交发票。与此同时，还要做好欠费业主的催缴、统计、记账等工作。

物业服务企业一般还要负责物业停车场收费及共用物业和场地出租收租等收费工作，这类费用均要单独建账列项。除此之外，有些物业业主委员会经费的具体收取也由物业服务企业人员负责。

（2）物业服务费收支账目的公布。物业服务企业应该按照《物业管理服务收费管理办法》、当地政府规定及服务合同的规定与约定，定期向业主公布物业服务费收支账目，并按规定张贴一定时间，账目公布前送交业主委员会审核备存。如遇特殊情况延迟公布账目，须书面告知业主委员会。

二、物业服务收费的相关规定

在《物业服务收费管理办法》中就物业服务收费作了相应的规定：

第五条规定：“物业服务收费应当遵循合理、公开以及费用与服务水平相适应的原则。”

第六条规定：“物业服务收费应当区分不同物业的性质和特点分别实行政府指导价和市场调节价。具体定价形式由省、自治区、直辖市人民政府价格主管部门会同房地产行政主管部门确定。”

第八条规定："物业服务企业应当按照政府价格主管部门的规定实行明码标价，在物业管理区域内的显著位置，将服务内容、服务标准以及收费项目、收费标准等有关情况进行公示。"

第十四条规定："物业服务企业在物业服务中应当遵守国家的价格法律法规，严格履行物业服务合同，为业主提供质价相符的服务。"

第十五条规定："业主应当按照物业服务合同的约定按时足额交纳物业服务费用或者物业服务资金。业主违反物业服务合同约定逾期不交纳服务费用或者物业服务资金的，业主委员会应当督促其限期交纳；逾期仍不交纳的，物业服务企业可以依法追缴。""业主与物业使用人约定由物业使用人交纳物业服务费用或者物业服务资金的，从其约定，业主负连带交纳责任。""物业发生产权转移时，业主或者物业使用人应当结清物业服务费用或者物业服务资金。"

第十六条规定："纳入物业管理范围的已竣工但尚未出售，或者因开发建设单位原因未按时交给物业买受人的物业，物业服务费用或者物业服务资金由开发建设单位全额交纳。"

第二十一条规定："政府价格主管部门会同房地产行政主管部门，应当加强对物业服务企业的服务内容、标准和收费项目、标准的监督。物业服务企业违反价格法律法规和规定，由政府价格主管部门依据《中华人民共和国价格法》和《价格违法行为行政处罚规定》、《关于商品和服务实行明码标价的规定》、《禁止价格欺诈行为的规定》进行处罚。"

8.3 物业服务企业的财务管理

能力目标

(1) 能正确地进行物业服务企业的财务决策。

(2) 会设置物业服务企业财务机构和制定财务制度。

基本操作

一、物业服务企业的财务决策

物业服务企业要实现利润最大化，就必须做好以下三个方面的决策：

(一) 筹资决策

筹资决策是指企业对所要筹集的资金的数量、来源、方式和构成等方面进行的决策。

物业服务企业要根据经营需要，做好租金收入和有偿服务费的收取工作，保证物业服务企业的正常运营。企业的财务管理人员必须正确地判断资金风险和资金成本对企业利润最大化的影响，采用最适合公司的筹资方式来筹集资金。

(二) 投资决策

投资决策是指公司确定投资方向、投资规模以及具体的投资方式等方面的决策。公司筹集资金的目的就是把资金投入到生产经营中去，以获取最大利润。例如在物业管理过程中，要对物业及附属设施设备进行维修、保养、清洁等，这些都需要耗费资金，应通过认真核算，不断降低消耗，提高投资效益。

投资按时间的长短可分为短期投资和长期投资两种形式。短期投资是指企业对现金、存货、应收账款和短期有价证券等流动资产进行的投资。长期投资是指公司对固定资产和长期有价证券等资产进行的投资。

企业的投资决策主要考虑以下因素：外界的投资环境、预测投资规模、确定投资结构、评价投资方案的经济效果以及选择符合财务管理目标的最佳投资方案。

（三）利润分配决策

利润分配决策是指企业的利润在给股东发放股息和用于企业的留存利润等方面进行分配的政策选择。企业在进行利润分配时，既要考虑股东对近期利益的要求，也要考虑企业的长远发展。企业利润分配决策主要考虑的因素有：利润分配与留存利润的关系、利润分配政策及其影响因素和利润分配的时间和方式。

二、物业服务企业财务管理制度

物业服务企业财务管理制度主要有：

（1）凭证账册制度。财务管理部门应采用借贷复式记账法，建立现金日记账、银行日记账、总分类账、各项明细分类账等账册。

（2）财务预算制度。财务管理部门必须结合实际，认真编制全年预算。

（3）借款管理制度。借款仅限于为所管物业的运行服务；采购人员凭已批准的采购计划进行借款或领用支票，不得出借空白支票。

（4）报销审批制度。应根据国家有关规定或业主大会的规定，制定报销范围和标准，建立科学合理的报销制度。

（5）审核管理制度。包括开支审核、收入审核、内部审核等制度。

（6）现金管理制度。严格按照国家有关现金管理制度的规定，除抵补现金库存外，非经银行同意，不得将业务收入坐支留用，严格分清收支两条线。

（7）固定资产管理制度。包括固定资产的范围和分类、固定资产的账务处理、固定资产的管理等制度。

（8）仓库管理制度。凡采购所有用品、原材料，都必须由仓库保管人员按实开单验收入库，并登记入账。进出库单要填写完整，由领用人和指定负责人签字，并写明用途。仓库物资要定期清点。

（9）材料物资报废制度。财产物资的报废，应由使用部门填写报废单，经批准后财务管理部门做账务处理并及时出售，收回残值。

（10）往来账目清理制度。财务管理人员应及时结账收款，催收应收账款。对月终尚未结算的债权债务，应查明原因，列出清册。

（11）会计报表制度。财务管理人员要保证会计报表数字准确、内容完整、报送及时、手续完备。对年度决算报表，应附有分析收支计划执行情况的说明。

（12）印章使用制度。财务专用印章与支票章要专人保管，使用时互相审核。

（13）会计档案的管理制度。会计档案应按月装订，报表、账册按年装订成册，并加装订封条。凭证、账册应指定专人列册登记，妥善保管，不得丢失。

（14）定期公布制度。按业主大会的要求，定期公布管理费用收支情况，对较大费用的支出要分析情况，加以说明。

（15）财务管理安全制度。防火防盗，财务管理部门应安装报警系统。

相关知识

一、企业财务管理的内容

财务管理是物业服务企业的经营活动中非常重要的组成部分。其主要内容包括对资金筹集和运用的管理；物业服务费的管理；固定资金、流动资金和专项资金的管理；资金分配的管理；财务收支汇总平衡等。

物业服务企业财务管理的基本任务是依据企业资金运动的规律，遵循国家的政策、法令和财经制度，合理组织财务活动，正确处理财务关系，加强计划（预算）管理和经济核算，改善和促进企业经营管理，提高经济效益，加强财务监督，维护财经纪律。

二、企业财务分析

（1）财务分析的概念。财务分析是以企业会计报表等核算资料为基础，对企业财务状况和经营成果进行研究和评价，为财务预算、决策提供依据的管理活动。物业服务企业的财务分析，主要是对企业的偿债能力、赢利能力和抵抗风险能力进行客观评价，并找出存在的问题。

（2）财务分析的对象。财务分析基础资料是企业的财务报告，包括会计报表主表、附表、会计报表附注和财务情况说明书。但最主要的依据是资产负债表、利润表、现金流量表。

物业服务企业若以资产负债表作为对象，可以综合评价企业资产的流动状况、负债水平、偿还债务能力、企业经营的风险等；以利润表为对象，可以分析企业的赢利状况、经营成果和偿债能力；以现金流量表为对象，可以反映企业一定时期内现金的流入、流出情况以及企业获得现金和现金等价物的能力。

（3）财务分析的内容。财务分析的主要内容包括：偿债能力分析、赢利能力分析、营运能力分析、发展趋势分析和投资价值分析。

（4）财务分析的方法：①横向财务分析。现实财务分析中，横向财务分析是运用最多的方法。主要包括比率分析和构成分析两种方法。这里主要介绍比率分析法。比率分析法是把某些彼此相关联的项目进行对比，通过计算经济指标的比率，来确定经济活动变动程度的分析方法。指标比率有三类：相关比率、效率比率和结构比率。②纵向分析。尽管横向财务分析很有价值，但它仅能提供某一时期物业管理的财务信息。为了了解动态状况，有必要进行纵向分析。纵向分析又称趋势分析，是将两期或多期连续的相同指标或比率进行对比，求出它们增减变动的方向、数额和幅度的一种方法。它可以揭示企业财务状况和生产经营情况的变化，分析变化的原因和性质，进而预测企业前景。趋势分析法的具体运用主要有三种，即重要财务指标的比较、会计报表金额的比较、会计报表构成的比较。

9 房屋建筑维护管理服务

9.1 建筑工程图的识读

能力目标

（1）能识读建筑工程图。

（2）会绘制简单的建筑工程图。

基本操作

一、结构施工图的识读

（一）结构施工图的含义

在建筑设计中，除了建筑施工图所表达的房屋造型、平面布置、建筑构造与装修内容外，还应按建筑结构方面的要求，进行力学与结构计算来决定房屋承重构件（如基础、梁、板、柱等）的具体形状、大小、所用材料、结构造型与构件布置等，并将其结果绘制成图样，用以指导施工。这种图样称为结构施工图。

结构施工图简称“结施”，它是房屋承受荷载的结构部分的构造图样。由于房屋承重构件构造的质量好坏直接影响着房屋的质量和使用寿命，所以，在阅读结构施工图时必须认真、仔细地看清图样上的尺寸、钢筋布置、类型、数量、混凝土的强度等级等。

（二）结构施工图的内容

由于建筑结构构造形式不同，结构施工图所包括的内容也不尽相同。对于民用建筑的混合结构，它的结构施工图主要是墙体、楼板、梁和圈梁、门窗过梁、柱子、楼梯、基础等。工业厂房结构施工图主要是柱子、墙梁、吊车梁、屋架、屋面结构、基础等。从结构施工图中可清楚地看出它们之间的构造、连接等情况。结构施工图包括下列内容：

（1）结构设计说明。主要说明结构的构造要求、所用钢材的等级、混凝土的标号、砂浆的标号和砖石的强度等级、地基承载力等。对预应力混凝土结构，还应有相应的技术要求。

（2）结构平面图。包括：①基础平面图，工业建筑还有设备基础布置图；②楼层结构布置平面图，工业建筑还包括柱网、吊车梁、柱间支撑、连系梁布置图等；③屋面结构平面图，包括屋面板、天沟板、屋架、天窗架及支撑系统布置图等。

（3）构件详图。包括：①梁、板、柱及基础结构详图；②楼层结构布置平面图，工业建筑还包括柱网、吊车梁、柱间支撑、连系梁布置图等；③屋面结构平面图，包括屋面板、天沟板、屋架、天窗架及支撑系统布置图等。

（三）钢筋混凝土结构施工图平面整体表示法

钢筋混凝土结构施工图的平面整体表示法，即选择与施工顺序完全一致的结构平面布置，图中该平面上的所有构件一次表达清楚，这样可降低传统施工图中大量重复表达的内容。如图 9－1 所示。

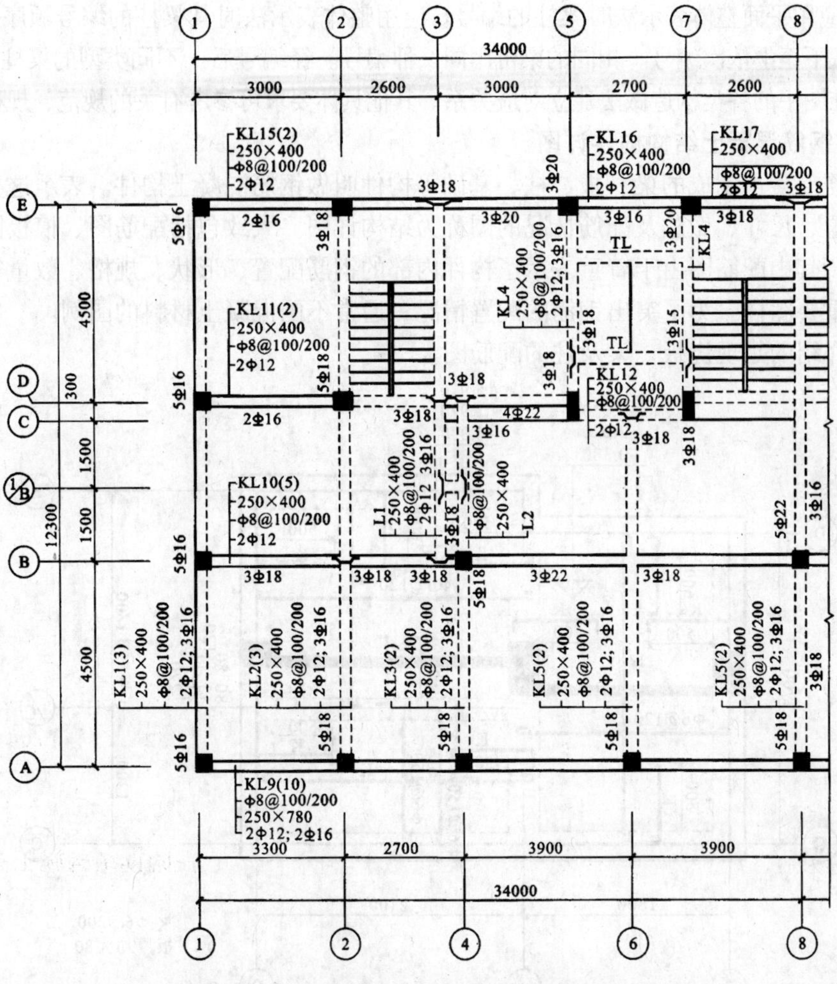

图 9－1　用平面整体表示法画结构施工图的示例

（1）各结构层平面梁配筋图画法：

①注写法。有集中注写法和原位注写法两种。分别将各跨梁的代号和配筋基本值从梁上引出注写。如 KL1(3)，250 ×400，ф 8@ 100/200，2 ф 12，3 Φ 16，即表示在本楼层上的第一榀框架梁中的每一榀梁（共有三榀），其梁的断面尺寸为 250 mm ×400 mm，上部通长钢筋为 2 ф 12，下部受力筋为 3 Φ 16，箍筋为ф 8@ 100/200，这种集中注写在一起的方法为集中注写法。而当某一榀梁的情况不同时，如 KL11（2）中梁下部的受力筋分别为2 Φ 16，4 Φ 22 时，则采用原位注写法单独注出。当某跨梁或箍筋值与基本值不同时，则将其特殊值从所在跨引出另注。当梁上部受力或下部受力筋多于一排时，各排配筋值从上往下用“/”线分开。同排钢筋为两种直径时，用“＋”号相连。两侧面抗扭钢筋值前加“＊”标志。箍筋加密区与非加密区间距值用“/”线分开，如ф 8@ 100/200。

②断面法。将断面号直接画在平面梁配筋图上，将端面详图画在本图上或其他图上。

③主次梁相交处的加密箍筋或吊筋直接画在主次梁交点的主梁上，并加以标注。如图

9－1所示，平面布置图上画有 ╲_╱ 的形状，上注3 Φ18，即表示在此处加钢筋3 Φ18 的附加吊筋（又称元宝筋）。

（2）应用平面整体表示法时梁柱的编号。应用整体表示法时其梁柱的编号顺序一般为从左至右、从下至上依次编号。相同的梁可用同一种编号。经编号后，不同类型的梁柱构造也可与通用标准图中的各类构造做法建立对应关系。其他具体要求可参考有关的规范、规程。

（四）钢筋混凝土结构构件详图

用钢筋混凝土制成的梁、板、柱、基础等构件叫做钢筋混凝土构件。表示这类构件的形状、位置、尺寸、做法及配筋情况的图称为结构详图。大致包括配筋图、模板图、预埋件详图等。其中配筋图由于着重表示了构件内部的钢筋配置、形状、规格、数量等，是构件详图的重要图样。为了突出钢筋的配置情况，通常不画混凝土材料的图例。

以下介绍的是现浇板、梁及柱的配筋图。

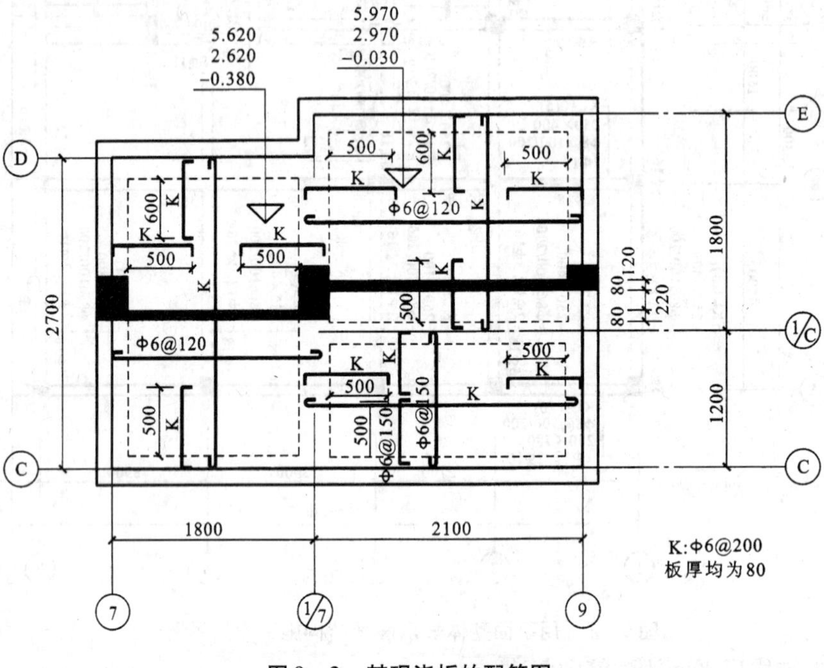

图9－2　某现浇板的配筋图

（1）现浇板结构详图的识读。如图9－2为某现浇板的结构详图示例。图中表示了板的配筋情况，每一种规格的钢筋只画出了一根，按其形状画在所安放的相应位置上。图中沿墙体四周布置的钢筋为负筋，直径为ф6，间距为200mm（即ф6@200）。负筋长度从墙的边缘向内，共有500mm和600mm两种。而板中的受力筋直径均为ф6，间距分别有120mm、150mm；板的分布筋均为ф6@200。图中还标出了板的厚度为80mm及板的顶面标高，如－0.380m、2.620m等。图中涂黑的部分即为板和梁的断面。

（2）现浇梁结构详图的识读。如图9－3所示是梁的配筋详图。从此图中可知该梁配有2根直径为10 mm的HPB235级钢筋作为架立筋（即2ф10）位于梁的上方；同有4根（L_1为2根）直径为16 mm的HRB335级钢筋作为受力筋，即4 Φ16（L_1为2 Φ16），位于梁的下方；另外，还配有直径为6 mm，间距200 mm（即ф6@200）的箍筋，钢筋编号分别为①、②、③。图9－3a所示为梁的配筋立面图。在梁的立面图中各种钢筋的投影有时重叠在一起不能表示清楚，则需再用断面图来表示。同时断面图也可以表示梁的断面形状和尺寸，如图 9－3b 所示。其中 L_1：长 × 宽 × 高 = 2340 mm × 240 mm × 250 mm；L_2：长 × 宽 × 高 = 4140 mm × 240 mm × 250 mm。同时图中还标注了梁的顶面标高。

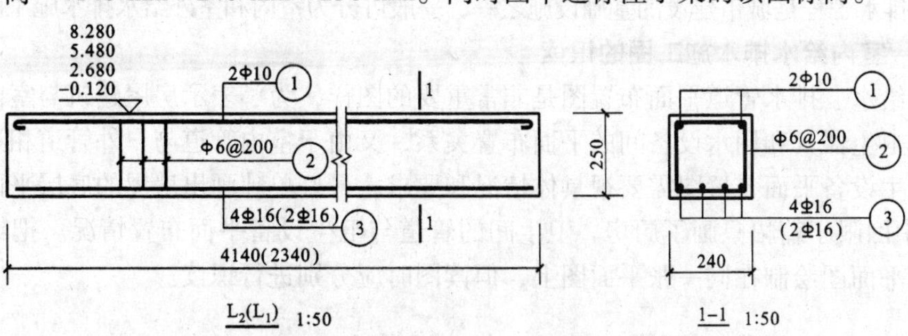

图 9－3　某梁结构详图示例

（3）现浇柱结构详图的识读。如图 9－4 所示，某柱的详图表示法与梁的表示法基本相同，分立面图和断面图。柱的两侧分别布置了 4 Φ 25、4 Φ 20、4 Φ 16 的受力筋，箍筋为 φ 6@200，该柱的断面尺寸为 300 mm × 250 mm，该柱共用了三个断面图分别表示其在各楼层中不同的配筋情况。

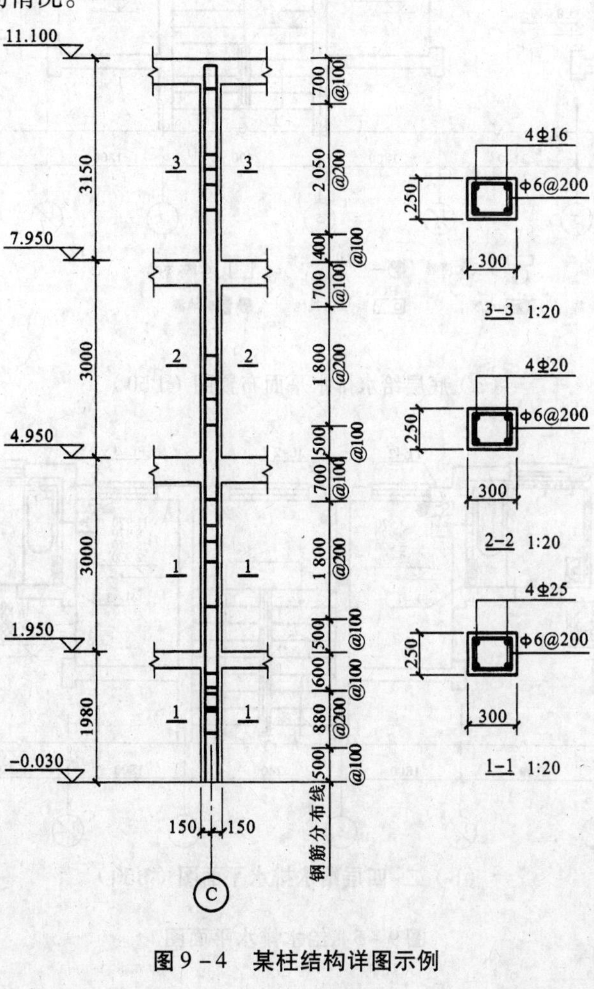

图 9－4　某柱结构详图示例

二、给水排水施工图的识读

给水排水工程是城市建设的基础设施之一，一般可分为室内和室外给水排水施工图两类。

（一）室内给水排水施工图的识读

室内给水、排水管道平面布置图是非常重要的图样，为了表示房屋建筑与室内给水排水管道、卫生器具和用水设备间的平面布置关系，又由于室内管道与户外管道相连，所以底层的卫生设备平面布置图需要视具体情况和要求，最好单独画出房屋的底层平面图。在图9－5中因限于篇幅只画了厨房、卫生间的管道与卫生设备平面布置情况。把给水平面图和排水平面图绘制在同一张平面图上，但读图时应分别进行识读。

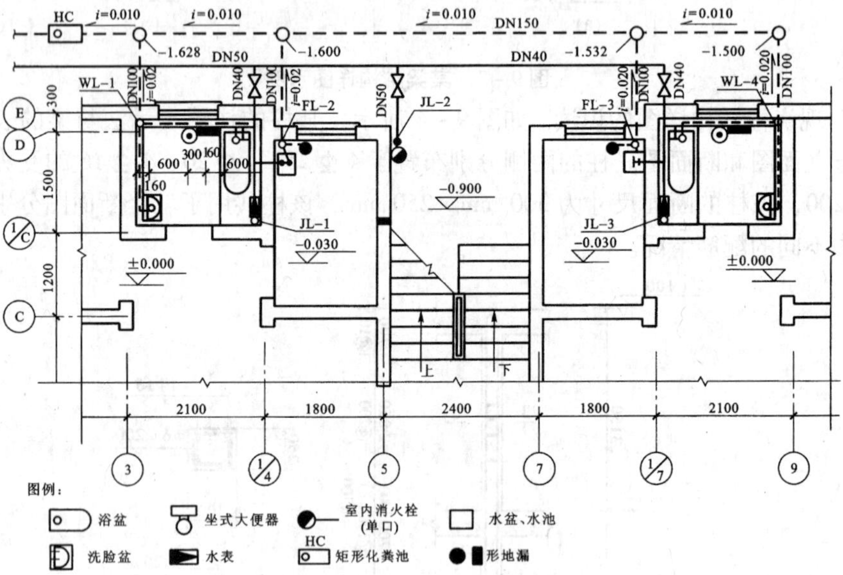

（a）底层给水排水平面布置图（1:50）

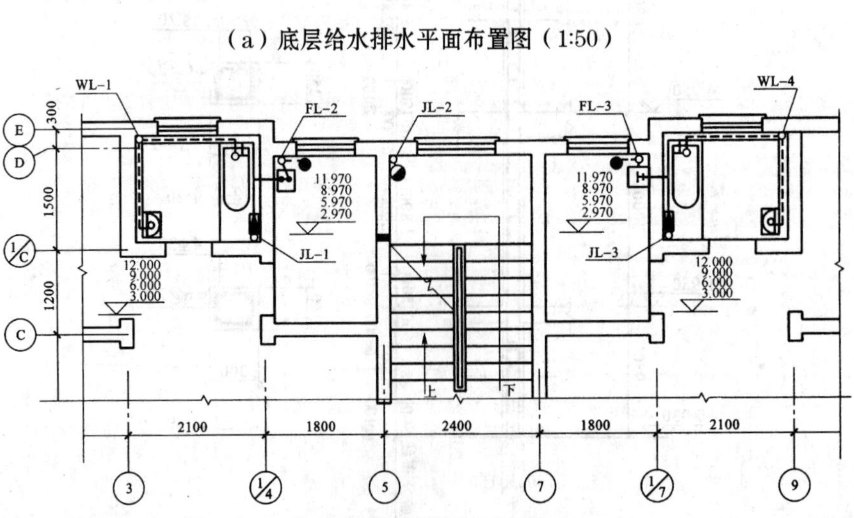

（b）二~四层给水排水平面图（1:50）

图9－5　给水排水平面图

（1）给水平面图的识读：

①首先应了解设计说明，熟悉有关图例，区分给水与排水及其他用途的管道，分清同种管道的不同作用。

②室内给水平面布置图采用与房屋建筑平面图相同的比例，重点突出管道、卫生器具、用水设备。通常用粗实线表示给水管道，用中粗实线表示各种用水设备图例，用细实线表示房屋建筑平面的墙身和门窗等。

③给水立管是指每个给水系统穿过室内地面及各楼层的竖向给水干管，图9－5中的立管编号JL－1、JL－2、JL－3表示有三个给水系统。

④如图9－5（a）所示，给水引入干管是经室外阀门井，从房屋轴线③与1/4和1/7与⑨之间由北向南引入室内。引入干管一般在地面以下（一般在－0.30 m处）形成室内地下水平干管，再经立管JL－1和JL－3分别把水送到各楼层用水房间；立管JL－2是从房屋轴线⑤、⑦之间由北向南引入室内，把水送往各楼层消火栓。又分别在各给水立管上接出水平支管，经截止阀、水表、分支管把水直接送到浴盆、坐便器、洗脸盆和消火栓等用水设备上。

⑤在给水平面图中，还包括各用户装有截止阀、水表、放水龙头等配件，楼地面的标高、管道直径等文字说明。

（2）排水平面图的识读：

①由图9－5可知，浴盆、坐便器和其他卫生设备中的脏水是通过管道排出室外的，这种排出脏水的管道称为排水管道，排水管道在图中用粗虚线表示。

②两厨房和两厕所分别安装了4根排水立管（WL－1、FL－2、FL－3、WL－4），构成4个排水系统。各楼层卫生器具中的脏水经支管流入排水干管后集中汇入排水立管，再经过排出管排到室外检查井，直至化粪池，最后排入城市排水管道。

③室内排水干管和立管以及排出管选用的管径都比较大，对于低压流体输送用镀锌焊接钢管、铸铁管、硬聚氯乙烯管、聚丙烯管等，管径应以公称直径DN表示。本例选用的管道分别为DN50、DN75、DN100。排水系统的管路一般都是重力流，所以排水横管都应向立管方向形成一定坡度。在坡度数字前须加代号“i”，坡度可标注在该管段相应管径的后面，也有在坡度数字的下边画以箭头以示坡向（指向下游）。本例标注的坡度分别为$i=0.010$、$i=0.020$，以保证脏污水自由流动。厨房与厕所的地面安装了地漏。

对于多层楼房，各楼层给水排水管道与卫生器具等设备若布置相同，则可用一个平面图来表示，该图又称为标准层平面图，但在图中应注明各楼层的标高尺寸。如图9－5（b）所示。

（3）给水排水系统轴测图的识读：

因给水排水平面布置图只能反映管道及用水设备的OX、OY两个度量向度的平面布置，另外在给水排水工程图样中还采用了正面斜轴测投影的方法，来表示管道及用水设备的空间位置，故被称为给水排水管道系统轴测图。给水与排水系统轴测图应单独画出，单独读图。读图时应将系统轴测图与平面布置图进行对照识读，才能了解整个室内给水排水管道及用水设备的布置情况。

1）给水管道系统轴测图的识读。图9－6所示为室内给水管道系统轴测图，从图中可知：

①系统轴测图与给水平面图相对应有系统编号 J/1、J/2、J/3，分别表示该图有三个给水系统，图中没有画卫生器具的图例，只按这些卫生器具的实际位置画出了管道和卫生器具以外的配件图例等，如水龙头、水表、水箱、消火栓等。

②从图中可见，相交的两根给水管道线，如有一根管线断开，表明被断开的管线在没有断开管线的后面或下面，表明两管线在空间上是交叉的。

③当管道穿越墙体时，按穿越管道的轴测方向绘制了墙体的剖面图例。

④屋面上装有水箱，以备供水压力不足或停水时用水。图中标注了管径、标高尺寸等文字说明。

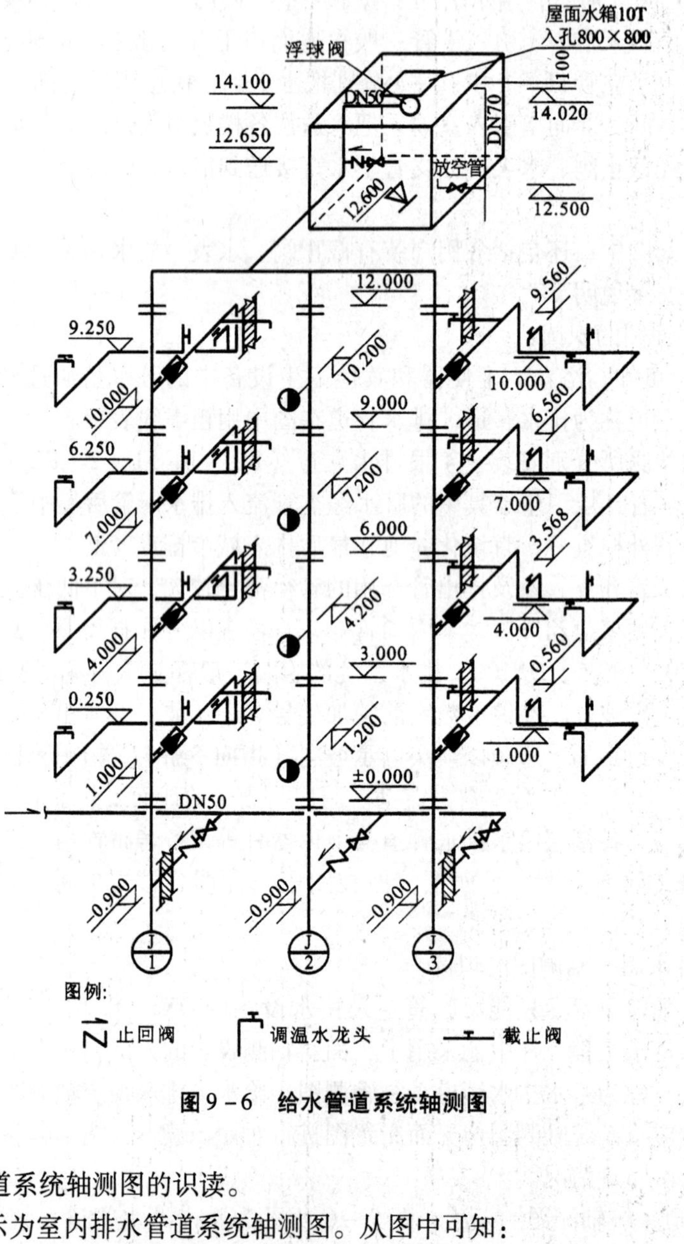

图9－6　给水管道系统轴测图

2）排水管道系统轴测图的识读。

图9－7所示为室内排水管道系统轴测图。从图中可知：

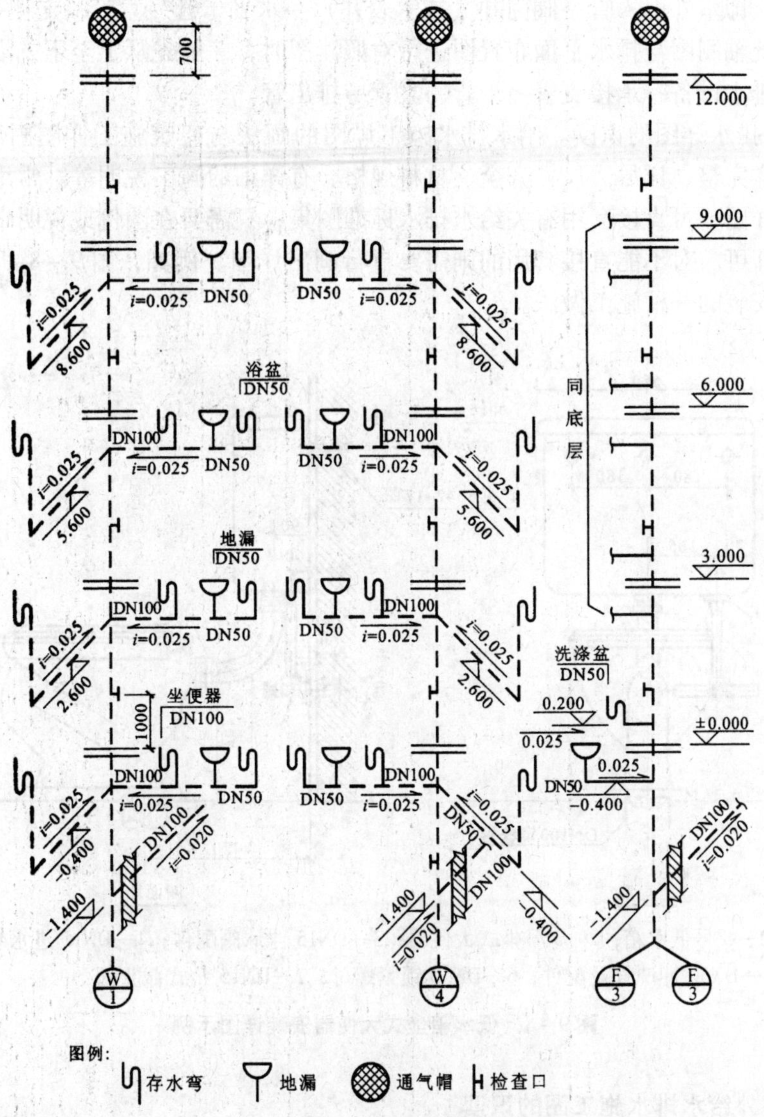

图9－7 排水管道系统轴测图

①系统轴测图与排水平面图相对应有系统编号 W/1、F/2、F/3、W/4，表示有四个排水系统。其中编号 F/2 与 F/3 排水系统大体上相同，管道与卫生器具在各楼层的布置也相同，故共用一个系统表示，并且只画出第一层管线及器具的布置情况；二～四层的水平干管均用折断线折断，在该系统折断线旁加注括号，写出同一层字样。W/1 与 W/4 两个排水系统，在二～四层的管道与卫生器具的布置也同第一层，也可以简化。

②排水立管超出屋面的部分称为通气管，并在离屋面 700 mm 处有通气帽，超出楼地面 1 m 处设置有检查口。

③图中的存水弯保留的水相当于水封隔绝和防止有害、易燃气体及虫类通过卫生器具管口侵入室内。图中标注了排水管管径、坡度、标高尺寸等文字说明。

给水系统轴测图与给水平面布置图进行对照读图时，一般先从引入管开始，沿给水走向顺序读图，即室外引入管→阀门井（或水表井）→水平干管→立管→支管→用水设备。

排水系统轴测图与排水平面布置图进行对照读图时，一般先从上至下，沿污水流向顺序读图，即排水设备→承接支管→干管→立管→排出管。

3）给水排水详图的识读。给水排水施工详图的画法与建筑施工详图画法基本一致，同样要求图样完整、详尽、尺寸齐全、材料规格、有详细的施工说明等。常用的卫生器具及设备施工详图，可直接套用有关给水排水标准图集，只需要在图例或说明中注明所采用图集的编号即可。对不能直接套用的则需要自行画出详图。例如，图 9-8 所示为低水箱坐式大便器安装的一种施工做法。

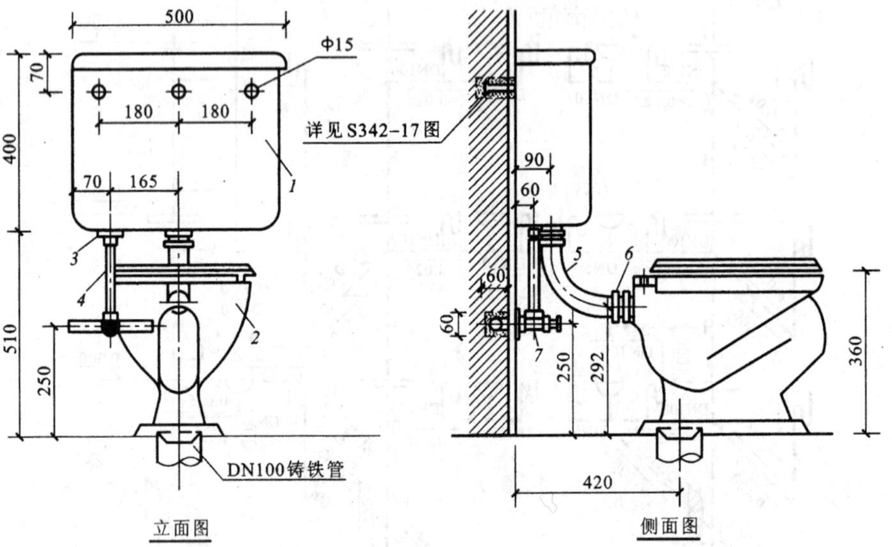

1—5 号低水箱；2—3 号坐式大便器；3—DN15 浮球阀配件；4—DN15 进水管；5—DN50 冲洗管及配件；6—DN50 锁紧螺母；7—DN15 角式截止阀

图 9-8　低水箱坐式大便器安装详图示例

（二）室外给水排水施工图的识读

室外给水工程是指从取水经净水、贮水最后通过输配水管网送到用水建筑物的一种系统；室外排水系统可分为污水排除系统和雨水排除系统。室外给水排水施工图主要由室外给水排水管道平面图、纵断面图及详图等组成。

（1）室外给水排水管道平面图的识读。图 9-9 表示了某居住小区室外给水排水管网的平面布置情况。建筑总平面图是小区管网平面布置的设计依据，由于其作用不同，建筑总平面图重点在于表示建筑群的总体布置（如道路交通、环境绿化等），小区管网平面布置图则以管网布置为重点。读图的主要内容和注意事项如下：

①查明管路平面布置与走向。通常给水管道用粗实线表示，排水管道用粗虚线表示，检查井用直径 2~3 mm 的小圆表示。给水管道的走向是从大管径到小管径与室内引水管相连；排水管道的走向则是从建筑物排出污水管连接检查井，管径是从小管径到大管径直通城市排水管道。

②室外给水管道要查明消火栓、水表井、阀门井的具体位置，了解给水排水管道的埋

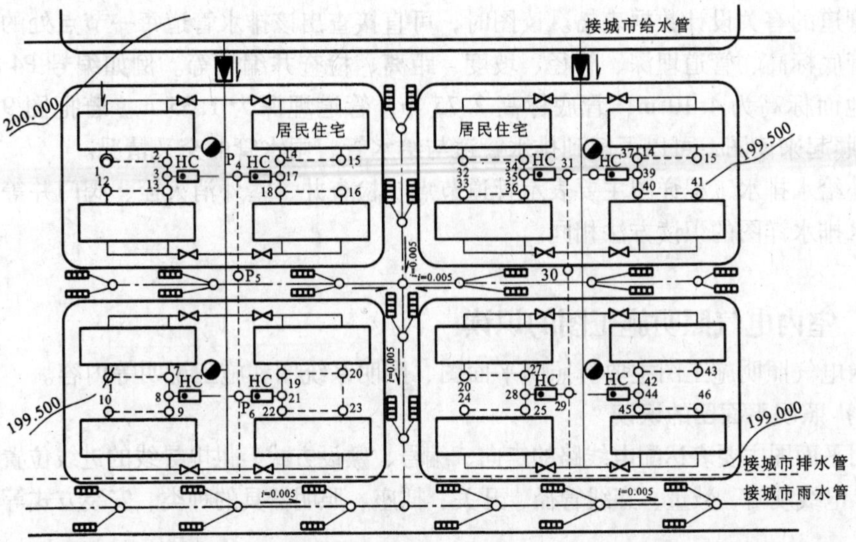

图 9－9　某居住小区室外给水排水管网平面布置图

深及管径。

③室外排水管的起端、两管相交点和转折点均设置了检查井，排水管是重力自流管，故在小区内只能汇集于一点而向排水干管排出，并用箭头表示流水方向。从图中还可以看出雨水管与污水管分别由二根管道排放，这种排水方式通常称为分流制。

（2）纵断面图。

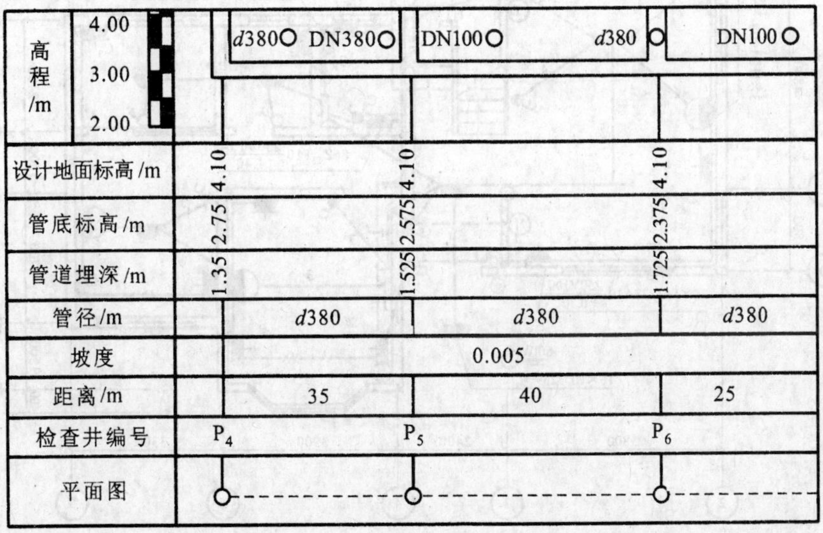

图 9－10　排水管道纵断面图

从图 9－9 平面布置图中可读到检查井的编号 P4、P5、P6，与之相对应的图 9－10 排水管道纵断面图中的检井编号 P4，是从西北角出发向南经编号 P5 来到编号 P6，再与城市排水管道相连接。由图可见，上部为埋地铺设的排水管道纵断面，其左部为标高尺寸，下部为该管道的有关设计数据表格。读图时，可直接查出该排水管道每一节点处的设计地面标高、管底标高、管道埋深、管径、坡度、距离、检查井编号等。例如编号 P4 检查井处的设计地面标高为 4.10 m，管底标高 2.75 m，管道埋深为 1.35 m。若把图 9－9 和图 9－10对照起来读图，可以了解到排水管道与给水管、雨水管的交叉情况。

室外给水排水工程详图主要表示管道节点、检查井、室外消火栓、阀门井等，识读方法与给水排水详图的识读方法相同。

三、室内电气照明施工图的识读

室内电气照明施工图主要有照明平面图、照明系统图和施工说明等内容。

（一）照明平面图的识读

照明平面图主要表达配电线路的走向、编号、敷设方式、供电导线的进线位置、配电箱的位置、电线规格、数量、穿线管径、开关、插座、照明器具的种类、安装方式等内容。

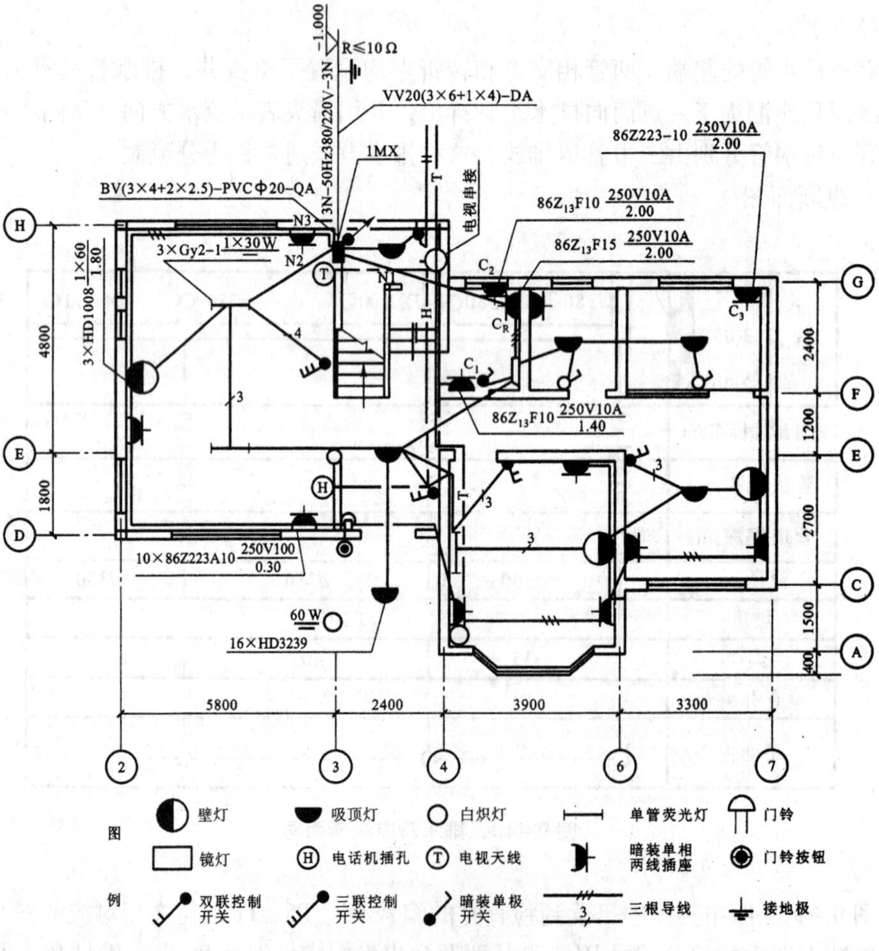

图 9－11　某住宅底层照明配电平面图

图 9－11 所示为某住宅底层照明配电平面图。进户线标有 VV20(3×6＋1×4)－DA 参数，表示该线采用聚氯乙烯护套电缆，有 3 根相线的截面为 6 mm^2、一根零线的截面为 4 mm^2，暗敷设在地面下（1 MX 处）进入“XRC31－703（改）”型照明配电箱 1 MX 内。进户线处重复接地极，进户线还标有 3 N－50 Hz，380/220 V，表示电源为三相四线制，频率 50 Hz（赫兹），电压为 380/220 V。在配电箱 1 MX 处还标有向上配线的图形符号，标有 BV（3×4＋2×2.5）－PVC ϕ 20－QA 参数，表示采用了 3 根塑料铜芯 4 mm 、2 根塑料铜芯 2.5 mm^2 截面的导线，穿直径 20 mm 的阻燃塑料管，暗敷设在墙内进入二楼配电箱（2 MX 处）。

由配电箱 1MX 引出 3 条支路，各支路用 N1、N2、N3 表示，分别与底层各电气元件相连。N1 连接卫生间的热水器插座、洗衣机插座和排气扇插座。N2 与灯具、开关连接，底层共有 3 盏 HD1008 型 60 W 的壁灯，距地面 1.80 m；3 套 Gy2－1 型 30 W 的吸顶荧光灯，16 盏 HD3239 型 60 W 的吸顶灯。N3 连接各厅室插座，大门口装有门铃，室内装有电视天线插座、电话插座的设施。

（二）照明系统图的识读

对于平房或电气设备简单的建筑，一般用照明平面图即可施工。而多层建筑或较复杂的电气设备，常要画出照明系统图。

照明系统图主要用来表达房屋室内的配电系统和容量分配情况，所用的配电装置，配电线路所用的导线型、截面、敷设方式、所用管径、设备容量等情况。

照明系统图是用图例符号示意性地概括说明整幢房屋供电系统的来龙去脉和接线关系，见图 9－12 所示照明配电系统图。

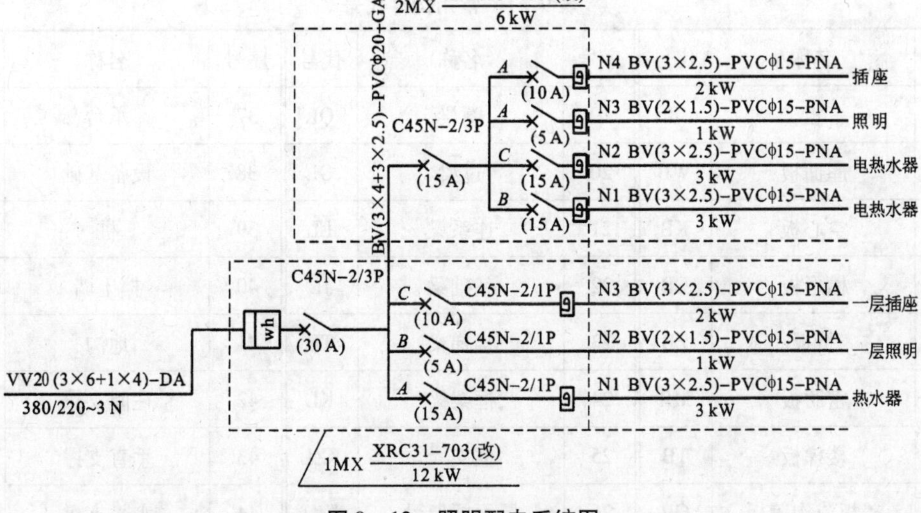

图 9－12 照明配电系统图

读照明配电系统图，一般从电源进线到用电设备顺序读图。其步骤如下：

交流电源采用三相四线制，进户线采用 VV20 型护套电缆（该电缆适用于额定电压 6 kV及以下的输配电线路），暗敷设在地面以下 1 m 处进入照明配电箱 1 MX 内。经过总电表、30 A 总自动开关，分出向上配线［型号为 BV（3×4＋2×2.5）－PVC ϕ 20－GA，该线型号说明同照明平面图］进入二层配电箱（2 MX）；同时分出A、B、C相各经过15A、10A单相自动保护开关，A、C相还接有漏电器，再用2.5 mm的塑料铜芯线从电源引出N1、N2、N3支路。N1支路［BV(3×2.5)－PVC ф 15－PNA］用3根2.5 mm的塑料铜芯线，穿ф 15阻燃塑料管暗设在不能进入的吊顶内，在卫生间2 m处与1.4 m处和热水器等插座连接，使用功率为3 kW，3根导线分别为火线、地线、零线。N2支路［BV(2×1.5)－PVC ф 15 －PNA］用2根1.5 mm^2 的塑料铜芯线，敷设方式与N1支路相同，用于照明线路，使用功率为1 kW。N3支路［BV(3×2.5)－PVC ф 15 －PNA］用3根2.5 mm塑料铜芯线，敷设方式与N1支路相同，用于底层厅室插座，使用功率为2 kW。

另外在图纸上还有施工说明，把有关规定和图中未详细表达之处进一步用文字加以说明。

相关知识

一、结构施工图常用图例

结构施工图是施工放线、挖基槽、支模板、绑钢筋、设置预埋件、浇注混凝土、安装预制构件、编制概预算和进行施工组织设计的依据，同时也是物业服务企业进行房屋装修管理、维修管理和施工管理的依据。结构施工图常用图例如下：

（1）常用结构构件代号。为使结构施工图简明清晰，常用构件的名称用代号表示。房屋结构的基本构件，如梁、板、柱等，种类繁多，国际上规定了每类构件的代号。常用构件的代号见表9－1。

表9－1 常用构件代号

序号	名称	代号	序号	名称	代号	序号	名称	代号
1	板	B	19	圈梁	QL	37	承台	CT
2	屋面板	WB	20	过梁	GL	38	设备基础	SJ
3	空心板	KB	21	连系梁	LL	39	桩	ZH
4	槽形板	CB	22	基础梁	JL	40	挡土墙	DQ
5	折板	ZB	23	楼梯梁	TL	41	地沟	DG
6	密肋板	MB	24	框架梁	KL	42	柱间支撑	ZC
7	楼梯板	TB	25	框支梁	KZL	43	垂直支撑	CC
8	盖板或沟盖板	GB	26	屋面框架梁	WKL	44	水平支撑	SC
9	挡雨板檐口板	YB	27	檩条	LT	45	梯	T
10	吊车安全走道板	DB	28	屋架	WJ	46	雨篷	YP
11	墙板	QB	29	托架	TJ	47	阳台	YT

（续上表）

序号	名称	代号	序号	名称	代号	序号	名称	代号
12	天沟板	TGB	30	天窗架	CJ	48	梁垫	LD
13	梁	L	31	杠架	KJ	49	预埋件	M
14	屋面梁	WL	32	钢架	GJ	50	天窗端壁	TD
15	吊车梁	DL	33	支架	ZJ	51	钢筋网	W
16	单轨吊车梁	DDL	34	柱	Z	52	钢筋骨架	G
17	轨道连接	DGL	35	框架柱	KZ	53	基础	J
18	车档	CD	36	构造柱	GZ	54	暗柱	AZ

（2）钢筋图例及钢筋代号。钢筋混凝土是由混凝土和钢筋两部分材料组成的，混凝土抗压强度较高而抗拉强度较低，钢筋的抗拉强度较高，钢筋混凝土就是充分利用两种材料的性能而使用的比较理想的建筑材料，而其中钢筋又是十分关键的建筑材料。钢筋代号及钢筋图例见表 9－2 和表 9－3。

表 9－2 钢筋代号

钢筋种类	代号	钢筋种类	代号
Ⅰ级钢筋（即 3 号光圆钢筋） Ⅱ级钢筋（如 20 锰硅螺纹筋） Ⅲ级钢筋（如 25 锰硅筋） Ⅳ级钢筋（45 硅 2 锰钛、40 硅 2 锰钒）	Φ Φ Φ Φ	冷拉Ⅰ级钢筋 冷拉Ⅱ级钢筋 冷拉Ⅲ级钢筋 冷拉Ⅳ级钢筋	Φ′ Φ′ Φ′ Φ′

表 9－3 钢筋图例（部分）

序号	名 称	图 例	说 明
1	钢筋横断面		
2	无弯钩的钢筋端部		下图表示长、短钢筋影重叠时，短钢筋的端部用 40 度斜划线表示
3	带半圆形弯钩的钢筋端部		
4	带直钩的钢筋端部		
5	带丝扣的钢筋端部		
6	无弯钩的筋搭接		
7	带半圆弯钩的钢筋搭接		

（续上表）

序号	名　　称	图　　例	说　　明
8	带直钩的钢筋搭接		
9	花篮螺丝的钢筋接头		
10	机械连接的钢筋接头		用文字说明机械连接的方式（或冷挤压或锥螺纹等）
11	预应力钢筋或钢绞线		
12	后张法预应力钢筋黏结预应力钢筋断面		
13	单根预应力钢筋断面		
14	张拉端锚具		
15	固定端锚具		

二、给排水施工图常用图例

在画与看给水排水管道平面图、管道系统轴测图、卫生器具与用水设备图时，应遵照《给水排水制图标准》中统一规定的图例。常用的统一规定的图例如表 9 – 4 所示。

表 9 – 4　给水排水图例

序号	名称	图例	说明	序号	名称	图例	说明
1	管道	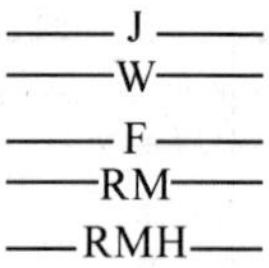		5	多孔管		
				6	圆形地漏	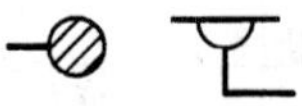	
2	管道立管	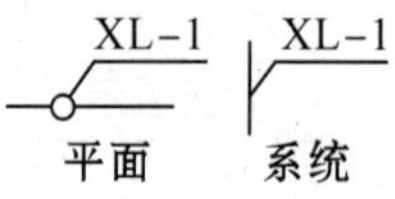	X：管道类别；L：立管；1：编号	7	阀门（通用）截止阀	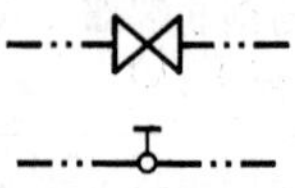	
3	管道交叉	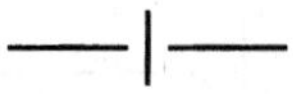	在下方和后面的管道应断开	8	止回阀	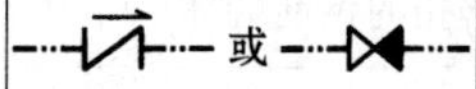	左图为通用，右图为升降式止回阀，流向同左。其余同阀门类推
4	四通连接	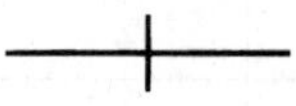					

（续上表）

序号	名称	图例	说明	序号	名称	图例	说明
9	放水龙头	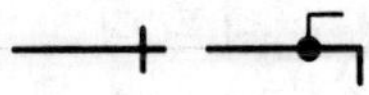	左侧为平面，右侧为系统	20	通气帽		
10	室内消火栓（单口）	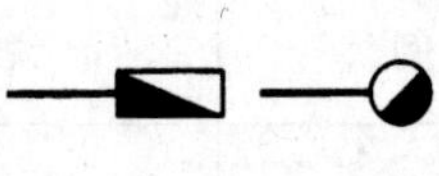	白色为开启面	21	污水池		
11	立式洗脸盆	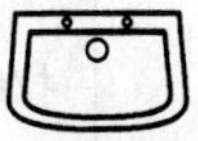		22	小便池	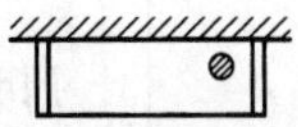	
12	浴盆	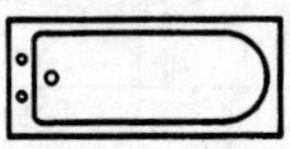		23	蹲式大便器	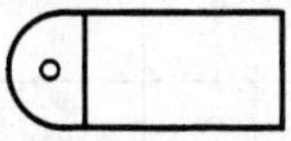	
13	立式小便器			24	坐式大便器	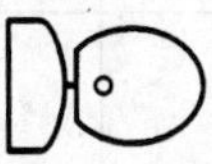	
14	盥洗槽	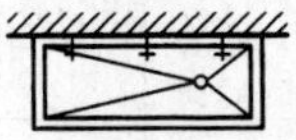		25	淋浴喷头		
15	排水明沟						
16	弯折管	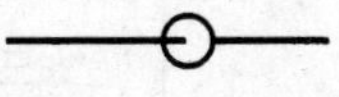	表示管道向后及向下弯90°	26	水表井		
17	存水弯	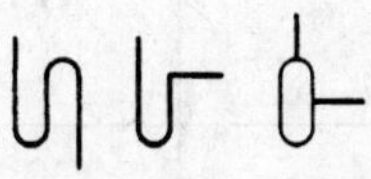		27	阀门井检查井		
18	立管检查口	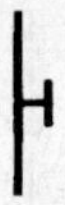		28	矩形化粪池		HC为化粪池代号
19	清扫口	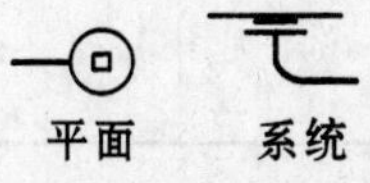		29	方形地漏	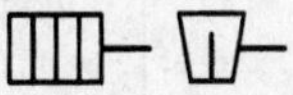	

三、电气施工图常用图例

在图纸上各种电气元器件都是用图例表示的，电气图例应符合国家标准《电气简图用图形符号》的规定。常见电气照明图例如表 9－5 所示。

表 9－5　常见电气照明图例

图　例	说　明	图　例	说　明
	电力配电箱（板）		暗装单相两线插座
	照明配电箱（板）	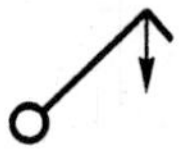	拉线开关（单相两线）
	母线和干线		暗装单极开关（单相两线）
	接地装置（有接地极）		管线引线符号
	接地、重复接地		镜灯
	熔断器		插座
	交流配电线路（3 根导线）		漏电开关
	交流配电线路（4 根导线）		双联控制开关
	壁灯		三联控制开关
	吸顶灯（天棚灯）		门铃
	灯具一般符号		门铃按钮
	单管荧光灯管		电视天线盒
	明装单相两线插座		电话插孔

9.2 房屋安全管理

能力目标

（1）能够进行房屋的安全管理。

（2）会进行房屋完损等级评定。

（3）能按规定对城市危险房屋进行解危。

基本操作

一、房屋安全检查

房屋的安全检查是房屋使用管理、养护维修的重要依据，按规定对房屋进行定期和不定期的检查，可随时掌握房屋状况，及时发现房屋的危损情况，抢修加固，解除危险，保证房屋功能的正常发挥，延长房屋使用寿命，保护业主利益。

（一）准备工作

检查小组首先要查阅房屋图纸及有关资料，熟悉并掌握房屋建筑及结构的布局和特征。无图纸的，应由房屋管理人员补画房屋建筑平面示意图，平面图上应按统一的方法标注房间号。检查小组要事先准备好各种检查工具和必要的排除、抢修器材。房屋管理人员应依照检查作业计划提前通知用户做好准备，以提供查房作业的方便。

（二）检查现场

检查小组首先要做好四核对，即：平面图与房屋现状是否相符；图示房间标号与现场房间标号是否相符；房屋数量与图例房屋数量是否相符；产权关系是否相符，防止漏查、错查。

（三）检查建筑物周围环境的影响及有无损害房屋结构的人为因素

如相邻的高大建筑、高大的枯朽木、高压电线、沟壑坑穴、地表积水、车辆机械震动对房屋的影响以及使用不当的现象（包括住户自行拆改，门窗洞口改动，受力部位开洞、开槽，楼地面、基础长期泡水、浸水、潮湿、化学药品腐蚀，通风不良等）。

（四）检查房屋结构

按照房屋安全检查技术要点的要求进行检查，如对于钢筋混凝土结构和砖混结构楼房中的混凝土构件，要检查：

（1）梁的支座附近，梁跨以内裂缝、变形发生及发展状况。

（2）梁、柱、墙联系处的梁端、柱头、墙体发生及发展状况。

（3）各种板的支撑和跨中有无横裂、顺裂或斜裂，是否新出现裂缝或原有裂缝有无发展。

（4）混凝土层架的弦杆、腹杆有无裂缝，支撑部位有无移动，屋架是否倾斜，连接铁件有无变形、锈蚀和松动。

（5）装修工程检查，如对吊顶、地板、装饰、水泥饰面、设备、电气的损坏情况进行检查。

（6）检查屋面的损坏情况，如有无杂草、瓦件塌陷、变曲下沉等。

检查时要认真逐项填写检查记录表，并由检查人、复核人、负责人签字。

二、危险房屋管理

依据《城市危险房屋管理规定》建设部第四号令，房地产行政管理部门与物业服务企业要做如下工作：

（一）制定危房鉴定检查制度

危房的划分一定要根据房屋构件损坏范围的大小、程度以及对周围环境、整个房屋的危害程度而定。一般可以考虑三种情况：整幢危房，指房屋结构大部分具有不同程度的损毁，已危及整幢房屋并随时有倒塌的可能，且已无维修价值，不能通过修复保证住用安全；局部危房，指房屋大部分结构尚好，只是局部构件受损，一旦发生事故，对整幢房屋无太大影响，只要排除局部危险，可继续安全使用；危险点危房，指房屋的某个承重构件或某项设施损坏，但对整体还未构成直接威胁，一般可通过维修排除险情。

（二）建立、健全危房管理机构

除政府有权威性的危险房屋鉴定机构外，各物业服务企业也应设立相关部门或指定专门技术人员负责此项工作，依据建设部颁发的《危险房屋鉴定标准》和各地政府颁布的有关规定，按照初始调查、现场勘察、检测验算、论证定性等程序，在掌握测算数据、科学分析论证的基础上，确认房屋的建筑质量及安全可靠程度。

（三）危房处理措施

根据鉴定情况可按以下四类办法处理：第一，观察使用，适用于采取适当安全技术措施后，尚能短期使用，但须继续观察的房屋：第二，处理使用，适用于采取适当安全技术措施后，可解危的房屋；第三，停止使用，适用于已无修缮价值，暂无条件拆除，又不危及相邻建筑和影响他人安全的房屋；第四，整体拆除，适用于整幢危险且无修缮价值，随时可能倒塌并危及他人生命及财产安全的房屋。

相关知识

一、房屋完损等级的评定标准

按照房屋的结构、装修、设备三个组成部分的完好、损坏程度，房屋完损等级可划分为五类：

（一）完好房

这是指房屋的结构构件完好，装修和设备齐全完整，管道畅通，现状良好，使用正常；或虽个别分项有轻微损坏，但一般经过小修就能修复。

（二）基本完好房

这是指房屋结构基本完好，少量构件有轻微损坏，装修基本完好，油漆缺乏保养，设备、管理现状基本良好，能正常使用，经过一般性的维修就能修复。

（三）一般损坏房

这是指房屋结构一般性损坏，部分构件有损坏或变形，屋面局部有破损，油漆老化，设备管道不够畅通，水卫、电照管线、器具和零件有部分老化、损坏或残缺，需要进行中修或局部大修更换部件。

（四）严重损坏房

这是指房屋年久失修，结构有明显变化或损坏，屋面严重漏雨，装修严重变形、破损，油漆老化见底，设备陈旧不齐全，管道严重堵塞，水卫、电照管线、器具和零件残缺及严重损坏，需要进行大修或翻修、改建。

（五）危险房

这是指房屋承重构件已属危险构件，结构丧失稳定和承载能力，随时有倒塌的可能，不能确保住用安全的房屋。

说明：

（1）上述所指结构部分是指基础、承重构件、承重墙、屋面、楼地面等项目；装修部分指门窗、内外粉刷、顶棚、细木装修等项目；设备部分指水卫、电气、照明、供暖、特殊设备等项目。

（2）对于有地震设防的城市，在划分房屋完损等级时，应结合抗震能力进行鉴定，房屋经过维修后，应调整其完损等级。

二、房屋完损等级的评定方法

房屋完损的等级，标志着房屋质量的好与坏，它是根据房屋各个组成部分的完损程度来综合评定的。

（一）钢筋混凝土结构、混合结构、砖木结构房屋完损等级评定方法

（1）房屋的结构、装修、设备等组成部分各项完损程度符合同一个完损标准，则该房屋的完损等级就是分项所评定的完损程度。

（2）房屋的结构部分各项完损程度符合一个完损标准，在装修设备部分中有一两项完损程度下降一个等级，其余各项仍和结构部分符合同一完损标准，则该房屋的完损等级按结构部分的完损程度来确定。

（3）房屋结构部分中非承重或楼地面分项完损程度下降一个等级完损标准，在装修或设备部分中有一项完损程度下降一个等级完损标准，其余三个组成部分的各项都符合上一个等级以上完损标准，则该房屋的完损等级可按上一个等级的完损程度来确定。

（4）房屋结构部分中地基基础、承重构件、屋面等项的完损程度符合同一个完损标准，其余各分项完损程度可有高出一个等级的完损标准，则该房屋完损等级可按地基基础、承重结构、屋面等项的完损程度来确定。

（二）其他结构房屋完损等级评定方法

其他结构房屋是指竹、木、石结构，窑洞、捆绑等类型的房屋（俗称简易结构）。此类结构的房屋，在评定完损等级时按以下两种方法来确定：

（1）房屋的结构、装修、设备等部分各项完损程度符合同一个完损标准，则该房屋的完损等级就是分项的完损程度。

（2）房屋的结构、装修、设备部分等级大多数项目完损程度符合一个完损标准，有少量分项完损程度高出一个等级完损标准，则该房屋的完损等级按绝大多数分项的完损程度来确定。

表 9－6　房屋分幢完损等级评定表

房屋情况	完损标准分类	结构部分					装修部分					设备部分				评定等级
		地基基础	承重构件	非承重墙	屋面	楼地面	门窗	外抹灰	内抹灰	顶棚	细木装修	水卫	电照	暖气	特种设备	
幢　　号： 结构类别： 建筑面积： 建筑年代：	完　　好															
	基本完好															
	一般损坏															
	严重损坏															
	危　　险															
备　　注																

三、基本做法

评定房屋等级的做法一般分为定期和不定期两种：

（一）定期评定房屋完损等级

每隔一定时期（1～3 年，或根据各地规定）对所管房屋进行一次全面的逐幢完损等级评定，包括组织准备、实施查勘、统计汇总三个阶段。

（二）不定期评定房屋完损等级

（1）根据气候特征，如雨季、台风、暴风雪等，着重对危险房屋、严重损坏房屋和一般损坏房屋等进行检查，评定完损等级。

（2）房屋经过中修、大修、翻修和综合维修竣工验收以后，重新评定完损等级。

（3）接管验收新建房屋后，要进行房屋完损等级的评定。

四、城市危险房屋管理规定

危险房屋管理工作主要应依据建设部颁发的《城市危险房屋管理规定》进行管理。《城市危险房屋管理规定》有以下主要内容：

（一）一般规定

（1）《城市危险房屋管理规定》适用于城市（指直辖市、市、市建制镇）内各种所有制房屋，本规定所涉及的危险房屋，是指结构已严重损坏或承重构件已属危险构件，随时有倒塌可能，丧失结构稳定和承载能力，不能保证居住和使用安全的房屋。

（2）房屋所有人、使用人均应遵守本规定。

（3）建设部负责全国的城市危险房屋管理工作。县级以上地方人民政府房地产行政管理部门负责本辖区的城市危险房屋管理工作。

（4）市、县人民政府房地产行政管理部门应设立房屋安全鉴定机构（简称“鉴定机构”），负责房屋安全鉴定，并统一启用“房屋安全鉴定专用章”。

（5）鉴定人员应做到专业技术配套。

（6）鉴定机构进行房屋安全鉴定应按《城市危险房屋管理规定》所列程序进行，要使用统一术语，填写鉴定文书，提出处理意见。

经鉴定属危险房屋的，鉴定机构必须及时发出危险房屋通知书；属于非危险房屋的，应在鉴定文书上注明在正常使用条件下的有效时限，一般不超过一年。

（二）责任划分

（1）房屋所有人应定期对其房屋进行安全检查，对危险房屋能解危的要及时解危，解危暂时有困难的应采取安全措施。

（2）房屋所有人对经鉴定的危险房屋必须按鉴定机构的处理建议，及时加固或治理；如房屋所有人拒不按照处理建议修缮治理，或使用人有阻碍行为的，房地产行政管理部门有权指定有关部门代修，或采取强制措施，所需的费用由责任人承担。

（3）异产毗连危险房屋的各所有人，应按国家对异产毗连房屋的规定，共同履行治理责任；拒不承担责任的，由房屋所在地房地产行政主管部门调处，当事人不服从的可向当地人民法院起诉。

（三）法律责任

（1）因下列原因造成事故的，房屋所有人应承担民事或刑事责任：有险不查或损坏不修；经鉴定机构鉴定为危险房屋而未采取有效措施。

（2）因下列原因造成事故的使用人，行为人应承担民事责任：使用人擅自改变房屋结构、构件、设备或使用性质；使用人阻碍房屋所有人对危险房屋采取解危措施；行为人由于施工、堆物、碰撞等行为危及房屋。

（3）有下列情况的，鉴定机构应承担民事或行政责任：因故意把非危险房屋鉴定为危险房屋而造成损失；因过失把危险房屋鉴定为非危险房屋，并在有效时限内发生事故；因拖延时间而发生事故。

五、房屋完好率与危房率的计算

（1）计算房屋完损等级，一律以建筑面积为计量单位，评定时则以幢作为评定单位。

（2）房屋完好率，就是完好房屋的建筑面积加上基本完好房屋的建筑面积之和占总的房屋建筑面积的百分比，即：

$$\text{房屋完好率}=\frac{(\text{完好房建筑面积}+\text{基本完好房建筑面积})}{\text{总的房屋建筑面积}}\times 100\%$$

（3）危房率，就是整幢危险房屋的建筑面积占总的房屋建筑面积的百分比，即：

$$\text{危房率}=\frac{\text{整幢危险房屋的建筑面积}}{\text{总的房屋建筑面积}}\times 100\%$$

9.3 房屋维修养护管理

能力目标

（1）会拟定房屋维修养护管理制度。

（2）能对房屋维修实施管理。

（3）能识别不同的房屋维修工程。

基本操作

一、房屋维修养护管理制度的制定

（一）定期检查维修制度的制定

定期检查制度包括定期普查制度、冬雨检查制度以及大风、大雨雪、有感地震以后的临时检查制度等。对于房屋的不同结构部位及不同装修设备还要有定期维修更换制度。工程管理部门一般每年都要对所管房屋进行一次全面普查，普查大都利用冬闲时间、安排在每年年初至 3 月 15 日前完成。房屋普查要逐幢逐间对房屋的使用状况，基础、结构、材料的破损变形受力状况，装修设备的完好状况逐项进行全面检查，认真记录，并对整幢房屋及各分项的完好等级作出准确评价，填入表格，以便房管部门安排年度维修计划。普查应由房管员直接负责其管辖区的房屋普查，对重要建筑物及重点危旧房屋还要配备必要的专业技术人员。每次普查发现的问题都要及时汇总分析，及时安排维修养护。

（二）巡回检修及抢修制度的拟定

确保房屋的安全仅有定期检查维修制度是远远不够的，还必须委之以经常性的检修。当出现火灾、爆炸、雷击、漏电、塌房等意外灾害事故时，还要有必要的抢修制度。一般情况下，要求每个房管员每个月结合催交房租至少对所管房屋走访一遍，水、电、电梯等维修人员必须坚持 24 小时值班制度，做到零修不过夜，急修不超过 4 小时的检修要求。同时，维修人员还要坚持对所分管房屋随时进行巡回检查，随时发现各种需要维修保养的隐患。当发生各种意外灾害事故时，要求建立抢修人员在事故发生 1 小时内赶到现场全力抢修的制度。

（三）确立房屋维修管理的责任范围制度

房屋维修管理是一项十分复杂的系统工程。从产权的多元化到房屋使用范围的自用和共用，如果没有明确的维修责任的划分，业主和物业服务企业的利益都将难以保证。另外，物业服务企业应对所管房屋各项检修范围责任落实到人，资金、材料落实到班组。每一间房屋都要建立完备的档案和检修记录。对重要建筑物和危险房屋还要委派专人定时巡回检修。

（四）定期保养、修缮制度的拟定

要保证房屋的完好率，并尽可能延长其有效使用寿命，取得较大的经济效益，在房屋的管理维修方面，就绝不能只修不养。要订立科学的保养、更换制度，以保证房屋的正常使用，延长其使用寿命，例如，房屋的纱窗每三年左右就应该刷一遍铅油保养；外墙每 10 年应彻底进行一次检修加固，更换脱落、风化、碱酥、松动的砖。定期保养、更换维修是保证房屋使用安全、完好的非常重要的制度。

二、房屋维修的施工管理

（1）选择维修施工队伍。一是物业服务企业自己拥有一支维修养护队伍来进行维修工程的施工。二是物业服务企业自己没有维修队伍，对房屋的维修工程实行招标，或以承包方式把房屋的维修养护承包给专业维修队伍。随着市场经济的发展，招标或承包的维修工程会越来越多。物业服务企业为保证维修质量和控制成本，要做好“核算”和“验收”工作。

（2）落实维修任务，签订承包合同。

（3）施工过程的管理。施工准备阶段要根据施工量大小编制工程施工计划，组织设计施工方案。施工单位应首先熟悉维修设计或维修方案，在此基础上，参与物业服务企业组织的技术交底和图纸会审，并在会审中就有关问题提出解决方案，作为施工的依据之一。在施工过程中，要经常检查督促施工计划和工程合同的执行情况，进行人力、物力的平衡调度，促进施工生产活动的正常进行；要组织好材料运输，确保施工的连续性，监督检查工程质量、安全生产、劳动防护等情况，发现问题要找出原因，提出措施，限期改正。

相关知识

一、房屋维修管理的内容与要求

（一）房屋维修管理的内容

（1）房屋的安全检查。对房屋进行安全检查，能随时掌握房屋的状况，及时发现房屋的危损情况，排除险情，延长房屋的使用寿命。

（2）房屋维修施工管理。根据房屋的完好情况，编制年度维修计划，安排年度维修投资，审核维修方案，不管是企业自己维修养护，还是承包给专业的维修公司，都必须要达到房屋修理要求和技术标准。

（3）房屋维修的行政管理。根据国家和地方有关规定，房屋修缮是房屋所有者应当履行的责任，因使用不当或人为造成房屋损坏的，应由责任人负责修复或给予赔偿；对于房屋修缮责任者不及时修缮，或者在房屋修缮时遭到责任人的借故阻挠，或发现有可能导致房屋危险情况出现时，房管部门可采取“排除解危”的强制措施，费用由当事人承担。房屋修缮，依照《城市异毗连房屋管理规定》承担责任。

（二）房屋维修管理的要求

根据建设部《房地产经营、维修管理行业经济技术指标》规定，考核房屋维修管理的标准为：

（1）房屋完好率：50%～60%；

（2）年房屋完好增长率：2%～5%，年房屋完好下降率：不超过2‰；

（3）房屋维修工程量：100～150平方米/人·年；

（4）维修人员劳动生产率：5 000元/人·年；

（5）大、中修工程质量合格品率：100%，其中优良品率30%～50%；

（6）维修工程成本降低率：5%～8%；

（7）安全生产，杜绝重大伤亡事故，年职工负伤事故频率：小于3‰；

（8）小修养护及时率：99%；

（9）房屋租金收缴率：98%～99%；

（10）租金用于房屋维修率：60%～70%；

（11）流动资金占用率：小于30%；

（12）机械设备完好率：85%。

二、房屋维修管理的原则

房屋维修管理应确保房屋完好，改善使用功能和提高使用效益。

三、房屋维修工程的分类

根据房屋的损坏程度，按房修工程性质，可分为小修、中修、大修、翻修、综合维修五类。

（一）小修工程

小修工程（亦称零修工程或养护工程）是指及时修复小损小坏，以保持原来房屋完损等级为目的的日常养护工程。这种工程用工少、费用少，综合平均费用占房屋现时总造价的1%以下，并具有很强的服务性，要求经常持续地进行。小修工程范围主要包括：

（1）屋面筑漏（补漏），修补屋面、屋脊等。

（2）钢、木门窗的整修，拆换五金，配玻璃，换纱窗，油漆等。

（3）修补楼地面面层，抽换个别楞木等。

（4）修补内外墙、窗台、腰线和抹灰等。

（5）拆砌挖补局部墙体、个别拱圈，拆换个别过梁等。

（6）抽换个别楞条，接换个别木梁、屋架、木柱，修补木楼梯等。

（7）水卫电、暖气等设备的故障排除及零部件的修换等。

（8）下水管道的疏通，修补阴沟、散水、落水管等。

（9）房屋检查发现的危险构件的临时加固、维修等。

物业服务企业的房屋小修养护工程项目信息，主要是通过房屋维修管理人员走访查房的定期检查和业主（住户）的随时报修这两个渠道来收集取得的。

（二）中修工程

中修工程是指房屋少量部位已损坏或已不符合建筑结构的要求，需要进行局部维修，在维修中只牵动或拆换少量主体构件，而保持原有房屋规模和结构的工程。中修工程主要适用于一般损坏房，一次费用在该建筑物同类结构新建造价的20%以下。中修后的房屋，70%以上必须符合基本完好房的要求。中修工程范围主要包括：

（1）少量结构构件形成危险点的房屋维修。

（2）一般损坏房屋的维修，如整幢房屋的门窗整修，楼地面、楼梯的维修，抹灰修补，油漆保养，设备管线的维修和零配件的更换等。

（3）整幢房屋的共用生活设备的局部更换、改善或改装、新装工程以及单项目的维修，如下水道重做、整幢房屋门窗的油漆、整幢房屋围墙的拆砌等。

（三）大修工程

大修工程是针对房屋主体结构大部分严重损坏，有倒塌或有局部倒塌危险的房屋或需要改装、新装的房屋，需要进行局部改建、填建的房屋，需要对主体结构抗震加固的房屋等的工程。大修工程适用于严重损坏的房屋，即不修，房屋就不能继续使用。大修后的房屋必须符合基本完好或完好房标准的要求。这类工程施工地点集中、项目齐全、具有整体性，适用于严重损坏房，其费用是该房屋同类结构新建造价的25%以上。经大修后的房屋，一般都要求达到基本完好房或完好房的标准。

（四）翻修工程

翻修工程是指原来的房屋需要全部拆除，另行设计，重新建造或利用少数主体构件在原地或移动后进行更新改造的工程。这类工程一般投资大、工期长。由于翻修工程可尽量利用原房屋构件和旧料，因此其费用应低于该房屋同类结构的新建造价。一般翻修后的房屋必须达到完好房屋的标准。

翻修工程适用范围主要包括：

（1）房屋主体结构全部或大部分损坏，有倒塌危险。

（2）因自然灾害破坏不能再使用的房屋。

（3）地处陡峭易滑坡地区的房屋或低势低洼、长期积水无法排出地区的房屋。

（4）主体结构、围护结构简陋无修缮价值的房屋。

（5）国家基本建设规划范围内需要拆迁恢复的房屋。

（五）综合维修工程

综合维修工程是指成片多幢的楼房或面积较大的单幢楼房，大部分严重损坏，进行有计划的成片维修和为改变片（幢）房屋面貌的维修工程，即大、中、小修，一次性应修尽修的工程。其费用控制在该片（幢）建筑物同类结构新建造价的20%左右。综合维修后的房屋必须符合基本完好或完好房标准的要求。综合维修工程的竣工面积和数量，在统计时计入大修工程项目内，可不单独列出。

四、房屋维修标准

（1）主体工程。主要指屋架、梁、柱、墙、楼面、屋面、基础等主要承重构部件的维修。当主体结构损坏严重时，不论修缮哪一类房屋，均应要求牢固、安全，不留隐患。

（2）木门窗及装修工程。木门窗应开关灵活，不松动，不透风；木装修应牢固、平整、美观、接缝严密。房屋的木装修应尽量做到原样修复。

（3）楼地面工程。楼地面工程的维修应牢固、安全、平整、不起砂，拼缝严密不闪动，不空鼓开裂，地坪无倒泛水现象。若房间长期处于潮湿环境，可增设防潮层，木基层或夹砂楼面损坏严重时，应改做钢筋混凝土楼面。

（4）屋面工程。屋面必须确保安全，不渗漏，排水畅通。

（5）抹灰工程。抹灰应接缝平整，不开裂，不起壳，不起泡，不松动，不剥落。

（6）油漆粉饰工程。油漆粉饰要求不起壳、不剥落、色泽均匀，尽可能保持与原色一致。对木构件呈现各类铁构件应进行周期性油漆保养。各种油漆和内、外墙涂料，以及地面涂料均属保养性质，应制定养护周期，达到延长房屋使用年限的目的。

（7）水、电、卫、暖等设备工程。房屋的附属设备均应保持完好，保证运行安全，正常使用。电气线路、电梯、安全保险装置及锅炉等应定期检查，严格按照有关安全规程定期保养。对房屋内部电气线路破损老化严重、绝缘性能降低的，应及时更换线路。当线路发生漏电现象时，应及时查清漏电部位及原因，进行修复或更换线路。对供水、供暖管线应做保温处理，并定期进行检查维修，水箱要定期清洗。

（8）金属构件。应保持牢固、安全、不锈蚀，损坏严重的应更换，无保留价值的应拆除。

（9）其他工作。对属物业管理范围的庭院原有院墙、院墙大门、院落内道路、沟渠下水道、窨井损坏或堵塞的，应修复或疏通。

五、房屋维修责任的划分

（1）自用部位及自用设备的修缮、更新责任，由单元房屋住户承担，费用由单元房屋住户自理。

（2）房屋承重结构、共用部位及共用设备的修缮、更新责任，由整幢房屋住户按各单元房屋建筑面积比例共同承担，费用在住宅修缮基金中列支。

（3）公共设施的修缮、更新费用在住宅基金中列支。

（4）社区服务配套设施的修缮、更新、改造责任，由该设施的所有人承担，费用在经营管理收入中列支。

（5）共同部位、共同设备以及公共设施，凡属人为损坏的，由行为人负责修复或赔偿，费用由行为人承担。

9.4 房屋装修管理

能力目标

（1）能够拟定房屋装饰装修管理制度。

（2）能够组织检查房屋装饰装修工程及进行装修验收。

（3）能对管理区域内的建筑装饰装修实施管理。

基本操作

一、房屋装饰装修管理制度的制定

物业服务企业应根据国家和地方政府的有关规定，制定所管物业的装饰装修管理制度。房屋装饰装修管理制度一般应包括以下内容：①报批程序；②装修范围；③装修时间；④装修保证金；⑤垃圾清运；⑥电梯使用；⑦装修责任；⑧管理权限；⑨违约处理规定。

二、房屋装饰装修施工的管理规定

（1）施工必须按照物业服务公司审批的方案进行，不得随意更改。如有更改，必须事先报物业服务公司审批，经管理处出具同意更改通知后方可施工。

（2）装修期限一般规定为：中小工程为20天，较大工程为30天，最长不超过50天，如确实需要延期，应到物业服务公司办理延期手续。

（3）施工时间一般规定为：每天9：00～12：00，14：00～20：00。

（4）装修施工用电不得超过装修住宅单位的装表容量，严禁擅自乱接、乱拉电源线，超容量用电应与物业服务公司协商后，在物业服务公司监督下，由管理人员在指定位置接临时电源线，否则造成的一切后果由住户负责。

（5）管道供气设施和燃气用具（必须符合国家标准）的安装、维修、拆移、改装，必须由持有专业资格证单位的专业人员施工，用户不得自行安装、拆除、改装。

（6）空调机应按物业服务公司统一规划的位置安装，不得破坏楼宇结构，凿坏墙体。

（7）未经物业服务公司事先同意，电梯不得作为运送装修材料和货物的工具。

（8）施工过程中要注意垃圾袋装后，每天按指定地点放置。楼梯、过道、天台、道路以及其他公共场所不得作为加工、堆放材料和垃圾的地点，不得损坏共用设施设备，保持公共地面、墙壁的完好整洁。

三、房屋装修工程的验收

装修工程验收流程如图 9－13 所示。

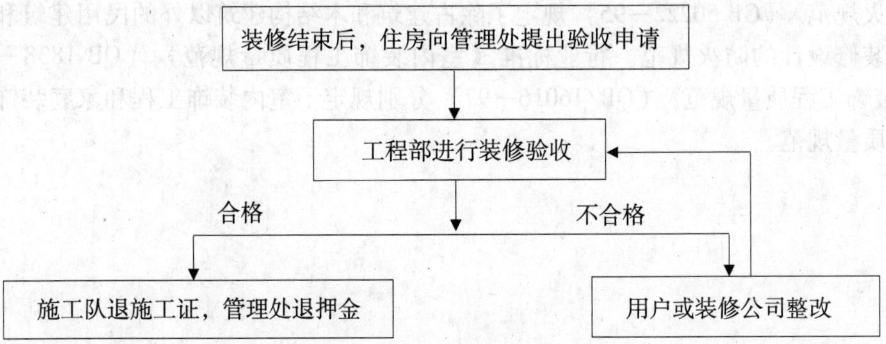

图 9－13　装修验收流程图

相关知识

一、物业服务企业对业主房屋装修的管理责任

（1）在发给每位业主的《住户手册》或《客户手册》中写明业主或使用人进行房屋装修时应遵循的有关管理规定和程序。

（2）接受业主或使用人（以下简称装修人）的房屋装修申报登记。

（3）将房屋装修工程的禁止行为和注意事项告知装修人和装修人委托的装修企业。

（4）与装修人，或者装修人和装饰装修企业签订房屋装修管理服务协议。房屋装修管理服务协议中应当约定装修工程的实施内容、装修工程的实施期限、允许施工的时间、废弃物的清运与处置、房屋外立面设施及防盗窗的安装要求、禁止行为和注意事项、管理服务费用、违约责任以及其他需要约定的事项。

（5）按照房屋装修管理服务协议实施管理，进行现场检查，对违反法律法规和装饰装修管理服务协议的，应当要求装修人和装修企业纠正，并将检查记录存档，甚至可以追究其违约责任；已造成事实后果或者拒不改正的，应当及时报告有关部门依法处理。

物业服务企业如果发现装修人或者装饰装修企业有违反有关规定的行为而不及时向有

关部门报告的，由房地产行政主管部门给予警告，可处以装饰装修管理服务协议约定的装饰装修管理服务费2~3倍的罚款。

二、房屋装修管理的相关规定

（1）《住宅室内装饰装修管理办法》。建设部颁布的《住宅室内装饰装修管理办法》（建设部令110号）自2002年5月1日起施行，从一般规定、开工申报与监督、装修工程委托与承接、室内环境质量、竣工验收与保修以及相应的法律责任等方面对住宅室内装饰装修活动和实施对住宅室内装饰装修活动的监督管理作出了明确的规定，特别是明确规定了物业服务企业的具体管理责任。

（2）几项相关的国家标准和行业标准。国家标准《住宅装饰装修工程施工规范》（GB 50327—2001）和《建筑装修工程质量验收规范》（GB 50210—2001）分别规定了住宅装饰装修工程的施工规范和建筑装修工程质量的验收规范。国家标准《建筑内部装修设计防火规范》（GB 50222—95）规定了除古建筑和木结构建筑以外的民用建筑和工业厂房内部装修设计的防火规范。行业标准《室内装饰工程质量规范》（QB 1838—93）和《家庭装饰工程质量规范》（QB/T6016—97）分别规定了室内装饰工程和家庭装饰工程应遵循的质量规范。

10 房屋附属设施设备维护管理服务

10.1 物业设施设备管理基础

能力目标

（1）掌握物业设备管理的内容。

（2）熟悉物业设备管理岗位职责和制度。

（3）会拟定物业设备管理制度和规程。

基本操作

一、物业设备管理内容

（一）物业设备基础资料管理

物业原始档案的建立和管理包括：

（1）收存成套设备的产品说明书和使用指导书，维修说明，产品合格证、订货合同、设备安装图、随机配件和专用工具清单，设备操作和维修保养规程等。

（2）建筑给排水、消防、电气、通风空调等系统安装工程竣工图，测试记录，验收移交记录，电梯运行许可证和准用证等。

（3）建立设备卡片，设备卡片记录各项明细资料，参见表 10－1、表 10－2。

表 10－1 房屋设备卡片（正面）

设备编号			建造单位		设备原值		
设备类别			建造年份		预计使用年限		
设备名称			验收日期		预计残值		
设备型号、规格			启用日期		预计清理费用		
设备所在地点					预提大修更新基金额		
设备原值及预提维修基金记录			设备大修记录		停用记录		
设备原值	预提维修基金日期	预提维修基金金额	大修日期	大修金额	停用日期	原 因	动用日期

表 10－2　房屋设备卡片（反面）

报废清理记录		事故记录		其　他	
报废日期		发生时间		记卡日期	
报废原因		发生原因		登记人	
设备原值		处理结论		注销日期	
累计预提维修基金额				登记人	
变价收入					
清理费用					

（二）设备保养维修资料管理

（1）根据设备运行情况编制的维护保养规定和检修计划，可划分为小修、中修、大修和系统大修等。

（2）运行记录。这是设备保养维修的依据资料，每月统计一次，每年装订一本，由物业设备管理部门保管。

（3）报修单。由设备操作人或管理责任人填写，维修人员记录设备维修情况和材料使用、零件更换情况，以备存查。

（4）设施设备改造更新资料。

二、物业设备运行管理

（一）物业设备技术运行管理应落实的工作

（1）对操作人员进行专业培训，通过考核取得操作资格证书后才能上岗。

（2）应对设备的特点制定切实可行的操作规程，并定期对操作人员进行考核评定。

（3）加强维护保养工作，做到“正确使用，精心维护”，确保设备始终保持完好能用的状态。

（4）运行中观察设备润滑、冷却系统的工作状况，发现故障，及时维修，排除故障。

（5）设备中的仪表、安全附件定期校验，确保灵敏可靠。

（6）发生事故，严格执行“三不放过”原则。即事故原因不查清不放过；事故责任者不处理不放过；事故后不采取改善措施不放过。

（二）物业设备经济运行管理

（1）设备的技术性能参数必须满足使用要求，并注意考虑发展的需要。

（2）考虑设备的安全可靠程度、操作难易程度及对工作环境的要求。

（3）注意采用新技术、新工艺、新材料及新型设备，从而获得技术进步及一定的经济效益。

（4）制定能耗计划并且准确计量，做到每天记录，每月统计。

（5）配置专业操作人员和优化设备利用，节电节水，形成切实有效的节能技术措施。

（6）做好设备日常维护保养，避免因事故造成维修费用开支过大。

三、物业设备维修管理

（一）巡检制

根据各类设施设备的使用特点，制定相关的巡回检查制度，检查仪表是否正常工作，设备运转有无异常噪声、发热，系统是否泄漏等情况，并做好相应记录。

（二）分工责任制

设备进行维修保养，应实行分工责任制，即人员分组、工作内容分项、责任落实到人。

（三）季度和年度安全检查制

除日常的巡检和实行分工责任制外，还应进行季度和年度检查或试验，并做好相应记录。

（四）维修报告制度

日常维护报告班组长，中修报告技术主管，大修报告部门经理。

（五）维修工程的审批制度

对设备的中、大修与改造更新应提出计划，经上级部门批准后，安排施工。

四、物业设备管理的实施

（一）物业设备管理岗位设置

（1）工程部经理：保证设备正常运行的总负责人，组织拟定各种设备管理规章制度和技术标准，并监督执行。

（2）技术主管：负责编制主管专业的设备保养和维修计划、操作规程，解决主管专业设备运行的技术问题。

（3）领班：负责本班所管理设备的运行、维护保养和日常工作安排，制定本班设备的检修计划和备件计划，做好各项记录并汇总。

（4）技术工人：执行各项规章制度和操作规程，保证安全、文明生产，不断提高业务素质。

（5）资料统计员：负责收集、整理、保管工程部各种资料及设备档案和相关资料的汇总和存档。

（二）物业设备管理制度

（1）生产技术规程方面的制度，主要有物业设备管理验收制度、物业设备安全操作规程、物业设备维修保养规程等。

（2）管理工作方面的制度，包括物业设备预防性计划维修保养制度、设备运行管理制度、设备巡查工作制度、安全管理制度、预防检修制度和值班工作制度等。

（3）责任制度方面，有岗位责任制度、记录与报告制度和交接班制度等。

相关知识

一、设备维护保养常见的三种方式

（1）紧固。设备在运行过程中的震动会使部分螺帽反松甚至脱落，造成机件连接错位、设备位移以及密封面接触不严造成泄漏等故障，因此，检查和紧固螺栓是设备日常维护保养的主要工作。

（2）润滑。润滑是减少机件磨损、延长设备寿命的重要环节。不同设备机型对润滑油的型号、油量、油压、油温等都有严格的规定，设备操作规程要求开机前检查油量，运行中油压仪表要显示符合规定的油压，并严格按设备说明书规定的运行周期更换润滑油，且每次更换润滑油都要做好记录。

（3）调整。设备零部件的相对位置及间隙都有具体技术参数规定的，维修时应对有技术参数的零部件进行测量和调整，使其保持原有的技术条件。

二、维护保养工作的实施

（1）日常维护保养。操作人员在设备运行中通过外观检查，巡视、记录运行参数，注意运行中有无异声、震动、异味、超载等现象，在班后做好清洁工作。

（2）定期维护保养。包括：①设备外部清洗，疏通；②检查运动部件转动是否灵活及磨损情况，调整配合间隙；③检查安全装置性能是否正常；④检查润滑系统和清洗润滑油过滤器，疏通油路；⑤检查设备冷却系统，风冷方式着重检查风机性能是否正常，水冷方式着重检查循环管网是否畅通，有无渗漏，排除存在故障；⑥检查设备电气线路和自动控制系统是否正常。

三、物业设备的计划检修

（1）小修。主要是清洗、更换和修复少量易损件，并做适当的调整、坚固和润滑工作。

（2）中修。除包括小修内容以外，对设备的主要零部件进行局部修复或更换。

（3）大修。对设备进行局部或全部的解体、修复或更换超过磨损极限或损坏的零部件，使设备恢复原有的技术特性。大修时也可结合技术进步的条件，对设备进行技术改造。

（4）系统大修。这种检修方式涉及范围较广，通常将所有设备和相应的管道、阀门、电气系统及控制系统集中检修，统一调试。在系统大修过程中，所有相关专业检修人员、操作人员和技术管理人员都应参加。

10.2 建筑给排水系统的维护管理

能力目标

（1）能界定给排水系统管理范围和管理内容。

（2）会进行给排水系统的维护管理要求。

基本操作

一、建筑给排水系统管理

（一）给排水系统接管验收管理

（1）建立档案资料，包括：

①工程地点，开竣工时间，设计、施工及接管单位，设备概况，工程竣工图纸。

②给水系统试压记录，水质检验报告，排水系统的排水试验记录。

③建筑物用水报装、污水排放申报审批文件，卫生部门的水质检验报告。

④水泵等设备技术说明书，试运行记录，现场设备测试记录。

⑤消防系统报装批文，消防部门颁发的验收合格证。

（2）给排水系统验收：

①给排水系统验收以竣工图为依据，检查核对管线、卫生器具、设备安装是否符合图纸要求。

②给排水管道应安装牢固，不渗不漏，给水控制部件启闭灵活；卫生洁具质量好，接口不渗漏，安装平整牢固、部件齐全；卫生器具及地面排水顺畅。

（3）新接管的住宅中给水设备不合格者，不能验收接管，解决后重新验收合格才接收。

（二）给水系统日常管理

（1）给水系统运行管理：

①建立管理人员岗位责任，管理员应熟悉其管辖楼宇内的供水系统，如水管、水池、水箱、水泵、开关阀门位置，定期巡检并做详细记录。

②建立水泵房管理制度，制订设备维修保养计划，保证水泵设备正常工作。

③水池、水箱定期清洗，消毒周期至少每三个月一次，每次清洗后，水池盖加锁，透气管、溢流管口包好不锈钢网，取水样送防疫部门检验，并公布水质鉴定书。

④定期检查消防系统输水设备，确保配件齐全，性能良好。

⑤接到自来水公司发出的停水通知时或在维修管道前，应先将水池、水箱注满，并及时向住户发出通知，使住户有所准备。

（2）节约供水管理：

①利用小区宣传设施，向住户宣传节约用水，制止浪费用水行为，同时对住户用水故障报修，迅速上门维修。

②公共用水处安装感应式或延时式的水龙头，防止用水后不关水源。

③制定环境卫生清洁和绿化用水定额，禁止浪费用水。

④每天抄录总水表读数，发现读数异常，应及时查明原因。

⑤对用户违反安全用水规定的，视其情况按用水量和用水时间追计水费，若影响到给水系统或对其他用户造成损失的，由行为人赔偿损失。

（3）水泵房管理制度：

①水泵房由专职人员管理，其他人员不能随便进入。

②值班人员每日对水泵房进行巡视，检查控制电源、水泵组和输水管道的工作情况，并做好运行记录。

③各个给水系统的水泵控制形式应设置为“自动”，每月要进行一次“自动”与“手动”控制形式切换试验；每周要进行一次工作泵和备用泵轮换运行。

④水泵房要保持清洁卫生、通风和照明，应急灯在停电状态下能正常使用。

⑤水池、水箱检查孔盖钥匙由值班人员管理。

⑥管理员负责设备的日常保养，并执行年度设备维修计划，按时进行维修保养。

（三）给水系统维修管理

（1）水泵设备性能检查：

①水泵运行时，不应有"刮、碰"的杂音，轴承温度以微暖为宜。

②检查水泵控制柜。控制柜的电源开关处在"ON"时，三相电源指示灯全亮表示三相电源供电正常；交流接触器不能有工作噪音。

③水泵自动或手动工作由功能转换开关控制，每月要试验一次，试验前水泵应处于停机状态。

手动：水泵组一用一备用，以"1"和"2"编号，转动功能开关在"手动"位置，再转动水泵轮换开关指向"1号泵"，下水箱水位开关在"正常"位置，按动对应的绿色按钮，1号泵启动进入工作状态，按动对应的红色按钮，水泵停止。1号水泵工作时，2号水泵处于备用状态，其对应按钮也不会工作，只有当把转换开关转动至"2号泵"时，2号泵才能从备用状态进入工作状态。

自动：转动功能开关在"自动"位置，再转动水泵轮换开关指向需要运行的泵号，把上水箱水位开关设在"低水位"，下水池水位开关设在"正常"，水泵能自动启动，改变水位开关在不正常状态，水泵停止。

④在市政供水管网停水期间，应断开水泵电源开关，防止误操作而损坏水泵。

（2）水泵常见故障及排除方法见表10-3。

表10-3　水泵常见故障及排除方法

故障现象	产生原因	排除方法
水泵不出水或出水量小	1. 启动前未充满水 2. 水泵转向不对 3. 叶轮被堵塞 4. 主轴填料函漏气 5. 水池水位低于水泵吸水口	1. 重新充水 2. 检查电接线 3. 揭开泵盖，清除杂物 4. 压紧填料或清通水封管 5. 调整水泵安装高度
机组振动和噪声异常	1. 基础螺丝松动或安装不完善 2. 联轴器不同轴或泵轴弯曲 3. 轴承磨损 4. 叶轮不平衡 5. 泵内部件磨损	1. 拧紧螺栓，填补基座 2. 调整同轴度，更换弯曲的泵轴 3. 更换轴承 4. 检查叶轮，如有损坏修理或更换 5. 检查摩擦部位，磨损超限更换部件
水泵开启功率不足	1. 主轴填料压得过紧，或泵轴咬死 2. 联轴器间隙过小 3. 电压过低	1. 调松填料压盖或矫正泵轴 2. 调整到合适间隙 3. 检查电气线路
轴承发热	1. 轴承安装不良 2. 轴承缺油或油太多 3. 润滑油质差不干净 4. 轴承损坏	1. 检查轴承的同轴度 2. 调整加油量 3. 换用新油 4. 更换轴承
填料环发热	1. 填料盖压得太紧 2. 填料环位置不准 3. 水封管堵塞	1. 调松填料压盖 2. 调整位置 3. 疏通不封管

（3）水池、水箱的清洗养护：

①水箱清洗作业人员必须要有健康证明书，并经过培训，熟悉水箱清洗流程。

②体积较大的水池，人员进入水池清洗前用鼓风机向水池、水箱吹进新鲜空气 2 小时以上，防止缺氧。

③清洗水池要安装水箱内照明设施或设临时照明。

④清洗水池、水箱用含氯量 300 g/L 的消毒药物喷于池壁、池底，消毒 30 分钟至 1 小时后，用清水冲洗，并对浮球阀进行检修保养。

⑤关闭泄水阀，开启进水阀，放入自来水，投放浓度为含氯量 0.3 mg/L 的消毒药物。

⑥封闭池盖、加锁，检查加固溢流口和排气口防异物装置，清理水池周围杂物。

⑦采集水样送防疫部门检验。

⑧填写水池、水箱清洗记录，归档管理。

（4）给水管道维修：

①确定漏水点。明装管道沿管道检查，可发现漏水点，埋地管道观察地面有长时间积水、冒水现象，可参考设计图纸的管道位置，确定渗漏位置，组织维修。

②哈夫夹堵漏法。对于穿孔漏水，用铅楔或木楔打入洞眼内，然后在表面盖以 2 ~ 3 mm橡胶片，再装上哈夫夹固定；对于裂缝漏水，在缝裂处表面用橡胶片包裹后装上哈夫夹固定，如图 10 - 1 所示。

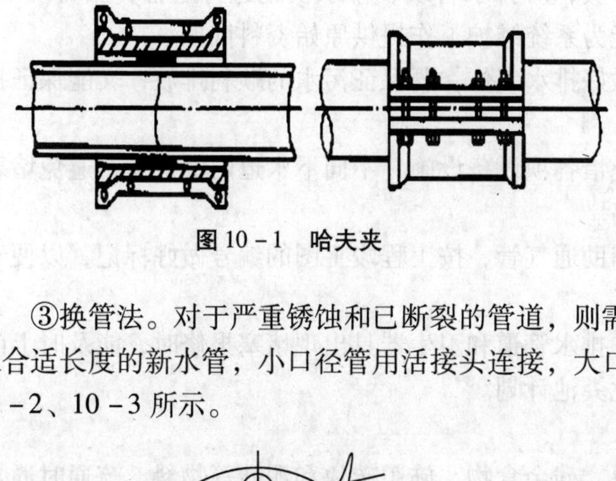

图 10 - 1　哈夫夹

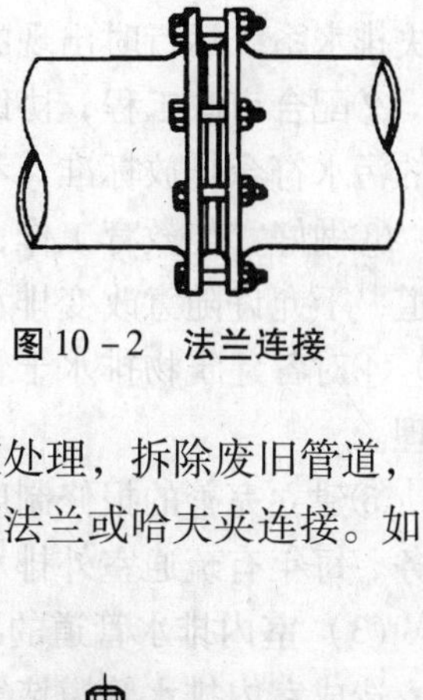

图 10 - 2　法兰连接

③换管法。对于严重锈蚀和已断裂的管道，则需要更换管道处理，拆除废旧管道，截取合适长度的新水管，小口径管用活接头连接，大口径管可采用法兰或哈夫夹连接。如图 10 - 2、10 - 3 所示。

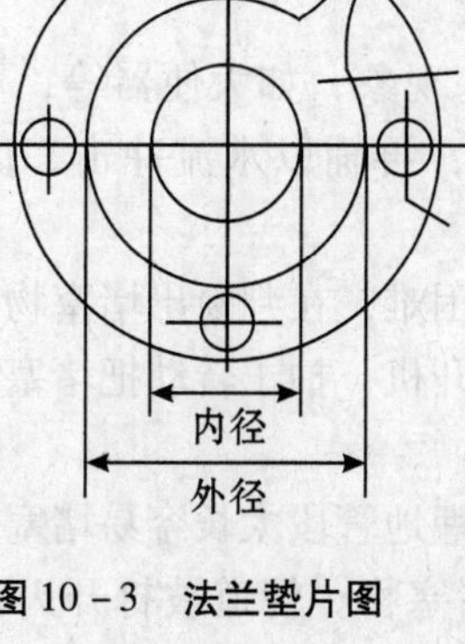

图 10 - 3　法兰垫片图

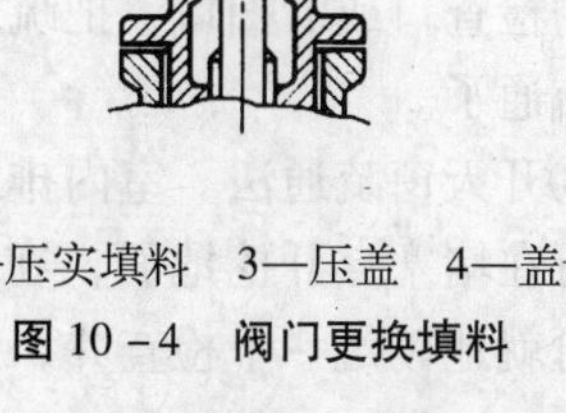

1—阀体盖　2—压实填料　3—压盖　4—盖母

图 10 - 4　阀门更换填料

（5）给水附件维修：

①阀门漏水或不能关闭。阀门经长期使用，阀杆与填料间会产生间隙，会沿压盖阀杆处漏水，若调整压盖压紧填料仍泄漏，就要卸下压盖，把填料函中旧填料清理干净，换上新填料装入填料函中，旋紧压盖至阀杆灵活而又不漏水为宜，如图 10－4 所示；若阀芯配件损坏不能关闭，要分解阀门更换同规格配件。

②水龙头漏水或不能关闭。接头漏水，拆下水龙头，在外丝上旋上几道生料带，再把水龙头装上旋紧；若用软管连接，则更换接口垫片；若水龙头无法关闭则可断定是内芯断裂，要更换内芯或更换水龙头。检修完毕后，打开总阀门，反复开关水龙头，开关自如且不漏水即可。

（四）排水系统维护管理

（1）室内排水系统的管理范围的界定：

①凡道路宽在 3.5 m（含 3.5 m）以上的，其道路和埋设在道路下的市政排水设施，由市政工程管理部门负责维护、管理。

②道路宽在 3.5 m 以下的，由物业服务公司负责维护、管理。

③居住小区内各种地下设施检查，井盖的维护、管理，由地下设施检查井的产权单位负责，有关产权单位也可委托物业服务公司维护、管理。

（2）室内排水系统的日常管理：

①建立巡视工作制度。配备专职人员，对排水管线、排水设施进行巡检，及时发现、解决排水系统运行时出现的问题，也能为系统维护工作提供原始资料依据。

②配合市政工程，协助市政部门做好排水工作，既保证污水的顺利排放，又能保证排放的污水符合排放标准，不污染环境。

③做好宣传教育工作，教育用户爱惜各项设备设施，不向下水道内倒杂物，避免堵塞管道，不允许随意改变排水管道的线路。

④对各建筑物排水干管、立管和辅助通气管，按工程竣工图的编号做好标记，以便于管理。

⑤建立完善的报修制度，接到住户排水管道和卫生器具出现堵塞报修时，能及时上门服务。每年有疏通室外排水检查井和化粪池计划。

（3）室内排水管道的维修管理：

造成室内排水管道堵塞的多为布块、残余食物、施工砖块和泥沙等物料，疏通时通常采用以下四种方法：

①人工抽吸法。杂物进入存水弯处是最常见的堵塞现象，如大便器等，可使用抽吸器在排水口处进行反复抽吸，用气流推动堵塞物移动，再辅以水流冲击，以达到疏通的目的。

②机械疏通法。堵塞物在弯管处时用人工疏通比较困难，在判断出堵塞物位置后打开附近的检查口或清扫口，把疏通机抽子放入管内，通电开机，抽子转动把堵塞物打散，就可以疏通了。

③开天窗疏通法。室内排水立管连接室外污水井的埋地管段太长容易堵塞，难以疏通时，可在堵塞点开挖地面，在排水管打穿洞口，清除堵塞物。管道被打开天窗后不易修复，可就地砌筑一个检查井，做好面盖密封防臭措施，可避免再次堵塞的问题。

（4）检查排水管道能否顺畅排水，可采用通球试验方法。试验时将胶球从排水立管顶段投入，并注入一定水量于管中，使球能顺利流出为合格。胶球的直径与管径按相差一个规格级别选择，即排水管径 100 mm，选 80 mm 直径的胶球，以此类推。

相关知识

一、室内给水系统知识

（一）建筑给水系统的组成（如图 10－5 所示）

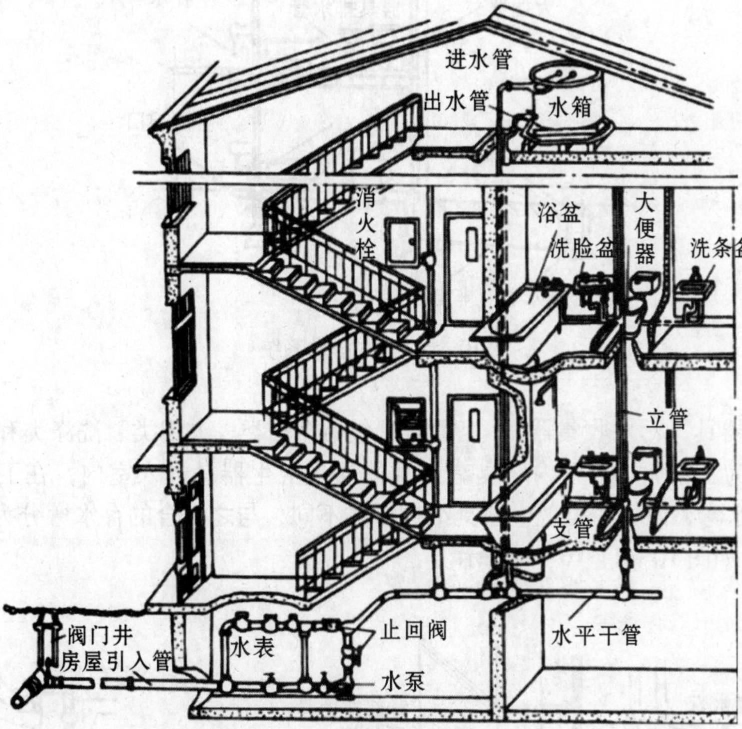

图 10－5　室内给水系统

（1）引入管：室外供水管与室内管网的连接管，也称进户管，一般埋地敷设。

（2）水表节点：由水表和阀门组合而成，计算用水量的仪表。

（3）管网系统：由干管、立管、支管组成。

（4）用水设备：由水龙头、卫生器具等设备组成。

（5）管道附件：包括各种水龙头、阀门等。

（6）增压和贮水设备：为确保供水可靠需要设置的水泵、气压给水设备、贮水池、水箱等。

（二）建筑排水系统的组成（如图 10 -6 所示）

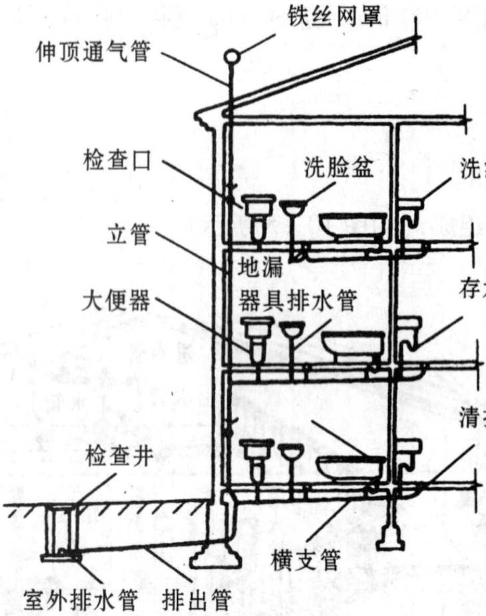

图 10 -6　室内排水系统

（1）卫生器具（污水收集器）。卫生器具包括盥洗类、淋浴类、洗涤类和便溺类（大小便器）等，为了避免排水管内腐臭有毒气体通过卫生器具进入室内，在卫生器具排出管都应接有存水弯，由于各类卫生器具结构形式不同，与之配合的存水弯分为“P 型”和“S 型”两种，如图 10 -7、10 -8 所示。

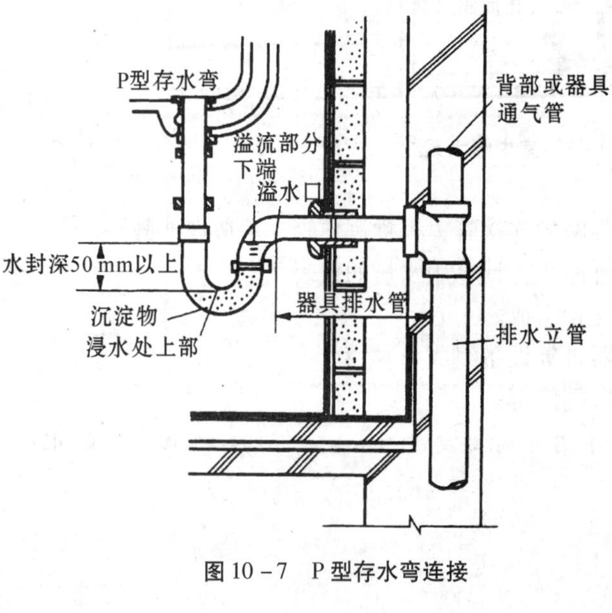

图 10 -7　P 型存水弯连接

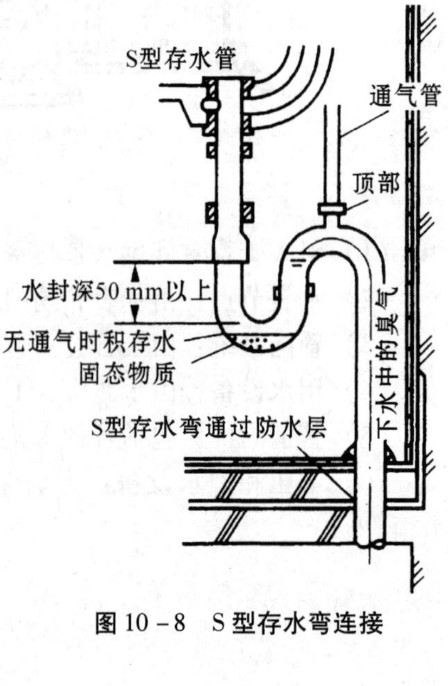

图 10 -8　S 型存水弯连接

（2）排水管系统。排水管系统主要由排水横支管、排水立管和排出管等组成。横支管的作用是把卫生器具收集的污水排至立管，管道视其长度有1%～2%的流水坡度，使污水顺利排入立管；立管承接其垂直高度范围内各横支管排入的污水，排入排出管；排出管是立管与室外污水检查井之间的连接管，埋设于地下，坡向室外排水检查井。

（3）通气管系。设置通气管的目的是尽可能使管内压力接近大气压力，保护存水弯的水封作用不受压力影响而破坏，同时排出管内的有害气体。

低层建筑一般利用立管延伸出屋面作为通气管，对于多层建筑或卫生器具数量较多的建筑物，由于同时排水的概率较大，管内压力波动大，只用立管伸顶的通气管已不能满足稳定管内压力的要求，必须增设专门用于通气的管道。

（4）清通设备。清通设备被用来疏通排水管道，主要有检查口、清扫口和检查井等。

检查口设于排水立管上，检查口中心至地面的距离为1 m，一般隔层设置一个，但在最低层和最高层必须设置，平顶建筑可用伸顶通气管口代替最高层检查口。

清扫口一般设在连接2个及2个以上大便器或3个及3个以上卫生器具的排水横支管上，或在水流偏转角大于135°或较长的排水横管上。

（5）污水抽升设备。污水不能自行排入排水管道系统的地下建筑物，如地下室，都需要设置抽升设备排水。设备类型有离心污水泵、潜水泵等。污水储水池设置水位警报联动装置，使污水抽升装置自动启停，排入污水。

二、给排水系统维修服务

（一）给排水设施设备维修养护管理职责

（1）工程部经理主持制定《给排水设施设备维修养护标准作业规程》，组织和检查执行规程的情况。

（2）工程部管理组负责组织制定《给排水设施设备维修养护年度计划》，经工程部经理审核同意后监督计划的实施。

（3）设备运行组按计划实施设施设备的运行和维护。

（4）维修班组负责实施给排水设施设备的日常维修养护。主要是巡视检查，发现问题及时处理。维修组人员在出现突发事故时应能马上集中，参与抢修工作。

（5）遇突发事故停水和涉及面较大的给排水系统故障，由公共事务部向用户作出解释。

（二）编制《给排水设施设备维修保养年度计划》要点

（1）给排水设施设备使用的实际时间，按设备要求应进入的维护等级。

（2）分析给排水设施设备的技术状况，提出维修侧重点。

（3）计划安排合理的停机维修时间。

（4）预计费用。

（5）小区内主供水管维修、主供水阀门拆换以及水泵控制柜内变频器、中央处理器的维修保养委托专业公司完成。

（三）给排水设施设备检查维护周期（见表 10－4 所示）

表 10－4　给排水设施设备检查维护周期

检查项目名称	检查周期	主要检查内容和效果
室外给排水管	半年	管道、阀门无渗漏
污水立管	每月或雨季前	管道接口完好，无渗漏，流水顺畅
排水明、暗沟	半年	沟体完好、盖板齐全
污、雨水井，化粪池	三个月	污、雨水井，化粪池标志清楚，盖板完好
室外喷水池	每月	喷水管道、喷头无锈蚀
室内消火栓	三个月	阀门上油、防锈，消防箱标志及水带、喷枪器具
水泵机组	半年	清洁、调整、检查润滑、紧固机座和联轴器螺丝

（四）维修服务规程

（1）维修服务程序：

①住户（使用者）直接或电话向管理处申报维修项目。

②值班人员填写维修登记表。

③维修组组长派工，并填写任务单。

④维修工准备好工具，带上任务单上门维修。进门时，应首先出示工作牌，用语礼貌，查看现场后，按公司规定的收费标准报价，经业主同意后进行维修。

⑤维修过程应遵守操作规程，注意安全。

⑥维修完毕后，请住户验收，请业主在任务单上写下意见，并签名。

⑦派工单一式三份，维修班、住户、管理处收费处各保留一份。

（2）服务标准：

①预约维修时间。接到维修申请后一般情况下 30 分钟内到达，如住户要约定时间，应尽量满足对方要求，并做好安排，遇到突发事件，暂时没有维修人员时，应向住户做好解释工作，另约时间。

②维修时间。维修人员应在维修过程中尽快找出故障，争取用最少的时间完成。一般只拆装更换故障附件的维修工作，控制在 30 分钟内完成；厨房、卫生间、阳台等地漏出现堵、漏、渗或龙头无水等，控制在 2～3 小时内完成；暗敷管道维修需要凿墙、地砖等，需要时间较长，先要向住户解释，并增派人手，时间一般不超过 8 小时。如需超过 8 小时，则应由工程部主管填写《申请延时维修保养表》，经主管经理批准后方可延时。

③材料质量要求。维修过程中提供的材料应是符合国家质量标准的合格产品。

④回访服务。上门维修完成后，一周内，由物业管理处通过电话向住户回访，了解住户对维修质量和上门服务人员工作态度的意见，并做好记录存档。

10.3　消防系统管理

能力目标

(1) 掌握室内消防系统的分类管理知识。

(2) 能够实施消防系统的性能测试。

(3) 能够组织日常消防系统的维护管理。

基本操作

一、建筑消防设备的管理

建立严格的消防管理制度，是物业小区防火安全的有效保证，必须结合建筑物的实际情况，认真制定并落实执行。

(一) 消防中心值班制度

消防控制中心是消防系统的心脏，必须建立24小时值班制度。值班人员应经过消防知识和操作技能培训，了解建筑物内的消防设备情况，懂得火灾事故的处理程序。制度包含以下六个方面的内容：

(1) 值班人员必须明确值班岗位职责和任务，有高度的责任感，认真做好值班监视工作。

(2) 遵守劳动纪律，不得迟到、早退，值班期间不得闲聊、喝酒、睡觉等。

(3) 遵守交接班制度，交接班记录清楚，如报警系统设备运行情况、火灾隐患监视情况等。

(4) 值班人员定期检查、保养消防设备。

(5) 发生火警时要严格按火灾处理程序处理。

(6) 值班人员失职要追究责任。

(二) 防火档案制度

包括火灾隐患、重点消防部位检查记录，消防设备性能和定期测试记录，消防器材维修和添置记录等。

(三) 防火岗位责任制度

建立各级领导负责的逐级防火岗位责任制，按每个人工作的岗位和职责范围，对消防工作承担一定的责任。

二、室内消防系统的维护

(一) 室内消火栓系统的维护管理

(1) 每月逐个检查消火栓一次，外观消火栓箱门玻璃有无损坏，封条是否完好，如有脱落破损应补贴封条。

(2) 消火栓箱内检查消防水枪、水带及接口扣环是否完好，消防卷盘及附件是否齐全和转动灵活，消火栓不应有渗漏滴水。消防箱示意图如图10－9所示。

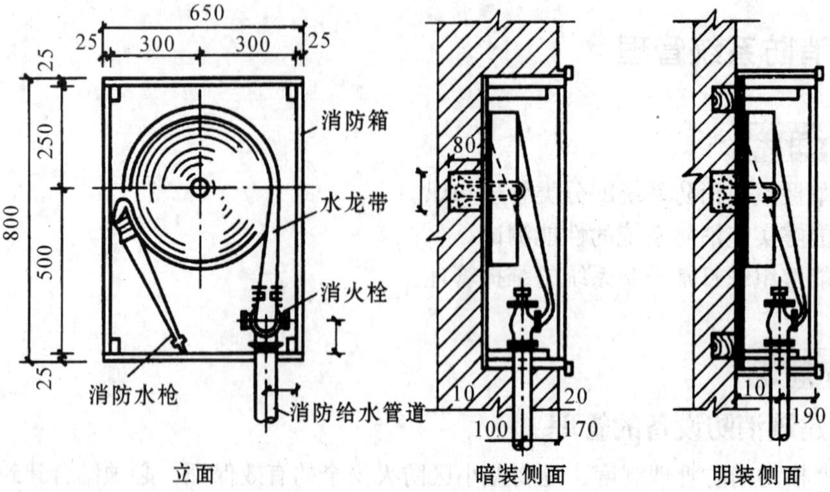

图 10－9　消防箱示意图

（3）随机抽取消火栓总数的 10% 测试，按消火栓报警按钮，消防监控室应有报警显示，光电警铃能马上响应。

（4）消防水泵在自动报警联动后应能正常供水。

（二）自动喷水灭火系统的维护管理

（1）指定熟悉自动喷水灭火系统原理和操作规程且持有消防管理资格证书的专职人员负责对系统的日常维护管理。系统动作程序如图 10－10 所示。

（2）管理人员每天巡检责任区内一切供水总控制阀、报警控制阀及其配件，进行外观检查，保证系统处于无故障状态。

（3）每月检查一次贮存消防用水的水池、消防水箱、气压水罐，核对水位和气压罐的气体压力。

（4）消防水泵每月模拟自动控制的条件启动运转一次。

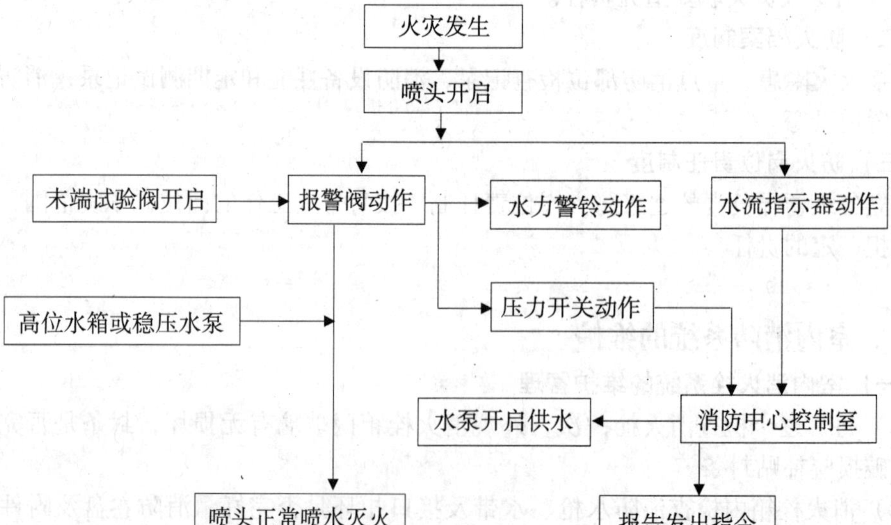

图 10－10　湿式自动喷水灭火系统动作程序图

（5）控制阀门应用铅封固定在开启或规定的状态，且阀门有编号，挂上标牌，保证阀门不被关闭，供水管路畅通。

（6）每两个月对水流指示器试验一次，利用末端试验装置排水，检查其报警性能。

（7）每月检查一次喷头外观，发现漏水或沾上异物的喷头应及时更换。各种不同规格的喷头均应有一定数量的备用品，其数量不应小于安装总数的1%，且每种备用喷头不应少于10个。喷头的更换或安装应用专用的扳手，扳手宜放在消防值班室内。

（8）报警阀附件应齐全，水压表、气压表应经校核保持标准压力，准确无误。水流指示器和报警控制阀应能正常报警。

（三）防排烟系统维护管理

（1）对机械防烟、排烟系统的风机、送风口、排烟口等部位应经常维护，如扫除尘土、加润滑油等，定期检查排烟阀等手动启动装置和防止误动的保护装置是否完好。

（2）每隔2周，由消防中心启动风机空载运行5分钟。

（3）每年对通风系统送风口、排烟阀进行一次机械动作试验。分别由现场手动开启、消防控制室遥控开启或结合火灾报警系统的试验联动开启。

（四）火灾自动报警系统的维护管理

（1）火灾自动报警系统的维护管理应注意以下三点：

①负责火灾自动报警系统的管理、操作和维护，应由专职人员持证上岗。值班人员应熟练掌握本系统的工作原理及操作规程，清楚了解建筑物报警区域和探测区域的划分以及火灾自动报警系统的报警部位号。

②火灾自动报警系统应保持连续正常运行，不得随意中断运行。如一旦中断，必须及时通报当地消防监督机构。

③为了保证火灾自动报警系统的连续正常运行和可靠性，应根据建筑物的具体情况制定具体的定期检查试验程序，并依照程序对系统进行定期的检查试验。

（2）火灾自动报警系统应进行以下的定期检查和试验：

①每日检查。使用单位每日检查集中报警控制器和区域报警控制器的功能。检查方法：有自检、巡检功能的，可通过扳动自检、巡检开关来检查其功能是否正常；没有自检、巡检功能的，可采用给一只探测器加烟（或加温）的方法使探测器报警；检查复位、消音、故障报警的功能是否正常。如发现不正常，应在日登记表中记录并及时处理。

②季度试验和检查：

A. 按生产厂家说明书的要求，用专用加烟（或加温）等试验器分期分批试验探测器的动作是否正常。试验中发现有故障或失效的探测器应及时更换。

B. 检验火灾警报装置的声、光显示是否正常。试验时，可一次全部进行试验，也可部分进行试验。试验前一定要做好妥善安排，以防造成不应有的恐慌或混乱。

C. 对备用电源进行1～2次充放电试验，进行1～3次主电源和备用电源自动切换试验，检查其功能是否正常。具体试验方法有：切断主电源，看是否自动切换到备用电源供电。4小时后，再恢复主电源供电，看是否自动由备用电源切换到主电源供电。同时检查备用电源是否正常充电。

D. 有联动控制功能的系统，应自动或手动检查消防控制设备的控制显示功能是否正常。

E. 检查备品备件、专用工具及加烟、加温试验器等是否齐备，并处于安全无损和适当保护状态。直观检查所有消防用电设备的动力线、控制线、报警信号传输线、接地线、接线盒及设备等是否处于安全无损状态。

F. 巡视检查探测器、手动报警按钮和指示装置的位置是否准确，有无缺漏、脱落和丢失等情况。

③年度检查试验。使用单位每年对火灾自动报警系统的功能应做全面检查试验，并填写年检登记表。

相关知识

一、火灾自动报警系统的组成

（一）火灾自动报警系统的组成形式

（1）区域报警系统。区域报警系统用于局部的保护场所。它由区域报警控制器和火灾探测器等组成，或由火灾报警控制器和火灾探测器等组成。如图 10－11 所示。

图 10－11　区域报警系统

（2）集中报警系统。集中报警系统用于保护对象规模较大的场所，如写字楼、高层住宅等。它由集中报警控制器、区域报警控制器和火灾探测器等组成，或由火灾报警控制器、区域显示器和火灾探测器等组成。如图 10－12 所示。

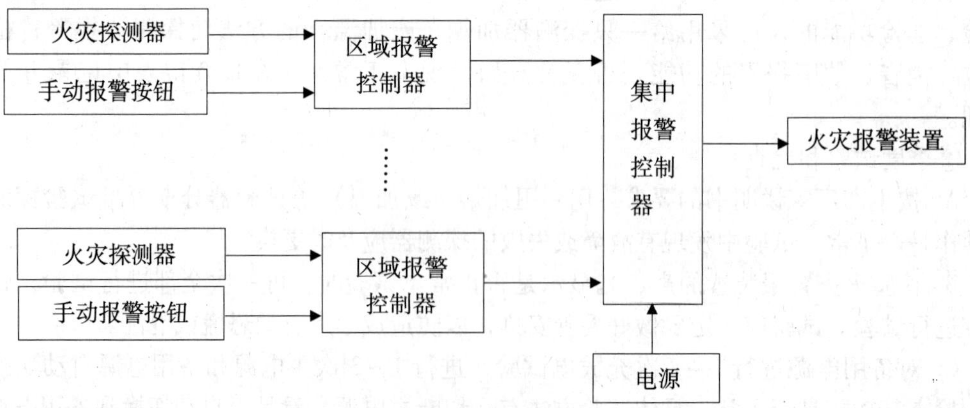

10－12　集中报警系统

（3）控制中心报警系统。控制中心报警系统适用于规模大的群体建筑和高层建筑。

它由消防控制设备、集中报警控制器、区域报警控制器和火灾探测器等组成，或由消防控制设备、火灾报警控制器、区域显示器和火灾探测器等组成。

（二）火灾探测器及手动报警按钮

（1）火灾探测器有以下五种类型：

①感温火灾探测器，是探测某点或某线段周围的温度、温差和温升速率的火灾探测器。它有定温火灾探测器、差温火灾探测器、差定温火灾探测器三种。

②感烟火灾探测器，是一种检测燃烧或热解产生的固体或液体微粒的火灾探测器。

③感光火灾探测器，又称火焰探测器或光辐射探测器，能对光产生敏感反应。它分为红外感光火灾探测器和紫外感光火灾探测器。

④可燃气体火灾探测器，是一种检测空气中可燃气体浓度的火灾探测器。

⑤复合式火灾探测器，是检测两种或两种以上火灾参数的火灾探测器。主要有感光感烟、感光感温、感烟感温火灾探测器等。

（2）手动报警按钮。手动报警按钮用于发现火情时手动报警。

（三）报警控制器

（1）区域报警控制器。区域报警控制器具有以下功能：

①接收区域内各火灾探测器送来的火灾信号，发出声、光报警，显示着火的部位，记下报警时刻。

②在与集中报警控制器配合使用时，向集中报警控制器发送火灾信号。

③检查传输线路断路、探测器接触不良或被取走等故障。

（2）集中报警控制器。集中报警控制器具有区域报警控制器的功能。不同的是，它接收的信号是区域报警控制器送来的，而且能向联动控制装置发出操作指令。

（四）联动控制装置

联动控制装置具有以下主要联动功能：

（1）在探测器报警后，停止相关区域的空调机、送风机及管道上的防火阀，以接收其反馈信号。

（2）启动相关区域的排烟机、防烟垂壁及管道上的排烟口（阀），接收其反馈信号。

（3）启动水泵及其他自动灭火设备进入工作。

（4）关闭相关区域的电动防火卷帘、电动防火门，接收其反馈信号。

（5）按防火分区和疏散顺序切断非消防电源，接通事故广播、事故照明和疏散指示标志电源。

（6）强制全部电梯停于底层，除消防电梯外，其余电梯停止使用。

二、消防设施设备及器材管理

（一）灭火器的管理与养护

（1）灭火器放置地点要求。灭火器应设置在通风、干燥、清洁的地面，不得受剧烈的暴晒或受剧烈振动，存放环境温度应在 $-10℃\sim45℃$，放置地点应位置明显，便于使用，并且不影响安全疏散。

（2）灭火器进行定期检查内容：

①灭火器喷嘴是否有变形、开裂、堵塞等缺陷，如有则应予以更换。

②灭火器压力表外表面不得有变形，正常压力表指针要在绿色区域，如在红色区域则表示容量不足，需要检查并重新灌装。

③灭火器一经开启，即使喷出不多，也必须按规定要求进行再充装。再充装应由专业人员按制造厂规定的要求和方法进行，不得更改灭火剂的品种、重量和驱动气体压力。

④灭火器铅封要保持完好，如果已经开封，必须进行压力试验后重新封装。

⑤灭火器严格按年限使用，以筒体标注的生产日期算起，达到规定的维修或报废年限，必须送专业单位维修或报废处理，维修中经检验不合格的灭火器也必须报废。

⑥管理处每季度要对灭火器的维护检查一次，检查内容包括：责任人维护职责的落实情况，灭火器压力值是否处于正常压力范围，保险销和铅封是否完好等。

（二）消防系统日常管理

（1）消防管网有无渗漏滴水，湿式系统管路内的水应定期排空、冲洗。禁止在消防管网接出支管或拧开消防阀门用作他用的行为。

（2）通过管网设置的水压表，检查水源的水压参数是否正常。

（3）检查消防泵外观，自动充气装置的工作状态，稳压泵工作情况。

（4）消火栓外观情况。

（5）保养自动喷淋喷头。对感温元件部分沾上轻质粉尘可用空气吹除或用软布擦净，对含油污垢的喷头应将其分批拆换，集中清理。

（6）检查湿式报警阀。观察阀门开启性能和密封性能以及水力警铃、延迟器的性能。此试验可通过末端试验装置进行。

10.4 供配电系统管理

能力目标

（1）了解低压配电系统维护管理的任务和内容。

（2）了解供配电设备管理的相关制度。

（3）能够组织供配电设备的维护。

基本操作

一、低压配电系统管理任务和内容

（一）建立设备技术档案

（1）小区供电方式、电压等级、用电容量和建筑电气平面图、系统图以及设备原理图、技术说明书等。

（2）施工隐蔽工程的验收记录，配电系统、设备安装接地电阻测定和性能调试记录。

（3）核对供电方案与建筑物实际供电情况是否一致。

（4）运行记录、维修记录、巡视记录及维修后试验报告等各项记录。

(5) 用户变动以及电气设备负荷变动记录。

(二) 供电设备维护的主要内容

(1) 观察配电盘上的各类仪表、电压是否正常，使用电源的变化情况，高峰用电时的电流数值，三相电流是否平衡，对照值班记录检查分析有无差异。

(2) 核对各个支路的实际负荷是否与装设的保护元件整定值相符合（按规定，采用热元件时，整定值为负荷电流的 1～1.5 倍；采用熔丝时，按负荷电流的 1.25～1.5 倍选用)。

(3) 检查导线绝缘性。用兆欧表检测绝缘电阻值，低压线路应不低于 0.5 MΩ。

(4) 金属线管槽连接的地线是否良好，有无虚脱或腐蚀，各种管线固定是否牢固，管子接头有无脱扣拔节现象，管子有无塌腰变形。

(5) 检查用电器具，如灯头、开关、插座，不能有破损现象，禁止私自拉设临时线路等。

(6) 接地防雷的端口连接是否牢固，接地电阻是否符合规定（防雷接地 10 Ω 以下，保护接地 4 Ω 以下)，接地导线有无伤痕和腐蚀。

(7) 特殊房间如潮湿、高温、易燃、防爆等场所应按照有关规定重点进行检查维护。

二、低压电气设备管理与维护

(一) 供配电设备维修保养

(1) 工程主管每年 12 月应制订下年度供配电设备检查保养计划，并按运行情况制订中修、大修计划。

(2) 高压供电设备应由专业公司维修保养，物业服务公司主管人员负责督促专业公司如期维修保养，并做好维修保养记录。

(3) 低压供配电设备由物业服务公司专业人员（持有高压操作及进网证人员）负责维修保养。

(4) 维修保养过程中应遵守电气作业规程。

(5) 维修人员按供配电设备检查保养计划进行维修保养，并做好维修保养情况的记录，零部件更换及大修应同时记录机电设备台账。

(6) 供配电设备故障维修一般不超过一个工作日。若在一个工作日内无法解决的重要部位故障，应上报工程主管部门，限期解决。

(7) 凡是夜间发生的、不影响物业管理区正常运作的、不会产生严重后果的供配电故障，可以由日班当值人员进行维修。

(8) 在变压器及其他设备进行清洁保养工作时，应完成停电、验电确认程序。在可能突然来电的设备上应挂接地线，并挂“禁止合闸，有人作业”的警示牌后，方允许进行工作。工作完成后，需恢复供电时，应由专人确认工作完善并拆离接地线后，方可送电。

(二) 配电房的管理

(1) 配电房设备运行时设专职人员进行值班，非值班人员不得入内。

(2) 保持配电房的清洁卫生和良好通风，室内各种设备和开关应有清晰的标志。

（3）配电房设备的倒闸操作由值班员按倒闸指令进行，现场要有监护人员监护，严禁两人同时倒闸操作，以免发生事故。

（4）值班员必须持证上岗，熟悉配电设备状况、操作方法和安全注意事项。

（5）值班员必须密切注意电压表、电流表、功率因数表的指示情况，严禁变压器、空气开关超载运行。

（6）因故需切断某部分负荷时，应提前一天向使用该部分负荷的用户发出停电通知。

（7）经常保持配电房消防设施的完好齐全，保证应急灯在停电状态下能正常使用。

（8）做好配电房的防水、防潮工作，要有防小动物进入配电房的措施。

（9）值班员应认真做好值班记录和巡查记录，认真执行交接班制度。

（三）电气维修管理的规定

（1）电气维修人员必须持证上岗，严格按照国家颁布标准《电气安装工作规程》作业。

（2）在进行电气维修时，维修人员应穿戴好安全防护用品，配备绝缘良好的电工工具。

（3）维修和保养电气设备时，应按要求做好保证安全的组织和技术措施，维修班领班应在分配工作的同时向维修人员说明工作中的安全注意事项，并在工作中检查、监督执行情况。

（4）在配电干线、变压器、低压配电箱上作业时，应设专人监护，并至少需要两人。

（5）一般情况下，尽量避免带电作业，若因特殊需要而必须带电作业时，应装设隔离挡板，并有专人监护。

（6）在一经合闸即可送电到工作地点的开关和刀闸的操作把手上，应悬挂“禁止合闸，有人作业”的警示牌。

（7）维修或保养后的电气设备或线路，在经检查无误，拆除原有安全保护设施，全体维修人员撤出工作现场后，方可送电。

三、计划停电和临时用电管理

（一）计划停电管理

（1）接到供电部门停电通知后，应立即报告物业服务公司主管。

（2）物业管理区域施工或维修需要停电，应报告物业服务公司主管，经批准后实施。

（3）物业管理主管部门至少提前24小时将停电事宜通知用户；若不能提前24小时通知用户，最迟在实施停电前1小时，应将停电通知送达用户或启用广播系统紧急通知用户。

（4）停电后，当值人员应重点检查配电房、空调机房、水泵房、电梯房等，发现异常立即检修。

（5）做好停电情况记录。

（二）临时用电管理

（1）用户向物业服务公司主管部门提出临时用电申请。

（2）经批准后，用户自行敷设用电线路，经物业服务公司主管部门检查，符合用电安全后送电。双方共同确认电表读数，并填写电表启用单。

（3）用电终止，用户应通知物业服务公司主管部门，断电拆线，确认电表读数，并填写电表停用单。

（4）按临时用电合同约定的电价计算电费。

四、接地、防雷装置的维护

（一）外观检查

外观检查主要包括：接地端子、接闪器、引下线等各部分的连接是否可靠，有没有受到机械损伤、腐蚀、锈蚀等，支撑是否牢固。外观检查每年可进行一次。雷雨后应注意对防雷保护装置进行巡视，发现问题及时处理。

（二）接地电阻的测量

接地电阻的测量主要是流散电阻的测量，一般采用接地电阻测量仪（又称接地摇表）。如图 10－13 所示，保护接地电阻 4 Ω 以下，防雷接地电阻 10 Ω 以下为合格。

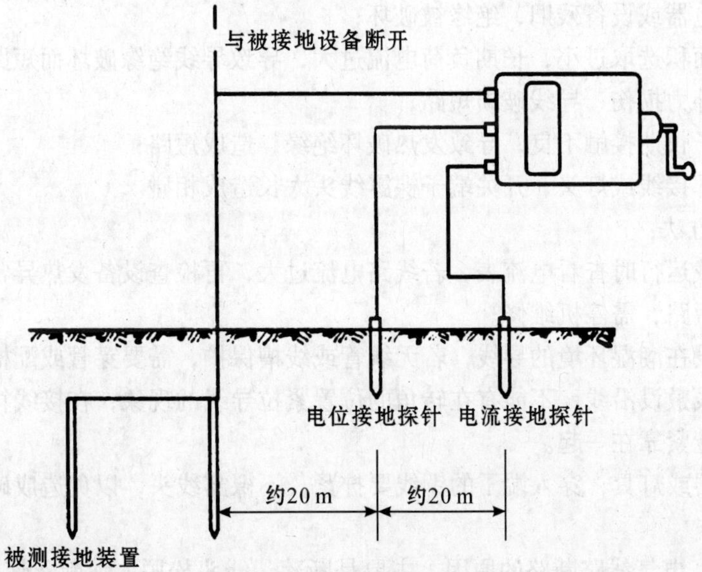

图 10－13　接地电阻测量

相关知识

一、低压供配电设备维修操作规程

（1）工作前，必须检查工具、测量仪表和防护用具是否完好。

（2）任何供配电设备未经验电，一律视为有电，不准用手触及。

（3）供配电设备需检修时，不准在运转中拆卸修理。必须在停机后切断设备电源，验明无电并挂上“禁止合闸，有人作业”的警示牌后方可进行工作。

(4) 维修工作临时中断后或每班开始工作前，都必须重新验明电源确已断开。

(5) 每次维修结束后，必须清点所带工具、零件，以防遗失和留在设备内造成事故。

(6) 确需带电进行维修工作时，应经主管人员批准，并有专人监护。维修时要做好各种防护措施。严禁使用锉刀、钢尺等工具进行工作。

(7) 电气设备的金属外壳必须接地。接地线要符合标准。有电设备不准断开外壳接地线。

(8) 电器或线路拆除后，电线头用绝缘带包扎好。

(9) 各种电气设备附近，不能堆放易燃、易爆、潮湿和影响操作的物件。

(10) 使用梯子时，不能垫高使用。在光滑的地面上要有防滑措施。

二、低压电气系统常见故障检查

(一) 短路

电气线路发生短路故障时，由于短路电流很大，很容易发生火灾。

(1) 原因：

①接线错误，使相线与零（地）线相碰引起；

②导线、电器或设备残旧，绝缘被破坏；

③导线截面积选取过小，长期负荷电流过大，导致导线绝缘破坏而短路；

④导线受外力损伤，导线破损短路；

⑤接线端子长期接触不良，导致发热破坏绝缘，造成短路；

⑥电器内部接线或灯头、开关端子裸露线头太长造成相碰。

(2) 处理方法：

①设备负载运行时查看电流表，若线路电流过大，再检查设备发热异常，可判断为设备超载或内部短路，需停机维修。

②检查敷设在潮湿环境的导线，若无线管或线槽保护，需要穿管或配槽重新敷设。

③检查导线敷设沿线，不能有在转角的位置紧拉导线的现象；在接线箱、开关箱内的导线接头，不能紧靠在一起。

④安装电器或灯具，穿入端子的铜线要拧紧，不裸露线头，以免造成碰线。

(二) 断路

(1) 原因：电气线路断路的原因，主要是断落、线头松脱、熔断丝熔断、开关损坏、自动开关跳闸等。

(2) 处理方法：电气线路断路是指电源与负载断开，电器处于不工作状态。非正常断开很可能是事故的隐患，不能轻视。

①检查电器、灯具接线端子接线是否松脱，重新拧紧。

②若断路是由于断路器跳闸或熔丝熔断，可以断定有负荷过载，必须找出原因。可用钳表检测线路工作电流，以确定过载点。

③线路断路后，关掉线路所有负载，但开关仍然打不上或打上了却不通电，可判断为开关损坏。

（三）漏电

漏电主要是导线或电气设备的绝缘下降，或接线错误所致，容易引起触电事故，严重的漏电还会造成短路。在线路安装漏电保护断路器，可在出现漏电时及时跳闸保护配电系统。

10.5 智能化系统管理

能力目标

（1）了解智能化系统的分类和功能，掌握其应用方法。

（2）了解智能化系统的运行和维护管理方法。

基本操作

一、建筑智能化系统在物业管理上的应用

（一）综合布线系统

从布线来说，综合布线又可简化为建筑群主干布线子系统、建筑物主干布线子系统和水平布线子系统三个子系统。

（二）建筑设备自动化系统

（1）电力监测系统。实现继电保护与备用电源自动投入，还具备对开关和变压器的状态，系统的电流、电压、有功功率与无功功率等参数的自动监测，进行全面的能量管理。

（2）照明控制系统。智能照明控制重点是解决照明系统的节能性。通过声控和照明区域亮度的感应实现人走灯熄，并结合用程序设定开/关灯时间，达到照明节能的效果。

（3）空调监控系统。提供湿度、气流速度、空气洁净度和舒适性控制，控制设备的最佳启、停时间，控制空调及制冷机的节能优化，降低空调系统的能耗等。

（4）环境监测与给排水系统。监测空气的洁净与卫生度，采取排风与消毒等措施。

（5）电梯系统。电梯系统利用计算机实现群控，以达到优化传送、控制平均设备使用率与节约能源运行管理等目的。电梯楼层的状况、电源状态、供电电压及系统功率因数等亦需监测，并通过联网实现优化管理。

（6）火灾自动报警系统。及时报警和输出联动控制信号，具有火灾的声、光信号报警功能，能显示失火位置并有记忆功能。也具备故障自动监测功能，当故障与火灾同时发生，则系统具备火警优先功能。

（7）智能建筑安防系统。楼宇中设立安防系统，不仅要对外部人员进行防范，而且要对内部人员加强管理。对于重要地点、物品还需要特殊的保护。所以，现代化大楼需要多层次、立体化的安防系统。智能建筑安防系统具有防范、报警、监视与记录，系统自检和防破坏等功能。

二、智能化系统的运行管理

（1）建筑智能化系统施工、调试时，注意收集系统各类测试数据、原始施工资料，掌握各系统的工作原理、使用功能和运行规律。

（2）针对建筑智能化系统的实际配置，根据物业工程人员的实际技术水平，制定《建筑各智能化系统操作手册》。

（3）规范系统设备的日常运行管理，落实系统设备的日常运行维护，编制大厦《设备运行维护、检修计划及材料人工消耗一览表》及《单项设备维护台账》、《设备系统操作规程》等。

（4）落实员工的岗位技术培训。特别是对智能化系统的管理人员、操作人员实行实习培训、技术培训、专业考核，使员工逐步胜任其相应的技术岗位要求。

相关知识

一、综合布线系统的维护保养

（1）严格按维护保养计划进行维护保养。

（2）检查配线架上的标志，补齐缺失的标志。

（3）检查配线架的紧固件，发现松动的立即予以紧固。

（4）配线架跳线的压接应使用专用工具。

（5）配线架上没有用的跳线应拆除。

（6）清洁配线架，保持设备清洁。

（7）维护保养后应做好记录。

二、安全防范系统的运行管理

（1）保证安全防范系统不间断电源的开启。

（2）严禁在安全防范系统的不间断电源上使用监控设备以外的负载。

（3）严禁在监控摄像机的电源上使用其他负载。

（4）未经主管人员同意，严禁修改安全防范系统参数。

（5）安全防范系统参数修改后，应即时通知当值监控员，并做好记录。

（6）每天巡查安全防范系统运行情况，发现异常立即处理，并做好记录。

三、公共广播系统的维护保养规程

（1）按维护保养计划进行系统维护保养。

（2）在系统维护保养时，应先断开系统电源。

（3）检查系统各设备的接线端子、插座和面板按钮。

（4）清洁功率放大器的散热器上的灰尘。

（5）维护保养工作结束后，应抽取部分物业管理区域进行测试，并填写维护保养记录。

四、保安监视系统运行管理

(1) 保证系统不间断电源的开启，系统的不间断电源严禁使用监视设备以外的负载。
(2) 监视摄像头的电源插座，严禁使用其他负载。
(3) 未经主管工程师的同意，严禁修改系统参数。
(4) 系统参数修改后应记录在当值日志上，并即时通知当值监控员。
(5) 每天巡查系统运行情况一次，发现异常立即处理，并记录在当值日志上。
(6) 系统有关的参数修改和重大维修都应记录在保养表格上。
(7) 摄像头和探测报警器、矩阵开关、监视器等设备发生故障应立即修复或更换。

10.6 专用设备维护管理

能力目标

(1) 掌握专用设备的运行管理知识。
(2) 能够拟订专用设备的维修保养计划。
(3) 掌握专用设备委托维修养护的实施程序。

基本操作

专用设备是指建筑物电梯和空调设备，维修保养需要委托专业公司进行。因此，在日常运行管理上，要严格执行运行管理制度，使设备发挥最大的工作效率。

一、空调系统运行维护管理

(一) 空调系统运行管理

(1) 集中式空调系统的运行调节：如图 10－14 所示。

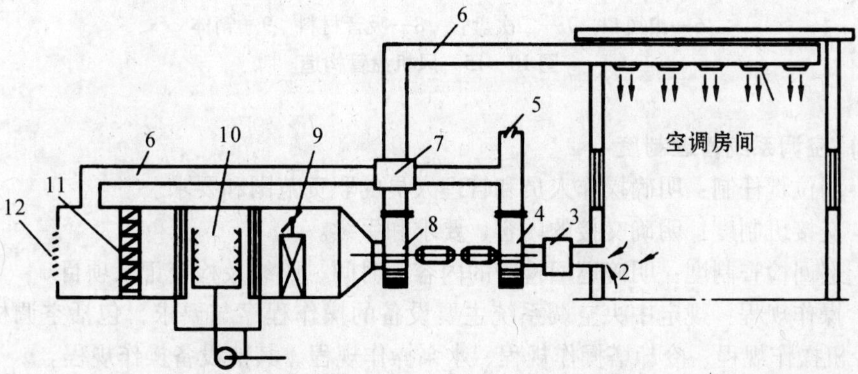

1—送风口 2—回风口 3，7—消声器 4—回风机 5—排风口 6—排风管道
8—送风机 9—空气加热器 10—喷水室 11—空气过滤器 12—百叶窗

图 10－14 集中式空调系统示意图

①温度调节。调节冷冻水（热水）的流量，或调节新风通过旁通阀进入，以此调节送风温度。

②湿度调节。控制关风水蒸气分压就是改变关风状态的含湿量，在冬季用喷蒸气加湿；在夏天用吸湿剂减湿。

③风量调节。在负荷变化的情况下，以调节进风量的方法保证室内的温、湿度是一种有效并且节能的办法。

（2）风机盘管空调系统的运行调节：如图 10－15 所示。

①调节进入风机盘管中的水量，使风机盘管吸收室内空气热量的能力随室内负荷变化而增加或减少。

②调节风量。通过调节风机盘管中风机的转速，适应室内负荷的变化。

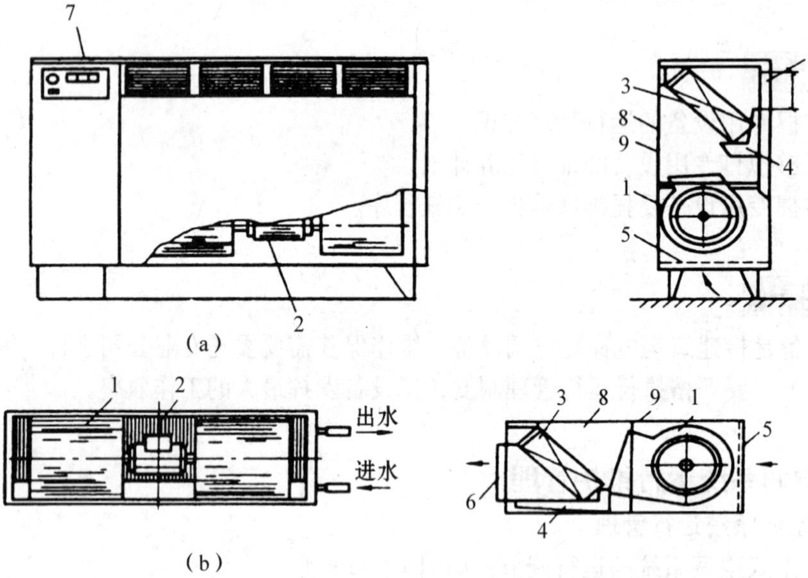

1—风机　2—电机　3—盘管　4—凝水器　5—过滤器

6—出风口　7—二次盘管　8—吸音材料　9—箱体

图 10－15　风机盘管构造

（二）空调系统管理制度

（1）岗位责任制：明确操作人员和管理人员的职责范围和要求。

（2）交接班制度：明确交接的内容、要求和手续。

（3）巡回检查制度：明确巡回检查的内容、时间、路线及检查记录项目。

（4）操作规程：规定中央空调系统主要设备的操作程序与要求，包括空调机操作规程、制冷机操作规程、冷却塔操作规程、水泵操作规程、其他设备操作规程。

（5）设备维修保养制度：规定设备检查、保养、维修的周期、内容及要求。

（6）清洁卫生、安全防护制度：规定中央空调系统清洁卫生、安全防护的内容和要求。

（三）空调系统维修管理

（1）每月的维修保养管理：

①检查空调主机仪表能否正常，冷冻剂是否有泄漏，有无漏油、漏水现象。

②检查空调水泵的轴承和联轴器，检查和加固地脚螺丝及主要连接螺丝。

③检查冷却塔电机皮带及皮带轮情况、轴承润滑情况，坚固机件连接螺丝；清洗疏水滤网及冷却水塔内外表面。

④检查盘管风机。清洁盘管风机滤网，检查冷凝水管及冷冻管，不能堵塞和泄漏。开启风机盘管，检查室内空调效果，如发现有异响及振动等情况，应查清原因并进行修理。

（2）每季检查空调主机冷冻剂和机油，检查清洁水过滤器。

（3）每年对空调主机做一次全面的技术性能检查，停机保养。全面检查冷冻剂系统、润滑系统、水系统的密封性能；检查保养安全阀及所有附属阀件；清洗机油过滤器、冷凝器及蒸发器，检查管道是否腐蚀；测试电路的可靠性，试验各安全装置的性能。

二、电梯运行维护管理

（一）电梯安全运行管理

（1）电梯钥匙应由专人管理。

（2）电梯必须经劳动安全部门检验合格，发给注有安全有效期的使用合格证书后才能运行，合格证书应挂在轿厢内，超过安全有效期的电梯应禁止使用。

（3）每天开梯后进行一次电梯全程运行检查。

（4）提示乘客安全使用电梯，不要在轿厢内吸烟、打闹，不得紧靠轿门或用行李挡住轿厢。

（5）客梯不得装运易燃、易爆和腐蚀挥发性物品。若要装运此类物品，应有相应的安全防患措施。

（6）禁止超重、超长物品进入轿厢。货梯轿厢内荷载分布应尽可能均匀，防止轿厢倾斜行驶。

（7）电梯应急维修用的开关、按钮必须封存好。

（8）轿厢无照明不得行驶。

（9）严禁在电梯行驶过程中进行清洁、检修。

（10）当电梯出现故障时，应采取正确的应变措施。因故停梯应出告示牌。

（二）紧急情况的应急处理

（1）电梯困人：

①保持轿厢照明，并断开电梯主电源，防止电梯意外启动。

②确定电梯位置。

③当电梯停在距某平层位置约 ±0.5 m 范围时，维修人员可以在该平层的厅门外使用专用厅门钥匙开启厅门，用手拉开轿厢门，并协助乘客撤离轿厢。

④当电梯未停在上述范围时，应首先将电梯移至上述范围内救人。移动电梯的方法如下：

A. 利用电话与轿厢乘客通话，要求乘客保持镇静，不要乱动；要求关闭轿门，如果轿门已被拉开，则要求乘客用手关上轿门，通知乘客即将移动电梯。

B. 在曳引电机轴尾装上盘车装置。

C. 由一人用松闸扳手轻轻地断续地松开抱闸，另一人密切配合用盘车手柄盘车，使轿厢慢慢移至最近的厅门，恢复抱闸。

D. 用专用厅门钥匙开启厅门，用手拉开轿厢门，并协助乘客撤离轿厢。

E. 通知承担电梯维修的专业公司检查原因，排除故障并经安全测试后方可投入运行。

（2）发生火灾：

①请乘客保持镇静，并疏导乘客从安全楼梯撤离。

②消防电梯进入消防状态，电梯停至首层或远离火灾的楼层，并切断电源，关闭厅门、轿门。

③若轿厢失火，应立即切断轿厢内电源，用二氧化碳或干粉灭火器进行灭火。

（3）发生地震：

①发生地震时，在确认电梯内没有任何乘客后，切断电源，停止所有电梯的运行。

②地震发生过后，电梯须经劳动安全部门检查合格后方可使用。轻微地震由专业人员作安全检测后，确认没有异常情况，才能投入使用。

（4）电梯间进水：

①楼层水淹而使井道边或井底进水，应利用电话通知轿厢的乘客从最近的楼层离开受影响的电梯。

②将电梯停于进水楼层以上，并及时关闭电梯，切断总电源。

③调集阻挡物拦住水淹楼层的电梯口，防止水浸入或继续浸入井道。

④通知承担电梯维修的专业公司作技术处理。

相关知识

一、中央空调系统维修保养规程

（1）工程部空调维修保养人员负责空调设备维修保养，并按空调系统维修保养计划实施维修保养。

（2）工程部空调维修保养主管于每年12月制订下年度空调系统维修保养计划，并负责组织实施。

（3）当值人员巡查发现空调系统设备故障时，应立即进行维修，并报告空调维修保养主管。

（4）空调系统的维修保养应着重做好除尘、润滑、紧固和更换老化部件等工作。

（5）空调系统维修保养中的废弃有害物应按当地环保主管部门的要求处理。

（6）注意用电安全和防火，严格遵守动火作业规定。

（7）空调系统维修保养应尽可能不影响用户的正常工作。突发性故障应通知受影响的用户，并在规定时间内排除故障。

（8）维修保养工作结束时应填写维修保养记录、零部件更换记录。

二、专用设备维修签订外包合同方式

物业服务公司可与中标的专业化公司签订专用设备维修养护委托合同，委托合同一般可划分为大包合同、中包合同和小包合同三种形式。

（1）大包合同是指设备的所有维护保养，正常磨损更换零件，应急抢修，正常小修均由专业维修保养公司负责，其维修保养费用较高。

（2）中包合同是指由专业化的维修保养公司对设备进行年度定期保养，小零部件更换、应急抢修以及小修和更换零配件的费用均由物业服务公司负担。

（3）小包合同是指专业维修保养公司只负责提供配件和技术指导，所有人工由物业服务公司的技术人员负责，费用相对低廉。

采取何种方法对专用设备进行维修保养，物业服务企业可根据本单位的实际情况综合判断后进行选择。

11　物业环境与秩序管理服务

11.1　物业治安服务

能力目标

（1）能设置有效的安保组织机构。
（2）能制定合理的安保服务制度，并有效开展物业区域的安保服务工作。
（3）能有效预防并处置重大突发事件。

基本操作

一、设置安保组织机构

安保服务防治对象主要是人为造成的事故和损失。一般包括安保服务管理、消防管理、车辆服务管理三个方面。安保服务工作的实施，一般可以聘用社会专业保安公司或自己组建保安部，或采用二者合一的混合式。采用何种方式取决于物业服务企业的运作特点和所服务管理物业区域的特点。物业安保机构的设置与物业类型、规模大小有关，物业面积越大、类型配套设施越多，管理类型的设置也就越多、越复杂。物业安保组织机构设置如图 11－1 所示：

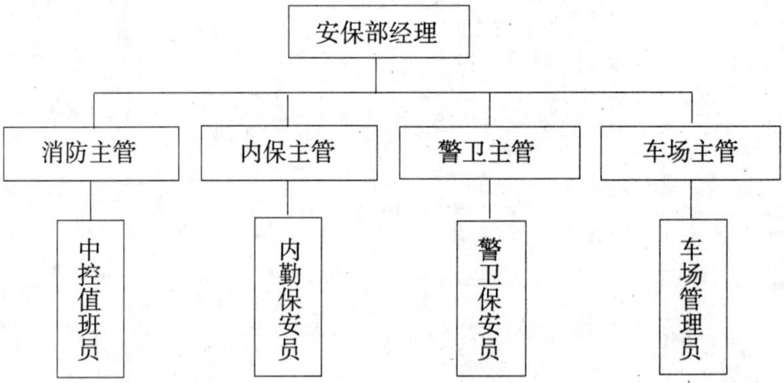

图 11－1　安保服务组织机构图

二、制定安保服务管理制度的程序

依据物业服务企业运行机制和物业管理区域的要求、特点，可按照图 11－2 所示的程序制定安保服务管理制度。

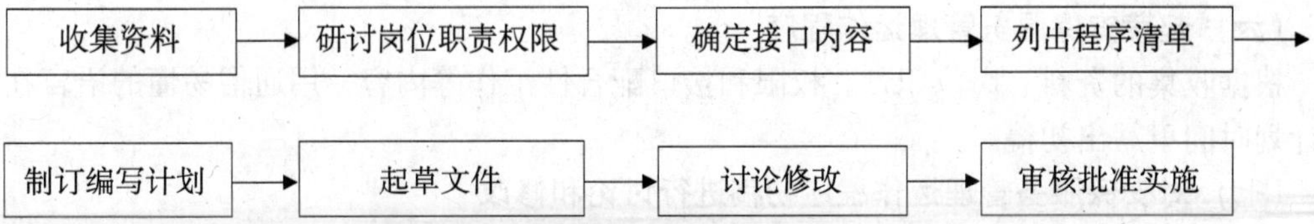

图 11－2　制定安保服务管理制度的程序

（一）收集资料

（1）收集外部资料，如全国、省、市物业管理行业考核及标准，与治安管理相关的法律法规文件等。

（2）收集内部资料，如物业服务企业内部的管理规定，物业服务企业各专业间协调性的工作内容，所服务管理区域物业的内容、情况、特点、要求等。

（二）研讨安保部各岗位的职责和权限

（1）确定安保服务管理的工作范围。

（2）确定安保部经理的岗位责任和权限。

（3）确定内保主管、警卫主管的岗位责任和权限。

（4）确定内勤警员、巡逻岗警员、固定岗警员的岗位责任和权限。

（三）确定安保服务管理工作与其他相关专业的接口配合性工作内容

（1）与消防管理、车辆管理相关的配合性工作内容。

（2）与工程、保洁、客服等专业相关的配合性工作内容。

（3）与相关行政主管部门衔接的工作内容。

（四）列出安保服务管理运作程序清单

（1）岗位描述，包括安保部经理岗位描述，警卫主管岗位描述，内保主管岗位描述，消防主管岗位描述，车位主管岗位描述，中控值班员岗位描述，内勤保安员岗位描述，警卫保安员岗位描述，车场管理员岗位描述。

（2）程序规范，包括危险物品管理规定，门禁规定，门禁制度，钥匙管理制度，住宅装修管理制度，施工队管理办法，装修工程人员管理制度，二次装修监理制度，安保部班组交接班规定，安保部巡视路线，安保部受理报案程序，安保部拾遗物品管理规定，安保服务管理突发事件应急预案，安保部激励机制细则，安保文件资料、档案管理办法，安保部工具、设备管理规定，安保部工作考核办法，安保部考勤制度，来访客人管理规定、对参观游览、参观活动客人管理规定等。

（3）服务标准，包括安保部服务标准，安保部标识规定，警员语言、警容风纪规范标准。

（4）工作指导，包括安保服务管理月、年度工作计划，一级安保服务管理方案，安全服务管理协议书。

（五）制订编写安保服务管理运作程序计划

安保服务管理运作程序涉及安保部内保、警卫消防、车管等相关专业工作。组织相关人员确定初稿，讨论、修订定稿时间和具体撰写负责人等具体事宜。其中讨论修改定稿主要是指对本专业手册的可操作性进行讨论，修订后定稿。

（六）起草安保服务管理运作程序

根据收集的资料、岗位职责、权限和接口配合性工作等内容，用通俗易懂的语言在规定计划时间里写出初稿。

（七）对安保服务管理运作程序初稿进行讨论和修改

（1）组织有关人员，结合各相关专业知识，对安保服务管理运作程序文件进行讨论。讨论程序的可操作性、一致性、完整性和针对性。

（2）请安保专业人士检查，根据专业经验提出意见。

（3）根据上述（1）、（2）的结果，对初稿进行修改定稿。

（八）对安保服务管理运作程序进行审核、批准、实施

将安保服务管理运作程序定稿上报主管部门进行审核、批准，最后在安保部开始执行。

三、实施安保服务管理制度的程序

将安保服务管理运作程序装订成册，按照图 11－3 所示流程开始实施安保服务管理运作程序。

图 11－3　安保服务管理制度实施程序图

（一）对实施运作程序进行培训

为有效执行安保服务管理的运作程序，须组织力量对程序文件进行专业培训工作，除对本专业职员培训外，尚须对安保部内部和其他相关部门的相关专业职员进行本专业程序介绍、培训。培训要在经理、主管、员工三个层面进行，每个培训层面的侧重点不同。

（二）对实施运作程序进行准备工作

执行安保服务管理运作程序前的准备工作有：关于员工接受程序执行的思想状况；程序执行的计划安排；执行程序对日常服务管理工作带来的影响及补充措施；安保部各专业之间、安保部与其他部门之间的工作交叉衔接；客户对程序执行的理解等。各方面都需要予以充分考虑和准备。

（三）开始实施运作程序

在完成培训、准备工作后，安保服务管理程序开始进入运行阶段。运行阶段前期宜采用指导式运行方式，由部门经理、主管在现场进行蹲点、巡回指导，使各岗位的运作协调、严格、规范。同时，能够及时发现程序运作中产生的问题，并及时解决问题，及时收集运行程序情况的第一手材料。

（四）对运作程序进行修改

实践是检验真理的唯一标准，通过运行实施，发现程序文件中存在的不切实际或规定不合理之处，及时进行研讨、修改、调整，即边运行实施边修改，使程序进一步完善。

（五）对实施过程进行检查整改

通过一段时间运行实施后，安保部要组织全面检查。如在检查中发现安保服务管理的质量尚低、操作层执行不力等，要针对发现的问题，寻找解决办法，制定整改措施，责任要落实到人，直至将问题彻底解决，保证程序有效运行，以提高各岗位的工作质量。

四、做好防范工作

为保障物业使用者及物业管理人员的人身安全，避免发生不必要的意外，应在危险作业区或易于发生危险的场所设置明显的警示标志，并且制定有效的防范措施。

（一）易发生人身安全隐患的地方

小区或大厦易于发生人身安全隐患的地方主要有电房、高空、煤气房、BTM（自动气体灭火系统）室、停车场、施工场地等。

（二）防范措施

对以上有安全隐患的地方应制定相应的防范措施，如建立管理制度、完善指示标志、加强人员管理等。

（1）建立管理制度。管理制度是规范人们行为的规定、办法，如施工场地、清洁现场建立施工现场灭火规定、施工场地监管规定、清洁现场防滑措施等，停车场建立停车场管理制度及应急措施，存有危险物品的地方应建立危险物品管理制度。

（2）完善指示标志。指示标志能以最简短的文字或图样简洁、有效地表达管理意图和服务理念，这是最常采用的防范措施。例如，可根据场地及工作性质，设置各类指示标志：

特殊房间标志，如“电房”、“煤气房”、“高压配电房”等；

黄色作业标志，如“正在清洗”、“正在施工”、“高空作业”等；

管理标志，如“请勿攀爬”、“非工作人员请勿进入”等；

警示标志，如“地滑请小心”、“有毒”、“高压电”、“电梯维修中”等。

停车场是易发生事故的地方，可设计各种指示灯、防撞和防滑设施，划分人、车行道，分进、出车辆道，设立路障等；在高危路段设立警示标志，时刻提醒司机注意安全驾驶等。

（3）加强人员管理，如要求保安人员对这些可能危及人身安全的地方加强巡逻、增加检查的频率。

除在危险场所设置危险标志外，还应在雨天、台风等特殊天气状况下采取相应的应急措施，如雨天为防止用户滑倒，可设专人清扫雨水、拖地，在出入口放置防滑地毯。

五、安保重点案件处置程序

（一）发现可疑物或接到炸弹恐吓的处置程序

（1）安保部经理应通知警方及总经理。

（2）除警方人员及炸弹处理小组成员外，不允许任何人及车辆进入相关区域。安管人员随时警惕进入楼宇的可疑车辆、包裹或可疑人。

（3）确保炸弹相关区域的电梯全部停用。

（4）用每层的消防逃生路线协助撤离。

（5）在警方到达之前，可委派一名员工目测，对周围区域进行检查，查看是否有可疑物或炸弹，但不要触碰可疑物。

（6）一旦发现可疑物，用带子或路障将该区域隔开。

（7）不要独自处理可疑物或炸弹。

（8）在发现炸弹或可疑物的地方，不要用无线电联络。

（9）不要覆盖或移动该物。

（10）在事故报告中全面记录，该报告应在事故发生 24 小时之内上报总经理。

（二）发现炸弹紧急处理程序

（1）当发现炸弹的可疑声音或气味时，不要随意采取行动，不能接触敏感部位，如把手、行李锁等。

（2）如持炸弹者进入楼宇，现场员工应保持冷静，用一切办法阻止其进入。其他员工应尽快通知警方。在交谈时，不要挑逗炸弹持有者引爆炸弹，应等待警方到达。

（3）如以上情况发生，立即给中控室人员打电话。

（4）报告时，说明你的姓名、位置、时间及可疑物或可疑人的情况。

（5）接到报警后，客户服务部及安保部经理应立即赶赴现场；上报总经理后，根据当时情况按程序办事。

（6）安保部经理收到报警后，安排员工速到现场，设置警示区，无关人员不得进入。

（7）得到总经理或副总经理的允许后，立即通知警方。在警方到达之前，安排员工检查楼宇其他区域，查找是否还有可疑物品，但不要接触或移动该物。

（8）做详细记录。

（三）暴力案件处置程序

（1）迅速向安保部报案，报告时讲清楚你的姓名、身份、联系方式、案发地点、时间等简要情况。

（2）安保部经理或向上级汇报、或决定上报公安机关，如果属涉外情况，则要上报公安局外国人出入境管理处或外事科。

（3）接到报案后，安保部经理迅速赶到现场，确认现场和组织警力保护现场，同时要认真对待传媒人员。

（4）在现场尽力控制犯罪嫌疑人员，如现场危险，则尽力控制局面，等候公安人员。当公安人员到场后，配合公安人员进行抓捕活动，并向公安人员汇报，提供相关记录、监控录像等资料，全力配合公安机关调查工作，协助破案。同时，应该清楚记下办案警官官级、编号及报案的编号，作日后查阅、参考之用。

（5）在现场，尽力寻找目击证人或报案人，收集证言、证物。尽量了解案情，并进行详细记录。

（6）如果有受伤人员，应及时通知当地急救中心或附近的医疗机构，或采取必要的急救措施，但只有受过专业急救培训者方可实施急救。

（7）做好相应的善后工作，得到公安机关命令后，清理现场，撤离保护现场，清点、记录财务情况，恢复被损坏设施设备，尽快恢复经营活动。

（8）安保经理应将事件处置经过和情况以报告形式呈报上级领导。

（四）突发死亡事件处置程序

（1）遇有突发死亡事件时，安保部经理迅速赶赴现场，组织警力保护现场。同时要认真对待媒体采访人员。

（2）及时上报上级领导和公安机关，如涉及境外人员，还应上报公安局外国人出入境管理处或外事科。

（3）如无法确认当事者是否死亡，应迅速通知当地急救中心或附近医疗机构。

（4）寻找记录和收集证人、证言、遗言、遗物等线索，特别是死者性别、主要特征、现场情况等内容。

（5）公安人员到达现场后，认真汇报事件发生情况，提供监控记录、现场案件，全力配合公安机关处理调查工作。同时，应该清楚记下办案警官官级、编号及报案的编号，作日后查阅、参考之用。

（6）做好善后工作，运走死者遗体后，根据公安机关的要求，安保部决定是继续保护现场还是撤离现场，清理现场。

（7）根据公安机关要求，决定是否协助联系、寻找死者家属。

（8）安保部经理应将死亡事件的处置过程和情况以报告形式呈报上级领导。

（五）散发非法宣传品事件处置程序

（1）如果发现有人张贴、散发非法宣传品，安保部警员立即赶赴现场，制止违法活动，没收、清除非法宣传品。

（2）保留必要证据和控制散发非法宣传品的人员。注意观察其是否有同伙、是否携带凶器或易燃易爆物，警员要注意自我保护。

（3）如有群众围观，应及时采取措施疏散围观群众，避免事态扩大，如警力不足，要请求安保部支援。

（4）安保部经理视案情决定是否上报公安机关。同时组织警力待命，以备事态扩大。

（5）公安人员到达现场后，安保部协助配合公安人员调查处理案件工作，并提供所掌握的证言、证物。同时清楚记录下办案警官官级、编号及报案的编号，作日后查阅、参考之用。

（6）安保部经理应将案件处置过程和情况以报告形式呈报上级领导。

六、出租屋暂住人员、施工人员及“三无”人员的管理工作

（一）出租屋暂住人员的管理

（1）对物业项目内的出租屋暂住人员的分布及流动情况要准确掌握并登记存档。

（2）经批准，对辖区内的出租屋及暂住人员进行不定期检查，填写房屋出租登记表，严禁单独一人对被检查对象进行检查。

（3）对辖区内的出租屋暂住人员的搬迁情况要及时掌握。

（4）协助公安机关对辖区内的出租屋暂住人员进行清查，对漏办的对象要督促其办理出租屋治安管理许可证、暂住证。

（5）对出租屋的卫生、用电安全、租住人员变动、治安责任等实施管理，要掌握租住人或暂住人员的活动情况，预防违法犯罪行为发生。

（二）物业项目内施工人员的管理

（1）对物业项目内的施工单位施工地点、住宿地点、人员分布及流动情况要准确掌握，并做登记存档。

（2）对施工单位宿舍的卫生、用电安全、灭火器配备实施管理，对施工人员的活动情况要掌握，预防违法犯罪行为发生。

（三）对物业项目内闲游逗留的“三无”人员的管理

（1）安保部按《流动人员管理规定》对物业项目辖区内的“三无”人员进行依法管理。

（2）将清查物业项目“三无”人员的工作纳入日常巡逻的基本任务中。

（3）协助公安机关对辖区内的“三无”人员进行管理，将物业项目辖区内违反《流动人口管理规定》的“三无”人员送交当地公安机关处理。

（4）采取不定时针对性方式对物业项目内的主要公共场所、交通道路（如停车场、食街、商业街等）进行清查。

（5）对在物业项目辖区内闲游、逗留的乞讨人员，散发小广告人员以及有精神病、醉酒闹事等妨碍物业项目治安秩序的人员彻底清查，并将其驱逐出辖区外。

（6）对于在物业项目内扰乱治安秩序、屡教不改或不听劝阻的“三无”人员，交由公安机关处理，并做好记录存档。

相关知识

一、处置各类突发事件的基本原则

（一）快速反应原则

（1）值班保安员、警卫主管接警后，按标准要求：4 分钟内到达突发事件现场，1 分钟内能从一楼跑到七楼的突发事件现场进行紧急控制处理。

（2）主管在当值时接到突发事件报告后，按标准要求：4 分钟内到达突发事件现场，1 分钟内能从一楼跑到七楼的突发事件现场进行紧急控制处理；主管在休息时接到突发事件报告后，10 分钟内到达突发事件现场。

（二）统一指挥原则

（1）处理重大突发事件由安保部经理负责统一指挥；各主管协助突发事件的处理。

（2）一般突发事件，可由各岗位主管负责统一指挥。

（三）服从命令的原则

各岗位主管须无条件服从安保部经理的命令，并负责对突发事件的处理过程做详细记录。安保部作为突发事件的处理部门，行使公司赋予的指挥权和处理权，公司任何部门或个人不得干预。在作出突发事件处理决定时，各相关部门应团结一致，紧密协作，配合安保部处理好突发事件。

二、紧急集合方案

（一）目的

紧急集合是处理重大突发事件所采取的紧急行动，训练队员对突发事件的反应能力，要做到镇定自如，快速出击，方法有效。通过方案演练，使每位队员掌握突发事件的程序和方法，能在短时间内到达预定地点。

（二）适用范围

（1）治安突发事件，如突然发生重大抢劫、杀人、业主（住户）或企业受到犯罪分子的突然袭击等。

（2）受到水灾、火灾、台风等自然灾害的威胁。

（3）紧急集合方案演练。

（4）其他重大意外情况。

（三）方法

（1）每个管理处保安员宿舍安装一个报警铃，治安值班室、消防中心和其他员工宿舍应尽量安装报警装置。

（2）当电警铃发生短促、断续响声时为治安案件报警，各保安队员必须在90秒内到达指定地点待命。

（3）当电警铃发生连续长响声时为自然灾害等其他情况报警，各保安队员必须120秒（即铃响的时间）内到达指定位置待命。

（四）信号控制

（1）在紧急状态下管理处所有员工有责任和义务按规定的信号报警。

（2）每季度演练一次，在演练中只能由安保部经理控制报警，物业服务企业领导每年抽查一次。

三、正当防卫、紧急避险常识

（一）正当防卫

正当防卫的出发点是为了保护合法的权益。但是，在保护的同时又造成了不法侵害者受到一定的损害。因此，在行使这项权利时必须要符合法律规定的条件。否则，滥用防卫权，无限扩大对对方的伤害，不仅达不到同违法犯罪行为作斗争的目的，还会造成国家和人民利益不应有的损害，破坏社会主义法制。正当防卫的条件包括不法侵害和防卫两个方面的条件。

（1）正当防卫的不法侵害条件：

①必须有真实存在的不法侵害行为，才能进行正当防卫。所谓真实存在的不法侵害行为，是指客观上发生了危害社会的行为。也就是说，这种危害社会的行为，不是行为主观想象和推测的，而是客观存在的。

②必须针对正在进行的不法侵害行为，才能实行正当防卫。这个条件说的是正当防卫的时机问题。不法侵害正在进行，是指不法侵害行为已发生且尚未结束，不法侵害行为处于实施阶段。例如，杀人犯正举刀向被害人砍来或盗窃犯正在撬门扭锁。不法侵害行为尚未发生或者已经结束，都不属于正在进行的不法侵害行为。在这种情况下实施的行为，都不属于正当防卫。

（2）正当防卫的防卫条件。防卫行为是由不法侵害行为引起的，它包括防卫对象和防卫限度两个条件：

①正当防卫必须针对不法侵害者本人实行。这一条件是指正当防卫不能针对没有实施不法侵害的他人进行。正当防卫的目的在于排除不法侵害，所以，只能采取给侵害者本人造成损害的方式进行，不能损害他人的合法权益。

对于未达到法定责任年龄的人及精神病人所实施的侵害行为，不能实行正当防卫。情况紧迫的，可采取紧急避险。

②正当防卫不能超过必要限度，造成不应有的损害。正当防卫的必要限度，是有效制止不法侵害所必需的限度。判断正当防卫的必要限度，一是要看防卫行为是否能有效制止住不法侵害；二是要把防卫行为与侵害行为进行比较，凡是经综合分析认为防卫行为与侵害行为在性质强度、手段等方面大体相当，即可认定是制止不法侵害所必需的限度。否则，为了保护轻微的合法权益，而对不法侵害者造成重大损失的，或能用较缓和的防卫手段就足以制止不法侵害，却采取了激烈的、强度很大的手段的，就是超过正当防卫的必要限度。

上述正当防卫两个方面的四个条件，是一个有机联系的整体，缺一不可，只有这两个方面的四个条件同时具备，正当防卫才能成立。否则，就是非正当防卫。

（二）紧急避险

紧急避险是指为了公共利益、本人或他人的人身及其他权利免受正在发生的危险威胁，不得已采取的损害另一合法利益的行为。紧急避险的构成要件主要有以下六点：

（1）必须是合法利益受到紧急、危险的威胁。这里说的危险，一是指他人的不法侵害；二是指自然界力量的危害；三是指动物的侵袭等。对合法的行为不能实行紧急避险。

（2）危险必须是正在发生的，而不是危险尚未到来或者已经过去，在这种迫在眉睫的时刻，才可实行紧急避险。

（3）避险行为必须是为了使合法利益免遭损害而实施，否则不成立，也不允许实行紧急避险。

（4）避险行为必须是在没有其他方法可以排除危险、在迫不得已的情况下实施的。

（5）紧急避险必须是实际存在的，不能是假想或推断的。

（6）避险行为不能超过必要的限度。也就是说，损害他人的利益必须比保全的利益为轻，否则超过必要限度，造成不应有损害的，应当负刑事责任。我国《刑法》第18条第3款，关于避免本人危险的规定，不适用于职务上、业务上负有特定责任的人，不能以保全自己或者其他权利为由而逃避自己应尽的责任和义务。如果为此而造成后果的，应承担法律责任。

四、现场保护常识

（一）现场保护的方法

（1）露天现场的保护。对露天现场的保护，通常是划出一定的范围布置警戒。范围的大小，原则上应当包括犯罪分子作案的地点和犯罪分子可能遗留痕迹的场所。范围划定后，即可采取措施加以保护，如对于不大的露天现场，条件又许可时，可以在现场周围绕以绳索，或以白灰作为标记，防止人们闯入。对于现场的重要部位和出入口，应当设网看守或设置屏障遮挡。对于通过现场的道路，必要时可以中断交通，指挥行人绕道而行。对于大院内空地上的现场，可以将大门关闭，如果院内有其他住户，可以划出通道。有些露天现场虽位于偏僻处，但也应加以保护，防止破坏。

（2）室内现场的保护。对室内现场的保护，通常可将房门封闭，并在门窗和重点部位设岗看守，对房子周围和进出室内经过的场所，应布置警戒，禁止任何人接近。

（二）几类主要案件现场的保护

（1）纵火案现场的保护。纵火犯罪对国家、集体和个人财产和生命危害极大。犯罪分子往往利用这种手段破坏社会主义建设，给社会造成很大的灾难。纵火案往往因群众在救火时使现场遭到严重破坏，而使案件的侦破产生困难。对纵火案现场的保护要注意以下四点：

①火灾现场在起火时，如未成火灾，起火点一般比较明显，只要保护好起火点，使其免遭破坏，就可以达到保护现场的目的。

②如已酿成火灾，要积极配合消防部门及有关单位抓紧灭火。

③灭火后要及时封锁现场，并配合消防部门及刑侦部门认真清理火场，查找起火点，发现后要注意保护。

④在参加保护纵火案现场时，灭火中要注意听取周围群众的议论，因为往往能在收集群众的反映中获得很有价值的线索，如有关火势、风向、气味、异响、起火部位等方面的情况。

（2）抢劫案现场的保护。抢劫案件是严重破坏社会秩序，危害人民生命财产的重大刑事案件，必须给予严厉的打击。对于这类犯罪现场的保护要注意以下五点：

①注意现场中罪犯潜伏、袭击被抢对象的路线、逃走时的痕迹、足迹，发现痕迹后要划出范围，避免破坏。

②现场中心及周围一般会遗留搏斗中遗失的物证，如断打中脱落的纽扣、出血后溅落的血滴、脱落的毛发等。

③要及时询问被害人，如案件刚刚发生，估计罪犯潜逃不久，还要立即组织人力追捕，不能消极等待公安机关派人来处理。

④在人命案现场（如杀人、伤害、投毒、纵火等），要及时抢救受伤者，这既包括受侵害人，也包括犯罪分子。如已生命垂危者，在给予适当抢救的同时，还应注意向其询问有关案件的情况。

⑤清理、排除还在扩散并继续造成危害的危险因素，如火焰未熄、毒气蔓延、未爆炸物品，以防案件事态进一步扩大，产生更严重的后果。

11.2 消防管理

能力目标

（1）能设置有效的消防管理机构。

（2）能制定合理的消防管理运作程序，并有效开展物业区域的消防管理工作。

（3）具备组织消防演习和协助指挥灭火工作的能力。

基本操作

一、设置消防管理机构

消防管理工作主要包括防火和灭火两个方面。防火是物业服务企业把消防管理做到前面，防患于未然；灭火是在起火后物业服务企业采取措施进行扑救。消防管理组织机构的设置也是以防火和灭火为核心进行设计的。

（一）确定物业服务企业火灾预防组织机构

如图 11－4 所示，火灾预防负责人一般由物业服务企业服务管理项目的总负责人承担，全面负责所辖物业区域的火灾预防工作。安保部火灾预防负责人由安保部经理担任，负责预防工作的技术操作管理和宣传、策划实施等。专职火灾预防队员主要负责消防中心的监控工作和火灾预防安全检查工作。各部门火灾预防负责人和义务火灾预防队员主要负责宣传、普及火灾预防知识和协助专职火灾预防队员的检查工作。义务火灾预防员也可在客户中选出合适人员参加，从而组成以物业服务企业为主、客户为辅的消防管理网络，这是一种专群结合的消防队伍。

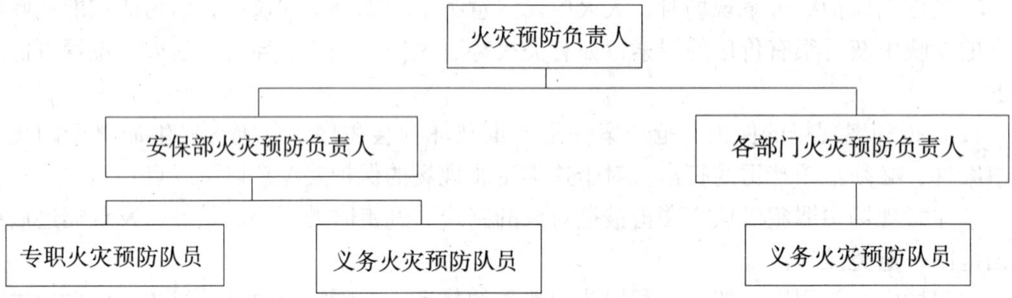

图 11－4　火灾预防组织机构图

（二）确定物业服务企业灭火指挥组织机构

如图 11－5 所示，灭火总指挥一般由物业服务企业所辖物业项目总负责人承担。副总指挥由安保部经理承担。物业服务企业在设置消防管理组织机构时，要结合所服务管理物业的特点、要求和物业服务企业机构特点，可以选择对防火与灭火组织机构进行分别独立设置，也可以对防火与灭火组织机构进行混合设置。

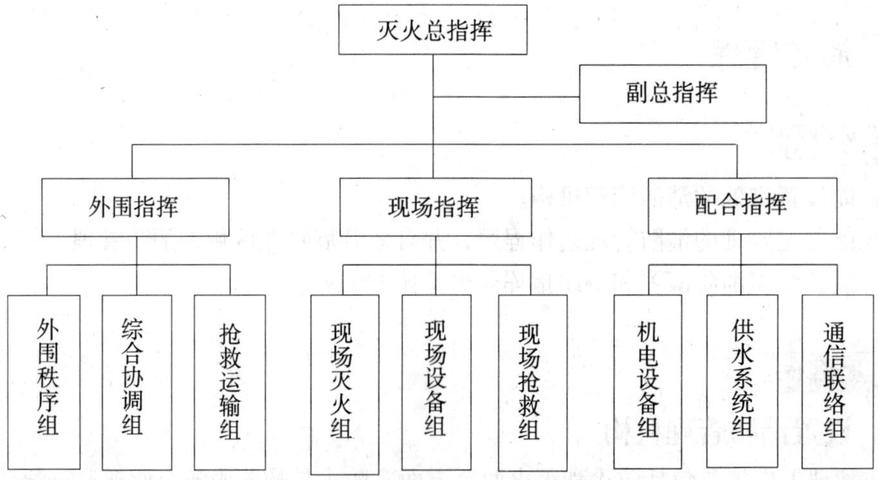

图 11－5　灭火指挥组织机构图

二、制定消防管理运作程序

（一）编制消防管理运作程序

依据物业服务企业运作的性质、特点和所管理区域物业项目的消防特点和客户要求，编制消防管理运作程序。消防管理运作程序的制定步骤类似于安保服务管理运作程序的制定。共分为8个阶段，即消防管理相关的资料收集，消防管理岗位职责和权限研讨确定，与其他专业部门接口性工作的确定，编制消防管理运作程序纲目清单，制订消防管理运作程序计划，拟订消防管理各项运作程序初稿，组织专业人士等对初稿进行研究、讨论、调整和修改，最后上报主管领导审核、批准并准备实施执行。

（二）确定消防管理运作程序并制定相关内容

在制定程序的上述8个阶段中，大部分操作内容类似于安保服务管理运作程序的制定。下面主要介绍不同于安保服务管理运作程序制定部分的内容。

（1）关于消防管理岗位的职责和权限。在制定消防管理运作程序的过程中，要确定消防主管的职责和权限、火灾预防组织机构中各岗位的职责和权限、灭火指挥组织机构中各岗位的职责和权限、中央监控室值班员岗位和巡逻岗位的职责和权限。

（2）关于消防管理的运作程序纲目清单。

①岗位描述，包括消防主管岗位描述，火灾预防负责人岗位描述，相关部门火灾预防负责人岗位描述，灭火总指挥、副总指挥岗位描述，外围指挥及所辖管小组岗位描述，现场指挥及所辖管小组岗位描述，配合指挥及所辖管小组岗位描述，专职和义务火灾预防队员岗位描述。

②程序规范，包括防火安全检查制度，临时动火作业安全规定，动火审批制度，消防设施、安全标志管理规定，消防装备的检查、维护、管理与配置制度，管理处消防器材管理制度，区域防火责任制度，消防控制中心管理制度，消防设备操作规范，重点部位防火规范，员工防火制度，接火灾报警工作规定，火灾逃生程序，火情、火灾时消防操作程序，中央监控室值班制度等等。

③工作指导，包括消防管理月、年度工作计划，消防管理协议书，消防知识培训方案，消防演习方案。

（3）消防管理运作程序内容的确定。注意咨询、请示消防机构主管部门，直至消防管理的主要措施获得批准、备案。

三、实施消防管理运作

消防管理运作程序的实施过程类似于安保服务管理运作程序实施的过程，可分为5个阶段，即对消防管理运作程序进行培训指导；充分、全面做好实施消防管理运作程序的准备工作；于本专业及相关部门开始运行实施消防管理运作程序；对程序运行实施过程中存在问题进行协调处理，边运作边修改；在程序运行一定阶段之后对运行实施过程进行全面检查，及时有效地指导、解决所发现的问题。

（1）在运行实施消防管理程序过程中，除对警员、物业服务企业员工培训外，要加强对所辖区域的服务管理对象进行培训，签署消防安全协议书，明确各方消防安全的责任和义务，全面增强消防安全意识。

（2）在运行实施消防管理程序过程中，同消防机构主管部门保持联系，随时就所发现的问题向消防主管部门进行请教，并定期邀请消防主管部门负责警官到现场进行监督、检查和指导工作，使消防管理工作在专业指导下进行。

四、制订小区灭火方案

（1）为提高和强化小区自救体系的灭火抢险能力，特制订本方案。

（2）本方案属基本规范，有关人员要根据火灾发生的楼层、方位、被燃物质的属性、天气状况、起火时间及人员的分布情况，灵活掌握，机动处理。

（3）一旦发生火灾，必须做到：报警准确、通讯畅通、灭火方案无误、实施迅捷有效，把损失减少到最低限度。

（4）报警程序。监控中心值班员发现消防系统报警信号或接到火警报告后（尤其是消火栓报警），立即通报相关方位的固定岗和巡逻岗保安员迅速赶往报警楼层或火险地，查证报警原由。同时报告安保部火灾预防负责人。查证人员在确认火灾后立即报告监控中心，同时就地采取灭火措施：利用就地的灭火器材进行扑救，并与该片区管理站的管理人员一起组织扑救。

（5）监控中心根据火灾情况，紧急传呼有关领导，报告灾情。必要时立即向“119”报警。报警述语：“我们是×××村，位置在×××号，现×楼×层发生火灾，请求灭火。”并记录报警时间。

（6）灭火指挥系统各主要指挥员到位后，以总指挥为核心组成救火指挥部（指挥部设在消防中心），并根据火情迅速制订救火方案，调配人员，组织实施。

（7）在灭火自救期间，总指挥有绝对的指挥权。公安消防队到场后，向消防队报告情况，移交指挥权，协同公安消防队长组织灭火。

（8）火灾扑灭后必须由公安消防监督机关基本查清起火原因后，方可清理火灾现场。在此期间，义务消防队员必须保护好现场；工程维修人员迅速检修、恢复各系统设备的正常运行。

五、各工作岗位的职责

（一）总指挥的职责

（1）向监控中心值班人员、消防治安部部长及有关人员查询起火的具体方位、燃烧物质、人员分布及疏散情况，消防设备的运行状况及灭火的到位情况。

（2）命令监控中心值班员启动相应的消防系统，监视报警运行信号应急广播，根据失火方位、火势大小，通知小区有关的人员紧急集合。

（3）命令各级指挥员根据各自的分工，各就各位，若有指挥员缺岗，要任命临时负责人，代行其职。

（4）掌握火场扑救情况，命令火场灭火指挥员，包括：采取或改变扑救方式，决定灭火人员放弃抢救，撤离现场。

（5）掌握火场抢救情况，命令抢救指挥员，包括：采取有效措施指挥人员疏散、救护伤员和抢救物资，运送消防器材，维护外围秩序，引导消防车到位。

(6) 掌握消防相关系统运行情况，根据火场灭火需要，命令有关部门，要求：确保应急供电，确保消防供水，确保通讯联络畅通，确保消防电梯正常运行。

(7) 协助公安机关查明火灾原因，处理火灾后的有关事宜。

(二) 副总指挥的职责

(1) 总指挥不在场时，履行总指挥的职责。

(2) 配合、协同总指挥分析火场情况，制订救火方案，根据总指挥的要求传达命令。

现场抢救组、抢救运输组、外围秩序组、综合协调组、现场灭火组、现场设备组等的职责是按照事先设定的职责完成各自的任务。

六、组织消防演习

物业服务公司进行的消防演习可以按照以下流程进行，如图 11－6 所示。

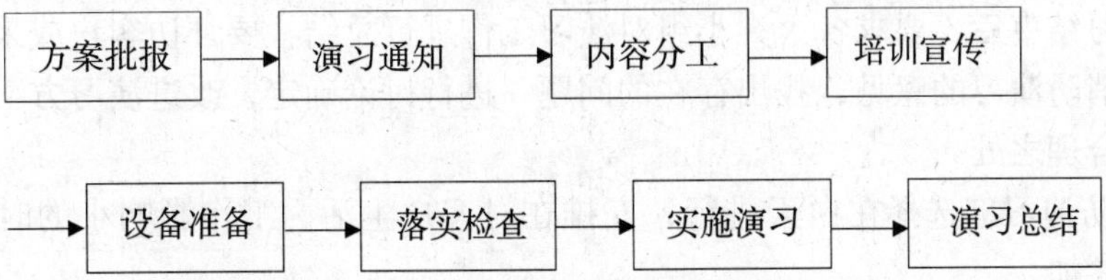

图 11－6　消防演习方案实施程序

(一) 消防演习方案申报批准

物业服务企业或物业服务管理项目部，应提前一个月将消防演习方案计划上报客户或业主委员会。待客户或业主委员会批准后，向负责消防的主管警官汇报备案，同时就消防演习方案向主管警官征询意见。

(二) 消防演习实施通知

在消防演习实施的前两周，应向所辖物业管理区域的客户发出消防演习通知。

在消防演习前两日，应在公共区域张贴告示，进一步提示客户关于消防演习的事宜。

(三) 消防演习工作内容分工

根据各岗位职责来分配工作任务。

(四) 消防演习前培训、宣传

对物业服务企业全体员工进行关于消防演习方案的培训，使各灭火小组成员掌握自己所负责的工作范围、运行程序和注意事项。在演习前采用挂图、录像、板报、条幅等形式对客户宣传消防安全知识。

(五) 消防演习前消防设备、消防器材等准备

在消防演习前一周时间，消防设施设备、器材进入准备状态。检查消防播放设备、电梯设备、供水系统、机电设备的运行状况；准备各种灭火器和消防水龙带等工具；准备通信设备；选定“火场”并准备制造火源用品及预防意外发生的设备和器材；准备抢救设备工具和用品等。确保所有消防设备、器材处于良好状态，准备齐全。

（六）消防演习准备工作落实情况检查

演习前3天，由灭火总指挥带领相关负责人对消防演习准备工作进行最后综合检查，确保演习顺利进行，避免发生混乱，包括人员配备、责任考核、消防设备器材准备、运输工具以及疏散路径等内容。

（七）消防演习实施

（1）开启消防广播通知客户消防演习开始，反复播放引导客户疏散。

（2）各灭火小组开始行动，按分工计划展开灭火疏散抢救工作。

（3）电梯停到一层，消防梯启动，所有消防设备进入灭火状态。

（4）开始消防灭火模拟演练，物业服务企业员工进行疏散演练、灭火器实喷演练、接水龙带演练、救护演习、模拟报警训练等。邀请客户观看或参加实际训练。

（5）演习结束后，用消防广播通知客户消防演习结束，电梯恢复正常，并感谢客户宾客的参与和支持。

（八）消防演习总结

消防演习结束后，要求各灭火小组对演习工作进行总结，要拜访客户或采取其他方式收集客户对消防演习的意见，找出存在的问题，进行讨论确定，改进演习方案和演习实施过程中的不合理之处。

（1）消防演习应选择在白天进行，安排在对客户生活、工作影响小的时间段，以使更多的客户参加。

（2）消防演习“火场”应选择在相对安全位置，尽量减小对客户的影响并保证安全。

（3）消防演习时，要避免长时间断电停电，可以象征性地断电数秒钟。

（4）消防演习过程中，采用各种形式做好参加演习客户情况的记录工作，对不理解的客户做好解释工作，做好消防知识宣传、讲解工作，做好参与演习客户的安全保护工作。

相关知识

一、专职和义务火灾预防队员的职责

（一）专职火灾预防队员的职责

（1）管理、监督、检查、指导、整改所辖区域内的消防工作。

（2）落实各项防火安全制度，严格贯彻执行消防法规。

（3）组织消防宣传教育，加强业主和使用人的消防意识。

（4）负责所管辖区域内动用明火作业的签批和现场监护工作。

（5）定期巡视、试验、检查、大修、更新各种消防设施和器材，确定专人管好辖区内的各种消防设施和器具。对消防设施的故障和不足，应专门报告给主管领导，并做好维修计划。

（6）定期检查所辖区域内的要害部位，及时发现和消除火灾隐患。

（7）负责安排消防监控报警中心24小时日夜值班，做好值班记录和定期汇报计划工作。发现火警、火灾时，应立即投入现场指挥和实施抢救等。

（8）制止任何违反消防安全管理的行为和企图。

（二）义务火灾预防队员的职责

（1）认真学习有关的消防知识，掌握各种器材的操作技术和使用方法。

（2）积极做好宣传防范教育工作，宣传教育内容主要有防火、灭火基本方法，物业内消防设施及其功能与使用，安全疏散和人员抢救等，宣传方式可采取专人上门发放通知、张贴广告、出墙报、利用广告等。

（3）定期检查本部门和所管区域内的消防器材设备的完好状况。

（4）一旦发生火灾应立即投入现场抢救等。

二、消防设施和器材的配备与管理

物业服务公司在消防设施设备和器材的管理中，主要应做好以下五个方面的工作：

（1）熟悉消防法规，了解各种消防设施设备和器材的使用方法，制定所管物业的消防制度及有关图册，使管理人员和物业业主、用户便于熟悉。

（2）禁止擅自更改消防设施和设备，特别是业主或物业使用人在进行物业装修时，必须进行严格审查和必要的监督检查。

（3）定期检查消防设施设备的规范性与完好情况，对使用不便等情形应及时改正。

（4）对于公共防火通道，必须保证畅通无阻，绝对不允许堵塞防火通道。

（5）加强消防值班和巡逻，及时发现火情、火险隐患，并予以有效处理。

11.3 车辆道路管理

能力目标

（1）清楚停车场管理规划的要求。

（2）能制定有效的车辆管理运作程序，并有效开展车辆管理工作。

基本操作

一、停车场管理规划

停车场（包括车库）有不同的空间环境，停放的车辆也有不同类型。搞好车辆管理工作，必须对停车场设立相应的要求，这些要求主要有：

（1）停车场的亮度要求。无论是从方便车主，还是从防盗考虑，停车场内的光线都应充足，使车主能清楚地找到停车位，清楚地识别自己的车辆；管理人员易于发现撬盗车辆的行为和行为人；还便于消防管理等一系列安全管理措施的实施。

要使停车场有较充足的光线，可以利用自然光，也可以利用灯光，或者二者结合。利用自然光方面，可采取棚式或安装透明玻璃与明瓦；利用灯光方面，可安装亮度较高的电灯或多装几个电灯等措施。

（2）停车场的设施要求。为保持通道畅通无阻，方便存取和管理，停车场应设置简洁与易识别的指示灯或提示语。同时，为了便于管理，停车场一般仅设有一个进口和出口。进出口的标志一定要醒目和明确，场内行驶路线要用挟栏、标志牌、地面白线箭头指示清楚。在车辆出入口处设置管制性栏杆。

（3）停车场的区位布置要求。车辆可分为机动车和非机动车。机动车可分为摩托车、汽车等；非机动车又分为三轮车、自行车等。为了避免混乱状态的发生，物业管理部门应把停车场的区位进行划分。要做好停车场区位划分工作，首先应对物业区域内的各种车辆进行全面摸底调查，弄清所管物业区域内各种车辆的总数以及不同类型车辆的比例，然后根据掌握的材料，考虑各种情况后，把停车场划分为机动车停放区和非机动车停放区两大区域。各区域所占面积的大小、车位的多少以及各区域是否细分等情况，可根据物业区域内车辆的具体情况和可能外来车辆情况而定。一般来说，物业区域内的停车场区位布置与划分情况如图 11－7 所示。同时，为使物业住用人安全有序地停放车辆，避免乱停乱放现象，停车场内应用白线框明确划分停车位：分固定车位和非固定车位，大车位和小车位，机动车位和非机动车位。车主必须按要求使用车位，需经常停放的车辆，应办理手续，有偿使用固定车位。外来车辆和临时停放的车辆有偿使用非固定车位。

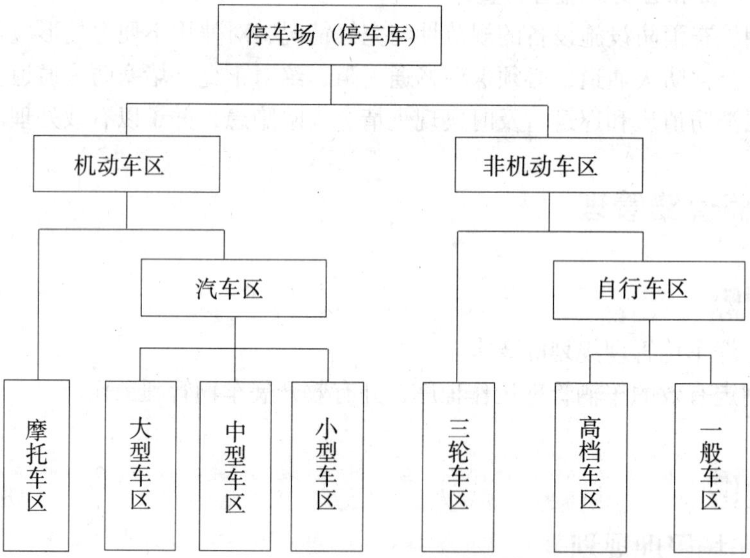

图 11－7　物业停车场区位布置与划分

（4）车辆进出停车场管理要严格。车辆进入停车场要验证发牌，并登记，驶离停车场时要验证收牌，对外来车辆要计时收费。在车辆进出高峰期间，管理人员还要做好现场车辆引导、行驶、停放和疏散工作。

（5）车辆防盗和防损坏措施要得力。为避免车辆在停车场内被盗和被撞等事件的发生，一方面，管理人员要加强对车辆进入的登记与车况的检查，实行 24 小时值班制度和定期定时（如 10 分钟或 20 分钟）的巡查制度；另一方面，要教育、提醒车主在停车场内要服从管理人员的指挥和安排，离开时锁好车门，调防盗系统至警备状态，随身带走贵重物品。

二、制定车辆管理运作程序

（一）编制车辆管理运作程序

依据物业服务企业运作的性质、特点和所管理区域客户要求、停车场（库）特点编制车辆管理运作程序。车辆管理运作程序的制定步骤类似于安保服务运作程序的制定。共分为 8 个阶段：车辆管理相关资料收集；车辆管理岗位职责和权限研讨确定；与其他相关部门、专业接口性工作确定；编制车辆管理运作程序纲目清单；编制车辆管理运作程序计划；拟订车辆管理各项运作程序初稿；组织专业人士等对初稿进行研究讨论、调整和修改；上报主管领导审核、批准并准备实施执行。

（二）确定车辆管理运作程序的相关内容

在上述制定程序的 8 个阶段中，大部分操作内容类似于安保服务运作程序的制定。下面主要介绍车辆管理不同于安保服务运作程序的内容。

（1）关于车辆管理岗位的职责和权限。在制定车辆管理运作程序过程中，要确定车场主管的职责和权限，车场管理员的职责和权限，车场收费员的职责和权限。

（2）关于车辆管理运作程序纲目清单：

①岗位描述，包括车场主管岗位描述，车辆管理员岗位描述，车场收费员的岗位描述。

②程序规范，包括车辆管理规定，停车费收取规定，车场起卸货区管理规定，车场设备工具使用规定。

③管理规定，包括车场管理员交接班制度，车辆管理工作程序，车场意外事故处置程序。

④工作指导，包括车辆服务管理月、年度工作计划，车辆管理安全协议书，车辆道路管理培训方案。

三、车辆管理运作程序的实施

车辆管理运作程序的实施过程类似于安保服务运作程序实施的过程，共分为 5 个阶段，即对车辆管理运作程序培训指导，充分、全面做好实施车辆管理运作程序的准备工作；于本专业和相关部门开始运行实施车辆管理运作程序；对程序运行实施过程中存在的问题进行协调解决；在程序运行一定阶段后，对运行实施程序过程进行全面检查；收集客户、车场管理员的反馈意见，进行讨论、处置、改进。如图 11－8 是智能化停车场的进出流程。

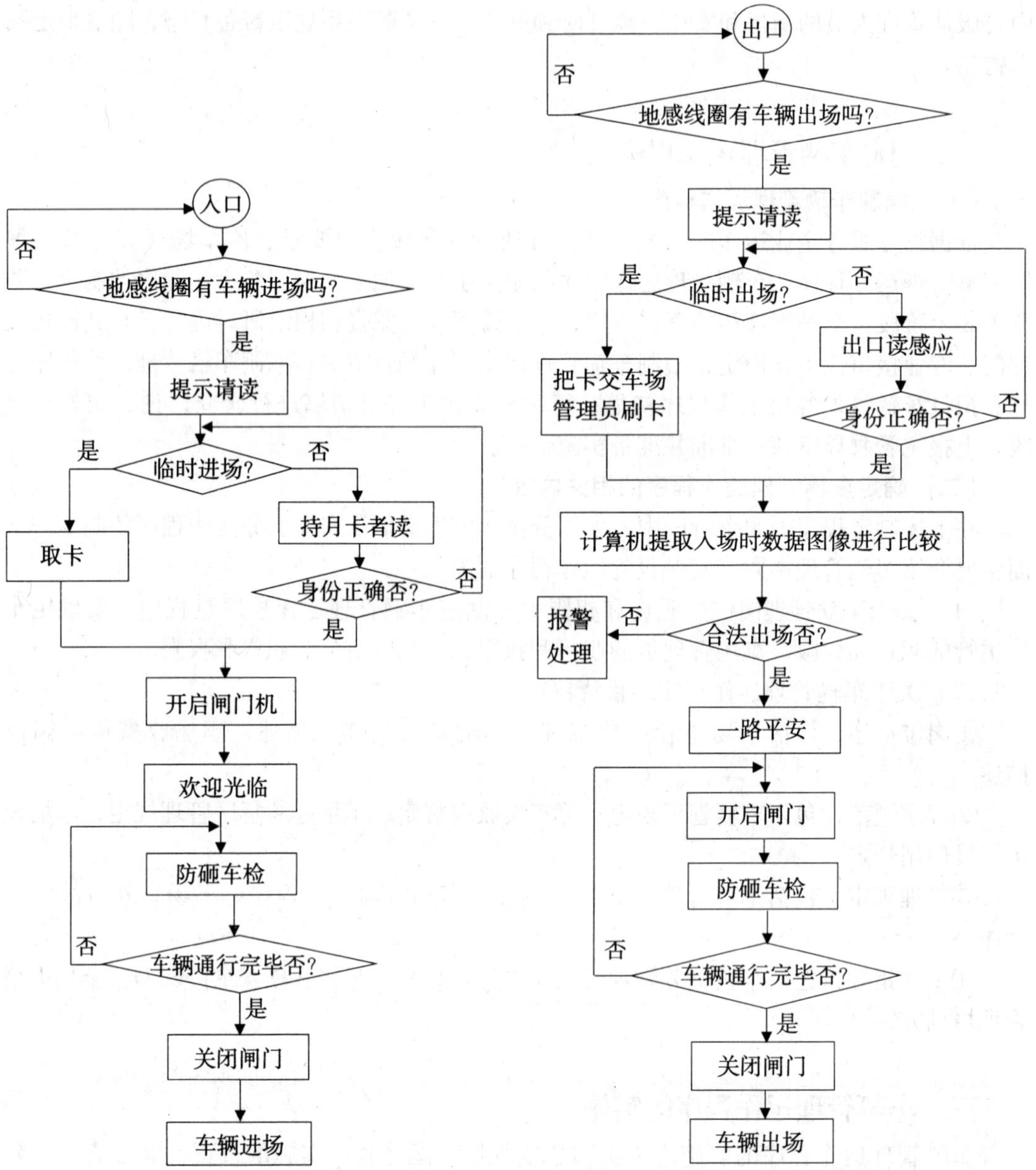

(a) 进车场流程图　　(b) 出车场流程图

图 11－8　进出车场流程图

相关知识

一、道路规划布置的基本要求

(1) 居住区内部道路主要为本居住区服务。为了保证居住区内居民的安全和安宁，不应有穿越居住区的城市交通。同时，不宜有过多的车道出口通向城市交通干道。

(2) 道路走向要便于业主上下班。住宅与最近的公共车站之间的距离不宜大于 500 m。

(3) 应充分利用和结合地形，如尽可能结合自然分水线和汇水线，以利于雨水排除。

（4）在进行旧居住区改建时，应充分利用原有道路和工程设施。

（5）车行道一般应通至住宅每单元的入口处。建筑物外墙面与人行道边缘的距离应不小于1.5 m，与车行道边缘的距离不小于3 m。

（6）尽端式道路长度不宜超过120 m，在尽端处应便于回车，回车场地的面积应不小于12 m×12 m。

二、道路系统的基本形式

（1）人车交通分流的道路系统。它由车行和步行两套独立的道路系统所组成。这种形式一般适用于私人小汽车较多的居住区。

（2）人车混行的道路系统。当居住区内私人小汽车数量较少时，可采用这种形式。我国目前大多数居住区都采用了人车混行的道路系统。

（3）人车部分分流的道路系统。这种形式是在人车混行的道路系统的基础上，另外设立一套联系居住区内各级公共服务中心或中小学的专用步行道。

11.4 物业保洁管理

能力目标

（1）能设置有效的保洁组织机构。

（2）能制定合理的物业清洁管理制度，并有效地开展物业区域的清洁服务工作。

基本操作

一、设置保洁机构及职责

物业环境卫生管理机构的设置可根据物业环境卫生管理的招标外包或自管等不同的管理方式，根据物业服务企业实际情况进行设置。

（一）物业环境卫生管理招标外包机构的设置

物业服务企业可将所管的物业环境卫生的日常清扫保洁工作包给专业的清洁公司，并由专业清洁公司具体实施环境卫生管理工作。这时物业服务公司只需配备1～2个物业环境卫生检查与监督人员负责以下主要工作：

（1）制定招标文件、托管合同书等文件。

（2）根据招标程序选择专业环卫公司，并与之签订物业环境管理卫生委托管理合同书。

（3）对受托的专业环卫公司的环境卫生管理内容的完成情况及日常清洁工作进行监督。

（4）定期与托管者及专业环境卫生管理公司磋商、讨论，解决环境卫生存在的问题。

（5）经常视察、暗访所辖区域的环境卫生状况，与区域内各界人士保持联系，听取对物业环境卫生管理的各种意见。

（二）物业环境卫生自管的机构设置

物业服务企业也可自行设立物业环境卫生管理部门来执行和完成物业辖区的环境卫生管理工作，其机构设置可根据物业类型、区域分布、面积大小、保洁对象的不同而灵活设置。一般情形下，最简单的是设置一个公共区域保洁班组，并由公共卫生班组经理直接负责。如果所管物业中有高层建筑，则可设置一个高空外墙保洁班组。如果所管物业类型多、面积大，还要设立多个保洁服务班组。对于一个物业管理面积大、物业类型多、保洁设施设备齐全的物业服务公司，其机构的设置一般较多。而多数的物业服务公司，高空外墙保洁清洗工作是外聘专业公司来完成的。其机构具体设置可参考图 11－9。

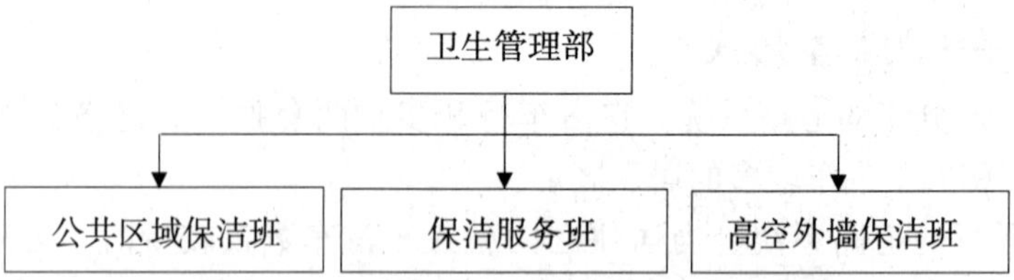

图 11－9　物业环境卫生管理机构设置示意图

物业环境管理部各级人员的岗位职责如下。

（1）部门经理（保洁主管）的职责：①按照公司经理的指示精神和公司的管理目标，组织各项清扫保洁管理的具体工作；②每日检查督促各区域保洁任务的完成情况，发现问题及时返工补课；③接洽、开拓各种清洁服务业务，为公司创收；④经常进行巡查抽查，发现卫生死角及时解决。

（2）技术员的职责：①配合经理拟订清扫保洁工作的实施方案；②对专用清洁设备进行使用指导；③随时检查和保养清洁用具及机械设备；④检查监督分管的保洁区域和项目；⑤做好经理交办的其他事项。

（3）公共卫生区域领班的职责：①向保洁主管负责，每日班前留意当日保洁主管的指示，并接受其督导；②检查员工签到记录，察看是否全勤当值，对缺勤应及时采取措施，合理安排属下员工工作；③检查所辖范围的清洁成效；④随时检查员工的工作情况，及时调整各种工具及人力配备；⑤编制保洁人员、用品、物料计划，减少消耗，控制成本。

二、住宅小区保洁操作细则和要求

表 11－1　每日保洁操作细则和要求

序号	保洁项目和内容	保洁方式	保洁次数
1	指定区域内的道路（含人行道）	清扫、洒水	2
2	指定区域内绿化带（含附属物）	清扫	1
3	各楼层楼梯（含扶手）过道	清扫、抹擦	1
4	居民生活垃圾、垃圾箱内垃圾	收集、清除、集送	2
5	电梯门、地板及周身	清扫、抹擦	2
6	通道扶手、电梯扶手、电梯两侧护板与脚踏	抹擦、清扫	2
7	男女卫生间	拖擦、冲洗	3
8	会议室、商场等公众场所	清扫、拖擦	2～4

表 11－2 每周保洁操作细则和要求

序号	保洁项目和内容	保洁方式	保洁次数
1	天台、天井	清扫	1
2	各楼层公共走廊	拖洗	1
3	用户信箱	抹擦	1
4	电梯表面保护膜	涂上	1
5	手扶电梯打蜡	涂上	1
6	共用部位门窗、空调风口百叶	抹擦	1
7	地台表面	拖擦	2
8	储物室、公共房间	清扫	1

表 11－3 每月保洁操作细则和要求

序号	保洁项目和内容	保洁方式	保洁次数
1	共用部位天花板、四周围墙	清扫	1
2	共用部位窗户	抹擦	1
3	公用电灯灯罩、灯饰	抹擦	1
4	地台表面打蜡	涂上	1
5	卫生间抽排气扇	抹擦	2
6	共用部位地毯	清洗	1

三、物业保洁管理制度的实施

（1）指导领班、清洁员的工作，确保达到标准。

为了确实保证卫生保洁制度的贯彻和落实，搞好卫生保洁工作，物业服务企业的领导、特别是部门的领导要将企业的保洁制度、各项管理工作的要求以及每一个工作岗位的职责告之于每一位员工，使他们能够自觉地按照具体的岗位职责去要求自己。同时要具体指导领班和清洁员的工作，以确保每一项具体工作的要求能够得到落实，并能够达到规定的标准。

（2）巡视检查卫生情况，及时解决问题。

为了确实保证卫生保洁制度的实施和物业区域的环境卫生，要加强卫生情况的巡视和检查。这个巡视和检查，可以从内、外两个方面来进行。从企业内部来说，要采取定期或不定期的检查。在检查时，要会同有关部门的领导、检查员等共同巡视，该表扬的要表扬，该批评的要批评；对检查出的问题要提出妥善的解决办法。从企业外部来说，保洁部门应该将有关要求和标准公之于众，自觉地接受业主和使用人的监督和检查。

（3）处理好与社区清洁卫生管理部门的关系。

物业区域的环境卫生管理工作是整个城市环境卫生管理工作的一部分。所以，物业服务企业一定要处理好与社区清洁卫生管理部门的关系。一方面在业务上需要他们的指导和监督，另一方面许多工作需要他们来完成，包括垃圾的清运和处理、污水要纳入整个城市的污水系统等。

（4）进行维护环境卫生的宣传教育。

环境卫生管理工作，一方面需要专门管理机构和人员负责“清扫”，另一方面也需要大家来共同“维护”。这个“大家”，既指管理者自身，也指每一位业主和使用人，“清扫”是必要的，“维护”是根本的。所以，一定要加强维护环境卫生的宣传教育工作，使每一个人都能认识到维护环境卫生的重要性，提高维护环境卫生的自觉性，养成良好的卫生习惯，使业主和使用人也积极投入到维护环境卫生的工作中来。在双方的共同努力下，创造优美、清洁、卫生的物业环境。

（5）搞好卫生设施的建设和维护。

维护物业区域的环境卫生，必须有一定的卫生设施建设。在公共场合，除了必备的果皮箱、垃圾桶以外，还要合理地配置卫生间。“合理”，就是布局合理，方便人们使用，也指标志十分醒目，人们容易找到。在物业区域，特别是物业小区，还要搞好垃圾篓或垃圾亭的建设，以便收集、运送垃圾。

四、合理选择和监督专业清洁公司

（1）选择标准。选择物业环境卫生管理专业化公司时，应考察专业承包公司是否具备承担保洁、垃圾清运业务的资质，有没有能力履行承包合同的义务与责任，有没有能力承担违约责任，社会信誉是否良好，服务价格是否合理。

（2）注意事项：①应要求承包公司制订具体的工作计划，包括岗位设置及职责、服务标准、技术要求；②垃圾清运时间、责任和义务等，这些要在合同中约定，作为检查监督的依据。

相关知识

一、物业环境卫生管理的范围和基本要求

一般来说，物业辖区的保洁范围大致包括楼宇内的公共部位、物业区域内的公共场地、生活废弃物的收集与处理三个方面。

二、物业环境卫生保洁的基本要求

物业环境卫生保洁工作的基本要求是“五定”，即定人员、定地点、定时间、定任

务、定质量。对辖区卫生保洁范围指定专人负责，并明确其保洁清扫的时间、地点，以及具体任务、内容、频率和质量要求。

物业区域内的道路保洁标准应参照建设部颁布的道路清扫保洁质量标准：一是要每天清扫两遍、全日清洁；二是达到“六不”和“六净”，即“不见积水、不见积土、不见杂物、不漏收堆、不乱倒垃圾、不见人畜粪”和“路面净、路沿净、人行道净、雨水口净、树坑墙根净、果皮箱净”。

垃圾的清除必须及时，做到当日垃圾当日清除，并建立合理的分类系统。如果采用垃圾通道的方式，一定要保持通道清洁；如果采用在各层楼道设垃圾桶或分发垃圾袋的方式，则必须设专人负责收集后送到垃圾站或垃圾转运站。

11.5 绿化管理

能力目标

（1）能设置有效的绿化组织机构。

（2）能制定合理的物业绿化管理制度，并有效开展物业区域的绿化服务工作。

基本操作

一、设置绿化机构及职责

物业环境绿化管理的模式可根据实际情况而定。若是承包给专业园林绿化部门进行物业区域内的环境绿化管理，则只需几个管理人员即可。若是物业服务公司自行承担物业环境的绿化管理，对于规模较小的物业，一般至少要设置一个绿化养护组并兼带管理职责。对于规模较大的物业，如住宅区，就应该设置绿化养护组、花圃组和绿化服务组。绿化管理各机构的设置见图 11－10 所示。

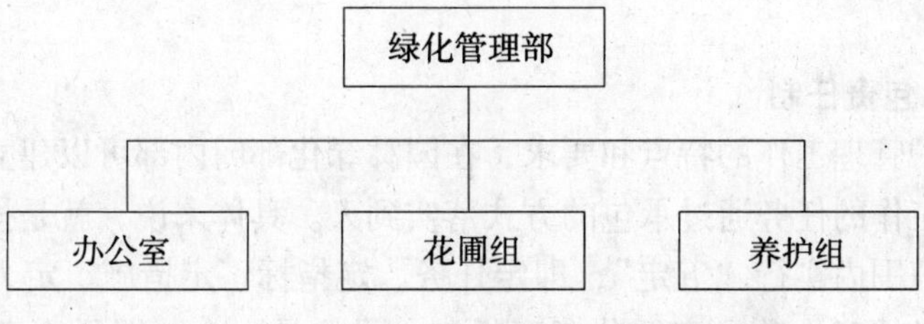

图 11－10 物业环境绿化管理机构设置框图

绿化部各级人员的岗位职责：

（一）经理（部门主管）

（1）负责绿化管理部的全面工作，结合公司的有关规定和要求制定本部门的工作规划，并安排布置到班组。

（2）负责物业区域绿化管理工作的检查、监督、验收和考核工作。

（3）负责组织绿化管理人员的岗位培训和技术培训工作。

（4）负责编写物业区域绿化设计要求、建议，制订花草树木的购买计划以及维护、改进物业景观的计划。

（5）负责做好本部门职工的思想教育工作，增强集体的凝聚力。

（6）完成上级领导交办的其他相关任务。

（二）技术人员（工程师或技术员）

（1）负责绿化管理措施的制定和实施。

（2）负责整个物业区域绿化的技术指导和部门外的绿化经营业务的技术指导。

（3）负责绿化管理人员的技术培训。

（4）定期向部门主管汇报日常工作情况。

（5）完成上级交办的其他相关任务。

二、制定物业绿化管理制度

（一）对绿化管理部门人员的要求和应当遵守的管理规定

（1）必须服从管理，听从指挥。

（2）必须了解岗位职责和工作范围，尽心尽力搞好绿化工作；必须熟悉掌握园艺技术，提高环境容貌质量，为住户提供优质服务。

（3）负责居住区绿化范围内树木花草的培植、养护，包括施肥、浇灌、修剪、除虫、清洁等工作，包括居住区重要部位和重大节假日选花、配花、摆花的养护工作。

（4）有责任要求住户爱护公共绿地，发现有意破坏的现象，要及时劝阻和制止，严重的要上报管理处处理。

（5）在工作过程中要佩戴工号牌、穿着工作服，注意仪表整洁，讲话要和气，待人要诚恳、热情大方；要遵纪守法，不得损公肥私，要严格遵守管理处的各项规章制度，要以管理处的利益为重，尊重住户利益，不得损害住户利益，影响管理处形象。如有违背有关规定者应予以处理，情节严重者予以辞退。

（6）应不断学习专门知识，积累经验，努力提高技术水平和服务质量，要厉行节约，反对浪费。

（二）建立承包责任制

根据园林养护管理工作的特点和要求，在园林绿化部门内部可以建立承包责任制，即将园林养护管理工作的任务通过承包的方式落实到人。具体来说，就是按地点分段分片任务包干，在包干范围内实行“五定”，即定任务、定指标、定措施、定人员、定奖惩。另外，也可以根据具体工作项目实行分工责任制。目的是一个，即无论实行哪一种管理办法，都是为了明确责任，便于监督检查，提高园林养护管理工作的水平。

三、物业绿化管理制度的实施

（一）搞好对绿化养护管理人员的技术培训

物业绿化是一项技术性很强的工作，所以在配备绿化养护管理人员的时候就要注意两个方面的问题：一是把好招收新人员的质量关，即应招收热爱绿化工作、思想道德素质和文化素质较高的人员；二是新招收的人员要有一定期限的试用期（一般为三个月），在试用期间表现好的人员才能正式聘用。

在物业绿化管理过程中，所有绿化养护管理人员都要不断地学习和进行技术培训。在物业环境绿化管理初期，由于管理人员少、工作头绪多，不可能进行集中正规的培训和系统的学习时，可采取做什么学什么培训什么的方式，联系实际具体讲授，结合绿化生产和养护管理现场学习，在布置工作、安排生产时讲授技术、交代措施。在物业环境绿化管理走上正轨，绿化管理部门拥有一定数量的人员后，再集中进行正规培训、系统讲授有关绿化知识，学习园林绿化的技艺和管理措施与方法。培训的内容主要有环境绿化的基础知识，可以从识别花木的品种开始，进而系统地讲授各种花木的性状、习性、生理生态、物候期、种植与繁殖方法、栽培技术和园林绿地营造与养护的知识。绿化工作的工种很多，不同工种的技术和要求都是不一样的。

（二）加强看管巡视

对居住区的绿地，每周至少要巡视一遍，并做好绿化巡视记录。对发现的问题应当及时通知绿化养护部门处理。每月汇总绿化巡视记录，提交管理处主管审阅，管理处主管对绿化巡视记录应进行分析，对存在的重大问题和经常发生的问题，要制订并采取相应措施予以处理。

（三）加强绿化宣传，培养绿化意识

居住区绿化工作的好坏，不仅仅是绿化部门的职责，同时也是每一位业主和使用人的职责。如果只有绿化部门的积极性，而没有每一位业主和使用人的积极性，居住区的绿化工作仍然是搞不好的。为此：

（1）要加强绿化宣传，培养绿化意识。帮助每一位业主和使用人认识到绿化工作的重要性，绿化工作不仅直接关系到我们是否有一个安静、清洁、优美的生活环境，而且直接关系到我们这一代人以及整个人类能否生存和发展的问题。一定要树立起全球的意识、环境的意识、绿化的意识。

（2）加强制度建设，严格管理。

（四）外包绿化监督检查的工作流程

（1）检查人员按规定进行检查。

（2）按检验标准判断是否达到绿化质量标准，如果未达到，则下达整改通知，通知绿化养护专业公司进行改善。

（3）记录检查情况。

（4）月末汇总检查记录，总结评估绿化质量。要求绿化公司按评估报告检讨并改善工作。

相关知识

一、物业绿化管理的方法

（一）建立完善的管理机制

为了将物业绿化管理做好，必须要有一个完善的管理机制，包括完善的员工培训机制，如员工入职培训、技能培训、管理意识培训；完善的工作制度、奖惩制度及标准等。另外，物业绿化并非单纯是物业服务公司的事，业主、用户的维护与保养也是很重要的。

所以，宜在业主、住户们入住之初，与之签订《小区环保公约》，以此自我约束。

【范本】

××小区环境卫生管理公约

1. 总则

为保持本小区干净、整洁，使住户享有优雅舒适的生活环境，特制定本公约。

2. 公约内容

(1) 小区实行垃圾袋装化和分类丢弃管理，按规定分类将垃圾丢入不同颜色的垃圾袋。各业主、用户倒垃圾时应系好垃圾袋口，并于规定时间内将垃圾袋放到各楼层设置的垃圾桶（袋）内。

(2) 不准乱倒垃圾、污水、杂物，不准随地吐痰和大小便。

(3) 公共场所不准乱涂画、乱张贴、乱搭挂（如广告、标语、传单等），违者必须限期清理。

(4) 饲养宠物的业主、用户应先向政府机关申领许可证并妥善管理好自己的宠物，不得让宠物大声号叫或伤及他人，不得让宠物在公共场所大小便。

(5) 严禁践踏、占用绿化地，不得损坏、涂改建筑小品。

(6) 不准随意移动垃圾桶的摆放位置，住户淋花、晾晒拖把时应注意不要将水滴到楼下。

(7) 业主（用户）在装修过程中不得将装修垃圾及废物弃于走廊及公共区域，不得与生活垃圾混淆，要保持环境清洁，做到一日一清。

(8) 保持小区安静，不得在公众休息时间（12:00~14:00, 23:00~7:00）制造噪音，影响他人休息。

(9) 本小区清倒生活垃圾时间（如有更改，管理公司会另行通知业主、用户）：

早上：8:00~8:30　　中午：11:00~11:30　　下午：17:00~17:30

（二）建立完善的质量管理系统

为了保证管理质量，应建立完善、科学的质量管理系统，包括操作过程的质量控制方法、检查及监控机制、工作记录等。绿化管理可在园林绿化管理上导入ISO9000体系，建立完善的日检、周检、月检、季检及年检制度，对检查结果记录存档，以便能将管理中出现的问题进行系统分析并采取有效的整改措施，并将检查结果与员工或分包商的绩效考核挂钩，实现对员工及分包商的有效控制，将绿化管理的质量管理科学化，保证物业绿化管理的质量。

（三）制定科学合理的操作规程

操作规程是规定操作者在做某一件事时必须遵循的操作方法与步骤。由于绿化管理受环境及天气影响较大，在不同的天气条件下做同一件事的方法步骤也会有所不同。所以，在制定操作规程时必须充分考虑各种因素，把各项操作步骤充分量化、标准化，使员工易于明白及接受。

二、高尚住宅绿化管理重点

（1）植物的日常养护与修剪。在高尚住宅区的管理中，除要求加强对植物病虫害、水肥的管理，保证不出现大面积的病虫害和不出现明显的病虫害症状或由于病虫害导致的明显的生长不良现象外，还应加强园林植物日常淋水、施肥与修剪等工作，保持植物生长健壮良好。

（2）枯枝败叶的清理及绿化保洁。园林植物的枯枝败叶及残花对高尚住宅小区的环境影响很大，为保证高尚住宅小区高雅的绿化环境，应保证每天及时清除小区内的枯枝败叶。

（3）园林景点的维护与改造。在高尚住宅小区中，对生长不良的绿化景点或损坏的园林小品应及时进行更换或改造，始终保持园林景观的完美。

（4）创建社区环境文化，加强绿化的有偿服务工作。高尚住宅小区业主、用户往往对花卉种养、插花及园林等有较高的兴趣与要求，为满足业主、用户的要求，物业服务公司应经常举办一些插花艺术、盆景养护、花卉栽培等方面的绿化知识讲座、技术咨询、插花比赛等活动。也可通过花店等为业主、用户提供鲜花、观赏植物、观赏鱼、插花服务以及花木代管、私家园林代管等有偿服务。

三、物业区域绿植租摆服务要求

（1）专业绿植租摆承包，对各工作区域绿植进行不定期的更换和养护服务，满足物业区域对绿植的各项要求。

（2）按照服务要求，被邀请的绿植租摆公司分别制订“日常服务方案”和“节日服务方案”以及配合国家重大行政活动的室外绿植租摆设计方案，并出具设计效果图。

（3）物业项目入口、大堂、卫生间、高级卫生间、公共区域等绿植摆放应稳重、有特点，并要求与本物业项目档次相匹配。

（4）公共区域花卉、绿植摆放应新颖、协调、庄重，盛放绿植的花器要根据本物业项目的整体设计提供两套不同的花器组合实施方案，并提供效果图。

（5）租摆绿植应具有多样性，包含的种类有常绿乔木、花灌木类、花卉类等。

（6）绿植正常的生长状况良好，植株茁壮、花卉枝叶饱满、无枯枝干叶、无病虫害、绿植面层保持光泽、叶秆无尘土，按时补充养分，保持土壤湿润新鲜，控制杂草成长，避免病虫害发生，防止绿植腐烂，修剪完的草叶要及时清理，避免传染病害。

11.6 物业违章建筑管理

能力目标

（1）能正确认定小区的违章搭建行为，并清楚其处理权限。

（2）能有效预防和处理物业区域的违章搭建行为。

基本操作

物业小区违章搭建的处理程序如图 11－11 所示。

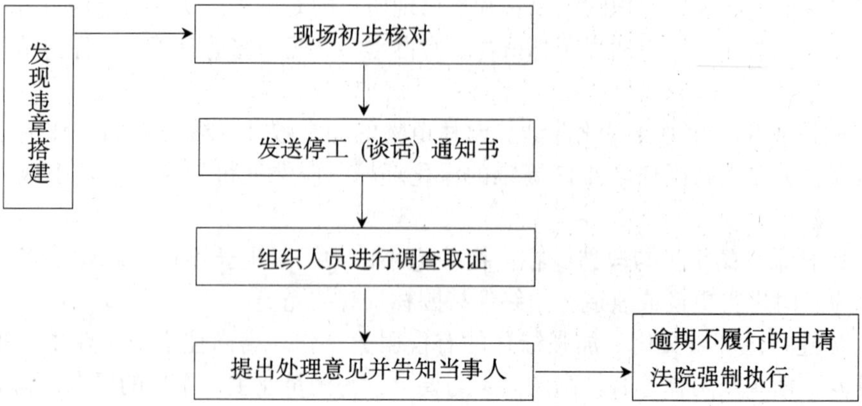

图 11－11　违章搭建的处理程序

（1）发现违章搭建。违章搭建的发现一般有四种途径：保安巡查发现、群众举报、有关单位（部门）反映以及住户反映。无论是哪一种途径发现违章搭建，工作人员都要做到违章一经发现，尽可能做详细记录。

（2）现场初步核对。发现或接到其他途径反映发现违章搭建后，应立即到现场进行情况核对。核对的内容为：搭建地点、搭建情况（面积、结构等）、确认违章搭建的单位等。对正在施工的违章搭建，应责令其立即停工。

（3）发送停工通知书及谈话通知书。在对现场进行初步核对后，应对此违章的单位发送谈话通知书（如属正在施工的违章搭建，应同时发送停工通知书），并进行谈话。谈话内容作为查处工作中的一个重要证据，应当认真记录并由被谈话人签字，如被谈话人拒绝签字，可在谈话记录上注明，并说明拒签的原因。

（4）调查取证。依据有关法律、规章，对所发生的违章搭建进行取证工作是处罚前必须完成的程序。其取证重点是：违章搭建的明确地点、搭建时间、搭建位置、搭建面积、搭建的当事人、搭建结构、搭建用途、搭建手续、搭建费用等。其中搭建时间不能确认的，可以略微放宽；搭建当事人如行为人不是户主的，行为人与户主都应包括在取证记录内；搭建用途主要是搞清是否是个体工商户搭建，如是，应查明有无营业执照等；搭建手续是指搭建时经过何部门同意，同意搭建的理由，手续是否合法等。

调查取证时，一般不得少于两人，并应向当事人或有关人员出示执法证件。为了便于执法，应当邀请区域管理机构，如街道办事处（乡、镇人民政府）以及物业管理部门共同参加。

（5）发出处罚决定书。在确认违章性质后，依照有关法律法规，对当事人作出行政处罚决定。在正式作出行政处罚决定前，应依照《行政处罚法》的有关规定，告知当事人作出处罚的事实、理由、法律依据以及当事人依法所享有的权利。如当事人不服行政处罚，申请行政复议或者提起行政诉讼的，除法律另有规定外行政处罚不停止执行。当事人如逾期不执行处罚决定的，15 日后可申请法院强制执行。

相关知识

一、小区违章搭建的处理权限

（1）凡是属于应申请领取建筑工程执照范围而未申请领取执照所进行的违章搭建和违章建筑，均是违反《城市规划管理条例》的行为，由规划管理部门依照《城市规划管理条例》进行处罚。如擅自进行房屋升高，房屋加层，占用街坊道路、里弄通道，以及改变建筑物主体承重结构的大修工程等。

（2）凡不属于申请领取建筑工程执照范围，应该由房屋所有人和出租人同意，而未经同意擅自在公有房屋及其附属设施搭建的，属于违反《城市公有房屋管理规定》的行为，由房产管理部门根据《城市公有房屋管理规定》进行处罚。如在主要道路沿街公有房屋的挑出阳台和内阳台上搭建的建筑物和构筑物、在天井内搭建、屋内搭阁、乱搭鸽棚等。

（3）凡是既违反《城市规划管理条例》又违反《城市公有房屋管理规定》的搭建，规划管理部门和房产管理部门应该密切配合，协同处罚。在具体操作过程中，商品房物业，可以规划管理部门为主进行认定和处罚；直管公房物业，可以房产管理部门为主进行认定和处罚。如擅自占用街坊道路、里弄通道搭建的建筑物均为违章建筑。

（4）区（县）房屋管理部门、规划管理部门可以委托街道办事处或乡镇人民政府行使处理违章搭建、违章建筑的部分职权，但是授权必须经过区（县）人民政府批准，而且，街道办事处在委托权限内必须以主管部门名义行使职权才是合法有效的。

（5）对数量较多、集中成片的违章搭建和违章建筑，应该由区（县）以上人民政府组织规划管理，房产管理部门、公安机关等协同管理。

二、小区违章搭建的认定与表现

住宅小区违章搭建的认定，必须有明确的法律依据。一般常见的住宅小区违章搭建有下列八种类型：

第一类，未经规划管理部门和土地管理部门（或被授权机关）批准，未领取使用土地许可证或临时用地许可证而占用土地的，或临时占用逾期不交还的；

第二类，擅自改变用地位置或扩大用地范围的，如占用公共场所作为私家庭院、扩建停车库或堆物房等；

第三类，未经规划部门和建设行政管理部门（或被授权机关）批准，未领取建筑许可证，擅自施工的；

第四类，擅自改变建筑物规范或使用性质的，如在天台上建房，在阳台上搭建雨棚等；

第五类，不属于申请领取建筑工程执照范围，但应该由房屋所有人和出租人同意，而未经同意擅自在公有房屋及其附属设施搭建的，如屋内搭阁楼、天井内搭建功能性建筑等；

第六类，既违反《城市公有房屋管理条例》又违反《城市规划管理条例》而擅自占用里弄通道、街坊道路、庭院园地的；

第七类，损坏房屋承重结构和破坏房屋外观的；

第八类，擅自在市政、公用设施上建造可能妨碍公共安全和交通的建筑物（构筑物）。

需要说明的是，违章建筑和违章搭建的概念在理论上虽然有所不同，但是在实际工作中很难界定。因此，一般在实际操作上，往往把违章搭建和违章建筑作为同一个问题对待。

11.7 物业污染防治管理

能力目标

（1）清楚物业环境质量管理的内容。

（2）能制定合理的物业环境保护制度，并有效开展物业环境保护工作。

基本操作

一、制定物业环境保护制度

（一）明确物业环境保护制度的类型

物业环境保护制度一般有三类：

（1）相关部门的规章制度。物业服务企业相关部门的规章制度要体现出环境保护的条款，如商业网点的市场管理，要规定不许高声叫卖、不准使用高音喇叭；绿化管理，要规定保持绿地的清洁卫生，要随时补种补栽，物业管理区域内不应有裸露的土地；环境卫生管理，要规定保持公共区域的清洁卫生，要及时清运垃圾，医疗垃圾要有专人负责、专门处理；交通管理，要规定不许高声鸣按喇叭，尾气排放要达标，车辆停放要有序等。

（2）专项环境保护制度。如锅炉房废气排放的管理制度、二次供水设备的管理制度、建筑施工管理制度、“三废”排放管理制度等。

（3）环境综合管理制度。这类制度是对环境进行综合管理的制度，包括各环境要素和各方面人员的管理内容。

（二）提出物业环境保护管理的措施

提出物业环境保护管理的措施，主要是针对不同的污染提出不同的管理和防治的办法。

（1）大气环境的质量管理：

①对物业区域内大气污染进行监测。对物业区域内的大气污染进行监测，主要是根据污染物排放时间的变化规律，结合气象周期的变化规律及监测目的的要求，确定大气污染监测的采样周期。

②对物业区域内大气环境质量进行评价。在掌握物业区域内大气环境质量现状和评价的基础上，定期向上级主管部门或业主和使用人报告大气环境质量状况，并预测、分析大气环境质量变化的趋势。

③对物业区域内大气环境质量进行分区管理。在大气环境质量调查和评价的基础上，对城市的功能分区实施大气环境质量的分区管理，如住宅区、商业区、工业区等，污染区实行重点控制并相应地采取一定的防治措施。

（2）水环境质量管理：

①对物业区域内水环境进行监测。主要是对物业所在区陆地水体污染、物业使用水质、物业排水水质的监测。对物业区域内水环境的监测，首先，要对水的外观、透明度、色度、浊度、水温、气味、pH 值、电导率、苯氯、亚硫酸根、氧、CO_2、H_2S、游离氯等可溶气体进行监测；其次，要特别重视对物业水体致病病原生物的监测。

②保护水体，防止污染。我国水体保护，一般规定分为5类，Ⅰ类、Ⅱ类、Ⅲ类属于水源源头保护区，尤其是生活饮用水一级保护区、二级保护区，对防止污染的要求是十分严格的；Ⅳ类、Ⅴ类属于人体非直接接触的娱乐用水、农业用水、一般景观用水，也是有一定的防止污染要求的。

③控制污染源。在对水域、水系或水体污染源进行调查、监测及污染现状评价的基础上，明确环境目标，采用总量控制的方法，对污染源排放污染物的数量和浓度进行控制。

（3）固体废弃物污染的防治：

①生活垃圾的处理。一定要在指定地点倾倒、堆放，不得随意抛撒或堆放，要提倡分类收集、贮存，及时清运，科学处理。

②加强对房屋装修的科学管理。装修垃圾是造成物业区域固体废弃物污染的一个重要来源，对房屋装修的科学管理就是要减少这一方面的污染。装修垃圾一定要在指定地点堆放，统一清运。根据工程量的大小，垃圾清运费从住户缴付的装修押金中扣除。

③露天贮存燃煤、灰渣应当设置专用的贮存设施或场所。

（4）噪声污染的防治：

①加强绿化。在物业区域内，多植树、多种树，这是防治噪声污染的重要措施。

②限制车辆进入物业区域。

③加强精神文明建设，制定必要的管理办法。要让业主、使用人和一切受益人懂得尊重别人就是尊重自己的道理，尽量减少生活噪声，如娱乐声、爆竹声等，这是防治噪声污染的积极方法。同时，还要制定必要的管理办法，以作为防治噪声污染的辅助措施。

（三）拟定定期检查制度

要针对不同对象采取不同的检查制度，对商业网点、文化娱乐场所、建筑施工现场、车辆交通要经常检查，每日填写现场检查表；对锅炉房、水体等可以定期检查，检查结果也要填写现场检查表。如表 11－4 所示。

表 11－4　现场检查表

受检单位：　　　　　　　　　　　　　　　　　　　　　　　　　　检查时间：

序　　号	受检项目	存在的问题	备　　注

检查人：

二、物业环境保护制度的实施

（一）加强环境质量监测

对现场检查和质量监测查出来的问题，要填写环境污染与治理报告，一方面要向领导和有关部门报告环境污染的事实和原因分析；另一方面要提出治理意见和措施，并进行跟踪检验。环境污染与治理报告如表 11－5 所示。

表 11－5　环境污染与治理报告表

<table>
<tr><td>受检单位：</td><td>检查人员：</td><td>检查时间：</td></tr>
<tr><td colspan="3">环境污染的事实报告：</td></tr>
<tr><td colspan="3">分析原因和治理措施：

预计完成时间：　　　　　　　　　　　　　　　　实际完成时间：
检查员：</td></tr>
<tr><td colspan="3">纠正措施的跟踪检验：

审核员：
年　　月　　日</td></tr>
</table>

（二）争取有关单位配合

环境保护工作，不单纯是某一个部门或某一个单位的事情，而是需要大家共同努力才能做好的。所以，在具体工作中必须争取有关单位的配合。一方面，在物业区域内要争取绿化、卫生、交通等部门的配合；另一方面，在物业区域外要争取附近的工厂、农村、企事业单位的相互沟通、相互理解，同时还要争取专门环境保护机构的指导、检查、帮助。

（三）落实必要的硬件建设

环境保护工作是一项技术性很强的工作，需要有一些仪器设备。为了搞好环境保护工作，必须落实必要的硬件建设。例如，对水体的监测，首先要观察水体的外观，如透明度、色度、浊度、水温、气味等；然后再采取水样分析水的成分，如 pH 值、电导率、苯氯、亚硫酸根等，同时还要监测水体中是否含有致病的病原生物。有些问题还要请专门机构来鉴定。一般来说，物业服务企业应当装备一些最必要的硬件设备，比如监测大气污染的粒度分析仪、CO/CO_2 红外分析仪、NO/NO_2 分析仪、SO_2 分析仪；监测水污染的离子洁度计、洁度仪、颗粒物粒度分析及计数仪；监测固体废弃物污染的水质监测仪（主要是监测渗漏液的污染指标，包括 COD、BOD、NH_4、TOX、重金属和放射性）；监测噪声污染的噪声计等。

（四）进行宣传教育工作

环境保护工作，同时也是一项群众性的工作，特别是物业区域的环境保护工作，是生活在物业区域中每一个人的责任。所以，在具体工作中要加强宣传教育工作，使每一个人都能理解和支持，也只有在人人参与、人人支持、人人动手的情况下，物业区域的环境保护工作才能真正搞好。

相关知识

物业环境质量管理的内容包括以下方面：

（一）对物业环境质量的监控

对物业环境质量的监控，就是对物业区域内的环境质量进行监测和控制。监测，就是监视、检测并及时分析和处理代表环境质量的各种数据，掌握环境质量的现状及变化发展趋势。控制，就是根据环境质量的现状及变化发展趋势，特别是超标排放和严重污染事故要及时反馈给有关部门，通过有关部门采取具体措施，遏制并改善物业区域内的环境质量。

对物业环境质量的监控，主要有 3 种类型：

（1）区域环境监控。所谓区域环境监控，就是对整个物业区域内的环境质量进行监控，这是全方位的监控，包括大气、水、土壤等环境质量的监控。

（2）污染源的监控。所谓污染源的监控，就是对造成环境污染源头的监控，包括工业污染源的监控、交通污染源的监控、城市生活垃圾和生活污水的监控等。

（3）污染事故的监控。所谓污染事故的监控，就是对突然发生的一些污染事故的监控，要及时确定污染事故的范围和程度，检查分析污染事故的原因，并提出挽救的措施，避免类似事故的再次发生。

（二）对物业环境质量的评价

对物业环境质量的评价，就是按照一定的评价标准和评价方法，对物业区域的环境质量进行评价，包括对区域环境质量和发展趋势进行定量的描述、评定和预测。

（三）编写物业环境质量报告书

编写物业环境质量报告书，就是在对物业区域的环境质量进行检测和评价的基础上，提出对物业环境质量状况的分析以及改善环境质量的措施与对策。

（1）在具体编写物业环境质量报告书时，要注意遵守以下四条原则：

①要着眼于“人类—环境”大系统，从地区的整体出发，以生态理论为指导，全面分析经济、社会发展与环境质量的关系，不仅要认真对待“三废”及噪声的问题，还要考虑其他影响环境质量的因素。

②在对基本数据进行汇总分析时，要包括自然环境特征与社会环境特征，有较强的针对性，以便为分析环境问题提供具体的依据。

③分析问题要抓住主要矛盾，对主要环境问题的危害，包括经济损失、人身伤害及其产生的原因等，有确切的分析，不能似是而非，模棱两可。

④对环境质量的变化及发展趋势，要有科学的预测，并对主要环境问题提出相应对策。

（2）物业环境质量报告书，特别是初始物业环境质量报告书，至少应该包括如下四部分内容：

①物业区域的基本情况，特别是有关影响物业环境质量的基本情况。

②介绍物业区域环境质量调查的结果，特别是通过物业环境质量评价的结果，分析物业区域环境质量的总体评价、主要问题以及造成环境污染的原因。

③提出改善物业区域环境质量的措施与对策。

④对物业区域环境质量的变化与趋势作出科学的预测并提出需要解决的问题。

第二部分

高级物业管理员应试指导

12 物业管理从业人员职业标准

12.1 职业概况

一、职业名称

职业名称为物业管理从业人员。

二、职业定义

指按照物业管理服务合同约定，通过对房屋建筑及与之相配套的设备、设施和场地进行专业化维修养护管理以及维护相关区域内的环境卫生和公共秩序，为业主、使用人提供服务的人员。

三、职业等级

本职业共设三个等级，分别为：物业管理员（国家职业资格四级）、助理物业管理师（高级物业管理员）（国家职业资格三级）、物业管理师（国家职业资格二级）。

四、职业环境

职业环境包括室内、室外。

五、职业能力特征

具有一定的观察、分析、判断和计算能力，以及较强的沟通和表达能力。

六、基本文化程度

基本文化程度为高中毕业（含同等学力）以上。

七、培训要求

（1）培训期限：全日制职业学校教育，根据培养目标和教学计划确定。晋级培训期限：物业管理员不少于220标准学时；助理物业管理师（高级物业管理员）不少于180标准学时；物业管理师不少于150标准学时。

（2）培训教师：培训物业管理员的教师应具有本职业助理物业管理师（高级物业管理员）职业资格证书或相关专业中级及以上专业技术职务任职资格；培训助理物业管理师（高级物业管理员）的教师应具有本职业物业管理师职业资格证书或相关专业中级及

以上专业技术职务任职资格2年以上；培训物业管理师的教师应具有本职业物业管理师职业资格。

八、鉴定要求

（1）适用对象：从事或准备从事物业管理职业的人员。

（2）申报条件。

物业管理员（具备以下条件之一者）：①在本职业连续工作1年以上，经本职业物业管理员正规培训达规定标准学时数，并取得结业证书；②在本职业连续工作2年以上；③取得本专业或相关专业大专及以上毕业证书者。

助理物业管理师（高级物业管理员）（具备以下条件之一者）：①取得本职业物业管理员职业资格证书后，连续从事本职业工作2年以上，经本职业助理物业管理师（高级物业管理员）正规培训达规定标准学时数，并取得结业证书；②取得本职业物业管理员职业资格证书后，连续从事本职业工作3年以上；③取得本专业或相关专业大学本科及以上毕业证书者。

物业管理师（具备以下条件之一者）：①取得本职业助理物业管理师（高级物业管理员）职业资格证书后，连续从事本职业工作4年以上，经本职业物业管理师正规培训达规定标准学时数，并取得结业证书；②取得本职业助理物业管理师（高级物业管理员）职业资格证书后，连续从事本职业工作5年以上。

（3）鉴定方式：分为理论知识考试与操作技能考试。理论知识考试采用阅卷笔试方式，技能操作考核采用模拟实际操作等方式。理论知识考试和技能操作考核均实行百分制，成绩皆达60分及以上者为合格。物业管理师还须进行综合评审。

（4）考评人员与考生配比：理论知识考试考评人员与考生配比为1∶15，每个标准教室不少于2名考评人员；技能操作考核考评员与考生配比为1∶15，且不少于3名考评员；综合评审委员不少于5人。

（5）鉴定时间：理论知识考试为90分钟，技能操作考核为120分钟，综合评审时间不少于30分钟。

（6）鉴定场所设备：理论知识考试在标准教室内进行；技能操作考核在标准教室或模拟物业管理环境中进行。

12.2 基本要求

一、职业道德

（1）掌握职业道德基本知识。

（2）职业守则：①遵纪守法，爱岗敬业；②工作认真，尽职尽责；③诚实守信，热情服务。

二、基础知识

（1）物业管理基本概念：①物业与物业管理；②物业管理的主要内容与过程；③物业管理的基本原则；④物业管理的服务质量标准；⑤物业管理人员的素质要求。

（2）物业管理机构基本知识：①物业服务企业；②业主大会与业主委员会；③物业服务企业与相关机构的关系。

（3）住宅小区的物业管理知识：①住宅小区的构成与特点；②住宅小区物业管理的内容与特点；③住宅小区物业管理的目标与要求。

（4）写字楼的物业管理知识：①写字楼的类型与特点；②写字楼物业管理的方式与目标；③写字楼物业管理的内容与特点；④写字楼的租赁管理。

（5）商业场所的物业管理知识：①商业场所的类型与特点；②商业场所物业管理的内容与特点；③商业场所的租赁管理。

（6）工业区的物业管理知识：①工业区的构成与特点；②工业区物业管理的内容与特点。

（7）其他类型物业管理知识：①其他物业的主要类型；②其他类型物业管理的特点。

（8）相关法律法规知识：①物业管理法律常识；②物业管理的法律法规；③物业管理的相关政策。

三、工作要求

本标准对物业管理员、助理物业管理师（高级物业管理员）和物业管理师的能力要求依次递进，高级别涵盖低级别的要求。

（一）物业管理员工作要求

职业功能	工作内容	技能要求	相关知识
一、客户管理服务	（一）日常客户服务	1. 能够向业主或使用人提供入住服务 2. 能够做好客户接待工作，并能处理一般客户投诉 3. 能够拟写物业管理的常用文书 4. 能够进行日常物业管理的档案管理	1. 接待服务规程 2. 接待工作礼仪常识 3. 物业管理常用文书基本写作知识 4. 一般档案管理知识 5. 物业管理合同及房屋租赁合同示范文本内容
	（二）收费服务	1. 能够按时收取物业管理费用 2. 能够代收水、电、气等费用	1. 物业管理费用构成和收费标准 2. 有关物价的政策法规

（续上表）

职业功能	工作内容	技能要求	相关知识
二、物业维护管理服务	（一）房屋建筑维护管理	1. 能够向业主和使用人说明房屋使用的注意事项 2. 能够组织、管理有关人员对房屋进行日常养护和维修 3. 能够管理/监督室内装饰装修工程	1. 房屋构造与识图的常识 2. 房屋日常维修养护的内容与程序 3. 室内装饰装修管理法规
	（二）房屋附属设施设备维护管理	1. 能够向业主和使用人说明房屋附属设施设备的功能和使用注意事项 2. 能够组织有关人员对房屋附属设施设备进行日常保养和维修	1. 房屋附属设施设备的构成与分类 2. 房屋附属设施设备的使用知识 3. 房屋附属设施设备的日常养护知识，水、电、暖、气、消防等设施设备的一般维修知识与安全操作规程
三、环境管理服务	（一）安全服务	1. 能够组织保安人员提供安全保卫服务 2. 能够制定消防制度，并正确设置和使用消防器材 3. 能够进行管区车辆管理 4. 能够及时处理突发事件	1. 安全、保卫常识 2. 管区内的治安保卫制度 3. 防火规范和消防要求 4. 处理突发事件的基本常识
	（二）环境保洁与绿化美化管理	1. 能够组织、指导有关人员进行卫生保洁 2. 能够组织有关人员对环境进行绿化美化	1. 环境保洁的知识 2. 环境保护的内容与要求 3. 绿化美化基本知识

（二）助理物业管理师（高级物业管理员）工作要求

职业功能	工作内容	技能要求	相关知识
一、方案制订	（一）物业接管验收与撤管	1. 能够根据委托合同拟订管区物业的接管验收与撤管方案 2. 能够组织物业的接管验收与撤管 3. 能够建立与管理物业管理档案	1. 制订物业管理合同的基本要求 2. 房屋接管验收标准 3. 档案建立与管理知识
	（二）物业管理费用	1. 能够计算物业管理费用 2. 能够组织、安排、指导物业管理费收取工作	1. 物业管理费用的计算方法 2. 物业管理服务收费管理办法
二、客户管理服务	（一）客户关系管理	能够有效地与客户进行沟通	1. 心理学基本知识 2. 公共关系学基本知识
	（二）文体娱乐活动的组织与管理	能够在管区内组织和管理各种有益的文体娱乐活动	社区文体娱乐活动的组织与管理知识

（续上表）

职业功能	工作内容	技能要求	相关知识
三、物业维护管理服务	（一）房屋建筑维护管理	1. 能够进行房屋安全管理 2. 能够进行房屋维修管理 3. 能够进行房屋维修工程施工管理 4. 能够组织、检查房屋的装饰装修工程，并按规定处理有关事宜 5. 能够识读建筑图纸	1. 建筑构造与识图的基本知识 2. 房屋完损等级评定标准 3. 城市危险房屋管理规定 4. 房屋维修管理的内容与要求 5. 房屋修缮工程施工管理规定 6. 建筑装饰装修管理规定
	（二）房屋附属设施设备维护管理	1. 能够组织有关人员对房屋附属设施设备进行保养 2. 能够进行房屋附属设施设备的维修管理 3. 能够拟订电梯的运行、维护、管理计划 4. 能够运用智能化管理系统进行管理 5. 能够对关键设备的外包性维修养护工作进行管理	1. 各类设施设备的使用和安装规程 2. 电梯的操作、保养和维修基本内容 3. 电梯管理的有关规定 4. 楼宇智能化系统基本知识与管理知识
四、环境管理服务	（一）安全服务	1. 能够拟定治安管理制度和工作程序 2. 能够拟定消防管理制度 3. 能够拟定车辆管理制度 4. 能够预防和处理突发事故	1. 安全防范设施管理的有关规定 2. 消防知识 3. 车辆管理知识
	（二）环境保洁与绿化美经管理	1. 能够拟订卫生保洁方案 2. 能够拟订绿化美化管理方案，并组织实施	1. 清洁卫生工作要求 2. 居住区绿化标准
五、管理与培训	培训与指导	1. 能够对物业管理员进行业务培训 2. 能够指导物业管理员的工作	培训方法与考核基本知识

（三）物业管理师工作要求

职业功能	工作内容	技能要求	相关知识
一、方案制订	（一）物业管理方案拟订	1. 能够在物业管理早期介入中对物业的规划设计方案、施工质量等提出合理建议 2. 能够根据委托合同拟订物业管理方案 3. 能够制定各项物业管理制度 4. 能够拟订管区再开发方案	1. 居住区规划知识 2. 房地产开发基本程序 3. 前期物业管理知识 4. 产权权属基本知识 5. 物业管理成本测算与可行性研究基本知识 6. 物业管理制度基本知识 7. 停车场（库）建设基本知识
	（二）资金管理	1. 能够拟订物业管理费用收支计划，并控制预算 2. 能够编制专项维修基金的使用计划 3. 能够处理物业管理收费纠纷	1. 物业管理费用预算知识 2. 物业服务企业财务管理知识

（续上表）

职业功能	工作内容	技能要求	相关知识
二、物业维护管理服务	（一）维护管理	1. 能够拟订房屋及附属设施设备的维修养护计划 2. 能够拟订管区内安全防范设施的设置方案 3. 能够进行房屋维修技术管理	1. 住宅工程室内装饰竣工验收办法 2. 住宅防范设施管理规定 3. 房屋维修技术管理
	（二）维修预算	1. 能够编制房屋修缮方案 2. 能够编制设施设备的维修、更新预算方案	1. 房屋修缮定额知识 2. 房屋修缮预算知识 3. 设备设施维修预算知识
三、综合服务	综合经营服务	1. 能够策划经营服务项目 2. 能够组织开展经营服务工作	1. 服务项目市场预测基本知识 2. 服务项目的要求及标准
四、管理与培训	（一）物业管理市场开发	1. 进行物业管理的市场开发 2. 草拟物业管理的投标书	1. 营销的基本知识 2. 管理招投标基本知识
	（二）培训与指导	1. 能够对物业管理师以下人员进行业务培训和指导 2. 能撰写工作总结和专业论文	论文写作常识

四、鉴定知识和技能比重表

（一）理论知识

项目			物业管理员（%）	助理物业管理师（高级物业管理员）（%）	物业管理师（%）
基本要求	职业道德	5	5	5	5
	基础知识	25	25	25	25
相关知识	客户管理服务	日常客户服务	10	5	—
		收费服务	10	—	—
		客户关系管理	—	5	—
		文体娱乐活动的组织与管理	—	4	—
	方案制订	物业接管验收与撤管	—	8	—
		物业管理费用	—	10	—
		物业管理方案制订	—	—	25
		资金管理	—	—	10
	物业维护管理服务	房屋建筑维护管理	15	10	—
		房屋附属设施设备维护管理	15	12	—
		维护指导	—	—	12
		维修预算	—	—	5
	环境管理服务	安全服务	10	8	—
		环境保洁与绿化美化管理	10	8	—
	综合服务	综合经营服务	—	—	8
	管理与培训	物业管理市场开发	—	—	8
		培训与指导	—	—	2
合计			100	100	100

（二）技能操作

项　　目			物业管理员（%）	助理物业管理师（高级物业管理员）（%）	物业管理师（%）
技能要求	客户管理服务	日常客户服务	20	5	—
		收费服务	10	—	—
		客户关系管理	—	5	—
		文体娱乐活动的组织与管理	—	5	—
	方案制订	物业接管验收与撤管	—	10	—
		物业管理费用	—	10	—
		物业租赁服务	—	—	—
		物业管理方案制订	—	—	30
		资金管理	—	5	20
	物业维护管理服务	房屋建筑维护管理	20	15	—
		房屋附属设施设备维护管理	20	15	—
		维护指导	—	—	15
		维修预算	—	—	10
	环境管理服务	安全服务	15	15	—
		环境保洁与绿化美化管理	15	15	—
	综合服务	综合经营服务	—	—	10
	管理与培训	物业管理市场开发	—	—	10
		培训与指导	—	—	5
合　　计			100	100	100

13 职业资格鉴定考试应试技巧

13.1 试卷结构

物业管理人员职业资格鉴定考试由两部分组成，即“理论知识考试”和“操作技能考试”。

理论知识考试部分为客观性试题（答题卡作答），试卷由单项选择题和多项选择题两种题型组成，总共115题，满分100分。分为职业道德试题和专业理论知识试题，其中职业道德部分15题，专业理论知识部分100题。

操作技能考试部分一般为主观性试题（笔试）。物业管理员（四级）、助理物业管理师（高级物业管理员）（三级）试卷由模拟现场操作题、情景题和案例分析题组成；其中物业管理员情景题第6题一般有四个题目，要求任选一题作答。物业管理师（二级）操作技能考试部分由试卷和论文组成。试卷由情景题、案例分析题和方案策划题组成；除上述考核外，考生还应在规定时间提交物业管理论文或实务分析报告，并按要求参加论文答辩，根据综合评审成绩与操作技能笔试成绩综合评分，作为最终操作技能考试的成绩。

综合历届知识和技能试卷，低难度试题约占20%，中等难度试题约占70%，高难度试题约占10%。理论知识试卷考核时间为90分钟，操作技能试卷考核时间为120分钟，两部分考核成绩均达到60分以上，职业资格鉴定考试合格，由国家人力资源和社会保障部统一颁发相应级别职业资格证书。

13.2 题型分析

（一）选择题

选择题是标准化考试中常见的题型，属客观题。选择题主要考核考生的思维能力及对知识的熟悉程度，要求考生复习时要注意理解、消化知识，要求把握知识的核心和要点，一般从掌握概念、观点、作用和区分相近概念等角度来考核。选择题的知识范围涵盖基本概念、基本原则、基本程序、基本属性，以及相同知识点的异同等。

（二）模拟现场操作题

考生解答模拟现场操作题时，通过观看录像或现场操作，找出录像中存在的物业管理实际操作的问题，结合所学过的知识和技能，给出正确答案。考生应熟悉物业管理工作所需要的各项实际操作技能、设备的使用和故障排除方法，能够及时有效地解决实际问题。

（三）情景题

情景题是物业管理技能考核中的重要题型。题中设置相应的情景、环境或条件，并从中提出问题，要求考生作出解答。情景题要求考生在全面掌握教材知识、技能的基础上，运用所学知识解决实际问题。

（四）案例题

案例题是物业管理技能考核中的主要题型。此类题目主要考核考生是否有能力应付比较复杂的情况，能否制订一套行之有效的解决方案，处理突发事件，顺利完成工作。

（五）方案策划题

要求考生从管理的角度，运用所学知识，针对具体的项目设计具有可操作性的管理方案。

13.3 物业管理考试技巧

考生在作答主观性试题时，首先要正确分析试题，明确所提问题的主旨，然后才能运用所学知识有针对性地进行解答。解答时要思路清晰，层次明确，简单扼要地说明问题即可，注意各知识点的相互联系、综合运用，将理论知识和实际问题相结合。

一、知识考试答题技巧

物业管理人员职业资格鉴定考试理论知识考试，主要是考查学员对物业管理基础知识、基本理论的掌握程度。考试内容分为三种方式：单项选择题、多项选择题和判断题。

（一）单项选择题的答题技巧

所谓单项选择题，就是在命题中给出答案，让你选出一个且只能选一个符合题目要求的答案。答题技巧：

（1）直接选择法。所谓直接选择法，就是学员掌握基本知识、基本理论比较扎实或题目比较简单，一眼就能选出符合题目要求的正确答案的答题方法。

例如：物业管理区域内第一套房交付业主使用已满（　　）年，可以召开第一次业主大会或业主代表大会。

A. 1　　B. 2　　C. 3　　D. 5

对于这样的命题，就可以采用直接选择法。因为从题目一眼可以看出，正确的答案应该是选项 B。

（2）逐一排除法。所谓逐一排除法就是当题目有一定的难度或在答案模棱两可的情况下采用的一种答题技巧。在这种情况下，先排除明显不符合命题要求的答案，然后对剩余答案再进行排除，最后选出正确的、符合命题要求的答案。

例如：物业管理的主要职能是遵照国家的法律、法规，运用现代化科学手段，对物业实施管理，以（　　），从而为人们创造优雅、舒适、安全的生活工作环境。

A. 满足业主的全部要求　　B. 满足业主和使用人的全部要求

C. 维护业主和使用人的合法权益　　D. 以上都是

对于这样的命题，如果用直接选择法做不了，就可以采用逐一排除法做。从命题答案来看，A 答案中有“全部”二字，不符合要求，予以排除。B 答案中也有“全部”二字，不符合要求，同样予以排除。既然已经排除了 A、B，那当然就不能选 D，所以剩下的 C 答案自然是正确答案。

（二）多项选择题的答题技巧

多项选择题相对于单项选择题来说，有一定的难度。按照阅卷要求，没有全部选出命题答案要求的，视为错误答案。多选或少选都不能得分。答题技巧：

（1）直接选择法。

例如：从建筑规模上划分，商业场所可分为（　　）。

A. 居住区商场，建筑规模一般在0.3万~1万平方米

B. 地区购物商场，建筑规模一般在1万~3万平方米

C. 市级购物中心，建筑规模一般在3万~10万平方米

D. 国家级购物中心，建筑规模一般在10万平方米以上

从我们掌握的知识得知，商业场所只分为三种：即居住区商场、地区购物商场和市级购物中心。答案自然是ABC。

（2）逐一排除法。

例如：物业管理人员在工作中对待业主态度不一，对熟人热情周到，对不熟悉的人提出的合理要求也只是简单应付，这主要违反了物业管理人员（　　）的职业道德。

A. 钻研业务，奉公守法　　B. 兢兢业业，热情服务

C. 积极主动，文明礼貌　　D. 口齿伶俐，头脑灵活

对于这样的命题，就要采用逐一排除的方法来做。从命题要求来分析，“对待业主的态度”与A无关，予以排除。D答案属于个人素质要求，不是职业道德的要求，应予以排除。正确答案自然是B、C。

（三）判断题答题技巧

判断题不像选择题那样命题已给出具体答案，而是需要学员用所掌握的知识判断，答案是“是”与“非”。对于判断题，就要靠自己所掌握的基本知识和基本理论来做。

二、技能考试答题技巧

物业管理人员职业资格鉴定考试技能考试，是考查学员所掌握的物业管理基础知识、基本理论，以及在实施物业管理过程中的灵活应用能力、解决工作中存在问题的一般能力的一种鉴定方式。技能考试有三种题型：模拟现场操作题、情景题和案例题。

（一）模拟现场操作题答题技巧

（1）命题形式：观看录像，然后按照要求答题。每题放两次录像，第一题录像30分钟之后放第二题录像。或者在鉴定现场进行模拟工作情景的操作。

命题考查的形式是通过录像或现场操作，判断在工作过程反映出的问题，让考生指出并说明理由。

（2）答题技巧：每一个命题在笔答时，可以按照下面的要求回答。

第一部分：指出命题中存在的问题（不能漏项）。所指出的问题要归为大类，如保洁方面、消防安全方面、设施管理方面、设备管理方面、车辆管理方面、环境管理方面、社区活动组织管理方面、资料管理方面等。不要仅仅指出有纸团、有污渍、有漏水、有墙面破损等。

第二部分：针对你认为存在的问题，分以下段落阐述。

第一段，按照存在的问题找出法律法规依据。

依据存在问题的细节，归为物业管理的大类，说明不符合国家物业管理法律法规（包括地方性法规、条例）的名称或不符合正常物业管理的工作程序。一般在物业管理工作中，按照物业管理的类别所适用的国家法律法规（仅供参考）有：

①房屋接管验收、撤管方面：《城市住宅小区竣工综合验收管理办法》（1993 年 11 月 13 日建设部建法〔1993〕814 号文发布）、《建设部关于加强房屋接管验收工作的通知》（1991 年 11 月 26 日建房管字第 57 号）、《房屋接管验收标准》（ZBP30001—90）、《物业管理条例》（2003 年 6 月 8 日中华人民共和国国务院令第 379 号公布，根据 2007 年 8 月 26 日《国务院关于修改〈物业管理条例〉的决定》修订）、《住宅工程初装饰竣工验收办法》、建设部关于修改《城市商品房预售管理办法》的决定（2004 年 7 月 13 日经建设部第 41 次常务会议讨论通过，2004 年 7 月 20 日起施行）、建设部关于修订《全国物业管理示范住宅小区（大厦、工业区）标准及有关考评验收工作》的通知（2000 年 5 月）、地方性法规和条例。

②消防安全方面：《中华人民共和国消防法》（1998 年 4 月 29 日通过，自 1998 年 9 月 1 日起施行）、《建筑内部装修设计防火规范》建设部发布的国家标准（GB50222—95）《建筑内部装修设计防火规范》局部修订条文（2001 年 6 月 11 日）、《城市居民住宅安全防范设施建设管理规定》（1996 年 1 月 5 日建设部、公安部令第 49 号发布）、《租赁房屋治安管理条例》（1995 年 3 月 6 日公安部令第 24 号发布）、建设部关于修订《全国物业管理示范住宅小区（大厦、工业区）标准及有关考评验收工作》的通知、地方性法规和条例。

③环境管理方面：《中华人民共和国水污染防治法》（于 2008 年 2 月 28 日修订通过，自 2008 年 6 月 1 日起施行）、《城市区域环境噪声标准》（GB 3096—93）、《城市市容和环境卫生管理条例》（1992 年 6 月 28 日）、《城市绿化条例》（1992 年 8 月 1 日起施行）、建设部关于修订《全国物业管理示范住宅小区（大厦、工业区）标准》及有关考评验收工作的通知、地方性法规和条例。

④保洁管理方面：《中华人民共和国环境保护法》、《城市生活垃圾管理办法》、《物业管理条例》以及有关管理实施细则。

⑤物业管理委托合同方面：《中华人民共和国合同法》、《物业管理条例》、建设部关于修订《全国物业管理示范住宅小区（大厦、工业区）标准及有关考评验收工作》的通知、建设部和国家工商行政管理局关于印发推行《物业管理委托合同示范文本》的通知、建设部关于印发《前期物业管理服务协议》（示范文本）的通知、地方性法规和条例。

⑥房屋维护修缮方面：《物业管理条例》、全国人民代表大会常务委员会关于修改《中华人民共和国城市房地产管理法》的决定（于 2007 年 8 月 30 日通过，8 月 30 日起施行）、《中华人民共和国城乡规划法》（中华人民共和国第十届全国人民代表大会常务委员会第三十次会议于 2007 年 10 月 28 日通过，自 2008 年 1 月 1 日起施行）、《城市房地产开发经营管理条例》、《建设工程质量管理条例》、《建筑装饰装修管理规定》、建设部关于修改《城市危险房屋管理规定》的决定、建设部关于修改《城市房屋白蚁防治管理规定》的决定、《危险房屋鉴定标准》、《公有住宅售后维修养护管理暂行办法》、《房屋修缮技术管理规定》、《房屋完损等级评定标准》、《房屋渗漏修缮技术规定》、《廉租住房保障办法》（九部委联合颁发，2007 年 12 月 1 日起实施）、地方性法规和条例。

⑦设备管理方面:《建设部关于提高电梯质量的若干规定》、《建设部关于加强电梯管理的暂行规定实施细则》、建设部关于印发《城市区域锅炉供热管理办法》的通知、《房屋修缮工程质量检验评定标准》、《房屋接管验收标准》、建设部关于修订《全国物业管理示范住宅小区（大厦、工业区）标准及有关考评验收工作》的通知、《物业管理条例》、《住宅专项维修资金管理办法》(2007 年 10 月 30 日建设部第 142 次常务会议讨论通过，经财政部联合签署，自 2008 年 2 月 1 日起施行)、地方性法规和条例。

⑧物业管理费管理方面:《中华人民共和国物权法》(中华人民共和国第十届全国人民代表大会第五次会议于 2007 年 3 月 16 日通过，自 2007 年 10 月 1 日起施行)、《物业管理条例》、《住宅专项维修资金管理办法》、国家发展改革委及建设部关于印发《物业服务收费管理办法》的通知（2004 年 1 月 1 日起执行)、国家发展改革委及建设部关于印发《物业服务定价成本监审办法》（试行）的通知（2007 年 10 月 1 日实施)、《中华人民共和国合同法》、国家发展改革委及建设部关于印发《物业服务收费明码标价规定》的通知(2004 年 10 月 1 日实施)、建设部关于修改《物业服务企业资质管理办法》的决定（2007 年 10 月 30 日经建设部第 142 次常务会议讨论通过，自 11 月 26 日起实施)、《物业服务企业财务管理规定》(自 l998 年 1 月 1 日起施行)、《国家税务局关于物业服务企业代收费用有关营业税问题的通知》（1998 年 12 月 15 日）和《国家税务总局关于住房专项维修基金征免营业税问题的通知》(2004 年 6 月 7 日)、地方性法规和条例。

⑨房屋装饰装修管理方面：中华人民共和国住房和城乡建设部《关于进一步加强住宅装饰装修管理的通知》(2008 年 7 月 29 日)、《建设工程质量管理条例》（2000 年 1 月 10 日国务院第 25 次常务会议通过，2000 年 1 月 30 日公布施行)、《住宅室内装饰装修管理办法》（2002 年 2 月 26 日经第 53 次部常务会议讨论通过，自 2002 年 5 月 1 日起施行)、建设部关于印发《住宅工程初装饰竣工验收办法》的通知（1994 年 6 月 16 日)、《住宅装饰装修工程施工规范》（GB5037—2001)、《关于推进住宅产业现代化提高住宅质量若干意见》（国办发〔1999〕72 号）和《商品住宅装修一次到位实施导则》（建住房〔2002〕190 号)、《中华人民共和国合同法》、地方性法规和条例。

第二段，针对存在问题说明应该如何做。

第三段，指出按照“存在问题”的管理可能会造成的影响（可以不说明)。

(二）情景题答题技巧

(1）命题形式。一般命题以物业管理日常工作中的一个侧面提问。

①补缺命题。所谓补缺命题，就是命题就物业管理某项工作进行了一部分，要求考生将剩余部分通过笔答的形式叙述完成。如“除了以上工作外，还应该如何做?”

例如：× ×大厦原物业服务公司合同期满撤管，由另一家新的物业服务公司来接管，物业管理员小李被安排负责大厦档案资料的管理工作，为了尽可能完整地收集大厦的有关资料，小李按时间顺序列出应收集资料的清单。关于大厦业主或使用人入户阶段的资料，除了入户通知书、入户须知和业主或使用人信息资料以外，小李还应收集哪些资料?

②回答命题。所谓回答问题，就是命题给出问题，要求考生回答。

例如：“你所在的物业服务公司正在对全体员工进行消防安全培训，请你讲解物业管理人员常用的灭火方法有哪几种?”

③选做命题。所谓选做命题，就是命题给出几个问题，让考生从中选出一个来回答的命题形式。

例如：请从下列 a ~ d 中选做一题：

a. 高远物业服务公司接管了雅合花园住宅小区，工程部王工负责 1 号楼的房屋日常养护工作。关于墙台面及吊顶工程，他只知道需要定期进行检查，发现问题及时处理。请告诉他墙台面及吊顶工程的养护还需满足哪些要求？

b. 孟先生是某物业服务公司保安部经理，某日他接到区内发现可疑爆炸物品的报告，此时他应该如何做？

c. 住宅小区是城市日常生活垃圾的主要产生源地，面对大量的生活垃圾源源不断地产生，物业服务公司应如何防治小区固体废弃物对环境造成的污染？

d. 元旦将近，小松所在的物业服务公司计划在管区内举办一次物业管理人员和业主的联欢活动，小宋负责制订活动方案，他应该按怎样的步骤制订这样的活动方案？

（2）答题技巧：

①分清不同类型的题目，有针对性作答；

②由于情景题是考核物业管理日常工作的一部分，答题尽量简要、明了，答要点；

③熟悉物业管理日常工作内容，结合工作实际作答。

（三）案例题答题技巧

所谓案例题，就是考查考生解决实际问题的能力、分析问题的能力的一类命题。

（1）命题形式。案例题一般的试题类型是结合物业服务公司具体的某项工作，或“依法评说”，或“如何处理”，或“工作评价”。例如：

①某住宅小区一业主因使用电器不当，引起火灾，物业服务公司保安人员发现后用灭火器灭火不果，立即拨打119电话报警，并启用消火栓，但是准备接水龙带时，发现水龙带已损坏，从其他设备上接好水龙带后，又发现水箱水量不足，这时消防车赶到，经消防人员和物业管理人员的共同努力，将火势控制住。请评价该物业服务公司消防设备维护管理工作做得如何，并说明物业服务公司应怎样搞好管区内消防设备的维护管理。

②某住宅小区一业主刘畅先生是文艺界人士。某日，刘先生在其别墅内举行大型化装舞会，场面热烈，直至次日凌晨5时才尽兴而散。是日，刘先生的邻居到物业服务公司投诉说刘的活动影响了他们的正常休息。物业服务公司应如何处理此事？物业服务公司应怎样按照我国《城市区域环境噪音标准》对小区内的环境噪音污染进行全面控制？

（2）答题技巧。

①对于“依法评说”型案例题，应按照以下格式回答：

a. 基于题目事实，回答“对”与“否”。

b. 对你的结论，按照国家物业管理法律法规以及地方性规定条例进行论述。

c. 如果是“否”，说明应该如何做。

②对于“如何处理”型案例题，应按照以下格式回答：

a. 基于题目事实，回答命题中对问题的处理是“对”与“否”。

b. 对你的结论，按照国家物业管理法律法规以及地方性规定条例进行论述。

c. 如果是“否”，说明应该如何做。

③对于“工作评价”型案例题，应按照以下格式回答：

a. 基于题目事实，回答命题中某项工作的方式或结果是“对”与“否”。

b. 对你的结论，按照国家物业管理法律法规以及地方性规定条例进行论述。

c. 如果是“否”，说明应该如何做。

13.4 职业道德考试指导

一、考核思路

从2003年上半年开始，物业管理职业资格鉴定考试增加了职业道德考试内容，包括职业道德知识、思想态度倾向、基本知识要素、能力运用等方面。

职业道德考试一般从三个角度来了解和把握考生的道德水平及其倾向性：

（1）职业道德认识。重点考查考生对基本职业道德知识的认识、了解和把握的水平。主要采用知识问答和事件分析两种考核方法，由考生按照自己对职业道德知识的理解和把握来进行回答。这类问题大多为多选题，考生应尽可能地给予完整的回答。

（2）行为态度倾向。重点考查考生的行为习惯、能力应用和态度取向等方面的素质。试题主要采用故事引导、条件设问等方式提出，待考核的职业道德隐含在具体的活动和表述之中。试题设定的背景一般分为常规情况、一般情况和特设事物状态三种类型，试题表述一般不带有明显的思想道德倾向。考生在应答时应根据自身的情况回答，而不要按理想状态回答，否则会因为回答的不一致而影响得分。

（3）个人素质特征。重点考查构成个人职业道德基本要素的个人素质整体水平。试题一般采用直接提问的考核方法，考生在回答这类问题时也要遵循实事求是的原则，按自身的本来情况回答，不要夸大或掩盖，否则会因为各相关素质特征间的关联程度不统一而影响得分。

职业道德试卷的试题考核要素包括：从业人员职业道德的基本认识领域、行为习惯领域、能力应用领域、态度取向领域、个人素质领域。在各级别职业道德考试中，上述五种考核要素按照一定的比例进行安排，分值分配和比重有所不同。

二、试题结构

职业道德考试试卷分两部分，第一部分为职业道德基础理论与知识部分，第二部分为职业道德个人表现部分。考试的题型一律为选择题，每题有四个选项，包括单选和多选，总题量为10题。

职业道德知识部分，单项选择题每题有一个正确答案；多项选择题每题有两个或两个以上正确答案，少选、多选、错选均不得分。单项选择题和多项选择题各5题。

个人表现部分的选择题为单项选择题，共5题。部分试题没有绝对正确或唯一正确的答案，考生应结合自身的实际情况，对同一类型试题作前后一致的回答，否则将可能影响考试成绩。下面举例说明。

（一）职业道德基础理论与知识部分

例：关于诚实守信的说法，你认为正确的是（　）。

A. 诚实守信是市场经济法则

B. 诚实守信是企业的无形资本

C. 诚实守信是为人之本

D. 奉行诚实守信原则的企业在市场中难以立足

这是一道考查对职业道德教程掌握情况的职业道德知识试题，正确的答案是：B、C。

（二）个人表现部分

例1：我在工作时，如果有人向我请教问题，我一般的做法是（　　）。

A. 马上放下手头的工作，给他解答问题，然后再继续工作

B. 请他先等一会儿，我先完成手上的工作后再回答

C. 了解了问题的内容后，我边工作边思考，等想清楚后再回答

D. 请他等我，到业余时间我再帮助他解决问题

此题既考核考生对职业道德教程中团结互助职业道德规范的理解，又考查考生对自己本职工作的态度和要求。

例2：为有效控制考试作弊现象，下列（　　）措施是最有效的。

A. 警告考生，任何人只要被抓住作弊，其成绩自动计算为零

B. 考试时将监考人员增加一倍

C. 为同一考试准备两套或多套试卷，并将它们分配给不同的考生

D. 与考生讨论各种作弊方法，包括以前作弊者使用过但没有取得成功的方法

这是一道能力应用题，反映考生在按照社会价值取向采取工作方式时的基本状况。

例3：我最不喜欢目前所从事的职业的地方是（　　）。

A. 时间太死板　　B. 工作内容乏味

C. 不能按自己的想法去做　　D. 与领导和同事关系紧张

这是一道态度取向试题，目的是考查考生的价值观念和思想倾向。

这类题目考生只要根据自己的情况作答就可以。在作答时尽量心态乐观，积极向上，把握正确的人生观和价值观即可。

三、职业道德知识考试提示

除职业道德教材要求掌握的知识外，考生应关注党和国家有关政策文件中与职业道德相关的部分。

14 模拟试题

高级物业管理员理论考试模拟试卷（一）

第一部分：职业道德（第1~15题，共15道题）

一、职业道德基础理论与知识部分

（一）单项选择题（第1~5题）

1. 关于道德的说法，下列正确的是（　　）。

A. 道德是处理人与人之间、人与社会之间关系的特殊行为规范

B. 道德总是发展变化的，因此判定一个人的道德优劣是不可能的

C. 道德中的“应该”与“不应该”因人而异，没有共同道德标准

D. 在维护社会秩序上，道德只起表面作用，难以深入人心

2. 爱岗敬业的意思是（　　）。

A. 只要工作符合自己的兴趣，就努力去做好

B. 不管从事何种工作，从业人员不能想“跳槽”

C. 选择工作时，要把个人专业和能力放在第一位

D. 对工作不怠慢，心存崇敬之情

3. 关于诚实守信，正确的说法是（　　）。

A. 诚实守信是从业人员立足于社会、干好工作的资本

B. 诚实守信的本质是不欺骗他人，对自身不存在诚实与否的问题

C. 不管做出怎样的许诺都要坚持兑现，才是诚实守信

D. 诚实守信属于个人品质，与企业发展无关

4. 关于节俭，你能够认可的说法是（　　）。

A. 节俭需因人而异，因个人或企业不同而有所区别

B. 节俭绝不会促使企业增值，不应成为企业文化建设的内容

C. 节俭是建设节约型社会的需要

D. 会花钱才能挣钱，无须大力倡导节俭

5. 哲学家说：“倘若你有一个苹果，我有一个苹果，而我们彼此交换这些苹果，那么，我们依然各有一个苹果。但是倘若你有一种思想，我有一种思想，而我们彼此交换这些思想，那么，我们每个人将有两种思想。”你对此的理解是（　　）。

A. 物质交换没有意义，只有思想交换才能拓展视野

B. 团结合作不是等价交换，心灵的沟通与理解才是根本目的

C. 团结互助前提是能否增加收益，应摒弃等价交换式的互助

D. 物质交换是清晰的，而思想交换往往导致思想雷同

（二）多项选择题（第6~10题）

6. 企业文化的自律功能表现为（ ）。

A. 以追求利润最大化为唯一目标

B. 不管怎样干，能够最大限度地促进发展就行

C. 精益求精，自觉服务社会

D. 兼顾经济效益和社会效益，实现二者的有机统一

7. 员工之间保持密切关系，应做到（ ）。

A. 多替同事着想，多给同事方便

B. 对同事是关系要记在心上，并给予适当方式的回报

C. 尊重同事隐私，谅解他们的不足

D. 对同事的恶意诽谤，要敢于以牙还牙

8. 职业道德与员工技术进步的关系是（ ）

A. 职业道德有助于员工在技术上取得进步

B. 员工在技术上的进步能够代替在职业道德上的进步

C. 员工具有良好的职业道德自然会取得技术上的进步

D. 职业道德是促进企业技术进步的精神动力

9. 在职业理想上，符合职业道德要求的做法是（ ）。

A. 把劳动作为谋生的手段

B. 寻求能够发挥自己特长的职业

C. 把职业追求与为社会服务结合起来

D. 把职业作为实现个人目的的踏板

10. 属于“忌语”的说法是（ ）。

A. “有完没完” B. “喊什么，等会儿”

C. “我就这态度” D. “不买看什么”

二、职业道德个人表现部分（第11~15题）

11. 假如你是小区的物业管理人员，就春节期间小区燃放烟花爆竹一事征求业主意见，发现1/3业主赞同燃放，1/3业主表示反对，1/3业主的意见不得而知。如果继续征求业主的意见，会相当困难。这时，你会（ ）。

A. 继续调查，直到把所有的意见收集上来

B. 根据征求到的意见作出决定

C. 根据自己的经验作出决定

D. 根据征求到的意见，通过物业公司会议研究决定

12. 如果你不喜欢过春节，你的理由是（ ）。

A. 太累了，休息不好 B. 花钱太多

C. 又长一岁 D. 好东西吃多了，影响健康

13. 如果你喜欢过春节，你的理由是（ ）。

A. 吃得好，改善生活 B. 能够与家人朋友长时间团聚

C. 好好玩一玩儿 D. 好好休息几天

14. 工作之余，你与周围同事进行联络最常用的方式是（ ）。

A. 发手机短信　　B. 打电话
C. 发电子邮件　　D. 见面

15. 白天上班时，远在外地的同学（老乡）来找你，但你近来工作忙，你会(　　)。
A. 告诉他，不能见面　　B. 约他来单位，简短会面
C. 让他等待，晚上见面　　D. 只能够和他在电话中交流

第二部分：理论知识（第16~115题，共100道题，满分为100分）

一、单项选择题（第16~75题，每题1分，共60分。每小题只有一个最恰当的答案，请在答题卡上将所选的答案的相应字母用2B铅笔涂黑）

16. 关于物业、房地产、不动产三个概念，说法正确的是（　　）。
A. 房地产包括不动产和物业　　B. 不动产包括房地产和物业
C. 物业包括房地产和不动产　　D. 房地产、不动产、物业互不相干

17. 从社会属性来说，物业最根本的属性是（　　）。
A. 固定性　　B. 耐久性　　C. 高值性　　D. 权益性

18. 我国物业管理行业进入法制化、规范化高速发展新时期的标志是（　　）的颁布和执行。
A.《城市新建住宅小区管理办法》　　B.《物业管理条例》
C.《业主大会规程》　　D.《物业服务收费管理办法》

19. 物业服务企业在物业管理区域内提供物业管理服务的基本依据是（　　）。
A.《管理规约》　　B.《城市房地产管理办法》
C.《普通住宅小区物业管理服务等级标准》　D.《物业服务合同》

20. 物业管理有限责任公司的最高权力机构是（　　）。
A. 股东会　　B. 董事会　　C. 监事会　　D. 总经理室

21. 根据《物业服务企业资质管理办法》的规定，物业服务企业最低注册资本应为人民币（　　）。
A. 50万元　　B. 100万元　　C. 300万元　　D. 500万元

22. 业主大会是由同一个物业区域内全体业主组成的、代表和维护全体业主合法权益的（　　）。
A. 行政机构　　B. 社会团体　　C. 自治组织　　D. 自发组织

23. 业主委员会应当自选举产生之日起（　　）内，将业主大会成立的情况、业主大会议事规则、管理规约及业主委员会名单等材料向物业所在地区、县人民政府房地产行政主管部门备案。
A. 7日　　B. 10日　　C. 15日　　D. 30日

24. 街道办事处、居民委员会与物业服务企业之间是（　　）的关系。
A. 领导与被领导　　B. 指导与配合
C. 平等与互助　　D. 竞争与协调

25. 建筑物区分所有权人对（　　）享有完全的所有权。
A. 整个建筑物　　B. 建筑物占用的土地
C. 建筑物内共用部位　　D. 建筑物内专有部分

26. 衡量住宅小区物业管理水平高低的一项重要标准是住宅小区的（　　）。

A. 固定资产保值增值情况　　B. 商品化程度

C. 房屋是否实现了产权私有化　　D. 物业服务公司纳税情况

27. 写字楼物业管理的主要任务是（　　）。

A. 为业主提供舒适、安全、美观的居住环境

B. 为客户提供舒适、快捷、周到的办公环境

C. 为消费者提供舒适、整洁、方便的购物环境

D. 为厂家提供优越、安全、便利的生产环境

28. 根据国外经验，公共商业楼宇基本承租户承租的商业区面积应争取达到（　　）以上。

A. 80%　　B. 50%　　C. 30%　　D. 20%

29. 在各类物业中，（　　）的物业管理时段性最强，物业服务企业要划分不同的时间段，合理安排设施设备的维修养护、日常保洁及安全保卫工作。

A. 医院　　B. 写字楼　　C. 学校　　D. 工业区

30. 物业管理法律规范在调整物业管理及其相关活动的过程中所形成的法定权利义务关系是（　　）。

A. 物业管理契约关系　　B. 物业管理经济关系

C. 物业管理法律关系　　D. 物业管理关系

31. 由国家最高权力机关全国人民代表大会及其常委会制定、颁布的规范性文件的总称是（　　）。

A. 宪法　　B. 法律　　C. 法规　　D. 规章

32. 在物业管理行业管理中，"吊销营业执照" 属于（　　）。

A. 追究民事责任　　B. 追究刑事责任

C. 行政处分　　D. 行政处罚

33. 按照《物业管理条例》规定，物业管理用房属于（　　）所有。

A. 开发商　　B. 开发商指定的代理人

C. 物业服务企业　　D. 业主

34.《物业管理收费管理办法》规定，物业服务企业资金的收支情况，原则上(　　)。

A. 随时公布　　B. 一年至少公布一次

C. 一年至少公布两次　　D. 不予公布

35. 按照《物业管理条例》规定，住宅物业的建设单位未通过招投标的方式选聘物业服务企业或者未经批准擅自采用协议的方式选聘物业服务企业的，由县级以上地方人民政府房地产行政主管部门责令其限期改正，给予警告，可以并处（　　）以下的罚款。

A. 1 万元　　B. 2 万元　　C. 5 万元　　D. 10 万元

36. 物业竣工验收的交接单位是（　　）。

A. 施工单位与建设单位

B. 建设单位与物业服务企业

C. 一家物业服务企业与另一家物业服务企业

D. 物业服务企业与专业服务企业

37. 物业承接查验的性质是（　　）。

A. 政府行为　　B. 企业行为

C. 事业单位行为　　D. 个人行为

38. 根据《房屋接管验收标准》规定，新建房屋采暖系统的质量与使用功能检验标准是：经过（　　）连续试运行，锅炉和附属设备的热工、机械性能及采暖区室温必须符合设计要求。

A. 12 小时　　B. 24 小时　　C. 48 小时　　D. 72 小时

39.《房屋接管验收标准》规定，新建物业的建设单位负责物业的保修，并应向（　　）预付保修保障金。

A. 施工单位　　B. 接管单位

C. 业主大会　　D. 行政主管部门

40. 根据《物业服务收费管理办法》，以下表述正确的是（　　）。

A. 实行物业服务费用酬金制的，预收的物业服务费为业主和物业服务企业所共有

B. 物业发生产权转移时，业主可以结清也可以不结清物业服务费用

C. 物业服务企业根据业主的委托提供物业服务合同约定以外的服务，服务收费由物业服务企业决定

D. 物业服务企业违反价格法律法规和规定，由政府价格主管部门依据《中华人民共和国价格法》和《价格违法行为行政处罚规定》予以处罚

41. 国家鼓励物业服务企业开展正当的价格竞争，禁止价格欺诈，促进服务收费通过（　　）形成。

A. 行政干预　　B. 市场竞争　　C. 欺上瞒下　　D. 友好协商

42. 物业服务企业收费应当采取（　　）办法。

A. 事前明示　　B. 暗箱操作　　C. 事后告之　　D. 自行决定

43. 物业已纳入物业管理范围，但尚未交给物业买受人时，其物业服务费应由（　　）承担。

A. 施工单位　　B. 建设单位　　C. 物业服务企业　　D. 物业买受人

44. 物业服务企业通过法律程序催讨物业服务费时，应特别注意（　　）。

A. 手下留情　　B. 与业主进行沟通

C. 收集催款工作的书面记录　　D. 态度要热情温和

45. 按照有关规定，房屋租赁当事人应当在租赁合同签订（　　）内，到市、县人民政府房地产行政主管部门办理登记备案手续。

A. 7 日　　B. 10 日　　C. 15 日　　D. 30 日

46. 在房屋租赁过程中，拖欠租金累计（　　）以上者，出租人有权终止合同，收回房屋。

A. 1 个月　　B. 3 个月　　C. 6 个月　　D. 12 个月

47. 一般不会影响物业管理人员与客户沟通效果的是物业管理人员的（　　）。

A. 语气　　B. 表情　　C. 动作　　D. 性别

48. 建设部制定的《全国物业管理示范住宅小区（大厦、工业区）标准及评分细则》

要求物业服务企业的投诉热线应当保持每天（　　）开通。

A. 24 小时　　B. 16 小时　　C. 12 小时　　D. 8 小时

49. 在物业管理区域内组织专题文体娱乐活动，第一步应首先（　　）。

A. 确定活动主题　　B. 策划活动开幕式

C. 编写活动的宣传材料　　D. 设计专题活动

50. 在建筑给排水施工图的图例中，立管检查口的图例是（　　）。

A. 　　B. 　　C. 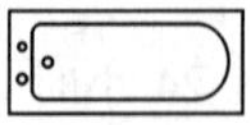　　D. 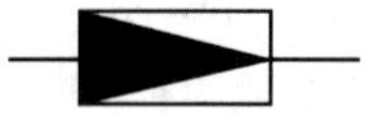

51. 在常用的电器线路图例中，"├────┤"代表（　　）。

A. 一般线路　　B. 一根导线　　C. 单管荧光灯管　　D. 避雷线

52. 年久失修、结构有明显变化或损坏，装修严重变形、破损，设备陈旧不齐，需进行大修或翻修、改建的房屋，属于（　　）。

A. 危险房　　B. 严重损坏房　　C. 一般损坏房　　D. 基本完好房

53. 有险不查或损坏不修，经鉴定机构鉴定为危房而未采取有效措施，从而造成事故的，（　　）应承担民事或刑事责任。

A. 房屋所有人　　B. 房屋使用人

C. 具体行为人　　D. 事故当事人

54. 建设部《房地产经营、维修管理行业经济技术指标》中规定，大修、中修工程质量优良率应为（　　）。

A. 10% ~30%　　B. 20% ~40%　　C. 30% ~50%　　D. 40% ~60%

55. 适用于一般损坏房、一次费用在该建筑物同类结构新建造价的 20% 以下、维修后 70% 符合基本完好房要求的房屋维修工程是（　　）。

A. 中修工程　　B. 大修工程　　C. 翻修工程　　D. 综合维修工程

56. 依据建设部修改后的《城市危险房屋管理规定》，进行房屋安全鉴定，至少必须有（　　）专业人士。

A. 2 名　　B. 3 名　　C. 4 名　　D. 5 名

57. 对空调设备进行维修养护管理，一般应每（　　）对空调主机做一次全面的技术性能检查。

A. 半年　　B. 1 年　　C. 2 年　　D. 3 年

58. 电梯在运行较长时间后，因设备磨损严重需要更换主机和较多的机电配件以恢复设备原来性能而进行的全面彻底的维修，属于（　　）。

A. 小修　　B. 中修　　C. 大修　　D. 专项修理

59. 物业服务企业的电梯管理员应每（　　）对其负责管理的各电梯全面巡视一次。

A. 1 天　　B. 2 天　　C. 3 天　　D. 7 天

60. 物业管理区域内的高层楼宇供水箱要（　　）清洗消毒。

A. 定时　　B. 定人　　C. 定期　　D. 不定期

61. 特种设备的维修保养，在一般情况下应由有资质的（　　）承担。

A. 生产厂家　　B. 物业服务企业

C. 相关专业企业　　　　　　　　　D. 管理人员

62. 在建筑智能化安全防范系统中，对楼内外通行门、出入门、通道、重要办公室门进行安全防范的监控子系统是（　　）。

A. 办公自动化子系统　　　　　　　B. 出入口控制子系统

C. 防盗报警子系统　　　　　　　　D. 电子巡更子系统

63. 在对程控交换机功能卡进行养护的作业过程中，必须（　　）。

A. 带电操作　　B. 关闭电源　　C. 换卡　　D. 通知厂家

64. “预防为主，防治结合”是物业管理区域内（　　）的方针。

A. 安全管理　　B. 硬件管理　　C. 车辆管理　　D. 道路管理

65. 为了公共利益、本人或他人的人身及其他权利免受危险而采取的紧急避险行为，应当发生在（　　）时。

A. 可以预见危险来临　　　　　　　B. 估计会有危险发生

C. 危险正在发生　　　　　　　　　D. 危险虽然过去，但还有影响

66. 物业服务企业在设置物业项目的消防管理机构时，其火灾预防总负责人一般应由（　　）担任。

A. 物业项目总负责人　　　　　　　B. 保安部经理

C. 专职火灾预防人员　　　　　　　D. 有经验的消防人员

67. 物业服务企业承担的写字楼车辆管理的主要任务是（　　）。

A. 停车场的建设和管理　　　　　　B. 车辆检查和车辆保管

C. 车辆引导和停位调度　　　　　　D. 货车运输和货物藏储

68. 根据有关规定，建筑物外墙面与人行道边缘的距离不应少于（　　）。

A. 1 m　　B. 1.5 m　　C. 2 m　　D. 3 m

69. 物业服务企业实施 ISO14000 环境管理体系的重点是（　　）。

A. 领导承诺　　　　　　　　　　　B. 文件体系程序化

C. 过程控制　　　　　　　　　　　D. 持续改进

70. 目前，造成我国大城市大气污染的一个重要原因是（　　）。

A. 机器轰鸣　　B. 工业废水　　C. 汽车尾气　　D.）生活垃圾

71. 实施物业管理的住宅小区的生活垃圾应由（　　）负责清运。

A. 市级清洁卫生机构　　　　　　　B. 区县级清洁卫生机构

C. 城镇街道清洁卫生机构　　　　　D. 小区清洁卫生机构

72. 培育各种花卉苗木、不断学习和改进新品种、以满足居住区绿化的需要，这应是物业服务企业绿化部门（　　）的工作职责。

A. 办公室　　B. 花圃组　　C. 养护组　　D. 行政主管

73. 物业服务人员要加强对居住区绿地的看管和巡视，一般至少应（　　）巡视一遍。

A. 每天　　B. 每周　　C. 每月　　D. 每季度

74.（　　）属于行政法规。

A.《城市园林绿化企业资质标准》　　B.《城市绿化管理办法》

C.《城市绿化规划建设指标的规定》　D.《城市绿化条例》

75. 目前，我国物业管理人员职业技能培训采用最多的方法是（　　），应大力进行改革。

A. 讲授法　　B. 情境模拟法　　C. 研讨法　　D. 现场教学法

二、多项选择题（第76～115题，每题1分，共40分。每题有多个正确答案，请在答题卡上将所选答案的相应字母用2B铅笔涂黑。错选、少选、多选，均不得分）

76. 物业管理服务的全过程，包括（　　）等环节。

A. 签订物业服务合同　　B. 验收接管物业

C. 履行服务合同　　D. 终止合同，做好交接

77. 物业管理权的主体包括（　　）。

A. 物业服务企业　　B. 业主　　C. 业主委员会　　D. 业主大会

78. 申报"全国物业管理示范项目"称号的基本条件有（　　）。

A. 参评项目符合城市规划建设要求、配套设施齐全，同时取得省级物业管理示范项目半年以上

B. 物业服务企业已建立各项管理规章制度

C. 物业服务企业无重大责任事故，且无重大投诉

D. 经街道办事处和业主大会同意

79. 物业管理人员应具备的素质主要有（　　）。

A. 高尚的职业道德　　B. 良好的专业技能

C. 时尚的穿着打扮　　D. 较高的个人素质

80. 我国物业服务企业的资质等级分为（　　）。

A. 临时资质等级　　B. 一级　　C. 二级　　D. 三级

81. 《物业管理条例》规定，业主委员会的基本职责包括（　　）等。

A. 召集业主大会会议，报告物业管理的实施情况

B. 负责选聘物业服务企业，并与之签订物业服务合同

C. 及时了解业主和使用人的意见和建议，监督和协助物业服务企业履行物业服务合同

D. 监督管理规约的实施

82. 写字楼具有不同于其他类型物业的特点，其物业管理的特点和要求主要有(　　)。

A. 保证设备完好，运行正常　　B. 提供科技含量大的服务

C. 保证环境整洁，舒适优雅　　D. 保证较高的服务质量

83. 零售商业物业的租金构成应当包括（　　）。

A. 基础租金　　B. 百分比租金　　C. 风险押金　　D. 代收代缴费用

84. 政策与法律的区别在于（　　）。

A. 制定的主体、程序和实施方式不同　　B. 表现形式不同

C. 相对稳定性和作用范围不同　　D. 所达目的不同

85. 《物业管理条例》规范了几项书面合同，包括（　　）。

A. 前期物业服务合同　　B. 物业服务合同

C. 房屋租赁合同　　D. 专项服务委托合同

86. 物业接管验收的准备工作，应当包括（ ）。

A. 人员准备　　B. 组织准备

C. 资料准备　　D. 初步勘察

87. 在物业接管验收中，处理质量问题应把握的基本原则有（ ）。

A. 交接双方的想法相结合　　B. 原则性与灵活性相结合

C. 细致入微与整体把握相结合　　D. 公正、合理与适当照顾相结合

88. 新建物业在接管验收时应提交的产权资料包括（ ）。

A. 项目批准文件　　B. 用地批准文件

C. 建筑执照　　D. 拆迁安置资料

89. 物业服务企业在物业项目撤管工作中要做到（ ）。

A. 善始善终做好管理工作　　B. 尽量减少遗留问题

C. 做好交接工作　　D. 以客户利益为重

90. 物业服务费的构成应当包括（ ）。

A. 管理服务人员的工资、社会保险和按规定提取的福利费

B. 物业管理公共区域内清洁卫生、绿化和社会秩序维护费

C. 物业服务企业固定资产折旧费

D. 专项维修资金

91. 物业服务企业测算物业服务费遵循的原则包括（ ）等原则。

A. 业主满意　　B. 严格控制成本

C. 区别对待　　D. 合理、公开以及费用与服务水平相适应

92. 在物业服务收费的问题上，维护业主和物业服务企业合法权益的主要法律依据有（ ）。

A.《中华人民共和国刑法》　　B.《中华人民共和国价格法》

C.《物业服务收费管理办法》　　D.《住宅小区管理办法》

93. 解决物业服务收费难的对策主要有（ ）。

A. 逐步完善物业管理法律

B. 制定切实可行的服务收费标准

C. 转变业主和使用人的消费观念和严格物业服务企业的财务管理

D. 严格惩罚和限制拒不缴纳费用的业主和使用人的权限

94. 根据《物业服务收费明码标价规定》，物业服务收费明码标价的内容应包括( )。

A. 物业服务企业名称　　B. 服务标准

C. 计费方式　　D. 价格举报电话 12315

95. 影响房屋租赁市场的主要因素包括（ ）。

A. 房屋租赁政策法规　　B. 城市宏观经济环境

C. 房屋出售市场情况　　D. 物业服务企业的状况

96. 物业管理人员在与客户进行沟通时，主要做到（ ）。

A. 耐心倾听　　B. 反馈信息

C. 协调矛盾　　D. 解决疑难

97. 目前，开展较多的社区活动类型有（　　）。

A. 固定节日活动　　B. 主题性活动

C. 室外活动　　D. 网络游戏

98. 物业服务企业工程部的房屋安全检查小组在进行房屋安全检查时，首先要做好（　　）等方面的核对工作。

A. 平面图与房屋现状是否相符　　B. 房间图示标号与现场标号是否相符

C. 图上房屋数量与实际数量是否相符　　D. 产权关系是否相符

99. 根据自2005年6月1日起施行的《城市建筑垃圾管理规定》（建设部令139号），居民将装饰装修房屋过程中产生的建筑垃圾混入生活垃圾的，由城市人民政府市容环境卫生主管部门（　　）。

A. 责令限期改正　　B. 给予警告

C. 处以200元以下罚款　　D. 处以500元以下罚款

100. 对房屋金属构件进行维修，正确的做法有（　　）。

A. 尽可能采用新构件　　B. 有利用价值的要利用

C. 损坏严重的要更换　　D. 无保留价值的要拆除

101. 物业服务企业按照国家和地方政府的有关规定，制定物业装饰装修管理制度，该制度一般应包括（　　）等项内容。

A. 装修审批程序

B. 装修管理权限

C. 装修范围、时间要求

D. 垃圾清运、电梯使用和违章行为的处理规定

102. 按照房屋装饰装修管理制度的有关规定，物业服务企业在对装修现场进行检查时，对违反法律法规和装饰装修管理服务协议的行为，有权（　　）。

A. 要求及时纠正　　B. 追究责任

C. 处以罚款　　D. 报告有关部门

103. 房屋附属设施设备养护管理制度一般应包括（　　）等内容。

A. 维修养护工作的类别、内容和要求　　B. 设备操作要求

C. 某些设备的预防性试验周期说明　　D. 设备操作人员应具备的证书要求

104. 物业服务企业对房屋附属设备的使用进行监督检查，要填写（　　）。

A. 日设备巡检记录　　B. 月设备巡检报告

C. 季设备巡检记录　　D. 年设备巡检记录

105. 房屋附属设施设备维修的特点主要包括（　　）。

A. 维修成本高

B. 技术要求精

C. 既需要专业技术人员为主进行维修，又需要使用人参与维修

D. 既有随机性又有计划性

106. 从有利于发挥自己专业人员的积极性、创造性和有利于提高物业服务企业综合效益的目的出发，对特种设备的维修养护一般宜采用（　　）的方式。

A. 大包　　B. 中包　　C. 小包　　D. 自己承担

107. 现代智能化建筑或楼群中的计算机网络主要由建立在结构化布线系统基础上的（　　）等几部分组成。

A. 主干网　　B. 局域网　　C. 广域网　　D. 个人网

108. 物业服务企业可以采用（　　）等方式设置物业管理区域内的安全保卫机构。

A. 聘请社会专业保安公司

B. 企业组建自己的保安部

C. 企业组建自己的保安部与聘请专业保安公司相结合

D. 委托居民委员会进行安全管理

109. 从消防管理的角度看，高层建筑的特点有（　　）。

A. 火险因素多　　B. 火势蔓延慢

C. 救火难度大　　D. 人员疏散比较难

110. 居住区道路的功能包括（　　）。

A. 供居民日常交通使用　　B. 供市政公用车辆行驶

C. 是组织居住区建筑群景观的手段　　D. 作为居民相互交往的场所

111. 物业环境管理的早期介入，主要应完成（　　）等几项工作。

A. 参与物业项目主体建筑的规划设计

B. 协助搞好防治环境污染配套设施设备的建设

C. 考察了解物业周边环境

D. 进行物业环境的保护与管理

112. 制定物业保洁管理制度，主要包括（　　）等几项工作内容。

A. 拟订物业环境保洁部门的劳动纪律

B. 拟订物业环境保洁管理工作的考核标准与方法

C. 拟订日常卫生保洁与保洁机具的操作规程

D. 拟订物业环境保洁部门的奖惩条例

113. 居住区绿地规划的基本要求包括（　　）。

A. 合理组织，统一规划　　B. 因地制宜，节约用地

C. 植物为主，注意景观　　D. 珍贵树木，宜多利用

114. 在物业管理区域内加强绿化宣传，有利于培养居民良好的（　　）。

A. 自我意识　　B. 环境意识

C. 绿化意识　　D. 全球意识

115. 对物业管理人员进行培训，要符合企业发展的整体需要，具体来说表现在（　　）等几个方面。

A. 培训内容符合企业发展的需要

B. 参加培训人员的选择有利于企业的发展

C. 培训时间服从企业的整体安排

D. 培训地点的选择完全遵照参加培训人员的意见

高级物业管理员理论考试模拟试卷（二）

第一部分：职业道德（第1～15题，共15道题）

一、职业道德基础理论与知识部分

（一）单项选择题（第1～5题）

1. 职业道德是（　　）。

A. 从业人员的特定行为规范　　B. 企业上司的指导性要求

C. 从业人员的自我约束　　D. 职业纪律方面的最低要求

2. 关于道德与法律的关系，正确的是（　　）。

A. 在内容上没有交叉　　B. 在最终目的上没有一致性

C. 在实践上是相互支撑的　　D. 在适用范围上完全一致

3. “科学技术是第一生产力”。这句话的意思是（　　）。

A. 除了科学技术，其他事物不属于生产力的范畴

B. 不掌握先进的科学技术，就相当于丧失了生产力

C. 一般从业人员不在第一生产力之列

D. 科学技术对生产和经营者具有极端重要性

4. 关于企业规章制度，理解正确的是（　　）。

A. 规章制度虽然能够使员工步调一致，但同时抑制了人们的创造性

B. 规章制度是企业管理水平低的表现，好的企业不用规章制度便能够管理有序

C. 在规章制度面前，没有特例或不受规章制度约束的人

D. 由于从业人员没有制定规章制度的权利，遵守与不遵守规章可视情况而定

5. 对企业形象理解正确的是（　　）。

A. 形象是外在的，所以企业形象是企业的“面子”工程

B. 企业形象是企业文化的综合表现

C. 企业形象往往是外在表象，一般不值得信任

D. 企业生存和发展靠的是质量，而不是企业形象

（二）多项选择题（第6～10题）

6. 在服务领域，符合职业道德要求的做法是（　　）。

A. 在柜台内抱肩、插兜

B. 捡到顾客物品，送交有关部门处理

C. 没有顾客时，读书看报

D. 目视前方，以迎接顾客到来

7. 关于职业选择，正确的观念和做法有（　　）。

A. 职业选择属于个人的事情，他人不得干预

B. 职业选择有利于促进广泛就业，实现人力资源科学配置

C. 职业选择有助于培养人的自主、自立精神

D. 倡导职业选择，无异于鼓励“挑肥拣瘦”

8. 所谓企业信誉，正确的理解有（　　）。
A. 企业信誉是树立企业形象的关键
B. 良好的企业信誉能够带来经济效益
C. 企业信誉是短时间通过大规模宣传便能够迅速建立起来的社会信任心理
D. 企业信誉与企业产品质量和服务质量紧密相连
9. 符合办事公道要求的有（　　）。
A. 坚持真理，一切照书本要求去做
B. 不管当事人是谁，出了问题，都要“各打五十大板”
C. 分清公私界线，不把公与私相混淆
D. 说老实话，办老实事，做老实人
10. 关于勤劳和节俭，正确的认识有（　　）。
A. 在生产力发展的今天，社会需要的是勤劳而不是节俭
B. 勤劳与节俭是人们事业成功的两个重要方面
C. 勤劳与节俭是对立统一、相辅相成的关系
D. 勤劳与节俭的形式可以变，但精神不能变

二、职业道德个人表现部分（第 11 ~ 15 题）

11. 如果你有这样一个同事，他工作能力突出，知识丰富，但人品较差。你会(　　)。
A. 杜绝和他来往　　B. 除非不得已，否则不和他往来
C. 和他正常来往　　D. 多与他交往，提高自己
12. 假如你的一个多年未见的同学从外地来到你所工作的地方，想和你见面，但你工作十分忙碌，没有时间陪伴他。你会（　　）。
A. 直接说明情况，表达歉意　　B. 去和同学见一面，打个招呼就走
C. 去和同学见一面，适当待一会儿　　D. 立即去陪伴同学
13. 如果你是某商场的电器销售员，在没有顾客的时候，你会（　　）。
A. 戴着耳机听音乐　　B. 看报，浏览新闻
C. 按要求站在指定地点　　D. 想想下班后的事情
14. 你一般上班时的心情是（　　）。
A. 兴奋的　　B. 平静的　　C. 低沉的　　D. 压抑的
15. 你正在休法定假日，公司却要求你马上返回以处理紧急事务，你会（　　）。
A. 由于没有休完法定假期，委婉拒绝公司的要求
B. 服从命令，马上返回
C. 想一个既可以处理紧急事务，又可以继续度假的办法
D. 向公司说明情况，问问公司能够付多少加班费

第二部分：理论知识（第 16 ~ 115 题，共 100 道题，满分为 100 分）

一、单项选择题（第 16 ~ 75 题，每题 1 分，共 60 分。每小题只有一个最恰当的答案，请在答题卡上将所选答案的相应字母用 2B 铅笔涂黑）

16. 在物业管理中始终处于主导地位的是（　　）。

A. 物业服务企业　　B. 业主
C. 房地产行政主管部门　　D. 开发商
17. 物业服务企业从事经营活动、享受债权、承担债务的物质基础是（　　）。
A. 公司人员　　B. 企业住所　　C. 注册资本　　D. 所获利润
18. 综合反映物业管理实力、规模、业绩和诚信的是（　　）。
A. 企业的声誉　　B. 企业的形象
C. 企业的资质　　D. 企业的历史
19.《物业管理条例》明确规定，负责本行政区域内日常物业管理活动监督管理工作的部门是（　　）。
A. 国务院建设行政主管部门　　B. 房地产开发建设单位
C. 县级以上地方人民政府房地产主管部门　　D. 区域性的物业管理行业协会
20.（　　）是新建住宅小区最大的特点。
A. 单体建筑豪华，人员流动大　　B. 功能单一，相对封闭独立
C. 建筑装修华丽，内部分割灵活　　D. 交通条件好，环境易污染
21. 按建筑面积划分写字楼的类型，建筑面积在 1 万 ~ 3 万平方米的写字楼为(　　)。
A. 小型写字楼　　B. 中型写字楼
C. 大型写字楼　　D. 甲级写字楼
22. 同一商业场所的营业时间应该协调一致，统一的营业时间一般以（　　）为准。
A. 物业服务企业的工作时间　　B. 出租人的工作时间
C. 主要承租人的营业时间　　D. 次要承租人的营业时间
23. 任何企业都不能以任何形式占用工业区内的通用厂房和仓库，从而确保（　　）。
A. 各生产企业空间分割合理　　B. 建筑主体结构安全
C. 建筑群体协调美观　　D. 发生特殊情况时能顺利疏散
24. 由于学校教学工作的时间很有规律，同时还有寒暑假，因而学校物业管理的一个突出特点是（　　）。
A. 主动性强　　B. 连续性强　　C. 时段性强　　D. 计划性强
25. 物业管理法律规范在调节物业管理及相关活动的过程中所形成的法定权利与义务关系称为（　　）。
A. 物业管理关系　　B. 物业管理法律关系
C. 民事法律关系　　D. 行政法律关系
26. 由省、自治区、直辖市或全国人民代表大会特别授权的市人民代表大会及其常委会制定和发布的，只在本辖区内有效力的物业管理方面的规范性文件，属于（　　）。
A. 司法解释　　B. 行政法规　　C. 政策文件　　D. 地方法规
27.《物业管理条例》规定，物业服务企业挪用专项维修资金，情节严重，构成犯罪的，应当依法追究直接负责的主管人员和其他直接责任人的（　　）。
A. 侵权责任　　B. 民事责任　　C. 行政责任　　D. 刑事责任
28. 作为调整平等民事主体之间的交易关系的法律是（　　）。
A. 宪法　　B. 民法　　C. 合同法　　D. 物权法

29. 国家鼓励物业服务企业依靠（　　）提高管理和服务水平。

A. 扩大队伍　　B. 严格要求　　C. 公平公正　　D. 科技进步

30. 选聘、解聘物业服务企业是（　　）的职责。

A. 居民委员会　　B. 业主委员会

C. 业主大会　　D. 房地产行政主管部门

31.《物业管理条例》规定，业主需要装修房屋，应事先告知（　　）。

A. 物业服务企业　　B. 居民委员会

C. 有关行政主管部门　　D. 业主委员会

32. 物业管理招标人和中标人应当自中标通知书发出之日起（　　）内，按照招标文件和中标人的投标文件订立书面合同。

A. 10 日　　B. 15 日　　C. 20 日　　D. 30 日

33.《物业服务收费管理办法》规定，纳入物业管理范围的已竣工但尚未出售的物业，物业服务费用应（　　）。

A. 全部免除　　B. 分摊给业主

C. 由开发建设单位缴纳　　D. 由物业服务企业代缴

34. 物业正式进入使用阶段的标志是（　　）。

A. 施工验收合格　　B. 竣工验收合格

C. 完成接管验收　　D. 完成设备验收

35. 按照接管验收标准进行验收，如果验收不合格，应由（　　）负责返修。

A. 接管单位　　B. 建设单位

C. 政府建设行政主管部门　　D. 未来业主

36. 房屋接管交付使用后，如发生重大质量事故，经查明原因属管理不力造成的，应由（　　）负责处理。

A. 业主　　B. 开发商　　C. 施工单位　　D. 接管单位

37. 物业服务企业自然解聘的条件是（　　）。

A. 双方发生争议，调解不成

B. 业主意见很大，物业服务企业无改进措施

C. 合同期满，双方协商不再续聘

D. 合同期限内，双方无法继续履行合同

38. 物业服务企业撤管时，除将《物业管理条例》规定的资料交还给业主委员会外，还应交还（　　）。

A. 物业管理用房　　B. 企业财务账目

C. 企业全部财产　　D. 物业服务合同

39. 包干制物业服务计费方式主要适用于（　　）物业管理。

A. 涉外公寓　　B. 别墅　　C. 普通住宅小区　　D. 写字楼

40. 实行市场调节价的物业服务收费，业主与物业服务企业在商定收费标准时，应由（　　）对其费用、成本、利润进行测定。

A. 物业服务企业　　B. 价格主管部门

C. 房地产行政主管部门　　D. 双方委托的具有资质的价格或会计师事务所

41. 政府价格主管部门颁发的规章中废止无效的是（　　）。

A.《城市住宅小区物业管理服务收费暂行办法》

B.《物业服务收费明码标价规定》

C.《关于商品和服务实行明码标价的规定》

D.《价格违法行为行政处罚规定》

42. 根据《物业服务收费管理办法》规定，物业服务企业应当按照政府价格主管部门的规定实行（　　），在物业管理区域内进行公示。

A. 成本控制　　B. 精确预算　　C. 明码标价　　D. 价格浮动

43. 物业管理区域内，供水、供电、供热、通讯、有线电视等单位应当向（　　）收取有关费用。

A. 全体业主　　B. 开发建设单位　　C. 最终用户　　D. 委托单位

44. 物业服务企业违反价格法律法规和规定，应由（　　）予以处罚。

A. 政府价格主管部门　　B. 政府房地产主管部门

C. 业主大会　　D. 行业协会

45. 利用承租房屋进行违法活动的，出租人有权（　　）。

A. 批评教育　　B. 终止合同　　C. 进行罚款　　D. 增加租金

46. 以赢利为目的，房屋所有权人将以划拨方式取得使用权的在国有土地上建成的房屋出租的，应当将租金中所含土地收益（　　）。

A. 交给开发建设单位　　B. 留做公共维修基金

C. 部分上缴国家　　D. 上缴国家

47. 为改进工作，更好地为客户服务，物业服务企业要注意搜集和重视（　　）。

A. 各种报刊资料　　B. 同行经验教训

C. 客户反馈信息　　D. 上级领导部门的态度

48. 在与客户进行沟通时，为了不白白浪费时间，首先要注意对方（　　）。

A. 是否“心不在焉”　　B. 是否充满激情

C. 理解问题的程度　　D. 能否具体执行

49. 部分住宅小区内建有会所，一般只有（　　）才能免费或优惠使用其娱乐设施。

A. 该小区的业主　　B. 租住该小区的使用人

C. 持会员卡的会员　　D. 所有服务管理人员

50. 社区服务的内涵是（　　）。

A. 管理第一，一切为人　　B. 服务第一，一切为人

C. 效益第一，一切为人　　D. 业绩第一，一切为人

51. 房屋结构施工图常用的结构代号 WKL 表示的是（　　）。

A. 房屋框架梁　　B. 楼梯梁　　C. 框架梁　　D. 框支梁

52. 房屋给排水施工图的常用图例中，符号“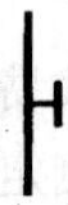”表示的是（　　）。

A. 存水弯　　B. 地漏　　C. 清扫口　　D. 检查井

53. 下列电气施工图常用电器线路图例中，表示 3 根导线的是（　　）。

A. 　　B. 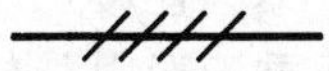　　C. 　　D. 

54. 经安全鉴定属危险房屋的，鉴定机构必须（　　）。

A. 立即填写鉴定文件　　B. 及时发出危险房屋通知书

C. 立即通知使用有效时限　　D. 马上组织人员抢修

55. 根据建设部关于考核房地产经营、维修管理行业经济技术指标规定，房屋大修、中修工程质量合格率应是（　　）。

A. 95% 以上　　B. 98% 以上　　C. 99% 以上　　D. 100%

56. 在计算房屋完损等级时，一律以（　　）为计量单位。

A. 单元　　B. 幢　　C. 建筑面积　　D. 使用面积

57. 将原有房屋全部拆除，另行设计，在原地或移地更新改造，属于房屋的（　　）。

A. 翻修工程　　B. 重修工程　　C. 大修工程　　D. 综合维修工程

58. 房屋设备维修人员对设备进行全面清洗，部分解体检查和局部维修、更换或修复磨损件，使设备能够达到完好状态的保养，属于（　　）。

A. 日常维修保养　　B. 一级保养

C. 二级保养　　D. 预防性计划维修保养

59. 物业服务企业应该（　　）对写字楼空调主机进行全面的技术性能检查。

A. 不定期　　B. 经常　　C. 每半年一次　　D. 每年一次

60. 除电梯的日常维修养护外，电梯的故障修理必须由（　　）承担。

A. 经过业务培训的电梯运行人员　　B. 经劳动部门审查认可的单位和人员

C. 电梯管理人员　　D. 工程部工作人员

61. 如果物业服务企业与专业化公司签订的特种设备维修养护合同是小包合同，专业化公司一般负责（　　）。

A. 设备的所有维修保养工作　　B. 对设备进行年度定期保养

C. 提供配件和技术指导　　D. 应急抢修

62. 国务院第 373 号令《特种设备安全监察条例》是自（　　）起施行的。

A. 2003 年 6 月 1 日　　B. 2003 年 9 月 1 日

C. 2004 年 1 月 1 日　　D. 2005 年 1 月 1 日

63. 根据建筑设备自控系统运行管理规程的要求，网络控制器、控制计算机故障应于（　　）内修复。

A. 2 小时　　B. 4 小时　　C. 6 小时　　D. 8 小时

64. 消防系统如因维护或其他原因需要暂时改变消防报警与联动控制系统的状态，应由（　）并提出相应的临时措施。

A. 工程部口头告知保安部　　B. 工程部书面通知保安部

C. 工程部通知操作技术人员　　D. 工程部报告总经理

65. 物业服务企业常年 24 小时工作的部门是（　　）。

A. 办公室　　B. 保洁部　　C. 保安部　　D. 财务部

66. 为保证客户与物业管理人员的人身安全，避免发生意外，需要在物业管理区域内易于发生危险的场所设置明显的（　　）。

A. 障碍物　　B. 警示标志　　C. 色彩　　D. 报警设备

67. “隐患险于明火，防患重于救灾，责任重于泰山”体现了物业消防管理（　　）的方针。

A. 预防为主，防消结合　　B. 预防为主，防治结合

C. 预防为主，培训为先　　D. 预防为主，设备落实

68. 高层建筑的物业消防管理人员，必须每日巡视公共通道，严禁闲杂物堆放在楼道内，其目的是（　　）。

A. 确保办公场地整洁美观　　B. 便于存放消防设备

C. 确保火灾时疏散通道畅通　　D. 便于管理人员的巡查

69. 写字楼物业车辆服务管理的重点工作是（　　）。

A. 客运车辆的停放和保管　　B. 停车场的建设和管理

C. 货运车辆的管理　　D. 车辆的引导和停车位调度

70. 新建居住区绿化用地占建筑用地面积比例（　　）。

A. 不得低于 30%　　B. 不得低于 35%

C. 应是 35%　　D. 应是 40%

71. 物业服务企业实施 ISO14000 环境管理体系的核心是（　　）。

A. 持续改进　　B. 污染预防

C. 领导重视　　D. 建立程序化文件体系

72. 负责对住宅小区内的商业、饮食服务经营者等进行城市环境卫生管理和物业环境卫生情况监督检查的机构应是（　　）。

A. 市环卫局　　B. 区县卫生管理处

C. 物业服务企业环境管理部门　　D. 居民委员会

73. 用于城市环境、卫生、安全、防灾等目的的绿地，属于（　　）。

A. 公共绿地　　B. 防护绿地　　C. 生产绿地　　D. 道路绿地

74. 根据《城市绿化条例》的规定，新建小区内部有路名的道路归（　　）绿化和养护管理。

A. 房管部门　　B. 建设部门　　C. 园林部门　　D. 物业服务企业

75. 对培训后的物业管理人员进行考核，既是检查培训效果的依据，又是（　　）的依据。

A. 对员工进行激励　　B. 评价员工思想境界

C. 决定员工前程　　D. 标志员工实践能力

二、多项选择题（第 76～115 题，每小题 1 分，共 40 分。每题有多个答案正确，请在答题卡上将所选答案的相应字母用 2B 铅笔涂黑。错选、少选、多选，均不得分）

76. 现代物业管理与传统房地产管理在（　　）方面有很大不同。

A. 管理体制　　B. 服务范围　　C. 技术人员　　D. 服务质量

77. 为使建成后的物业能满足业主和使用人的要求，物业服务公司在接管物业之前就可以从物业管理服务的角度对物业的规划、设计和建设提出（　　）。

A. 意见　　B. 建议　　C. 方案　　D. 预算

78. 根据中国物业管理协会《普通住宅小区物业管理服务等级标准》的要求，一级服务必须做到（　　）。

A. 公示24小时服务电话　　B. 载人电梯24小时正常运行

C. 小区主出入口24小时站岗值勤　　D. 对重点区域和部位实施24小时监控

79. 物业租金的类型有（　　）。

A. 商品租金　　B. 成本租金

C. 基础租金　　D. 市场租金

80. 零售商业物业租赁可以采用的租金形式有（　　）。

A. 基础租金　　B. 百分比租金

C. 第三方租金　　D. 代收代缴租金

81. 为了防治工业区固体废弃物对环境造成污染，物业服务企业应要求工业区内所有企业做到（　）。

A. 不任意丢弃工业“废渣”

B. 工业“废渣”的存放及处理设置进行报批

C. 在园区内建造露天垃圾箱

D. 将可溶性剧毒“废渣”埋入地下

82. 物业管理法律规范的构成要素是（　　）。

A. 前提　　B. 假定　　C. 处理　　D. 制裁

83. 承担民事责任的主要方式有（　　）。

A. 停止侵害　　B. 排除妨碍　　C. 返还财产　　D. 支付违约金

84. 民事权利与物业管理关系最为密切的是（　　）。

A. 财产所有权　　B. 物权　　C. 主权　　D. 债权

85.《物业管理条例》明确规定，业主对物业共用部位、共用设施设备和相关场地使用情况享有（　）。

A. 选举权　　B. 控制权　　C. 知情权　　D. 监督权

86. 根据《业主大会规程》的要求，召开业主大会会议，应当（　　）。

A. 于会议召开15日前通知全体业主　　B. 告知相关的居民委员会

C. 做好业主大会会议记录　　D. 请物业服务公司参加

87.《前期物业管理招标投标管理暂行办法》规定，前期物业管理投标文件应当包括（　　）。

A. 投标函　　B. 投标报价

C. 物业管理方案　　D. 招标文件要求提供的其他材料

88. 物业可以进行接管验收的条件是（　　）。

A. 竣工验收合格　　B. 业主大会已成立

C. 附属设备完全可以正常使用　　D. 房屋编号已得到认可

89. 新建物业接管验收时应提交的产权资料包括（　　）。

A. 项目批准文件　　B. 用地批准文件

C. 建筑执照　　D. 房屋所有权证

90. 物业服务企业提前解聘的程序是（　　）。

A. 双方提出书面意见　　B. 正确解决双方的争议
C. 尽快选聘新的物业服务企业　　D. 做好移交的准备

91. 物业服务收费应当遵循的原则是（　　）。
A. 合理　　B. 费用与业主意见相符合
C. 公开　　D. 费用与服务水平相适应

92. 根据《物业服务收费管理办法》规定，实行物业服务收费酬金制，预收的物业服务资金包括（　　）。
A. 物业服务成本　　B. 物业服务支出
C. 物业服务企业的利润　　D. 物业服务企业的酬金

93. 解决物业服务收费难的主要对策有（　　）。
A. 逐步完善物业管理法律　　B. 制定切实可行的物业服务收费标准
C. 转变业主和使用人的消费观念　　D. 严格物业服务企业财务管理制度

94. 各省、自治区、直辖市人民政府价格主管部门、房地产行政主管部门可以依据《物业服务收费管理办法》制定具体实施办法，报（　　）备案。
A. 国务院　　B. 国家发展和改革委员会
C. 财政部　　D. 建设部

95. 根据《城市房屋租赁管理办法》的规定，房屋租赁期满，承租人如需要继续租用的，应当（　　）。
A. 在租赁期限届满时提出要求　　B. 在租赁期限届满前 3 个月提出要求
C. 经出租人同意　　D. 重新签订租赁合同

96. 物业管理人员在与客户进行沟通的过程中，起着重要作用的要素有（　　）。
A. 说话者　　B. 传话者　　C. 言词　　D. 听话者

97. 物业服务企业制订的客户关系管理年度计划应包括（　　）。
A. 客户状态分析　　B. 客户关系管理主要内容
C. 客户关系管理实施方式　　D. 客户关系管理的总结

98. 在物业管理区域内实施社区专题活动的步骤应包括（　　）。
A. 市场调查　　B. 制订实施方案　　C. 活动筹备　　D. 活动开展

99. 房屋完好等级的划分是按照房屋的（　　）完好、损坏程度评定的。
A. 结构　　B. 装修　　C. 装饰　　D. 设备

100. 物业服务企业对管区内的房屋不定期评定完损等级，一般包括（　　）工作。
A. 每隔一定时间对所有房屋进行全面评定
B. 根据气候特征对危险房屋和损坏房屋进行评定
C. 对经过大修竣工验收后的房屋重新进行评定
D. 对接管验收的新建房屋进行评定

101. 根据《城市危险房屋管理规定》，（　　），鉴定机构应承担民事或行政责任。
A. 因故意把非危险房屋鉴定为危险房屋而造成损失
B. 因过失把危险房屋鉴定为非危险房屋，并在有效时限内发生事故
C. 因拖延时间而发生事故
D. 因损坏不修而造成事故

102. 按照房屋维修标准的要求，屋面维修工程应达到的标准是屋面（ ）。

A. 色泽均匀　　B. 便于清洗
C. 不渗漏　　D. 排水畅通

103. 物业服务企业如果发现装修人或者装饰装修企业有违反有关规定的行为不及时向有关部门报告的，由房地产行政主管部门（ ）。

A. 给予警告
B. 追究法律责任
C. 处以装饰装修管理服务费 2 ~3 倍的罚款
D. 处以装饰装修管理服务费 3 ~5 倍的罚款

104. 对房屋附属设备实行预防性计划维修保养制度，可以达到（ ）的效果。

A. 保证设备处于完好状态　　B. 延长设备修理间隔期
C. 降低修理成本　　D. 提高维修质量

105. 房屋附属设施设备的一级保养工作内容主要包括（ ）。

A. 对设备进行局部解体　　B. 进行清洗、调整
C. 按照设备磨损规律进行定期保养　　D. 更换磨损件

106. 在对房屋给排水系统进行养护时，如需停水作业，应该（ ）。

A. 每次都同时清洗供水箱　　B. 事先向使用人发出停水通知
C. 让业主了解停水原因　　D. 不要让使用人了解停水原因

107. 房屋附属特种设备的使用单位应当对使用中的特种设备（ ）。

A. 进行经常性日常维修保养　　B. 定期自行检查
C. 发现异常及时处理　　D. 对安全附件等进行定期校验并做记录

108. 建筑智能化系统中的电子巡更子系统的主要作用是（ ）。

A. 减少保安人员巡查的时间　　B. 缩短保安人员的巡查路线
C. 对保安人员出勤进行准确的管理　　D. 对保安人员的安全进行充分的保护

109. 在物业管理安全保卫服务中，正当防卫的条件是（ ）。

A. 必须真实存在不法侵害行为　　B. 必须针对正在进行的不法侵害行为
C. 必须针对不法侵害者本人　　D. 不能超出必要限度

110. 为了确保物业管理区域内消防器材处于完好状态，随时可以启用，灭火器应放置在（ ）的地方。

A. 一般人不走　　B. 通风、干燥、清洁
C. 温度适宜　　D. 位置明显便于取用

111. 住宅小区车辆服务管理的特点是（ ）。

A. 将车辆停放和车辆保管作为主要工作　　B. 管理中要注意尽量不扰民
C. 车辆进出频繁，管理任务重　　D. 集中力量统一管理，统一调度

112. 城市环境污染的特点是（ ）。

A. 影响范围广，不宜控制　　B. 作用时间长
C. 无法检测和治理　　D. 污染物的浓度随时间、空间的变化而变化

113. 对住宅小区垃圾管理的要求是（ ）。

A. 设置垃圾箱　　B. 随倒随清

C. 集中收集　　D. 当日垃圾当日清

114. 物业管理人员要加强对居住区绿地的看管巡视，做到（　　）。

A. 每月派人巡视一遍了解情况　　B. 每周至少巡视一遍做好记录

C. 每月汇总巡视记录提交主管审阅　　D. 发现问题能采取措施及时处理

115. 员工培训工作应符合企业发展的整体需要，要做到（　　）。

A. 培训的内容符合企业发展的需要　　B. 培训人员的选择有利于企业的发展

C. 培训的经费由员工自负　　D. 培训时间安排服从企业的需要

高级物业管理员技能鉴定模拟试卷（一）

一、综合判断题（30分）

1. 请指出某物业服务公司在供水事故处理时，其员工在操作程序或方法上的错误，并说明理由。

工程部柳经理："小黄，有用户反映18栋东侧给水管连接处丝扣漏水，你叫几个人去检查处理一下。"

小黄叫上两个人，找到了漏水地点，关闭了漏水管段的上源阀门，着手更换水管。两个小时后，更换完了水管，恢复了供水。

小黄："柳经理，我们搞好了，不漏水了。现正准备做维修记录。"

柳经理："好！这事就这样了，小问题不用做维修记录。还有事，6栋403的用户打电话来，说他家下水管堵了，你去检查一下。"

小黄按经理的吩咐，又去了6栋403的用户家。

2. 为预防火灾，确保业主、使用人及物业的安全，某物业服务公司建立了消防安全检查制度，请指出其中存在的问题并说明理由。

为预防火灾，确保业主、使用人及物业的安全，必须进行消防安全检查。检查主要是工程部的职责。

（1）专职消防员必须每天巡视大厦或小区的每个角落，做好安全检查记录。

（2）管理公司防火领导小组每季度开展一至两次对辖区安全消防工作的全面检查。

（3）检查各处所配备的消防灭火器材、消火栓设施是否齐全，每月对消防设备进行测试检查，确保消防设备处于良好状态。

（4）每月末及节日前，对建筑物各层公共区域、公共设施进行安全检查。

（5）检查各层配电房、风机房、茶水间及顶层电梯机房的电掣电器等设施设备是否运转正常，所配备的灭火器材是否完好，是否符合消防安全规定，门锁是否完好。

（6）检查各层走廊、电梯厅、消防通道梯是否畅通，烟感探测器、指示灯是否正常。

（7）检查本区域物业使用电器是否符合安全规定。

（8）对发现的各种问题和火灾隐患，应及时解决消除。不能立即解决的，报消防局备案解决。

此外，建立了消防档案管理制度，注意防火档案、火灾档案、消防设施档案的建立与更新，为防火管理打下好的基础。

3. 下面是有关物业服务企业资质动态管理的表述，请指出其中的表述错误并说明理由。

物业服务企业资质等级实行动态管理，由资质管理部门通过资质年度检查和其他形式的监督检查进行，每两年核定一次。各资质等级物业服务企业的年检，由相应资质审批部门负责。不符合原定资质等级条件的，物业服务企业的资质年检结论为不合格，原资质审批部门应当保留其资质证书一年，并督促其整改。

申请升级的物业服务企业将所需材料报初审部门，初审部门将审核意见报审批部门。资质等级升级可依次逐级上升，也可超级升级。

物业服务企业超越资质等级承接物业服务业务的，物业服务企业出租、出借、转让资质证书的，县级以上地方人民政府房地产主管部门将予以警告，责令限期改正，并有权处以1万元以上3万元以下的罚款。物业服务企业不按照规定及时办理资质变更手续的，也会被责令限期改正，并处3万元以上的罚款。物业服务企业出租、出借、转让资质证书的，将会受到县级以上地方人民政府房地产主管部门的警告，责令限期改正，并处以1万元以上3万元以下的罚款。

资质审批部门在企业资质证书的颁发、审批及对企业资质的监管过程中有违法不轨行为的，将会被其上级主管部门或者监察机关责令改正，责任人员将会依法受到行政或刑事处罚。

二、情景题（50分）

1. 噪声污染妨碍人们的工作、学习和生活，对人们的各方面影响巨大，作为一名高级物业管理员，你知道产生噪声污染的类型吗？并说出物业环境噪声污染的控制方法。(10分)

2. 试述一线企业可以从哪些方面着手，解决物业服务欠费问题。(10分)

3. 某房地产公司拟投资项目年末现金流量如下表，设开发经营期内年折现率为10%。请问该项目是否可行？(10分)

开发经营期	第1年	第2年	第3年	第4年	第5年
净现金流量（万元）	-4000	-3000	4000	5000	1000

4. 房屋在使用过程中，钢筋混凝土结构上产生的裂缝，常见于非预应力受弯、受拉等构件中，以及预应力构件预应力端头等部位。对于各种裂缝，必须查明其性质和产生的原因，进而确定具体的维修措施。请你说明钢筋混凝土结构上产生裂缝的现象和原因。(10分)

5. 作为一名高级物业管理员，请你说明建筑总平面图包括哪些主要内容。(10分)

三、案例分析题（20分）

1. 小田在移动稳压电源柜时不慎触电，你作为现场人员，应该如何施救？(10分)

2. 某住宅小区34栋902房的住户装修时，擅自将内侧的小阳台改成洗手间，由于装修队在铺设水管时没做好，楼下802房小阳台的天花板老是往下漏水，结果引起两家的纠纷。为防止这类事情的发生，住宅小区的物业服务公司应如何规范住户的房屋装修行为，加强房屋装修管理？(10分)

高级物业管理员技能鉴定模拟试卷（二）

一、综合判断题（30 分）

下面是某物业公司在物业管理工作中的部分做法或处理措施，请指出其中存在的问题，并说明规范的做法或理由。

1. 供水事故处理。

工程部柳经理："小黄，水工反映管 8 至 22 栋给水管的阀门关不严，你叫几个人去检查处理一下。"

小黄叫上三个人，找到了这个阀门，试关了关，确实关不严。小黄叫人关闭了这个阀门的上源阀门，着手更换阀门。两个小时后，更换完了阀门，恢复了供水。

小黄："柳经理，我们搞好了。"

柳经理："好！这事就这样了。还有事，库房要补充一些给水附件，你先开个采购清单，我看后没问题，再去采购。"

小黄按经理的吩咐，接着去开采购清单。

2. 爆炸及可疑爆炸物品的处置程序。

（1）发现爆炸和可疑爆炸物，一般分爆炸恐吓和现场发现。当发生电话威胁恐吓时，接听电话者要保持镇静、礼貌，力图从来电者那里获得尽量多的信息。如爆炸物情况、爆炸目标、来电号码、从何处打电话以及来电者姓名、性别、年龄、语言特点、电话杂音背景等。

（2）无论是接听威胁、恐吓电话还是现场发现爆炸物，都要及时采取措施通知上级、公安机关及物业管理各部门，但不要惊动来电者，并要核实是否通知到位。

（3）保安部经理或主管要及时赶到现场，组织力量，立即布置以爆炸物或爆炸现场为中心的警戒线，控制、保护现场。待接到上级或公安机关指令后方可撤离现场保护。除公安人员和传媒人员以外，不允许任何人进入保护控制区域。

（4）在报警的同时，马上组织所有人员疏散到相对安全的区域。

（5）物业管理各部门接到通知后，立刻做好相应准备，如关闭附近可能由于爆炸引起恶性事故的设备，撤走现场附近、排除可疑性的可以移动的贵重物品，做好抢救伤员的准备工作，必要时通知当地急救中心。为预防火灾，必要时可通知消防部门。

（6）等公安或相关专业人士到达现场后，听从其指挥，全力配合其排除险情，同时应该清楚地记下办案警官官级、编号及报案的编号，以作日后查阅、参考之用。

（7）做好善后的组织安排工作，如配合公安机关进行侦破、调查、取证工作，统计、记录受损物品情况，抢修、更换受损设施设备，得到指令后清理现场等。

（8）保安部经理应将事件处置经过的情况，以报告形式呈报上级领导。

3. 地基、基础维修养护方法。

（1）石灰浆加固。适用于淤泥、黏土层等软土层的处理，以石灰浆用钻机将注浆压入黏土层中的裂缝，石灰浆同周围土层起离子交换作用后形成硬壳层，从而改变了土层的性质和结构。

（2）灰土挤密桩加固。适用于膨胀土地基的处理，其方法是在基础周围打 2 ~ 3 排灰土挤密桩，挤密填土，加固后承载力可提高一倍左右。

（3）其他。也可采用压力装置将水泥浆液压入地基，填充到石碴、炉渣等地基颗粒较大的空隙中，从而提高地基承载力、稳定性。

4. 装修管理规定的编制。

（1）装修申报：①业主需要装修时，到管理公司下属的管理处领取申请表，填写申请表，等申请批准后方可施工；②工程设备部门对装修户的资格进行确认，并提供装修指南及有关资料；③装修户尽快请有关单位进行装修设计，并在 7 天内将装修设计图交工程设备部门审查；④装修户选择合格的装修单位。

（2）物业服务公司审批：①在接到装修户递交的装修设计的一周内，工程设备部会同业主委员会对设计方案进行审核，提出同意或修改意见；②方案批准后，装修户按规定到物业服务公司签订协议，并领取装修许可证。

5. 电梯困人紧急情况的应急处理。

（1）保持轿厢照明，并断开电梯主电源，防止电梯意外启动。

（2）确定电梯位置。

（3）当电梯停在距某平层位置约 ±1 m 范围时，维修人员可以在该平层的厅门外使用专用厅门钥匙开启厅门，用手拉开轿厢门，并协助乘客撤离轿厢。

（4）当电梯未停在上述范围时，应首先将电梯移至上述范围内救人。移动电梯的方法如下：①利用电话与轿厢乘客通话，要求乘客保持镇静，不要乱动；要求关闭轿门，如果轿门已被拉开，则要求乘客用手关上轿门；通知乘客即将移动电梯。②在曳引电机轴尾装上盘车装置。③由一人用松闸扳手轻轻地断续地松开抱闸，另一人密切配合用盘车手柄盘车，使轿厢慢慢移至最近的厅门，恢复抱闸。④用专用厅门钥匙开启厅门，用手拉开轿厢门，并协助乘客撤离轿厢。

（5）当采取上述方法而发现异常情况时，应立即通知承担电梯维修的专业公司作出处理。

6. 发生火灾的紧急处理。

（1）请乘客保持镇静，并疏导乘客从安全楼梯撤离。

（2）货运电梯进入消防状态，其余电梯停至首层或远离火灾的楼层，并切断电源，关闭厅门、轿门。

（3）若轿厢失火，应立即切断轿厢内电源，用二氧化碳、干粉或 1211 灭火器进行灭火。

二、情景题（50 分）

1. 作为助理物业管理师，请你谈谈新成立的物业服务企业如何进行资质申请？（7 分）

2. 某小区物业管理过程中发现小区内的水体污染较重，领导要刚分配到小区的助理物业管理师就此情况提出防治措施，请问他该提出哪些防治水体污染的措施？（5 分）

3. 试述物业服务企业如何追讨物业服务欠费？（10 分）

4. 试述写字楼物业管理的内容。（8 分）

5. 请你简述房地产招标程序。（10 分）

6. 作为一位助理物业管理师，请你向工程部的新员工介绍结构施工图的主要内容。(10 分)

三、案例分析题（20 分）

1. 业主王某在入住装修时，提出二次装修申请，物业公司经审查认为符合安全等要求，予以批复。后王某在装修厕所时擅自改动供暖管道位置，被物业公司检查时发现，责令王某停止施工、限期恢复。王某认为不影响物业使用，迟迟不予理睬。于是物业公司向主管部门报告，但主管部门迟迟不予处理。于是物业公司在要王某写出一份“出现安全事故责任自负”的保证书后，向王某收取 2 000 元罚款，未作其他处置。试就以上描述的情况对本案作出评析。(10 分)

2. 王女士在某小区买了房子，装修后一直没去住，空调也没开。前两天小区物业管理处通知王女士说，她家空调室外机着火烧毁了。王女士认为这是物业公司保安人员失职造成的，要求物业公司赔偿，可物业公司却说责任不在他们。请问物业公司到底有没有责任？为什么？(10 分)

附录一 模拟试题参考答案

高级物业管理员理论考试模拟试卷（一）

1. A	2. D	3. A	4. C	5. B	6. CD	7. AC	8. ACD
9. BC	10. ABCD	11. D	12. AB	13. BC	14. B	15. C	16. C
17. D	18. B	19. D	20. A	21. A	22. C	23. D	24. C
25. D	26. A	27. B	28. B	29. C	30. A	31. A	32. D
33. D	34. B	35. D	36. A	37. B	38. C	39. D	40. D
41. B	42. A	43. B	44. C	45. D	46. C	47. D	48. A
49. A	50. A	51. C	52. B	53. A	54. C	55. A	56. A
57. B	58. D	59. A	60. C	61. C	62. B	63. B	64. A
65. C	66. A	67. C	68. B	69. C	70. C	71. C	72. B
73. B	74. D	75. A	76. ABCD	77. BCD	78. BC	79. ABD	80. BCD
81. ACD	82. ACD	83. ABD	84. ABC	85. AB	86. ACD	87. BC	88. ABCD
89. ABC	90. ABC	91. ABCD	92. BC	93. ABC	94. ABCD	95. ABC	96. ABCD
97. ABC	98. ABCD	99. ABC	100. BCD	101. ABCD	102. AD	103. ACD	104. AB
105. AD	106. ABC	107. ABC	108. ABC	109. ABC	110. ABCD	111. ABC	112. ABCD
113. ABC	114. BCD	115. ABC					

高级物业管理员理论考试模拟试卷（二）

1. C	2. C	3. D	4. C	5. B	6. BD	7. BC	8. ABD
9. CD	10. BCD	11. C	12. B	13. C	14. A	15. C	16. B
17. C	18. C	19. C	20. B	21. B	22. C	23. D	24. C
25. B	26. D	27. D	28. C	29. D	30. C	31. A	32. D
33. C	34. C	35. B	36. D	37. C	38. A	39. C	40. D
41. A	42. C	43. C	44. A	45. B	46. D	47. C	48. A
49. A	50. B	51. A	52. C	53. A	54. B	55. D	56. B
57. A	58. C	59. D	60. B	61. C	62. A	63. B	64. B
65. C	66. B	67. A	68. C	69. D	70. A	71. B	72. C
73. B	74. C	75. A	76. AB	77. AB	78. ABCD	79. ABD	80. ABD
81. AB	82. BCD	83. ABCD	84. AB	85. CD	86. ABC	87. ABCD	88. ACD
89. ABC	90. ABCD	91. ACD	92. BD	93. ABCD	94. BD	95. BCD	96. ACD
97. ABC	98. BCD	99. ACD	100. BCD	101. ABC	102. CD	103. AC	104. BCD
105. ABC	106. BC	107. ABCD	108. CD	109. BCD	110. BCD	111. BC	112. ABD
113. ABD	114. BCD	115. ABD					

高级物业管理员技能鉴定模拟试卷（一）

一、综合判断题

1.（1）错误：关闭漏水管段的上源阀门，未事先通知有关的停水用户。理由：应事先通知有关的停水用户。

（2）错误：给水管连接处丝扣漏水，未查明原因就更换水管。理由：给水管连接处丝扣漏水，如果是套的丝扣过硬或过软、填料缠绕不当、活接头处漏放垫片等原因，就不用更换水管。

（3）错误：未做维修记录。理由：应做维修记录。

2.（1）错误：为预防火灾，确保业主、使用人及物业的安全，必须进行消防安全检查。检查主要是工程部的职责。理由：为预防火灾，确保业主、使用人及物业的安全，必须进行消防安全检查。检查主要是专职消防队（组）的职责。

（2）错误：管理公司防火领导小组每季度开展一至两次对辖区安全消防工作的全面检查。理由：管理公司防火领导小组每月开展一至两次对辖区安全消防工作的全面检查。

（3）错误：对发现的各种问题和火灾隐患，应及时解决消除。不能立即解决的，报消防局备案解决。理由：对发现的各种问题和火灾隐患，应及时解决消除。不能立即解决的，由物业服务公司发出整改通知书，限期整改。

3.（1）错误：物业服务企业资质等级实行动态管理，由资质管理部门通过资质年度检查和其他形式的监督检查进行，每两年核定一次。理由：物业服务企业资质等级实行动态管理，由资质管理部门通过资质年度检查和其他形式的监督检查进行，每年核定一次。

（2）错误：物业服务企业的资质年检结论为不合格，原资质审批部门应当保留其资质证书一年，并督促其整改。理由：物业服务企业的资质年检结论为不合格，原资质审批部门应当注销其资质证书，由相应资质审批部门重新核定其资质等级。

（3）错误：资质等级升级可依次逐级上升，也可超级升级。理由：资质等级升级应依次逐级上升，不得超级升级。

（4）错误：物业服务企业不按照规定及时办理资质变更手续的，也会被责令限期改正，并处3万元以上的罚款。理由：物业服务企业不按照规定及时办理资质变更手续的，也会被责令限期改正，并处2万元以下的罚款。

二、情景题

1. 噪声污染的类型：①车辆交通噪声；②建筑施工噪声；③社会生活噪声。

噪声污染的控制：①禁止在住宅、文教区设立产生噪声污染的生产、经营项目；②禁止在夜间规定不得作业的时间（一般指晚上10：00～次日晨6：00）从事施工作业；③禁止机动车、船在禁止鸣笛区域鸣笛；④从事娱乐性文化娱乐活动，应采取有效措施控制音响。

2.（1）深入了解欠费原因，加强与业主的协商沟通，依理依法说服。

（2）借助管理规约和业主委员会的力量。

（3）争取业主工作单位、居委会等外部因素的帮助。

（4）服务项目、流程设计上力求能够区分。

（5）改进服务、计费方式和收费办法。

（6）完善物业管理服务合同，严格依约行事。

（7）在必要催缴的程序后通过法律途径解决。

3. 根据求算净现值的公式

$$NPV = \sum_{t=0}^{n} (CI - CO)_t (1+r)^{-t}$$

$$= -4000/(1+10\%) - 3000/(1+10\%)^2 + 4000/(1+10\%)^3 + 5000/(1+10\%)^4 + 1000/(1+10\%)^5$$

$= -4000 \times 0.9091 - 3000 \times 0.8264 + 4000 \times 0.7513 + 5000 \times 0.6830 + 1000 \times 0.6209$

$= 925.55$

因为项目的 NPV >0，所以从净现值评价来看，该项目是可行的。

4.（1）荷载裂缝，主要系结构在荷载作用下变形过大而产生的裂缝。

（2）温度裂缝，主要系由大气温度变化、周围环境温差的影响和大块体混凝土施工时产生的水化热等因素造成。

（3）干缩裂缝，产生的主要原因是：混凝土浇捣后，养护不及时，表面水分散失太快，体积收缩大；而内部混凝土湿度变化小，收缩也小，表面变形受约束后出现拉应力而导致表面干裂。另外还与所采用的水泥品种、水灰比大小、骨料含泥量、水泥含量、气候环境、有无配筋外加剂、振捣是否密实等因素有关。

（4）张拉裂缝，即预应力构件内由于张拉应力而引起的裂缝。主要原因是：预应力经放张后，构件表面及端头局部受力不均或受到附加力而产生的横向、斜向、端头等裂缝。

（5）沉降裂缝，现浇构件因地基或砌体过大不均匀沉降；平卧法生产的预制构件因侧向刚度差，在其侧面产生沉降裂缝；模板刚度不足、支撑间距大、支撑松动、过早拆模等，也可导致产生沉降裂缝。

5. 总平面图包括以下内容：①地貌和地物，即地面上自然起伏的状况以及地面上的建筑物、构筑物、河流、森林、道路、桥梁等情况。②新建建筑物底层室内地面的标高和新建建筑物附近的等高线的标高。③确定新建建筑物的位置和朝向，从指北针或风向频率玫瑰图可看出所建房屋的朝向。④总平面图绘制比例。

三、案例分析题

1. 应首先拔下稳压电源柜电源插头，再根据小田的伤势情况作如下处理：①若尚未失去知觉，应使其保持安静，并立即请医生进行救护。②若已失去知觉，但有呼吸心跳，应使其安静地仰卧，将衣服放松使其呼吸顺畅。若出现呼吸困难并有抽筋现象，应进行人工呼吸和及时送医院诊治。③若呼吸和心跳都停止，注意不能视为死亡，应立即对其进行人工呼吸，直到触电者呼吸正常或者医生赶到为止。

2.（1）物业服务公司应对 34 栋 902 房住户违反《管理规约》和《住户手册》有关房屋装修的规定，擅自改装内侧的小阳台的行为予以公布，并按《管理规约》和《住户手册》的规定作相应处理。

（2）重申房屋装修管理的规定，内容包括：①住户装修申报程序；②物业服务公司审批程序；③装修单位施工管理；④物业服务公司验收程序。

（3）纠纷发生前，物业公司对装修的管理不到位，也负有一定的责任，应作出检讨。

高级物业管理员技能鉴定模拟试卷（二）

一、综合判断题

1.（1）错误：关闭上源阀门，未事先通知 8 至 22 栋的用户要停水。理由：应事先通知有关的停水用户。

（2）错误：阀门关不严，未查明原因，就更换阀门。理由：阀门关不严，如果是密封圈不严密、阀闷有杂物、阀杆失灵等原因，就不用更换整个阀门。

（3）错误：未做维修记录。理由：应做维修记录。

2.（1）错误：除公安人员和传媒人员以外，不允许任何人进入保护控制区域。理由：除公安人员以外，不允许任何人进入保护控制区域。

（2）错误：在报警的同时，马上组织所有人员疏散到相对安全区域。理由：在得到上级或公安机关指令后进行人员疏散，所有人员要疏散到相对安全区域。

3.（1）错误：石灰浆加固适用于淤泥、黏土层等软土层的处理。理由：适用于膨胀土地基的处理

（2）错误：灰土挤密桩加固适用于膨胀土地基的处理。理由：适用于较厚的回填土、炉灰等填土地基、软弱土层、湿陷性黄土地基加固。

4. （1）错误：装修户尽快请有关单位进行装修设计，并在7天内将装修设计图交工程设备部门审查。理由：并在15天内将装修设计图交工程设备部门审查。

（2）错误：在接到装修户递交的装修设计的一周内，工程设备部会同业主委员会对设计方案进行审核，提出同意或修改意见。理由：工程设备部会同安保部对设计方案进行审核，提出同意或修改意见。

5. 错误：当电梯停在距某平层位置约±1 m范围时，维修人员可以在该平层的厅门外使用专用厅门钥匙开启厅门。理由：当电梯停在距某平层位置约±0.5 m范围时，维修人员可以在该平层的厅门外使用专用厅门钥匙开启厅门。

6. 错误：货运电梯进入消防状态，其余电梯停至首层或远离火灾的楼层。理由：消防电梯进入消防状态，其余电梯停至首层或远离火灾的楼层。

二、情景题

1. 新成立的物业服务企业应当自领取营业执照之日起30日内，持相关文件向工商注册所在地直辖市、设区的市人民政府房地产主管部门申请资质。文件包括：①营业执照；②企业章程；③验资证明；④企业法定代表人的身份证明；⑤物业管理专业人员的职业资格证和劳动合同，管理与技术人员的职称证书和劳动合同。

2. （1）加强执法检查；（2）加强对水体及污染源的监测；（3）加强对生活饮用水二次供水卫生管理；（4）加强对已排污水的处理；（5）加强对污水排放的控制。

3. 追讨欠费主要有以下几种不同的方法：

（1）一般性追缴。当上月费用拖欠后，物业服务企业在下一次收费时将向业主（使用人）发催款通知单，此单将上次费用以及本次费用一起通知业主（使用人）。如果第二次仍拖欠，物业服务企业将在第三次再发催款通知单，将前两次的费用和当次费用一并通知，并限期交清。

（2）针对性追缴。物业服务企业对拖欠费用的业主（使用人）应针对不同情况，采取相应措施。对于费用大户，要亲自登门（有时物业服务企业的总经理也要亲自上门）进行劝导和解释，争取用户的理解和支持；对于一些“钉子户”，则应严格按照法律程序执行。

（3）区别性追缴。对于业主由于工作繁忙没时间及时交款的，企业财务部门一方面要及时提醒补交，另一方面应尽可能配合他们的工作时间，采用上门收缴、预约时间等方法，给业主以方便，业主一般也会乐于配合。对于因对服务不满欠费的业主，若企业自身服务确有不足的地方，应尽快改正，满足业主的要求；若业主提出的要求不合理，也应向业主耐心解释。若业主依然如故，物业服务企业就要根据管理制度、服务合同通过停止服务或相应的法律程序来解决。这种情况下要特别注意保存好催款的记录和相关物证。

4. 包括：①营销推广管理；②前台服务管理；③设施设备管理；④保安管理；⑤消防管理；⑥清洁卫生管理。

5. 包括如下几个程序：

（1）招标准备工作。①申请招标；②编制招标有关文件；③合理确定标底；

（2）组织招标。①对投标人进行资格预审；②分发招标文件；③现场考察；④召开招标会议。（1分）

（3）开标、评标、定标。双方应按照招标文件和投标文件订立书面合同。

6. （1）结构设计说明。主要说明结构构造要求、使用材料要求、钢材和混凝土强度等级、砂浆的标号和砖石的强度等级、地基承载力和埋深要求及其他相应的技术要求等。

（2）结构平面图。主要包括以下内容：①基础平面图，如果是工业建筑还有设备基础布置图；②楼层结构布置平面图，如果是工业建筑还有柱网、吊车梁、柱间支撑、连系梁布置图等；③屋面结构平面图，包括屋架、屋面板、天沟板、天窗架及支撑系统布置图等。

（3）构件详图。主要包括以下内容：①梁、板、柱及基础结构详图；②楼梯结构详图；③屋架结构详图；④其他构件详图，如支撑系统结构详图等。

三、案例分析题

1. 按《住宅室内装饰装修管理办法》与《物业管理条例》有关规定，物业服务企业须对业主的装饰装修活动进行管理。本案业主王某应按法规、规章的规定进行装修，物业公司在王某装修时应将注意事项与禁止行为告诉他，王某应当遵守。

王某必须提交供暖管理单位的批准文件，方可改动供暖管道位置。

王某若不能提交供暖管理单位的批准文件，物业公司应当制止其装修的继续进行，向主管部门报告，并按装修管理协议追究王某违约责任。

物业公司向主管部门报告后，主管部门迟迟不作处理，其他业主和物业公司可以催促或告政府部门行政不作为。

物业公司的装修管理不是行政管理，不能向业主收取罚款，本案物业公司的做法是错误的。

2. 要分清责任，首先要弄清楚空调外机着火的真正原因。分两种情况：

第一，如果是空调外机自身的质量问题而引起的自燃，根据《合同法》和《消费者权益保护法》的相关规定，业主可以找购买空调的商场或生产空调的厂家进行维修或退换；如果该事故给自己或他人造成损害，可以要求商场或厂家承担相应的赔偿责任，商场和厂家是承担相互连带责任的。

第二，如果不是质量原因而是外界原因造成外机着火，除法定的不可抗力的情况外，小区的物业公司应当承担相应的责任。因为业主和物业公司之间是平等主体的服务合同关系，为业主提供完善的物业服务是物业公司的约定义务，保护业主的财产不受他人侵害自然是物业服务的内容之一。尤其是空调外机，它完全是属于业主私有财产，但又由于本身所具有的特殊性，促使它要放置在公共的空间里，所以它必然是物业公司保护业主财产安全的重点。

如果由于物业公司的保安人员没有尽其工作职责，而使第三方对外机造成损害的话，物业公司就应该承担相应的赔偿责任。物业公司在赔偿业主后，可以向第三方行使追索权。物业公司要是拒绝的话，户主可以向人民法院提起诉讼，以维护自身的合法权益。

附录二 《广东省物业管理条例》

（1998年7月29日广东省第九届人民代表大会常务委员会第四次会议通过 2008年11月28日广东省第十一届人民代表大会常务委员会第七次会议修订）

第一章 总 则

第一条 为了规范物业管理活动，维护业主、物业服务企业的合法权益，营造和谐、安全、文明、整洁的居住和工作环境，根据《中华人民共和国物权法》、《物业管理条例》等法律、行政法规，结合本省实际，制定本条例。

第二条 本条例适用于本省行政区域内物业管理活动。

本条例所称物业管理，是指业主通过选聘物业服务企业，由业主和物业服务企业按照物业服务合同约定，对房屋及配套的设施设备和相关场地进行维修、养护、管理，维护物业管理区域内的环境卫生和相关秩序的活动。

第三条 各级人民政府应当规范物业管理工作，保障业主对物业依法享有的管理权，促进物业管理向专业化、市场化发展，鼓励采用新技术、新方法，提高物业管理和服务水平。

第四条 省人民政府建设行政主管部门负责全省物业管理活动的监督管理工作。

市、县（区）人民政府房地产行政主管部门负责本行政区域内物业管理活动的监督管理工作。

各级人民政府有关行政管理部门在各自职责范围内，做好物业管理区域内的有关工作。

第五条 街道办事处、乡镇人民政府会同物业所在地的区、县人民政府房地产行政主管部门对设立业主大会和选举业主委员会给予指导和协助，协调处理物业管理中的纠纷。居民委员会、村民委员会予以协助和配合。

第六条 物业管理行业协会应当依法加强行业自律管理，规范行业行为，维护市场秩序和公平竞争，建立物业服务企业及其从业人员诚信档案，督促其依法、诚信经营和服务，对违反法律法规和行业规范的行为给予通报批评和公开谴责，促进行业健康发展。

第二章 物业管理区域

第七条 物业管理区域根据物业建设用地规划许可证确定的红线图范围，结合物业的共用设施设备、社区建设等因素划定。物业的配套设施设备共用的，应当划定为一个物业管理区域；但其设施设备能够分割、独立使用的，可以划定为不同的物业管理区域。

旧城区、城中村等没有实施物业管理的建成居住区需要实施物业管理的，由街道办事处、乡镇人民政府征求相关业主意见后，确定物业管理区域。

对物业管理区域划定有争议的，物业所在地的区、县人民政府房地产行政主管部门应当征求物业所在地街道办事处、乡镇人民政府、相关业主、居民委员会的意见后确定。

第八条 新建物业出售前，建设单位应当将划定的物业管理区域向物业所在地的区、县人民政府房地产行政主管部门备案，并将经备案的物业管理区域在商品房买卖合同中明示。

已经实施物业管理的区域，由物业服务企业向物业所在地的区、县人民政府房地产行政主管部门备案。

街道办事处、乡镇人民政府确定的物业管理区域，由街道办事处、乡镇人民政府向物业所在地的区、县人民政府房地产行政主管部门备案。

第九条 一个物业管理区域成立一个业主大会，由一个物业服务企业提供物业管理服务。

第三章 业主、业主大会及业主委员会

第十条 房屋的所有权人为业主。

尚未登记取得所有权，但基于买卖、赠与、拆迁补偿等旨在转移所有权的法律行为已经合法占有该房屋的人，在物业管理活动中享有法律法规规定的业主的权利，并承担相应的义务。

第十一条 业主依法成立业主大会，选举业主委员会。

业主大会由物业管理区域内全体业主组成，代表和维护全体业主在物业管理活动中的合法权益，依法履行职责。

一个物业管理区域内业主人数较少且经全体业主一致同意，决定不成立业主大会的，由业主共同履行业主大会、业主委员会的职责。

第十二条 已交付使用的物业建筑面积达到物业管理区域建筑面积百分之五十的，建设单位应当书面报告物业所在地街道办事处、乡镇人民政府，并在物业管理区域的显著位置公告。

第十三条 百分之二十以上业主可以联名向街道办事处、乡镇人民政府提出成立业主大会的书面要求。

已交付使用的物业建筑面积达到物业管理区域建筑面积百分之五十以上的，业主可以向街道办事处、乡镇人民政府提出成立业主大会的书面要求。

符合前两款情形之一的，街道办事处、乡镇人民政府应当在三十日内会同物业所在地的区、县人民政府房地产行政主管部门指导、协助业主推荐产生业主大会筹备组。

业主大会筹备组由业主代表、建设单位以及街道办事处、乡镇人民政府代表七至十五人组成，其中业主代表应当不少于首次业主大会筹备组人数的百分之六十。业主大会筹备组成员名单应当自成立之日起七日内在物业管理区域的显著位置公告。

第十四条 建设单位和物业服务企业应当协助业主大会筹备组工作，向业主大会筹备组提供业主清册、物业建筑的基本资料（包括物业管理区域内地上、地下的建筑物、设施设备和相关场地等）、已筹集的专项维修资金清册等文件资料，并在物业管理区域提供相应的人力、场地支持。

业主大会筹备组应当对业主资料保密，不得将前款资料用于与业主大会筹备无关的活动。

第十五条 业主大会筹备组应当自成立之日起六个月内，组织召开首次业主大会会议。

业主大会筹备组履行下列职责：

（一）确定首次业主大会会议召开的时间、地点、形式和内容；

（二）拟订管理规约草案和业主大会议事规则草案；

（三）确认业主身份，确定业主在首次业主大会会议上的投票权数；

（四）确定业主委员会委员候选人产生办法及名单；

（五）召开首次业主大会会议的其他准备工作。

前款（一）至（四）项的内容应当在首次业主大会会议召开十五日前在物业管理区域的显著位置公告并书面通知全体业主。

第十六条 首次业主大会会议应当对管理规约、业主大会议事规则进行表决，并选举业主委员会。

第十七条 管理规约应当对有关物业的使用、维护、管理，业主的共同利益，业主应当履行的义务，违反管理规约应当承担的责任等事项依法作出约定。管理规约对全体业主、物业使用人具有约束力。

业主大会议事规则应当就业主大会的议事方式、表决程序，业主委员会的组成、成员任期及职务终止等事项作出约定。

第十八条 业主大会会议分为定期会议和临时会议。

业主大会定期会议应当按照业主大会议事规则的规定召开。

经业主委员会决定，或者百分之二十以上的业主提议，业主委员会应当组织召开业主大会临时会议。

业主委员会不按照前两款规定组织召开业主大会定期会议、临时会议的，业主可以向物业所在地街道办事处、乡镇人民政府提出协助要求，街道办事处、乡镇人民政府应当协调组织召开。

第十九条 召开业主大会会议，应当于会议召开十五日前将会议时间、地点、议题和议程在物业管理区域的显著位置公告，并书面通知全体业主。

业主大会会议可以采用集体讨论的形式，也可以采用书面征求意见等形式。采用书面征求意见形式的，应将书面征求意见的结果在物业管理区域内公示三十日以上，业主有权查阅相关资料。

第二十条 业主可以幢、单元或者楼层为单位，推选业主代表参加业主大会会议。

推选业主代表参加业主大会会议的，业主代表应当在参加业主大会会议三日前，就业主大会会议拟讨论的事项书面征求其所代表的业主意见；需要投票表决的，业主的赞同、反对及弃权的具体票数经本人签字后，由业主代表在业主大会投票时如实反映。

第二十一条 业主可以委托他人参加业主大会会议。业主委托他人参加业主大会会议的，应当出具书面委托书，载明委托事项、委托权限及期限。

第二十二条 业主大会决定筹集和使用专项维修资金、改建或者重建建筑物及其附属设施的，应当经专有部分占建筑物总面积三分之二以上的业主且占总人数三分之二以上的业主同意；决定其他有关共有和共同管理权利重大事项的，应当经专有部分占建筑物总面积过半数的业主且占总人数过半数的业主同意。面积和业主人数按照下列方式确定：

（一）专有部分面积，按照建筑面积计算；建筑物总面积，按专有部分面积之和计算。

（二）建设单位已经出售的专有部分的业主人数，一户按一人计算；建设单位未出售的专有部分按一人计算；总人数，按照两者之和计算。

第二十三条 业主大会会议表决采用记名投票的方式。

任何人不得伪造业主选票、表决票、业主签名或者书面委托书。选票、表决票和书面委托书应当妥善保管，以备查询。

第二十四条 业主委员会是业主大会的执行机构，履行下列职责：

（一）召集业主大会会议，向业主大会报告工作；

（二）代表业主与业主大会决定选聘或者续聘的物业服务企业签订物业服务合同；

（三）及时了解业主、物业使用人的意见和建议，监督和协助物业服务企业履行物业服务合同；

（四）督促业主、物业使用人遵守管理规约，协调处理物业管理活动中的相关问题；

（五）配合街道办事处、乡镇人民政府、居民委员会做好物业管理区域的社区建设工作；

（六）法律法规规定或者业主大会赋予的其他职责。

业主委员会对全体业主负责，接受业主监督。

第二十五条 业主委员会委员应当从具备以下条件的业主中选举产生：

（一）具有完全民事行为能力；

（二）遵纪守法，热心公益事业，责任心强，具有较强的公信力和组织能力；

（三）遵守管理规约，履行业主义务，按时交纳住宅专项维修资金和物业服务费用，无损害公共利益行为；

（四）本人及其近亲属未在为本物业管理区域提供物业服务的企业及其下属单位任职。

第二十六条 业主委员会一般由五至十五人的单数委员组成，每届任期不超过五年，可以连选连任，具体人数、任期由业主大会议事规则约定。业主委员会主任、副主任在业主委员会成员中推选产生。

业主委员会委员候选人由业主联名推荐、业主自荐等方式产生。

业主委员会是否实行差额选举以及实行差额选举的差额比例由业主大会议事规则约定。

业主委员会实行差额选举的，未当选业主委员会委员且得票数达到法定票数的候选人，可以按照得票顺序当选业主委员会候补委员。候补委员人数由业主大会议事规则约定。候补委员可以列席业主委员会会议，不具有表决权。

第二十七条 业主委员会应当自选举产生之日起三十日内，向物业所在地的区、县人民政府房地产行政主管部门和街道办事处、乡镇人民政府备案。备案时应提交以下材料：

（一）管理规约、业主大会议事规则；

（二）业主大会的会议记录和会议决定；

（三）业主委员会委员（候补委员）名单及其基本情况。

物业所在地的区、县人民政府房地产行政主管部门应当在收到上述材料后五日内发出备案回执。

业主委员会收到备案回执后，应将备案情况告知物业服务企业，并在物业管理区域的显著位置公告。

备案的有关事项发生变更的，业主委员会应当自变更之日起十五日内书面报告物业所在地的区、县人民政府房地产行政主管部门和街道办事处、乡镇人民政府。

第二十八条 业主委员会凭物业所在地的区、县人民政府房地产行政主管部门的备案回执，向公安机关申请刻制印章，按照业主大会议事规则的规定和业主大会的决定使用。

第二十九条 业主委员会会议应当按照业主大会议事规则的规定定期召开。经三分之一以上业主委员会委员提议或者业主委员会主任认为有必要的，可以召开业主委员会会议。

业主委员会会议应当有过半数委员出席，作出决定必须经全体委员过半数同意，并在物业管理区域的显著位置公布。

第三十条 业主委员会委员应当遵守法律法规和管理规约，不得有下列行为：

（一）挪用、侵占业主共有财产；

（二）索取、非法收受建设单位、物业服务企业或者有利害关系业主提供的利益或者报酬；

（三）利用职务之便要求物业服务企业减免物业服务费；

（四）违反物业服务合同拒不交纳物业服务费用；

（五）泄露业主资料或者将业主资料用于与物业管理无关的活动；

（六）其他损害业主共同利益或者可能影响其公正履行职责的行为。

业主委员会委员违反前款规定的，经业主委员会会议决定中止其委员职务，并提请业主大会会议决定终止其委员职务。

第三十一条 业主委员会委员有下列情形之一的，其委员职务自行终止：

（一）因物业转让等原因不再是业主的；

（二）因疾病等原因丧失履行职责能力的；

（三）任职期间被依法追究刑事责任的；

（四）本人以书面形式向业主大会或者业主委员会提出辞职的；

（五）业主大会议事规则约定的其他情形。

第三十二条 业主委员会委员职务终止，有候补委员的，由候补委员依次递补。业主委员会应当及时将业主委员会委员职务终止和候补委员递补的情况在物业管理区域的显著位置公告。

职务终止的业主委员会委员应当自公告之日起三日内将其保管的属于业主大会、业主委员会所有的资料、印章等物品交回业主委员会。

第三十三条 业主委员会委员缺员，由候补委员递补后仍不足五人，或者后期物业的业主入住后需增补业主委员会委员的，业主委员会应当组织召开业主大会会议补选业主委员会委员。

业主委员会委员集体辞职的，应当召开业主大会会议重新选举业主委员会。业主可以向物业所在地街道办事处、乡镇人民政府提出协助要求，街道办事处、乡镇人民政府应当给予协助。

第三十四条 业主委员会任期届满三个月前，应当组织召开业主大会会议选举产生新一届业主委员会。业主委员会任期届满仍未组织召开业主大会会议进行换届选举的，业主可以向物业所在地街道办事处、乡镇人民政府提出协助要求，街道办事处、乡镇人民政府应当给予协助。

业主委员会应当在任期届满三日内，将属于业主大会、业主委员会的有关财物、文件资料、印章等移交给新一届业主委员会。

业主委员会任期届满，不得继续履行职责。

第三十五条 业主委员会日常工作经费由全体业主承担，经费的筹集、管理和使用由业主大会决定。

业主委员会应当按季度在物业管理区域的显著位置公布工作经费的使用情况，接受业主监督。

第四章 前期物业管理

第三十六条 前期物业管理阶段的住宅物业，建设单位应当通过招投标的方式选聘具有相应资质的物业服务企业进行前期物业管理服务，并签订书面的前期物业服务合同。投标人少于三个或者总建筑面积不超过五万平方米的住宅物业，经物业所在地的区、县人民政府房地产行政主管部门批准，可以采用协议方式选聘具有相应资质的物业服务企业。

分期开发的物业划定为一个物业管理区域的，应当由同一物业服务企业提供服务。

物业服务企业应当于合同签订之日起十五日内将前期物业服务合同报物业所在地的区、县人民政府房地产行政主管部门和街道办事处、乡镇人民政府备案。

第三十七条 建设单位与物业买受人签订的商品房买卖合同，应当包含前期物业服务合同约定的内容，载明由物业买受人交纳的前期物业服务费的时间、标准和方式。

实行政府指导价的前期物业服务费标准，应当按照政府指导价的有关规定执行。

第三十八条 建设单位应当按照不少于物业管理区域总建筑面积千分之二的比例，在物业管理区域内配置物业服务用房，最低不少于五十平方米，最高不超过三百平方米；其中，业主委员会办公用房最低不少于十平方米，最高不超过六十平方米。分期开发建设的物业，建设单位应当在先期开发的区域按照不少于先期开发房屋建筑面积千分之二的比例配置物业服务用房。

物业服务用房应当为地面以上的独立成套装修房屋，具备水、电使用功能；没有配置电梯的物业，物业服务用房所在楼层不得高于四层。

物业服务用房的所有权依法属于全体业主，专用于物业管理服务工作，不得挪作他用。

第三十九条 县级以上人民政府城乡规划行政主管部门应当在审批建设工程规划许可证时，按前条规定明确物业服务用房的位置和面积。建设单位应当在商品房预售时予以公布。

县级以上人民政府房地产行政主管部门应当在办理所有权初始登记时，在房地产登记簿中注明物业服务用房面积和房号以及物业的其他共有部分。业主有权查询。

第四十条 建设单位在交付物业前，应当对物业服务用房、共用场地、共用设施设备配置独立的水电气计量器具。

第四十一条 物业买受人应当在建设单位交付物业后按照商品房买卖合同的约定交纳物业服务费用。

物业管理区域尚未出售或者已出售但尚未交付给物业买受人的物业，其物业服务费用由建设单位按照该物业区域同类物业的标准全额交纳。

建设单位出售物业时，不得承诺或者约定减免物业服务费用。建设单位已经承诺或者约定减免的物业服务费用，由建设单位承担。

第四十二条 物业服务企业承接物业时，应当对物业共用部位、共用设施设备进行查验。

在办理物业承接验收手续时，建设单位应当向物业服务企业移交下列资料：

（一）物业的报建、批准文件，竣工总平面、单体建筑、结构、设备竣工图，配套设施、地下管网工程竣工图等竣工验收资料；

（二）设施设备买卖合同复印件及安装、使用和维护保养等技术资料；

（三）物业质量保修文件和物业使用说明文件；

（四）物业管理区域内各类建筑物、场地、设施设备的清单；

（五）物业及配套设施的产权清单；

（六）物业服务用房的清单；

（七）物业的使用、维护、管理必需的其他资料。

建设单位、物业服务企业不得泄露业主资料，物业服务企业不得将业主资料用于与物业管理服务无关的活动。在前期物业服务合同终止时，物业服务企业应当将前款资料移交给业主委员会。

第四十三条 物业服务企业应当听取业主、物业使用人对物业管理服务的意见和建议，及时处理业主投诉，改进物业管理服务。

物业服务企业不及时处理业主的投诉的，居民委员会、街道办事处、乡镇人民政府、物业所在地的区、县人民政府房地产行政主管部门应当及时协调处理；对物业服务企业损害业主、物业使用人合法权益的，物业所在地的区、县人民政府房地产行政主管部门应当责令其限期整改，物业服务企业应当按期整改。

第五章 物业管理服务

第四十四条 业主大会成立后，业主委员会应当与业主大会选聘或者续聘的物业服务企业签订物业服务合同。签订合同时，业主委员会应当出具业主大会选聘或者续聘物业服务企业的决定和业主委员会的合法有效证明。

物业服务合同应当对物业管理范围、物业管理服务事项、服务标准、服务费用、双方的权利义务、专项维修资金的管理与使用、物业服务用房的使用、共用部位和共用设施设备的管理使用、合同期限、物业服务企业的退出、资料的移交、违约责任等内容进行约定。

物业服务企业应当于合同签订之日起十五日内将物业服务合同报物业所在地的区、县人民政府房地产行政主管部门和街道办事处、乡镇人民政府备案。

第四十五条 物业服务企业应当按照法律法规的规定和物业服务合同的约定，为业主提供服务，并配合政府有关部门、街道办事处、乡镇人民政府开展社区服务和社区文化活动。

第四十六条 物业服务企业应当明码标价，将服务内容、服务标准以及收费项目、收费标准等有关情况在物业管理区域的显著位置进行公示。

物业服务企业可以根据业主的委托提供物业服务合同约定以外的服务项目，服务报酬由双方协商确定。

第四十七条 业主应当按照物业服务合同的约定，按时交纳物业服务费用；物业产权转移时，业主应当与物业服务企业结清物业服务费用。

第四十八条 物业管理区域内，供水、供电、供气、通信、有线电视等单位应当服务到最终用户，并向最终用户收取有关费用。

第四十九条 物业服务收费实行酬金制的，物业服务企业应当向业主大会或者全体业主公布物业服务资金年度预决算，并每年不少于一次公布物业服务资金的收支情况。业主委员会可以聘请专业机构对物业服务资金的收支情况进行审计。

物业服务企业应当定期公布共用场地、共用设施设备产生的水电用量、单价、金额，按照实际费用和约定的方式向全体业主合理分摊。没有约定或者约定不明确的，按照业主专有部分占建筑物总面积的比例分摊。

业主或者业主大会对公布的物业服务资金年度预决算和物业服务资金的收支情况，以及共用场地、共用设施设备产生的水电费的分摊情况提出异议时，物业服务企业应当及时答复。

第五十条 物业服务合同期限届满三个月前，业主委员会应当组织召开业主大会决定选聘或者续聘物业服务企业，并将决定书面告知物业服务企业；物业服务企业决定不再续签物业服务合同的，应当在物业服务合同期限届满三个月前书面告知业主委员会。

业主大会决定续聘的，业主委员会应当在物业服务合同期限届满一个月前与物业服务企业续签物业服务合同。

业主大会决定选聘新的物业服务企业的，原物业服务企业应当在物业服务合同终止之日起十五日内退出物业管理区域。

物业服务合同期限届满，业主大会没有作出选聘或者续聘决定，原物业服务企业自愿按照原合同约定继续提供服务的，物业服务合同自动延续至业主大会作出选聘或者续聘决定为止。

第五十一条 物业服务企业退出时，应当向业主委员会移交其合法占有的下列资料和财物，并配合新的物业服务企业做好交接工作：

（一）第四十二条规定的资料；

（二）物业服务用房；

（三）物业管理服务期间改造、维修、保养有关物业形成的技术资料；

（四）物业管理服务期间配置的固定设施设备；

（五）其他应当移交的财物、资料。

第五十二条 业主委员会应当督促物业服务企业按照物业服务合同的约定做好物业管理服务，协调、处理业主、物业使用人对物业管理服务的投诉。

业主、物业使用人、业主委员会和物业服务企业对于物业管理服务有争议的，可以向物业所在地的区、县人民政府房地产行政主管部门、街道办事处、乡镇人民政府、居民委员会申请协调处理。

业主、物业使用人、业主委员会和物业服务企业对有关物业服务收费有争议的，可以向物业所在地价格行政主管部门申请协调处理。

第六章 物业的使用和维护

第五十三条 物业管理区域内按照规划建设的公共建筑和共用设施，不得擅自改变用途。

任何人不得擅自占用、挖掘物业管理区域的道路、场地，损害业主的共同利益。

利用物业管理区域属于业主共有的道路、绿地或者其他场地作为停放车辆的车位或者利用物业共用部位、共用设施设备进行经营的，应当征得相关业主和业主大会的同意，并依法办理相关手续。所得收益依法归全体业主共有。

第五十四条 物业管理区域内，规划用于停放汽车的车位、车库，应当首先满足本区域业主的需要。

物业管理区域内规划用于停放汽车的车位、车库，建设单位应当首先出租给本区域业主、物业使用人。在满足本区域业主、物业使用人需要后，建设单位将车位、车库出租给本区域业主、物业使用人以外的其他人的，其租赁合同期限不得超过六个月。

建设单位依法取得车位、车库权属登记后方能出售车位、车库。建设单位应当在出售车位、车库一个月前，以书面形式告知本区域全体业主，并在物业管理区域的显著位置公示拟出售车位、车库的产权证明文件和出售价格。拟出售车位、车库数量少于本区域房屋套数时，每户业主只能购买一个车位、车库。

第五十五条 物业管理区域内禁止下列行为：

（一）损坏或者擅自变动房屋承重结构、主体结构；

（二）违反法律法规以及管理规约，改变房屋用途，将住宅改变为经营性用房；

（三）将没有防水要求的房间或者阳台改为卫生间、厨房，或者将卫生间改在下层住户的卧室、起居室（厅）、书房和厨房的上方；

（四）破坏或者擅自改变房屋外观；

（五）违法搭建建筑物、构筑物；

（六）损坏或者擅自占用、改建物业共用部位；

（七）损坏或者擅自占用、移装共用设施设备；

（八）损毁树木、园林；

（九）存放不符合安全标准的易燃、易爆、剧毒、放射性等危险性物品，存放、铺设超负荷物品；

（十）乱丢垃圾，高空抛物；

（十一）发出超过规定标准的噪声或者影响邻居采光、通风；

（十二）法律法规和管理规约禁止的其他行为。

物业管理区域内发生上述行为时，业主、物业使用人有权投诉、举报，物业服务企业、业主委员会应当根据物业服务合同或者管理规约及时予以劝阻、制止；劝阻、制止无效的，物业服务企业、业主委员会应当及时报告有关行政主管部门，有关部门应当依法及时处理，相关业主和物业使用人应当积极予以配合。

第五十六条 物业共用部位、共用设施设备维修、更新时，相关业主、物业使用人应当予以配合。因相关业主、物业使用人阻挠维修、更新，造成其他业主、物业使用人财产损失的，责任人应当予以赔偿。

因物业共用部位、共用设施设备维修、更新等原因，造成房屋、设施设备等损害的，责任人应当予以恢复原状或者赔偿。

第五十七条 业主转让或者出租物业时，应当将管理规约内容、物业服务费用标准等事项告知受让人或者承租人，并自物业转让合同或者租赁合同签订之日起十五日内，将物业转让或者出租情况告知业主委员会和物业服务企业。

第五十八条 住宅物业、住宅小区内的非住宅物业或者与单幢住宅楼结构相连的非住宅物业的业主，应当按照国家规定交存住宅专项维修资金。

住宅专项维修资金实行专户存储、专款专用、业主决策、政府监督的原则。

住宅专项维修资金专户以物业管理区域为单位设账，并按房屋户门号设分户账；未划定物业管理区域的，以幢为单位设账，按房屋户门号设分户账。

住宅专项维修资金属于业主所有，专项用于物业保修期满后物业共用部位、共用设施设备的维修和更新、改造，不得挪作他用。

第五十九条 业主转让物业时，其交存的住宅专项维修资金余额不予退还，一并转让给新业主。

第六十条 共有物业的维修、更新、改造费用，由共有该物业的业主按照各自拥有的物业专有部分建筑面积比例分摊。

第六十一条 物业保修期内发生的维修费用，由建设单位承担，不得从住宅专项维修资金中列支。

物业管理区域内依法应当由供水、供电、供气、通讯、有线电视等单位承担的相关管线和设施设备的维修、养护费用，不得从住宅专项维修资金中列支。

第七章 法律责任

第六十二条 建设单位未按照本条例第十二条规定向物业所在地街道办事处、乡镇人民政府报告并在物业管理区域公告的，或者未按照本条例第十四条规定向业主大会筹备组提供相关文件资料的，由物业所在地县级以上人民政府房地产行政主管部门责令限期改正；逾期不改正的，可以处五万元以下的罚款。

建设单位未按照本条例第三十八条规定提供物业服务用房的，由县级以上人民政府房地产行政主管部门责令限期提供；逾期不提供的，责令向业主大会交纳相应价款，用于解决物业服务用房，没收违法所得，并处十万元以上五十万元以下的罚款。

第六十三条 物业服务企业有下列情形之一的，由县级以上人民政府房地产行政主管部门按照以下规定予以处罚：

（一）业主大会决定选聘新的物业服务企业后，原物业服务企业不按规定退出物业管理区域的，责令限期退出；逾期拒不退出的，处五万元以上十五万元以下的罚款，并由颁发其资质证书的房地产行政主管部门吊销其资质证书；

（二）损毁或者破坏属于全体业主的档案资料、财物和共用设施设备的，可处五万元以上二十万元以下的罚款。

物业服务企业违反本条例第三十七条第二款规定，擅自提高收费标准，增加收费项目的，由县级以上人民政府价格行政主管部门根据有关法律法规的规定予以处罚。

第六十四条 物业服务企业人员对业主或者物业使用人采取人身、财产侵害等行为的，应当依法承担民事责任；对违反治安管理的行为，依照《中华人民共和国治安管理处罚法》予以处罚；构成犯罪的，依法追究刑事责任。

第六十五条 业主委员会作出的决定违反法律法规规定或者业主大会决定，给业主、物业服务企业造成损害的，由签字同意该决定的业主委员会委员承担民事责任。

业主委员会违反法律法规规定，严重侵害业主合法权益或者严重影响公共秩序的，由政府有关部门依法追究责任。

第六十六条 业主委员会委员违反本条例第三十条规定的，由县级以上人民政府相关行政主管部门依法处理，并在其物业管理区域内予以通报；构成犯罪的，依法追究刑事责任。

业主委员会委员职务终止后未将其保管的属于业主大会、业主委员会所有的资料、印章等物品交回业主委员会，业主委员会任期届满后未及时将有关财物、文件资料、印章等移交新一届业主委员会的，由县级以上人民政府房地产行政主管部门责令限期改正，并给予警告。

第六十七条 违反本条例规定，泄露业主资料或者将业主资料用于与物业管理服务无关的活动的，依法追究法律责任。

第六十八条 违反本条例第五十五条规定，给他人造成损害的，依法承担民事责任，并由有关行政主管部门按照下列规定予以查处；构成犯罪的，依法追究刑事责任：

（一）违反第一项规定的，由县级以上人民政府建设行政主管部门责令限期改正，处五万元以上十万元以下的罚款。

（二）违反第二项、第四项、第五项规定的，由县级以上人民政府城乡规划行政主管部门依照有关法律法规的规定查处。

（三）违反第三项规定的，由县级以上人民政府建设行政主管部门责令限期拆除，并对业主、物业使用人处一千元以上五千元以下的罚款，对装饰装修企业处五千元以上五万元以下的罚款；逾期未拆除的，县级以上人民政府建设行政主管部门可以申请人民法院强制执行。

（四）违反第六项、第七项规定的，由县级以上人民政府房地产行政主管部门责令限期改正，给予警告；对个人可以处一万元以下的罚款；对单位可以处二十万元以下的罚款。

（五）违反第八项、第九项、第十项、第十一项、第十二项规定的，由相关行政主管部门依法查处。

第六十九条 县级以上人民政府房地产行政主管部门、街道办事处、乡镇人民政府以及其他有关行政管理部门的工作人员利用职务上的便利，收受他人财物或者其他好处，不依法履行监督管理职责，或者发现违法行为不予查处，尚未构成犯罪的，依法给予处分；构成犯罪的，依法追究刑事责任。

第八章 附 则

第七十条 本条例所称共用部位，是指属于业主共有共用的房屋主体承重结构部位（包括基础、内外承重墙体、柱、梁、楼板、屋面等）、走廊通道、楼梯间、电梯井、物业服务用房，以及房屋外墙面等。

本条例所称共用设施设备，是指物业区域内供排水管道、水箱、加压水泵、电梯、天线、照明设施、供电线路、煤气（天然气）管道、消防设施、沟渠、池、井、公益性文体等设施设备。

第七十一条 本条例自2009年3月1日起施行。

参考文献

[1] 雷华，胡其富．物业管理知识与技能［M］．广州：暨南大学出版社，2007
[2] 陈德豪，雷华．物业管理理论与实务［M］．广州：广东经济出版社，2005
[3] 中国物业管理协会．物业管理实务［M］．北京：中国建筑工业出版社，2006
[4] 中国物业管理协会．物业管理基本政策与制度［M］．北京：中国建筑工业出版社，2006
[5] 王青兰，齐坚．物业管理理论与实务［M］．北京：高等教育出版社，2006
[6] 章学成．物业经理案头手册［M］．深圳：海天出版社，2007
[7] 区世强．设备管理与维修［M］．北京：中国建筑工业出版社，2001
[8] 史晔华．物业管理员［M］．北京：机械工业出版社，2006
[9] 沈瑞珠．物业智能化管理［M］．北京：中国轻工业出版社，2001
[10] 王军．物业管理实务［M］．北京：中国建筑工业出版社，2005
[11] 劳动和社会保障部中国就业培训技术指导中心．物业管理基础［M］．北京：中央广播电视大学出版社，2004
[12] 劳动和社会保障部中国就业培训技术指导中心．助理物业管理师［M］．北京：中央广播电视大学出版社，2004
[13] 刘俊．物业人员实操培训［M］．北京：电子工业出版社，2006
[14] 丁云飞．物业设备管理［M］广州：华南理工大学出版社，2002
[15] 罗宗科．物业管理知识手册［M］．太原：山西科学技术出版社，2005
[16] 陆伟良．智能建筑物业管理［M］．北京：电子工业出版社，2002，
[17] 后东升．物业管理员培训手册［M］．北京：中华工商联合出版社，2006
[18] 戴德梁行．物业标准化管理全程实施方案［M］．北京：中国标准出版社，2003
[19] 郭世民．物业管理实务与技能［M］．北京：中国劳动和社会保障出版社，2003
[20] 卜宪华．物业设备设施维护与管理［M］．北京：高等教育出版社，2003
[21] 高炳华．物业环境管理［M］．武汉：华中师范大学出版社，2007
[22] 苏宝炜，李薇薇．物业经理案头手册［M］．北京：人民邮电出版社，2008
[23] 赵向标．物业管理操作制度范例［M］．深圳：海天出版社，2006
[24] 张野．物业经理（主任）培训教程［M］．广州：广东经济出版社，2007
[25] 田会杰．建筑给水排水采暖安装工程使用教程［M］．北京：金盾出版社，2006
[26] 梁涛，陈友铭．房屋及设备维修管理［M］．广州：广东经济出版社，2004
[27] 李立强，李万胜，林圣源．建筑设备安装工程看图施工［M］．北京：中国建筑工业出版社，2006

教学课件支持说明

本培训教材配有教学课件，可向采用本书作为培训教材的教师和学员免费提供。为了保证该课件仅为培训考试获得，杜绝商业行为，烦请与我们联系索取。

我们的联系方式：

电话：13711612261 雷老师

邮箱：leiyt2006@163. com

网站：http：//www. pmedu. net

图书在版编目(CIP)数据

高级物业管理员培训教程与应试指导/雷华主编．—广州：暨南大学出版社，2008.12
(2013.11 重印)
ISBN 978-7-81135-132-3

Ⅰ.高…　Ⅱ.雷…　Ⅲ.物业管理—资格考核—自学参考资料　Ⅳ.F293.33

中国版本图书馆 CIP 数据核字(2008)第 172166 号

出版发行：暨南大学出版社

地　址：中国广州暨南大学
电　话：总编室(8620)85221601
营销部(8620)85225284　85228291　85228292(邮购)
传　真：(8620)85221583(办公室)　85223774(营销部)
邮　编：510630
网　址：http://www.jnupress.com　http://press.jnu.edu.cn

排　版：暨南大学出版社照排中心
印　刷：江门市新教彩印有限公司

开　本：787mm×1092mm　1/16
印　张：20
字　数：468 千
版　次：2008 年 12 月第 1 版
印　次：2013 年 11 月第 2 次

定　价：35.00 元

(暨大版图书如有印装质量问题，请与出版社总编室联系调换)